EU데이터보호판례

Eu Data Protection Cases

EU데이터보호판례

인 쇄 | 2023년 2월 23일
발 행 | 2023년 2월 28일

저 자 | 함인선
발행인 | 정성택
발행처 | 마로니에

등 록 | 1981. 5. 21. 제53호
주 소 | 61186 광주광역시 북구 용봉로 77
전 화 | (062) 530-0573
팩 스 | (062) 530-0579
홈페이지 | http://www.cnup.co.kr
이메일 | cnup0571@hanmail.net

정가 30,000원

ISBN 978-89-6849-962-3 (93360)

EU 데이터보호판례

Eu Data Protection Cases

함 인 선

Ham, In Seon

maronie

서문

본서는 EU의 최고사법기관인 EU사법재판소(the Court of Justice of the European Union ; CJEU)의 데이터 보호 관련 판례를 소개한 것이다. 저자가 CJEU의 데이터 보호 관련 판례에 관심을 가지게 된 계기로는 2011년 12월 학술대회에서 '잊혀질 권리(right to be forgotten)'와 관련한 주제 발표와 2014년 5월의 Google Spain사건(C-131/12)을 들 수 있다. 이에 저자는 CJEU의 관련 판례에 관한 연구를 진행하여 2015년 1월 『EU개인정보판례』를 출판하였으며, 2018년 2월에는 개정판을 출판한 바 있다. 따라서 본서는 이들 연구를 토대로 하여 그 내용을 업데이트하고 보완한 것이라고 할 수 있다. 다만 본서의 제명을 『EU데이터보호판례』로 변경한 것은 data와 information을 구별하여야 한다는 저자의 생각을 반영한 결과이다. GDPR을 비롯한 EU의 관련법제와 CJEU의 관련판례는 원칙적으로 이들 양자를 구별하여 사용하고 있다고 할 수 있다. 따라서 개인정보의 경우에도 'personal data'와 'personal information'도 구별하여, EU의 법제 및 판례에서는 원칙적으로 전자를 사용하고 있는 것으로 보인다. 이에 저자도 전자의 경우에는 '개인데이터'로, 후자의 경우에는 '개인정보'로 사용하기로 한다.

본서는 CJEU의 (개인)데이터 보호 관련 판례를 그 내용으로 하는 것으로서 총 6개장으로 구성되어 있다. 우선, 본서의 메인인 CJEU의 데이터 보호 관련 판례를 이해하기 위해서는 EU의 데이터 보호 관련법제와 사법제도를 이해하는 것이 그 선결과제라고 할 것이다. 따라서 본서는 제2장에서 EU의 데이터 보호 관련법제를, 제3장에서는 EU의 사법제도를 다루고 있다. 이어서 본서의 메인이라고 할 수 있는 데이터 보호 판례와 관련하여서는 "1. '개인데이터' 등의 개념, 2. 데이터 보호법의 적용범위, 3. 데이터주체의 권리와 권리 상호간의 형량, 4. (개인)데이터의 처리, 5. 데이터 보호 감독기관"으로 분류하여 제4장에서 소개하고 있다. 또한 저자가 EU 데이터 보호에 관심을 갖는 계기를 마련해준 '잊혀질 권리'와 관련한 판례를 별개의 장인 제5장에서 다루고, 마지막으로 제6장에서 우리나라 관련판례와의 비교를 시도하였다.

본서의 출간을 앞둔 지금, 여기 저기 아쉬움이 남는 부분이 마음에 걸린다. 관련판례를 소화하는데 시간이 소요되어 특히 제6장에 대해서는 거의 손을 대지 못했다. 머지않은 시기에 관련논문을 발표함으로써 아쉬움을 달래고자 한다.

본서의 출판에는 전남대학교의 지원을 받았다. 요즘같이 어려운 출판사정에서는 전문서의 출판이 쉬운 일만은 아닌데 이러한 지원이 본서의 출판에 큰 힘이 되었음을 밝힌다. 정년을 앞둔 저자로서는 새로운 저서를 내기보다 그동안 출판하여 온 연구서를 보다 충실하게 업데이트하고 보완하는 작업을 진행해오고 있으며, 본서도 그 연장선상에 있는 것이라고 할 수 있다. 본서가 관련분야의 실무와 연구에 다소라도 도움이 될 수 있다면 저자로서는 더할 나위없는 행복이 될 것이다.

2023년 봄을 기다리며　　함인선

목차

제1장

처음에

(1) 현대는 데이터를 기반으로 하는 인공지능(AI), 사물인터넷(IoT), 자율주행차 및 빅데이터 분석 등을 이용한 기술이 산업 전반에 걸쳐 활용되고 발전을 주도하고 있다. 이러한 데이터 기반의 데이터경제(Data Economy)의 발전에서 우위에 서기 위해 우리나라를 비롯하여 미국, 중국, EU, 일본 등의 세계 주요국들은 이에 대한 발전전략의 수립과 투자에 집중하고 있다. 이와 같이 데이터경제로 대변되는 현대사회에 있어서 데이터는 전통적인 생산의 3요소(노동, 토지, 자본)에 이어 제4의 요소로 일컬어지고 있다.

이러한 데이터는 그 기준을 무엇으로 하느냐에 따라 여러 가지 분류법이 있지만, 그동안 주로 사용되어온 분류법의 하나로서는 그 주체를 기준으로 하여 개인데이터(personal data)와 비개인데이터(non-personal data)로 분류하는 것이라고 할 수 있다. 그런데 그동안 관심의 대상이 되어온 것은 주로 개인데이터와 관련된 것이었다고 할 수 있다. 이는 개인데이터가 개인(자연인)과 관련된 데이터라는 점에서 개인데이터의 오·남용으로 인한 피해가 개인에게 직결되기 때문에 당연한 귀결이라고 할 수 있다. 그로 인해, 개인데이터(개인정보) 보호를 위한 입법과 판례의 축적 및 발전이 이루어져 왔다고 할 수 있다.

한편, 이른바 4차산업혁명의 진전과 더불어 인공지능(AI), 사물인터넷(IoT), 자율주행차 등의 발달로 인해 이와 관련하여 생성되는 비개인데이터(non-personal data)가 머지않은 장래에 그 비중이 급증할 것으로 예측되는 것에서 알 수 있는 것처럼 데이터경제에 있어서는 개인데이터와 더불어 이러한 비개인데이터의 역할도 고려에 넣지 않을 수 없게 되고 있다.

(2) 오늘날 유·무선 인터넷 및 모바일통신의 광범위한 보급은 거의 실시간으로 데이터의 유통을 글로벌 차원에서 가능하게 하고 있다. 이러한 데이터사회의 진전은 데이터의 활용의 요청과 더불어 데이터, 특히 개인데이터 보호의 필요성을 부각시키고 있다. 개인데이터의 유통이 한 국가의 영역 내에 한정되지 않고 글로벌 차원에서 거의 실시간으로 이루어지고 있는 만큼, 개인데이터의 남용이나 침해로 인한 피해의 심각성도 커지지 않을 수 없는 실정이다. 이러한 인식에 입각하여 개인데이터의 보호를 위한 각국의 입법화의 움직임과 함께, 국경을 초월한 데이터의 유통에 대응하기 위하여 국제기구 차원의 개인데이터 보호의 움직임도 활발하게 전개되어 왔다고 할 수 있다.[1)]

근래 개인데이터와 관련한 이러한 움직임 가운데 주목할 만한 것으로 EU의 개인데이터 관련 입법동향이라고 할 수 있다. 종래 EU는 1995년 10월에 개인데이터보호지침[2)](이하 '지침 95/46'이라 한다.)을 입법하였다. 동 지침은 EU에서 개인데이터와 관련하여 일반법적 지위를 가지는 것으로서 다수의 국가에 영향을 미쳤다고 할 수 있다. 그런데, EU는 2012년 1월 25일 지침 95/46을 대체하는 새로운 개인데이터 보호법

1) 이에 관하여는 졸저, EU개인정보보호법, maronie, 2016, 23쪽 이하.
2) Directive 95/46/EC of the European Parliament and of the Council of 24 October 1995 on the protection of individuals with regard to the processing of personal data and on the free movement of such data, OJ 1995 L 281, p.31.

안[3])을 공표하여 입법절차를 추진한 결과, 새로운 일반데이터보호규칙[4](General Data Protection Regulation ; GDPR. 이하 '2016년 GDPR' 또는 'GDPR'이라고 한다.)이 2016년 5월에 제정되어 2018년 5월부터 시행되고 있다.

2016년 GDPR은 법형식에 있어서 '지침'(Directive)이 아니라 '규칙'(Regulation)이라는 점, 새로운 정보기본권(예컨대, '잊혀질 권리[5])', '데이터이동권' 등)을 명시적으로 도입하고 있는 점, 위반 시에 강력한 제재규정을 두고 있는 점 등에서 그 특징을 찾아 볼 수 있다. 이러한 점에서 2016년 GDPR은 지침 95/46에 비하여, 그 내용과 효력이 한층 강화된 것으로 판단된다. 따라서 특히 EU 역내에서 사업활동을 하는 기업체 등에 대한 유럽위원회의 통제권은 한층 더 강력하게 작용할 것이 예상된다. 이와 같이, EU 개인데이터보호제도의 동향은 우리나라의 개인정보 보호법제에 커다란 영향을 미치지 않을 수 없다는 점에서 주목의 대상이 된다.

(3) 지금까지 EU의 데이터 관련 연구는 주로 법제에 치중하여 이루어져 왔다고 할 수 있다. 그런데, 데이터 관련 법제의 운영 실제를 알기 위해서는 법제와 아울러 그러한 법제가 실제 어떻게 운영되고 있는지에 대한 연구가 요청된다고 할 것이다. 본서는 이러한 문제인식에 입각

3) EUROPEAN COMMISSION, Proposal for a REGULATION OF THE EUROPEAN PARLIAMENT AND OF THE COUNCIL on the protection of individuals with regard to the processing of personal data and on the free movement of such data (General Data Protection Regulation), COM(2012) 11 final, 2012.1.25.

4) Regulation (EU) 2016/679 of the European Parliament and of the Council of 27 April 2016 on the protection of natural persons with regard to the processing of personal data and on the free movement of such data, and repealing Directive 95/46/EC (General Data Protection Regulation), OJ L 119, 2016.5.4., pp.1-88.

5) 졸고, '잊혀질 권리'에 관한 고찰 -EU 개인정보보호법안과 우리나라 「개인정보보호법」의 비교를 중심으로-, 인권과 정의 제427호, 2012, 51쪽 이하.

하여, 유럽연합사법재판소의 데이터 관련 판례의 주요내용을 고찰하고자 한 것이다.

이를 위한 전제로서 본서는 먼저, EU의 (개인)데이터 관련 법제를 살펴보고(제2장), EU의 사법제도(제3장)를 고찰한다. 그러한 다음, 유럽연합사법재판소의 데이터 관련 판례를 2023년 1월 1일 현재 나온 주요 판례를 그 검토의 대상으로 하여 고찰한다(제4장). 이어서, 유럽연합사법재판소의 데이터 관련 판례 가운데에서 일반인의 많은 관심을 모은 '잊혀질 권리'와 관련된 판례를 별도로 보다 자세히 고찰하기로 한다(제5장). 마지막으로, 이러한 EU 데이터 관련 판례와 우리나라의 판례(헌법재판소와 대법원)를 비교한다(제6장).

제2장

EU 데이터 보호 관련법제

1. 개관

데이터 보호, 특히 개인데이터의 보호와 관련하여서는 글로벌 차원에서 문제의 해결을 위한 시도를 하여왔다. 이러한 시도의 결과가 1980년 9월의 이른바 OECD가이드라인,[1] 1981년 1월의 유럽평의회(Council of Europe)의 개인데이터보호조약[2]과 1990년 12월의 UN가이드라인[3]이라고 할 수 있다.[4] 한편, EU는 1995년 10월에 지침 95/46을 입법하였다. 동 지침은 유럽평의회의 1981년 개인데이터보호조약을 그 모델로 하여 더욱 발전시킨 것으로서 개인데이터의 보호와 관련하여 EU법

---

1) 「개인데이터의 국경을 넘는 유통과 프라이버시 보호를 규율하는 가이드라인에 관한 이사회 권고」(RECOMMENDATION OF THE COUNCIL CONCERNING GUIDELINES GOVERNING THE PROTECTION OF PRIVACY AND TRANSBORDER FLOWS OF PERSONAL DATA)

2) CoE, Convention for the Protection of Individuals with regard to Automatic Processing of Personal Data, Council of Europe, CETS No.108, 1981.

3) 「컴퓨터화한 개인데이터파일의 규제를 위한 가이드라인」(Guidelines for the Regulation of Computerized Personal Data Files)

4) 이들 내용에 대한 상세한 소개로는 졸고, EU의 '1995년 개인정보지침'에 관한 법적 고찰, 법학논총 제33집 제1호(2013.4), 255-264쪽.

체계에서 일반법적 지위를 가진 것이라고 할 수 있다. 그것이 2016년 5월에 GDPR로 성립되고 2018년 5월 25일부터 시행되면서 그와 동시에 지침 95/46은 폐지되었다.

또한 전자통신 분야에서의 개인데이터에 관한 규율을 위해 2002년 7월부터 별도의 지침인 「전자통신 분야에서의 개인데이터의 처리와 프라이버시의 보호에 관한 2002년 7월 12일의 유럽의회 및 이사회 지침 2002/58/EC[5]」(이하 '지침 2002/58'이라 한다)를 시행하고 있다. 지침 2002/58은 지침 95/46의 특별법적 지위를 가지는 것으로 동 지침이 이를 명문으로 규정하고 있다.[6] 그러나 EU에서의 개인데이터 보호와 관련한 일반법인 지침 95/46이 2016년 5월에 GDPR로 새로 성립된 것에 대응하여, 지침 2002/58도 그에 따라서 개정하고자 2017년 1월 10일 유럽위원회는 입법안[7]을 채택하고, 입법기관인 유럽의회와 이사회에 제출하여 현재 입법절차가 진행 중이다. ePrivacy규칙안이 성립되면 현행 지침 2002/58을 대체할 예정으로 있다.

한편, EU의 법체계에서 EU시민의 기본권과 관련하여 중요한 위치를 차지하고 있는 것이 EU기본권헌장(Charter of Fundamental Rights of the European Union)이라고 할 수 있다. 동 헌장은 2000년 12월에 공포된 것으로서 개인데이터의 보호와 관련하여서도 중요한 지위를 차지하고

5) DIRECTIVE 2002/58/EC OF THE EUROPEAN PARLIAMENT AND OF THE COUNCIL of 12 July 2002 concerning the processing of personal data and the protection of privacy in the electronic communications sector (Directive on privacy and electronic communications), OJ 2002 L 201, p.37.

6) Article 1(2) "The provisions of this Directive particularise and complement Directive 95/46/EC for the purposes mentioned in paragraph 1. Moreover, they provide for protection of the legitimate interests of subscribers who are legal persons."

7) Proposal for a REGULATION OF THE EUROPEAN PARLIAMENT AND OF THE COUNCIL concerning the respect for private life and the protection of personal data in electronic communications and repealing Directive 2002/58/EC(Regulation on Privacy and Electronic Communications), COM(2017) 10 final.(이하 'ePrivacy규칙안'이라 한다.)

있다고 할 수 있다. 또한 동 헌장이 성립하기 오래 전인 1950년에 성립되어 1953년부터 이미 시행되고 있는 유럽인권협약(European Convention on Human Rights)도 EU와는 별개의 조직인 유럽평의회(Council of Europe)가 제정한 것이지만, EU에서의 개인데이터의 보호와 관련하여 중요한 역할을 수행한다고 할 수 있다. 따라서 이들 헌장과 협약에서 개인데이터 보호와 관련된 규정들을 일별한 다음, EU 개인데이터 보호법제에서의 일반법적 지위를 가지고 있는 지침 95/46과 2016년 GDPR, 그리고 특별법적 성격을 가지고 있는 지침 2002/58의 주요내용을 살펴보도록 한다.

2. EU기본권헌장 및 유럽인권협약에서의 데이터 보호 관련규정

먼저, EU기본권헌장에서 개인데이터 보호와 관련된 규정들로서는 제7조(사생활 및 가족생활의 존중), 제8조(개인데이터의 보호)와 제11조(표현 및 정보의 자유)를 들 수 있다. 이들 규정의 내용을 구체적으로 살펴보면, 제7조는 "모든 사람은 자신의 사생활 및 가족생활과 가정 및 교신의 존중권을 가진다."고 규정하고, 제8조는 제1항에서 "모든 사람은 자신에 관한 개인데이터의 보호를 받을 권리를 가진다.", 제2항에서 "이러한 데이터는 특정한 목적과 관계인의 동의 또는 법률에 의해 규정된 다른 적법한 근거에 의하여 공정하게 처리되어야 한다.", 그리고 제3항에서 "이들 법규정의 준수는 독립적인 기관의 통제를 받는다."고 규정하고 있다. 또한 제11조는 제1항에서 "모든 사람은 표현의 자유권을 가진다. 이 권리는 공권력에 의한 간섭 없이 그리고 국경에 관계없이 의견을 보유하며, 정보와 사상을 수취하고 발신할 자유를 포함한다.", 제2항에서 "미디어의 자유와 복수설립주의는 존중된다."고 규정하고 있다.

EU기본권헌장의 이들 규정 가운데에서 개인데이터 보호와 직접적인 관련을 갖는 규정은 제8조와 제7조라고 할 수 있다. 이들 규정은 다음에서 살펴보는 유럽인권협약에서의 관련규정과 비교하여 볼 때, 동 협약으로부터 영향을 받았음을 알 수 있다. 다만, EU기본권헌장이 비교적 새롭게 제정되었다는 점에서 유럽인권협약이 사생활의 존중권만을 규정하고 있는 데 비하여, 동 헌장은 개인데이터의 보호를 별개로 규정하고 있는 점이 주목된다. 한편, 제11조는 개인데이터의 보호와 자칫 긴장관계에 설 수 있는 표현의 자유를 규정하고 있는 바, 나중에 유럽연합사법재판소의 관련 판례에서 살펴보는 바와 같이 양자의 공정한 형량이 중요한 경우가 적지 아니하다.

다음으로, 유럽인권협약에서 개인데이터 보호와 관련된 규정들로서는 제8조(사생활 및 가족생활의 존중권)와 제10조(표현의 자유)를 들 수 있다. 이들 규정의 내용을 구체적으로 살펴보면, 제8조는 제1항에서 "모든 사람은 사생활 및 가족생활과 가정 및 교신의 존중권을 가진다.", 제2항에서 "이 권리의 행사는 법률의 규정에 의하고 민주사회에서 국가의 안전보장, 공공의 안전 또는 국가의 경제적 복지를 위하거나 무질서나 범죄의 예방 또는 건강이나 도덕의 보호 또는 다른 사람의 권리 및 자유의 보호를 위하여 필요한 경우를 제외하고는 공권력에 의해 간섭을 받지 아니한다."고 규정하고 있다. 한편, 제10조에서는 제1항에서 "모든 사람은 표현의 자유를 가진다. 이 권리는 공권력의 간섭 없이 그리고 국경에 관계없이 의견을 보유하고 데이터와 사상을 수취하고 발신할 자유를 포함한다. 본 조항은 국가가 방송, 텔레비전 또는 영화회사의 허가를 요구하는 것을 금지하지 않는다.", 제2항에서 "이들 자유의 행사는 의무와 책임이 수반하기 때문에 국가안전보장, 영토의 완전성이나 공공의 안전을 위하여, 무질서나 범죄의 예방을 위하여, 건강이나 도덕의 보호를 위하여, 다른 사람들의 명성과 권리의 보호를 위하여, 비밀로 받은 정보의 공개를 금지하기 위하여 또는 사법부의 권위와 불편부당성을 유지하기 위하여 법률의 규정에 의하여 민주사회에서 필요한 형식(양식), 조건, 제약 또는 제재의 대상이 될 수 있다."고 규정하고 있다.

3. EU의 개인데이터 보호 일반법제

A. 1995년 개인데이터보호지침[8](지침 95/46)

가. 개설

유럽의회(European Parliament)와 이사회(Council of the European Union)는 1995년 10월에 지침 95/46을 입법하였다.[9] 동 지침은 전 7장 및 최종규정(FINAL PROVISIONS)의 전 34조로 구성되었다. 좀 더 구체적으로 살펴보면, 제1장(총칙), 제2장(개인데이터 처리의 적법성에 관한 일반원칙), 제3장(사법적 구제, 책임과 제재), 제4장(개인데이터의 제3국으로의 이전), 제5장(행동규범), 제6장(개인데이터의 처리와 관련한 개인의 보호에 관한 감독기관 및 작업반), 제7장(공동체 이행조치) 및 최종규정으로 되어 있다. 이 가운데, 제2장은 다시 제1절(데이터 품질과 관련한 원칙들), 제2절(데이터 처리의 적법성 기준), 제3절(특별한 범주의 처리), 제4절(데이터주체에게 제공되는 정보), 제5절(데이터주체의 데이터 접근권), 제6절(면제와 제한), 제7절(데이터주체의 반대권), 제8절(처리의 비밀성 및 보안), 제9절(통지)로 세분되어 있다.

---

8) 이하는 졸저, EU개인정보보호법, 46쪽 이하를 참조하였다.

9) Directive 95/46/EC of the European Parliament and of the Council of 24 October 1995 on the protection of individuals with regard to the processing of personal data and on the free movement of such data, OJ 1995 L 281, p.31.

나. 주요내용

1) 목적과 적용범위

먼저, 지침 95/46의 제정목적으로서 회원국은 자연인의 기본적 권리와 자유, 특히 개인데이터의 처리와 관련하여 프라이버시권을 보호하여야 함과 함께, 그러나 이러한 보호와 관련된 이유로 회원국 간의 개인데이터의 자유로운 유통을 제한하거나 금지하여서는 아니 됨을 규정하고 있다.[10)]

다음으로, 적용범위의 원칙과 관련하여서는 "공동체법의 적용범위 밖의 활동, 예컨대 EU조약 제5편 및 제6편에 의해 규정된 것과 공공의 안전, 국가방위, 국가안전보장(처리작용이 국가안전보장문제와 관련될 때에는 경제적 복지도 포함한다) 및 형사법영역에서의 국가 활동과 관련된 처리작용"이라고 규정하고 있다.[11)]

2) 개념 정의

지침 95/46에서 사용되는 개념과 관련하여, '개인데이터', '개인데이터의 처리', '개인데이터 파일링시스템', '컨트롤러', '프로세서', '제3자', '수취인', '데이터주체의 동의'에 대한 정의규정을 두고 있다.[12)] 이들 가운데에서 주요한 것들의 규정내용을 구체적으로 살펴보면, '개인데이터(personal data)'란 "식별된 또는 식별가능한 자연인('데이터주체')과 관련되는 데이터를 말한다. 신원을 확인할 수 있는 자는 직접 혹은 간접적으로 특히 신원증명번호 혹은 신체적, 생리적, 정신적, 경제적, 문화적 또는 사회적 동일성에 관한 하나 혹은 그 이상의 요인을 참조하여

10) Article 1(1)(2)
11) Article 3(2)
12) Article 2

그 신원을 알 수 있는 사람이다."라고 하고, '개인데이터의 처리(processing of personal data)'란 "자동화 수단에 의한 것인지 여부와 관계없이 개인데이터에 대하여 이루어지는 작업이나 일련의 작업을 의미하며, 여기에는 수집, 기록, 편성, 저장, 편집이나 변경, 검색, 참조, 이용, 전송에 의한 공개, 그 밖의 방법에 의한 배포, 연결이나 결합, 차단, 삭제 또는 파기가 포함된다."고 하고, '컨트롤러(controller)'란 "개인데이터 처리의 목적 및 수단을 단독으로 또는 공동으로 결정하는 자연인이나 법인, 공적 기관, 정부기관 또는 그 밖의 단체"를 의미하며, 여기서 "처리의 목적 및 수단이 회원국법이나 공동체법에 의하여 결정되는 경우에, 컨트롤러나 그 특별한 지명기준은 회원국법이나 공동체법에 의해 지정될 수 있다."고 하고, '프로세서(processor)'란 "컨트롤러를 위하여 개인데이터를 처리하는 자연인이나 법인, 공적 기관, 정부기관이나 그 밖의 단체"를 말하며, '제3자(third party)'란 "데이터주체, 컨트롤러, 프로세서와 컨트롤러나 프로세서의 직접적 권한에 의해 그 데이터를 처리할 권한이 부여된 자 이외의 자연인이나 법인, 공적 기관, 정부기관이나 그 밖의 단체"를 의미한다고 하고, '수취인(recipient)'이란 "제3자인지 여부와 관계없이 데이터가 개시된 자연인이나 법인, 공적 기관, 정부기관 또는 그 밖의 단체"를 의미하며,[13] 마지막으로 '데이터주체의 동의(data subject's consent)'란 "데이터주체가 자신과 관련한 개인데이터가 처리되는 것에 합의를 나타내는, 자유롭게 주어진 특정되고 데이터에 기한 의사표시"를 의미한다고 규정하고 있다.

3) 개인데이터 처리의 일반원칙

첫째로, 데이터 품질과 관련된 원칙들에 대해 회원국은 개인데이터

13) 그러나 여기서 특별한 조회제도에 의해 데이터를 수취할 수 있는 기관들은 수취인으로 간주되지 않는다.

가 ①공정하고 적법하게 처리될 것, ②특정되고 명확하며 정당한 목적을 위하여 수집되어야 하고, 그 목적과 양립할 수 없는 방식으로 더 이상 처리되지 말 것,[14] ③수집되고 처리되는 목적과 관련하여, 적절하고 관련성이 있으며 과도하지 않을 것, ④정확하고 필요한 경우에 최신성을 유지하여야 하며, 수집 또는 처리되는 데이터의 목적과 관련하여 부정확하거나 불완전한 데이터는 삭제 또는 정정될 것을 보장하는 모든 합리적인 조치가 강구될 것, ⑤데이터주체의 신원을 허용하는 형태로 그 데이터가 수집되거나 처리된 목적을 위하여 필요한 이상의 기간 동안 보관되어서는 안되며, 회원국은 역사적, 통계적 또는 과학적 사용을 위하여 보다 장기간 저장된 개인데이터에 대해 적절한 보호조치를 수립할 것을 규정하고 있다.[15]

둘째로, 지침 95/46은 제2절 표제를 '데이터 처리의 적법성 기준'이라고 하고, 개인데이터가 처리될 수 있는 경우로서는 ①데이터주체가 애매모호하지 않게 동의를 한 경우, ②데이터주체가 당사자인 계약의 이행을 위하거나 계약을 체결하기 전에 데이터주체의 요청에 따른 조치를 취하기 위하여 처리가 필요한 경우, ③컨트롤러가 따라야 하는 법적 의무를 준수하기 위하여 처리가 필요한 경우, ④데이터주체의 중대한 이익을 보호하기 위하여 처리가 필요한 경우, ⑤공익 목적으로 수행된 임무의 완수를 위하거나 컨트롤러나 그 데이터가 공개된 제3자에게 부여된 공권력의 행사를 위하여 처리가 필요한 경우, ⑥컨트롤러 또는 그 데이터가 공개된 제3자나 당사자에 의하여 추구된 정당한 이익을 위하여 처리가 필요한 경우를 들고 있다.[16]

---

14) 다만, 역사적, 통계적 또는 과학적 목적을 위한 데이터의 처리는 회원국이 적절한 보호조치를 규정하는 한 양립할 수 없는 것으로 간주되어서는 안된다고 규정하고 있다. Article 6(1)(b)

15) Article 6

셋째로, 특별한 범주의 개인데이터의 처리와 관련하여, 회원국은 인종이나 민족, 정치적 견해, 종교적 또는 철학적 신념, 조합원 자격을 노출시키는 개인데이터의 처리와 건강이나 성생활에 관한 데이터의 처리를 금지하여야 한다.[17] 다만, 이러한 원칙에 대해서는 다음과 같이 일정한 경우에 예외가 인정된다. 즉, ①데이터주체가 자기 데이터의 처리에 대해 명백히 동의한 경우,[18] ②적절한 보호조치를 규정하고 있는 회원국법에 의해 권한이 주어지는 경우에 노동법분야에서 컨트롤러의 의무의 이행과 특정한 권리의 행사를 위하여 처리가 필요한 경우, ③데이터주체가 물리적으로 또는 법적으로 동의를 할 수 없는 경우에 데이터주체나 다른 사람의 중대한 이익을 보호하기 위하여 처리가 필요한 경우, ④재단, 협회나 그 밖의 다른 비영리단체에 의하여 정치적, 사상적, 종교적 또는 노동조합의 목적을 위하여 적절한 보호를 수반하는 적법한 활동과정에서 처리가 이루어지는 경우,[19] ⑤처리가 데이터주체에 의하여 명백히 공개되거나 법적 분쟁의 해결, 행사나 방어를 위하여 필요한 데이터와 관련되는 경우, ⑥예방의학, 의료진단, 케어나 치료의 제공 또는 헬스케어서비스의 경영 등의 목적을 위하여 데이터의 처리가 요구되는 경우에는 위의 민감데이터의 처리가 허용된다. 또한 범죄, 형사재판, 보안조치와 관련된 데이터의 처리는 공권력의 행사에 의해서만 이루어질 수 있다.[20]

---

16) 다만, 그러한 이익이 데이터주체의 기본적 권리와 자유를 위한 이익에 열위에 있는 경우는 제외한다. Article 7(f)

17) Article 8(1)

18) 다만 회원국법이 데이터주체의 동의에 의해서도 위의 원칙이 배제되지 않는다고 규정하는 경우에는 그러하지 않는다. Article 8(2)(a)

19) 다만, 그 처리는 당해 목적에 관하여 단체와 정기적으로 접촉하고 있는 개인 또는 단체의 구성원에만 관계하고 있고, 그 데이터는 데이터주체의 동의없이 제3자에게 공개되지 않을 것을 조건으로 한다. Article 8(2)(d)

20) Article 8(2)(3)(5)

넷째로, 개인데이터의 처리와 표현의 자유와 관련하여, 회원국은 프라이버시권과 표현의 자유를 규율하는 법규를 조화하기 위하여 필요한 경우에 보도 목적 또는 예술적이나 문학적 표현의 목적을 위하여 수행된 개인데이터의 처리에 대하여 제2장(개인데이터 처리의 적법성에 관한 일반원칙), 제4장(개인데이터의 제3국으로의 이전) 및 제6장(개인데이터의 처리와 관련한 개인의 보호에 관한 감독기관 및 작업반)의 규정의 적용면제나 적용특례를 규정하여야 한다.[21]

다섯째로, 회원국은 컨트롤러나 그 대리인이 자신에 관한 데이터가 수집되는 데이터주체에게 적어도 ①컨트롤러 및 그 대리인의 신원, ②데이터 처리의 목적, ③데이터의 수취인, ④질문에 대한 응답이 의무적인지 자발적인지와 응답하지 아니하는 경우의 가능한 결과, ⑤자기와 관련된 데이터에 대한 접근권 및 정정권의 존재 등의 정보를 제공하도록 규정하여야 한다.[22]

또한 데이터가 데이터주체로부터 취득되지 않는 경우, 컨트롤러나 그 대리인이 개인데이터를 기록할 때 또는 제3자에 대해 그 데이터의 공개가 예상된다면 그 데이터가 최초로 공개된 때보다 늦지 않게, 회원국은 그 데이터주체에게 적어도 ①컨트롤러와 그 대리인의 신원, ②처리의 목적, ③관련 데이터의 범주, ④수취인, ⑤데이터주체와 관련된 데이터에 대한 접근권 및 정정권의 존재 등에 관한 데이터를 제공하여야 한다.[23] 다만, 이에 대해서는 통계 목적을 위한 처리 또는 역사적이나 과학적 연구 목적을 위하여 그러한 정보의 제공이 불가능하거나 비례적이지 않는 노력을 포함하는 경우 또는 기록이나 공개가 명백히 법에 의하여 규정된 경우에는 적용이 제외된다.[24]

---

21) Article 9

22) Article 10

23) Article 11(1)

여섯째로, 컨트롤러나 프로세서의 권한에 따라 개인데이터에 접근하는 사람은 법률에 의하여 요구되지 않는 한, 컨트롤러의 지시에 따르지 않고서는 그 데이터를 처리하여서는 안된다.[25] 컨트롤러는 특히 그 처리가 네트워크에 대한 데이터의 전송을 포함하는 경우에 우발적 또는 불법적인 파기나 우발적 소실, 변경, 권한 없는 공개나 접근과 그 밖의 모든 불법적인 처리형식에 대하여 적절한 기술적 및 조직적 조치를 이행하여야 한다. 최신 기술수준과 이행비용을 고려하여, 그러한 조치는 보호되는 데이터의 처리 및 성질에 의하여 제기되는 위험에 적합한 보안수준을 보장하여야 한다.[26]

4) 데이터주체의 권리

(1) 접근권(Right of access)

회원국은 모든 데이터주체에게 다음의 권리를 보장하여야 한다. ①합리적인 기간마다 제약 없이 그리고 지나치게 지체되거나 과도한 비용부담 없이 (i)자기와 관련된 데이터가 처리되고 있는지 여부와 적어도 그 처리 목적에 대한 정보, 관련 데이터의 범주, 그리고 그 데이터가 공개되는 수취인에 대한 확인, (ii)처리중인 데이터와 그 데이터의 출처에 관한 이용 가능한 정보의 알기 쉬운 형태로의 연락, (iii)자동화된 결정의 경우에 적어도 자기와 관련된 데이터의 자동처리에 포함된 로직(logic)을 알 권리, ②특히 데이터의 불완전성이나 부정확성으로 인해 이 지침의 규정과 합치되지 않는 데이터 처리의 정정, 삭제 또는 차단을 얻을 수 있는 권리, ③데이터가 공개된 제3자에게 불가능하거나 비례적이지 않는 노력을 요한다는 입증이 없는 한 위의 정정, 삭제 또

24) Article 11(2)

25) Article 16

26) Article 17

는 차단에 대한 통지를 받을 권리를 갖는다.[27)]

그러나 이러한 권리에 대해서는 ①국가안전보장, ②국가방위, ③공공의 안전, ④형사범죄나 규제되는 직업윤리 위반에 대한 예방, 수사, 적발 및 기소, ⑤금융, 예산 및 조세문제를 포함하여 회원국이나 EU의 중요한 경제적 또는 재정적 이익, ⑥데이터주체의 보호나 다른 사람의 권리 및 자유의 보호를 보장하기 위하여 필요한 조치인 경우에, 회원국은 이들 권리를 제한하는 입법적 조치가 허용된다.[28)] 또한 적절한 법적 보호장치가 설정되어 있는 경우, 특히 데이터가 특정 개인에 대한 조치나 결정을 취할 목적으로 사용되지 않는 경우에 그 데이터주체의 프라이버시를 침해할 위험이 없는 것이 명백하면, 과학연구 목적만을 위하여 처리되거나 통계작성 목적만을 위하여 필요한 기간을 초과하지 않는 기간 동안 개인적인 형태로 보관될 때 회원국은 이러한 권리들을 입법조치에 의해 제한할 수 있다.[29)]

(2) 반대권(right to object)

회원국은 데이터주체에게 ①공익 목적으로 수행된 임무의 완수를 위하거나 컨트롤러나 그 데이터가 공개된 제3자에게 부여된 공권력의 행사를 위하거나 또는 컨트롤러나 그 데이터가 공개된 제3자나 당사자에 의하여 추구된 정당한 이익을 위하여 개인데이터의 처리가 필요한 경우에, 회원국법에 의해 달리 규정된 경우를 제외하고 자기의 특정한 상황과 관련된 우월적인 정당한 근거에 기하여 언제라도 자기와 관련된 데이터의 처리를 반대할 권리와 ②컨트롤러가 다이렉트마케팅 목적으로 처리하기를 원하는 데이터주체와 관련된 개인데이터의 처리를 요청

---

27) Article 12
28) Article 13(1)
29) Article 13(2)

에 따라 비용부담 없이 반대할 권리 또는 개인데이터가 최초로 제3자에게 공개되거나 다이렉트마케팅 목적을 위하여 사용되기 전에 그러한 공개나 사용을 비용부담 없이 반대할 권리가 명백히 주어진다는 것을 고지 받을 권리를 부여하여야 한다.[30]

또한 회원국은 모든 사람에게 자기와 관련된 법적 효과를 발생시키거나 자기에게 중대한 영향을 미치며, 그리고 자기와 관련된 특정한 개인적 측면, 예컨대 업무성취, 신용가치, 신뢰성, 행동 등의 평가에 사용될 데이터의 자동화처리에만 의존한 결정에 따르지 않을 권리를 부여하여야 한다.[31] 다만, 이러한 경우에도 그 결정이 ①계약체결과정 중에 이루어진 경우이거나 ②데이터주체의 정당한 이익을 보호하기 위한 조치가 규정된 법률에 의해 권한이 부여된 경우에는 회원국은 그러한 자동화된 결정에 따를 것을 규정할 수 있다.[32]

5) 컨트롤러 등의 통지의무

컨트롤러나 그 대리인은 전면적 또는 부분적 자동처리작용을 행하기 전에 감독기관에 통지하여야 한다. 통지에는 적어도 일정한 사항의 데이터[33]를 포함하여야 한다. 회원국은 다음의 경우에 통지의 간소화나 면제를 규정할 수 있다.[34] 즉, 첫째로, 처리되는 데이터를 고려할 때 데이터주체의 권리와 의무에 불리하게 영향을 미칠 것 같지 않은 처리작용에 대하여 처리 목적, 처리되는 데이터나 데이터의 범주, 데이터주체

30) Article 14

31) Article 15(1)

32) Article 15(2)

33) ①컨트롤러 및 그 대리인의 이름 및 주소, ②처리 목적, ③데이터주체의 범주와 그와 관련된 데이터에 대한 설명, ④데이터가 공개되는 수취인, ⑤데이터의 제3국으로의 이전계획, ⑥처리의 보안을 보장하기 위하여 취하는 조치의 적정성의 사전평가를 허용하는 일반적 기술. Article 19(1)

34) Article 18(2)

의 범주, 데이터가 공개되는 수취인 및 그 데이터가 저장되는 기간을 명확히 하는 경우, 둘째로, 컨트롤러가 국가법에 의하여 ①지침과 합치하는 국가법규정의 국내 적용을 독립적으로 보장하는 경우와 ②컨트롤러에 의하여 수행되는 처리작용의 기록 보관을 담당하는 개인데이터 보호책임자를 지명하는 경우이다.

한편, 처리의 유일한 목적이 법규에 따라서 일반대중에 대해 데이터를 제공하고 일반대중이나 정당한 이익을 대변하는 사람들이 조회할 수 있는 기록을 보관하는 경우에는 통지의무에 대한 적용이 제외될 수 있다. 그리고 일정한 처리작용을 하는 경우에 통지의무의 면제나 통지의 간소화를 규정할 수 있다.[35] 또한, 개인데이터를 포함하는 일정한 또는 모든 비자동적 처리작용은 통지하여야 하거나 간소화된 통지에 따라야 할 것을 규정할 수 있다.[36]

6) 실효성 확보와 권리구제

회원국은 사법기관에 쟁송을 제기하기 전에 특히 감독기관에 의한 행정적 구제를 보장하면서, 분쟁의 대상인 처리에 적용 가능한 국가법에 의해 보장된 권리의 침해에 대한 사법적 구제권을 모든 사람에게 제공하여야 한다.[37]

회원국은 불법적인 처리작용이나 이 지침에 따라서 채택된 국가법규정과 양립할 수 없는 행위의 결과로써 손해를 입은 사람이 그 손해에 대해 컨트롤러로부터 배상을 받을 자격 있음을 규정하여야 한다. 컨트

35) 정치적, 철학적, 종교적 또는 조합 목적으로 재단, 협회나 그 밖의 다른 비영리단체에 의하여 적절한 보호로써 합법적인 활동을 하는 중에, 그리고 처리가 그 목적과 관련하여 정기적인 접촉을 가지는 단체의 구성원들이나 사람들과 관련되며 데이터주체의 동의없이 제3자에게 공개되지 않는다는 조건으로 처리가 이루어지는 경우. Article 18(4)

36) Article 18(5)

37) Article 22

롤러는 그 손해가 발생한 사건에 대해 책임 없음을 입증하면 전면적으로 또는 부분적으로 그 책임으로부터 면제될 수 있다.[38)]

회원국은 이 지침의 완전한 이행을 보장하는 적절한 조치를 채택하여야 하고, 특히 이 지침에 따라서 채택된 규정을 침해한 경우에 부과될 제재를 규정하여야 한다.[39)]

7) 개인데이터의 제3국으로의 이전

(1) 원칙

회원국은 처리 중이거나 이전 후 처리를 예정하고 있는 개인데이터의 제3국으로의 이전은 이 지침에 따라서 채택된 국가법규정과 합치되고, 그 제3국이 적정한 보호수준을 보장하는 경우에만 허용된다는 것을 규정하여야 한다.[40)] 제3국에 의해 보장되는 보호수준의 적정성은 데이터 이전작용을 둘러싼 모든 환경의 관점에서 평가되어야 하며, 데이터의 성격, 제안된 처리작용의 목적 및 기간, 발신 국가와 최종목적지인 국가, 일반적 및 영역별 법규, 그 국가에서 실시되는 보안조치 등을 특히 고려하여야 한다.[41)]

유럽위원회가 제3국이 적정한 보호수준을 보장하지 않는다고 인정하는 경우에, 회원국들은 동일한 유형의 데이터가 그 제3국으로 이전되는 것을 금지하는데 필요한 조치를 취하여야 하며, 적절한 시기에 이러한 상황을 시정하기 위하여 협상에 착수하여야 한다.[42)] 유럽위원회는 제3국의 국가법이나 그 제3국이 가입한 국제조약에 의하여, 특히 위

---

38) Article 23(1)(2)
39) Article 24
40) Article 25(1)
41) Article 25(2)
42) Article 25(4)(5)

의 협상의 결과에 입각하여 그 제3국이 사생활과 개인의 기본적 자유 및 권리의 보호를 위하여 개인데이터의 적정한 보호수준을 보장하고 있다고 인정할 수 있다. 회원국들은 이러한 유럽위원회의 결정을 준수하는데 필요한 조치를 강구하도록 되어 있다.[43]

(2) 적용특례(Derogations)

위의 원칙에 대해서는 다음과 같은 적용특례가 인정된다.[44] ①데이터주체가 제안 받은 개인데이터의 이전에 대하여 애매모호하지 않게 동의한 경우, ②데이터주체와 컨트롤러 사이의 계약의 이행이나 데이터주체의 요구에 대응하여 취해진 사전 계약적 조치의 이행을 위하여 이전이 필요한 경우, ③데이터주체의 정당한 이익으로 판정된 컨트롤러와 제3자 사이의 계약의 체결이나 이행을 위하여 이전이 필요한 경우, ④중요한 공익적 근거로 또는 법적 청구권의 설정, 행사나 방어를 위하여 이전이 필요하거나 법적으로 요구되는 경우, ⑤데이터주체의 중대한 이익을 보호하기 위하여 이전이 필요한 경우, ⑥법규에 의하여 일반대중에 대한 데이터를 제공할 것이 예정되고, 일반대중이나 정당한 이익을 대변할 수 있는 사람에 의해 조회할 수 있는 기록으로부터 이전이 이루어진 경우가 그것이다.

회원국은 컨트롤러가 개인의 프라이버시와 기본적 권리 및 자유의 보호와 관련하여 적절한 보호수단을 제시하는 경우에 위의 원칙의 의미 내에서 적절한 보호수준을 보장하지 않는 제3국으로의 개인데이터의 이전을 허용할 수 있다.[45] 이 경우에 회원국은 유럽위원회와 다른 회원국들에 그러한 허용을 통지하여야 하며, 만일 어느 회원국이나 유

43) Article 25(6)
44) Article 26(1)
45) Article 26(2)

럽위원회가 개인의 프라이버시와 기본적 권리 및 자유의 보호를 포함하는 정당한 근거에 기하여 반대하는 경우에 유럽위원회는 적절한 조치를 강구하고, 유럽위원회가 어떤 표준계약조항이 충분한 보호조치를 제공하고 있다고 결정하는 경우에 회원국들은 유럽위원회의 결정에 따른 필요한 조치를 강구하도록 하고 있다.[46]

8) 감독기관

회원국은 하나 또는 그 이상의 공적 기관이 이 지침에 따라서 회원국들에 의해 채택된 규정들의 영토 내에서의 적용을 감시할 책임을 맡도록 하고, 이들 기관은 부과된 기능을 수행함에 있어서 완전히 독립적으로 활동하도록 하여야 한다.[47] 또한 개인데이터의 처리와 관련된 개인의 권리 및 자유의 보호와 관련된 행정적 조치나 규제를 설정할 때 감독기관들의 자문을 받도록 규정하여야 하도록 되어 있다.

감독기관은 특히 다음의 권한을 부여받는다.[48] ①조사권, 예컨대 처리작용의 주체문제를 형성하는 데이터에 대한 접근권한과 그 감독의무의 수행에 필요한 모든 데이터를 수집할 권한, ②실효적인 중재권한, 예컨대 처리작용이 이루어지기 전에 의견을 전달하고 그러한 의견의 적정한 공표를 보장할 권한, 데이터의 차단·삭제 또는 파기를 명령할 권한, 처리에 대해 잠정적 또는 종국적인 금지를 부과할 권한, 컨트롤러에게 경고를 하거나 주의를 줄 권한 등, ③이 지침에 따라서 채택된 국가법규정에 위반되는 경우에 법적 쟁송에 참여하거나 이러한 위반이 사법기관의 관심을 환기할 수 있도록 할 권한 등이다.

46) Article 26(3)(4)
47) Article 28(1)
48) Article 28(3)

B. 2016년 GDPR[49][50]

가. 개설

2016년 GDPR은 지침 95/46이 전 7장 34개조 및 최종규정으로 구성된데 비하여 전 11장 99개조로 그 구성에 있어서 지침 95/46에 비해 조문 수가 대폭 증가하였다. 그리고, 법형식에 있어서 전자는 '지침'(Directive)인데 비하여, 후자는 '규칙'(Regulation)이라는 점이 크게 다르다. EU법에서 규칙은 EU 전체에 대해서 직접 적용가능하고 법적 구속력을 가지는 법규범인데 비하여, 지침은 EU법의 통일성을 확보하기 위하여 제정된 것으로 그 달성될 입법목적과 관련하여서는 회원국들에 대해 구속력을 갖지만, 그것이 어떻게 국내법제도로 편입될 것인지에 대해서는 회원국에 위임되어 있는 법규범이라고 할 수 있다. 따라서 규칙은 회원국에 직접 적용되며, 경우에 따라서는 회원국법을 대체하는 효력을 갖지만, 지침은 회원국법을 대체하는 것이 아니라 국가법을 지침과 일치하게 적합시킬 의무를 회원국들에게 지우는 것이다.[51] 이러한 점에서, 2016년 GDPR은 법형식에 있어서도 지침 95/46에 비하여, EU역내에서의 법적 효력이 보다 통일적이고 강력한 것이라고 할 수 있다. 이하에서 그 주요내용을 살펴보도록 한다.

---

49) Regulation (EU) 2016/679 of the European Parliament and of the Council of 27 April 2016 on the protection of natural persons with regard to the processing of personal data and on the free movement of such data, and repealing Directive 95/46/EC (General Data Protection Regulation), OJ L 119, 2016.5.4., pp.1-88.

50) 이하는 졸저, EU개인정보보호법, 117쪽 이하를 참조하였다. 본서에서는 GDPR의 주요내용만을 소개하도록 한다.

51) 졸역, EU법 입문, 전남대학교출판부, 2014, 114쪽 이하.

나. 주요내용

1) 목적과 적용범위

(1) 2016년 GDPR은 "개인데이터의 처리에 관한 자연인의 보호와 관련되는 규정과 개인데이터의 자유로운 이동과 관련되는 규정"(제1조 제1항)을 그 대상으로 하는 것으로서, "자연인의 기본적 권리와 자유, 특히 개인데이터보호권을 보호"(동 조 제2항)하는 것과 "유럽연합 역내에서의 개인데이터의 자유로운 이동"(동 조 제3항)을 보장하는 것을 그 목적으로 한다. 입법목적과 관련하여 지침 95/46이 개인데이터의 처리와 관련한 '프라이버시권'을 그 목적의 하나로 들고 있었던데 비하여, 2016년 GDPR은 '개인데이터보호권'으로 변경된 점이 주목된다.

(2) 종래 지침 95/46이 하나의 조문으로 되었던 것을 보다 세분화하여 물적 범위(제2조)와 영토적 범위(제3조)로 나누어 규정하고 있다.

첫째로, 물적 범위(Material scope)와 관련하여, 2016년 GDPR은 "전면적으로 또는 부분적으로 자동화 수단에 의한 개인데이터의 처리와 파일링시스템의 일부를 구성하거나 구성할 의도인 개인데이터의 자동화 이외의 수단에 의한 처리"(제2조 제1항)에 대해서 적용하도록 되어 있다.

한편, 2016년 GDPR은 자동화 수단에 의한 처리이든 자동화 이외의 수단에 의한 처리이든 일정한 범위의 개인데이터의 처리작용에 대해서는 적용하지 않도록 규정하고 있다. 즉, ①EU법의 범위에 속하지 않는 활동 중에 하는 처리, ②회원국들이 EU조약(TEU) 제5편 제2장의 범위 내의 활동으로서 하는 처리, ③자연인이 순전히 사적 활동이나 가사활동 중에 하는 처리, ④관할기관이 공공의 안전에 대한 위협으로부터의 보호와 그 예방을 포함하여, 범죄의 예방, 수사, 적발이나 기소 또는 형벌의 집행을 위하여 관할기관에 의한 처리에 대해서는 적용특례가 인정된다.[52]

둘째로, 영토적 범위(Territorial scope)와 관련하여, 2016년 GDPR은 그 처리가 EU 역내에서 이루어지는지 여부에 관계없이, EU에 있는 컨트롤러나 프로세서의 사업체의 활동으로 이루어지는 개인데이터의 처리에 적용된다. 따라서 EU에 있는 컨트롤러나 프로세서의 사업체의 활동으로 이루어지는 개인데이터의 처리이면 그것이 EU 역내에서 이루어지는지 역외에서 이루어지는지의 여부에 관계없이 2016년 GDPR이 적용되게 된다.

그리고, 유럽연합에서 설립되지 않은 컨트롤러나 프로세서에 의한 유럽연합에 있는 데이터주체의 개인데이터의 처리에 대해서는 그 처리 활동이 ①데이터주체의 지불이 요구되는지 여부와 관계없이, EU 역내의 데이터주체에 대한 물품이나 서비스의 제공, 또는 ②데이터주체의 행동이 EU 역내에서 이루지는 한 그들 행동의 모니터링과 관련된 경우에는 2016년 GDPR이 적용되도록 규정하고 있다.

2) 개념 정의

지침 95/46과 비교하여 볼 때, '처리의 제한', '프로파일링', '가명처리', '개인데이터 침해', '유전자데이터', '생체데이터', '건강에 관한 데이터', '주 설립체', '대리인', '기업', '사업체그룹', '구속적 기업규칙', '감독기관', '관계 감독기관', '국경을 넘는 처리', '관련되고 이유 있는 반대',

52) 또한, 유럽연합 기관, 기구, 사무소 및 에이전시에 의한 개인데이터의 처리에 대해서는 2016년 GDPR이 아닌 별도의 특별법적인 성격을 갖는 규칙(EC) No 45/2001을 적용하도록 되어 있다. 다만, 그러한 경우에도 2016년 GDPR 제98조에서 "특히 EU기관, 기구, 사무소 및 에이전시에 의한 처리에 관하여 자연인들의 보호와 관련되며, 그러한 데이터의 자유로운 이동에 관한 규정"에 대해서 자연인들의 통일적이고 일관성 있는 보호를 보장하기 위하여 2016년 GDPR의 원칙과 규정들에 적합하도록 하고, 유럽위원회에게 해당하는 경우 입법안을 제출하도록 규정하고 있다. 그리고, 2016년 GDPR에 대해서 지침 2000/31/EC, 즉 이른바 e-commerce지침, 특히 동 지침 제12조에서 제15조까지의 중개서비스 제공자의 책임규정이 우선하여 적용되도록 규정하고 있다.

'정보사회서비스', '국제기구'가 신설되었고, '개인데이터의 처리'는 '처리'로, '개인데이터파일링시스템'은 '파일링시스템'으로, '데이터주체의 동의'는 '동의'로 변경되었다(제4조 참조). 이들 중 주요한 개념 정의에 대해 살펴보도록 한다.

(1) 개인데이터(personal data)

'개인데이터'란 식별된 또는 식별가능한 자연인('데이터주체')과 관련되는 데이터를 의미한다. 여기서 '식별가능한 자연인'이란 특히 이름, 식별번호, 위치데이터, 온라인 식별자와 같은 식별자, 또는 그 자연인의 신체적, 심리적, 유전적, 정신적, 경제적, 문화적이나 사회적 정체성을 참조함으로써 직접적으로 또는 간접적으로 식별될 수 있는 자를 말한다.

(2) 처리(processing)

'처리'란 자동화된 수단에 의하는지 여부와 관계없이, 수집, 기록, 편성, 구성, 저장, 편집이나 변경, 검색, 참조, 이용, 전송에 의한 공개, 배포나 그 밖의 방법에 의한 이용, 연결이나 결합, 제한, 삭제 또는 파기와 같이 개인데이터에 대해 이루어지는 작용을 의미한다.

(3) 프로파일링(profiling)

'프로파일링'이란 자연인과 관련되는 일정한 개인적인 측면을 평가하기 위하여, 특히 그 자연인의 업무성취, 경제적 상황, 건강, 개인적 선호, 관심, 신뢰성, 행동, 위치나 이동에 관한 측면을 분석하거나 예측하기 위하여 그들 데이터를 이용하는 것을 포함하는, 개인데이터의 자동화된 처리의 형태를 의미한다.

(4) 가명처리(pseudonymisation)

'가명처리'란 식별되거나 또는 식별가능한 자연인에게 속하는 것을 알지 못하게 하는 것을 보장하기 위한 기술적·조직적 조치를 받는 한, 부가적인 데이터가 별도로 보관되어서, 그러한 부가적인 데이터의 이용 없이는 특정한 데이터주체에 속하는 것으로 더 이상 알 수 없는 방식으로 하는 개인데이터의 처리를 의미한다.

(5) 컨트롤러(controller)

'컨트롤러'는 단독으로 또는 타인과 공동으로 개인데이터의 처리의 목적과 수단을 결정하는 자연인이나 법인, 공적 기관, 에이전시 또는 그 밖의 기구를 의미하는 것으로서, 처리의 목적과 수단이 EU법이나 회원국법에 의해 결정되는 경우에 컨트롤러나 그의 특별한 지명기준은 EU법이나 회원국법에 의해 규정될 수 있다.

(6) 프로세서(processor)

'프로세서'는 컨트롤러를 대신하여 개인데이터를 처리하는 자연인이나 법인, 공적 기관, 에이전시 또는 그 밖의 기구를 말한다.

(7) 수취인(recipient)

'수취인'은 제3자인지 여부에 관계없이 개인데이터가 공개된 자연인이나 법인, 공적 기관, 에이전시 또는 그 밖의 기구를 의미한다. 그러나 EU법이나 회원국법에 따라서 특별조사체계에서 개인데이터를 수취할 수 있는 공적 기관은 수취인으로 간주되지 않는다.

(8) 제3자(third party)

'제3자'는 데이터주체, 컨트롤러, 프로세서와 컨트롤러나 프로세서의 직접적인 권한에 의해 데이터의 처리가 허용된 사람들 이외의 자연인이나 법인, 공적 기관, 에이전시 또는 그 밖의 기구를 의미한다.

(9) 동의(consent)

데이터주체의 '동의'는 발언에 의하든 명백히 긍정적인 행위에 의하든 자기와 관련되는 개인데이터가 처리되는 것에 대한 승낙을 의미하는, 자유롭게 주어지고, 특정되며, 데이터가 제공되고, 애매모호하지 않은 의사표시를 의미한다.

(10) 유전자데이터(genetic data)

'유전자데이터'는 특히 문제의 자연인의 생물학적 샘플의 분석으로부터 얻는 그 자연인의 심리나 건강에 대한 특별한 데이터를 제공하는, 유전되거나 후천적으로 획득된 자연인의 유전적 특성과 관련되는 개인데이터를 의미한다.

(11) 생체데이터(biometric data)

'생체데이터'는 얼굴이미지나 지문데이터와 같이 그 자연인의 특유한 식별을 허용하거나 확인시켜주는 자연인의 신체적, 심리적 또는 행태적 특성과 관련되는, 특정한 기술적 처리로부터 생겨나는 개인데이터를 의미한다.

(12) 주 설립체(main establishment)

'주 설립체'란 ①EU에서의 중심 관리지인 하나 이상의 회원국에 설립체들을 가지고 있는 컨트롤러와 관련하여, 개인데이터의 처리의 목적과 수단에 관한 결정이 EU내의 컨트롤러의 다른 설립체에서 이루어지지 않으며, 그 다른 설립체가 이러한 결정이 실행되게 할 권한을 가지고 있지 않다면, 이러한 경우에 그 결정을 취한 설립체가 주 설립체로 간주되어야 하며, ②EU에서의 중심 관리지인 하나 이상의 회원국에 설립체들을 가지고 있는 프로세서와 관련하여, 프로세서가 본 규칙에 따른 특별한 의무를 지는 범위에서 프로세서의 설립체의 활동의 측면에서 주된 처리활동들이 이루어지는 EU내의 프로세서의 설립체를 주 설립체라고 한다.

(13) 대리인(representative)

'대리인'은 유럽연합에서 설립되지 않은 컨트롤러나 프로세서에 의한 유럽연합에 있는 데이터주체의 개인데이터의 일정한 처리에 있어서 서면으로 컨트롤러나 프로세서에 의해 지명되어 본 규칙에 따른 각자의 의무와 관련하여 컨트롤러나 프로세서를 대표하는 자연인이나 EU에 설립된 법인을 의미한다.

(14) 구속적 기업규칙(binding corporate rules)

'구속적 기업규칙'이란 공동경제활동에 종사하는 사업체그룹 또는 기업그룹 내에서 제3국에 있는 컨트롤러나 프로세서에게 개인데이터를 이전하기 위하여 EU회원국의 영토상에 설립된 컨트롤러나 프로세서가 시행하는 개인데이터보호정책들을 의미한다.

(15) 국경을 넘는 처리(cross-border processing)

'국경을 넘는 처리'란 ①EU내의 컨트롤러나 프로세서의 하나 이상의 회원국에 있는 설립체들의 활동과 관련하여 발생하는 처리, 또는 ②EU내의 컨트롤러나 프로세서의 단일 설립체의 활동과 관련하여 발생하지만 하나 이상의 회원국에서 데이터주체에게 상당히 영향을 주거나 줄 것 같은 처리를 의미한다.

3) 개인데이터 보호의 원칙

2016년 GDPR은 개인데이터의 처리와 관련된 원칙을 지침 95/46과 달리, 규정된 원칙의 명칭을 명기하고 있다(제5조 참조).

(1) 적법성·공정성·투명성의 원칙

개인데이터는 데이터주체와 관련하여 적법하고 공정하며 투명하게 처리되어야 한다는 원칙을 말한다(제a호). 한편, 적법성의 원칙과 관련

하여서는 2016년 GDPR은 별개의 조(제6조)를 설정하여 보다 자세한 내용을 규정하고 있다.[53)]

(2) 목적 제한의 원칙

개인데이터는 특정되고, 명확하며, 정당한 목적을 위하여 수집되어야 하고, 그들 목적과 양립할 수 없는 방식으로 추가적으로 처리되어서는 안된다. 공익상의 기록보존 또는 과학적·역사적 연구나 통계를 위하여 개인데이터의 추가적인 처리는 제89조 제1항에 따라서 처음 목적과 양립 불가능한 것으로 간주되어서는 안된다(제b호).

(3) 데이터 최소화의 원칙

개인데이터는 적정하고, 관련성이 있으며, 처리목적과 관련하여 필요한 것으로 제한되어야 한다.

(4) 정확성의 원칙

개인데이터는 정확하며, 필요한 경우 최신성을 유지하여야 한다. 부정확한 개인데이터는 그 데이터의 처리목적을 고려하여 지체없이 삭제나 정정을 보장하기 위한 모든 합리적인 조치가 취해져야 한다.

---

53) 즉, 동 조는 개인데이터의 처리가 적법하기 위한 요건으로서 다음 사항을 들고 있다.
(a) 데이터주체가 특정한 목적을 위하여 자기의 개인데이터의 처리에 동의한 경우
(b) 데이터주체가 당사자인 계약의 이행을 위하거나 또는 계약을 체결하기 전에 데이터주체의 요청에 따라 조치를 취하기 위하여 처리가 필요한 경우
(c) 컨트롤러가 따라야 할 법적 의무를 준수하기 위하여 처리가 필요한 경우
(d) 데이터주체나 다른 자연인의 중대한 이익을 보호하기 위하여 처리가 필요한 경우
(e) 공익상 또는 컨트롤러에게 부여된 공권력의 행사로 행해진 임무의 수행을 위하여 처리가 필요한 경우
(f) 컨트롤러 또는 제3자가 추구하는 정당한 이익을 위하여 처리가 필요한 경우

(5) 저장 제한의 원칙

데이터주체의 신원은 그 개인데이터가 처리되는 목적에 필요한 기간 이상 허용되지 않는 형태로 보유되어야 한다. 개인데이터는 데이터주체의 권리와 자유를 보장하기 위하여 본 규칙에 의해 요구된 적절한 기술적·조직적 조치의 이행을 부과한 제89조 제1항에 따라서 공익상의 기록보존 또는 과학적·역사적 연구나 통계를 위하여서만 처리되는 한, 보다 장기간 저장될 수 있다.

(6) 무결성 및 비밀성의 원칙

개인데이터는 적절한 기술적 또는 조직적 조치를 사용하여, 권한없는 또는 불법적인 처리와 사고에 의한 멸실, 파기 또는 손상에 대한 보호를 포함하여, 개인데이터의 적절한 보안을 보장하는 방식으로 처리되어야 한다.

(7) 책임의 원칙

컨트롤러는 이상의 원칙에 대해 책임을 지며, 그 준수를 입증할 수 있어야 한다.

4) 데이터주체의 권리

2016년 GDPR은 데이터주체의 권리와 관련하여 지침 95/46에 비하여 크게 강화되었다고 할 수 있다. 즉, 데이터주체의 권리 행사를 위하여 데이터의 투명성, 연락 및 형식을 규정하였으며(제12조), 정정권(제16조)과 삭제권('잊혀질 권리' ; 제17조)을 별개의 조문으로 명확하게 규정하였고, 처리제한권(제18조)과 데이터이동권(제20조)을 신설하였으며, 논란의 대상이 되어온 '잊혀질 권리' 개념을 명시적으로 규정하였다.

(1) 데이터주체의 권리 행사를 위한 제도

(가) 투명한 데이터, 연락과 양식

2016년 GDPR은 지침 95/46과 달리, 데이터주체가 그 권리를 실효적으로 행사할 수 있도록 하기 위하여 데이터, 연락 및 양식의 제공 방식 등에 대해 체계적으로 규정하고 있다(제12조 참조).

① 컨트롤러는 명확하고 쉬운 언어를 사용하여, 간명하고 투명하며 알기 쉽고 접근이 쉬운 방식으로 데이터주체에게 처리와 관련되는 일정한 데이터와 연락을 특히 아동에게 특정하여 전달되는 데이터에 대해 제공하는 적절한 조치를 취하여야 한다. 데이터는 서면이나 또는 다른 수단, 해당하는 경우 전자적 형태로 제공되어야 한다. 데이터주체에 의해 데이터가 청구될 때, 데이터주체의 신원이 다른 수단에 의해 입증된다면 데이터는 구두로 주어질 수 있다.

② 컨트롤러는 데이터주체의 권리의 행사를 촉진시켜야 하며, 데이터주체를 식별할 수 있는 지위에 있지 않다는 것을 입증하지 않는다면, 데이터주체의 권리를 행사하기 위한 청구에 따라서 행위할 것을 거부하여서는 안된다.

③ 컨트롤러는 데이터주체의 청구에 대해 취한 행위에 대한 데이터를 지체없이 그리고 늦어도 청구받은 날부터 1월 이내에 데이터주체에게 제공하여야 한다. 이 기간은 필요한 경우 청구의 복잡성과 청구건수를 고려하여 최대 2월 더 연장될 수 있다. 기간이 연장되는 경우, 데이터주체는 청구접수로부터 1월 이내에 지연이유에 대해 통지되어야 한다. 데이터주체가 전자적 형태로 청구하는 경우에 데이터주체에 의해 달리 청구되지 않는다면, 데이터는 가능한 경우에 전자적 형태로 제공되어야 한다.

(나) 데이터주체에게 제공되는 데이터

데이터주체에게 제공되는 데이터는 개인데이터가 데이터주체로부터 수집되는 경우(제13조)와 그렇지 아니한 경우(제14조)로 나누어 규정되고 있다.

가) 개인데이터가 데이터주체로부터 수집되는 경우

이 경우에, 컨트롤러는 개인데이터가 획득될 때 다음 모든 정보를 데이터주체에게 제공하여야 한다.

(a) 컨트롤러의 신원과 연락처, 그리고 컨트롤러의 대리인이 있는 경우에는 그의 신원과 연락처
(b) 데이터 보호책임자가 있는 경우에는 그의 연락처
(c) 개인데이터가 의도된 처리의 목적과 법적 근거
(d) 컨트롤러 또는 제3자가 추구하는 정당한 이익을 위하여 처리가 필요한 경우에는 컨트롤러 또는 제3자가 추구하는 정당한 이익
(e) 해당하는 경우 개인데이터의 수취인
(f) 해당하는 경우 컨트롤러가 개인데이터를 제3국이나 국제기구에 이전하고자 하는 사실, 그리고 유럽위원회에 의한 적정성 결정의 존재 또는 부존재, 또는 제46조나 제47조 또는 제49조 제1항 제2문에서 규정된 이전의 경우에 개인데이터의 사본을 획득할 적절하거나 적합한 안전장치와 수단 또는 그 개인데이터가 이용되어온 곳에 대한 언급

나) 개인데이터가 데이터주체로부터 수집되지 않은 경우

이 경우에 컨트롤러는 다음의 정보를 데이터주체에게 제공하여야 한다.

(a) 컨트롤러의 신원과 연락처, 그리고 컨트롤러의 대리인이 있는 경우에는 그의 신원과 연락처
(b) 데이터 보호책임자가 있는 경우에는 그의 연락처
(c) 개인데이터가 의도된 처리의 목적과 처리의 법적 근거

(d) 관련 개인데이터의 범주

(e) 해당하는 경우 개인데이터의 수취인

(f) 해당하는 경우 컨트롤러가 제3국이나 국제기구의 수취인에게 개인데이터를 이전하고자 하는 것, 그리고 유럽위원회에 의한 적정성 결정의 존재 또는 부존재, 또는 제46조나 제47조 또는 제49조 제1항 제2문에서 규정된 이전의 경우에, 개인데이터의 사본을 획득할 적정하거나 적합한 안전장치 및 수단 또는 개인데이터가 이용되어온 곳에 대한 언급

그러나 다음의 경우에는 적용특례가 인정된다.

(a) 데이터주체가 이미 그 정보를 가지고 있는 경우

(b) 그러한 정보의 제공이 불가능한 것으로 입증되거나 비례적이지 않은 노력을 포함하는 경우, 특히 제89조 제1항에서 규정된 조건과 안전장치에 따라서 공익상의 기록보존 또는 과학적·역사적 연구나 통계를 위한 처리를 위하거나 또는 본 조 제1항에서 규정된 의무가 그 처리 목적의 달성을 불가능하게 하거나 또는 심각하게 손상시키는 경우.

그러한 경우에 컨트롤러는 데이터를 공개적으로 이용가능하게 만드는 것을 포함하여, 데이터주체의 권리 및 자유와 정당한 이익을 보호하기 위한 적절한 조치를 취하여야 한다.

(c) EU법이나 회원국법에 의해 개인데이터의 취득이나 공개가 명시적으로 규정된 경우

(d) 개인데이터가 실정법상의 비밀준수의무를 포함하여, EU법이나 회원국법에 의해 규율되는 직업상의 비밀준수의무에 따라서 비밀로 하여야 하는 경우

다) 개인데이터 수취인에 대한 통지

데이터주체가 개인데이터의 정정이나 삭제 또는 처리 제한을 청구한

경우, 컨트롤러는 이것이 불가능한 것으로 입증되지 않거나 또는 비례적이지 않은 노력을 포함하지 않는다면, 개인데이터가 공개된 각 수취인에게 이를 연락하여야 한다. 데이터주체가 청구하는 경우 컨트롤러는 그들 수취인에 대해 데이터주체에게 알려야 한다(제19조).

(2) 접근권

1) 데이터주체는 컨트롤러로부터 자기에 관한 개인데이터가 처리되고 있는지 여부에 대한 확인을 얻을 권리와, 처리되고 있는 경우에 개인데이터에 대한 접근과 일정한 정보[54]를 얻을 권리를 가져야 한다. 또한 개인데이터가 제3국이나 국제기구로 이전되는 경우, 데이터주체는 그 이전과 관련되는 적절한 안전장치에 대해 통지받을 권리를 가져야 한다.

2) 컨트롤러는 처리하고 있는 개인데이터의 사본을 제공하여야 한다. 데이터주체가 청구하는 추가적인 사본에 대해 컨트롤러는 사무비용에 근거한 합리적인 수수료를 부과할 수 있다. 데이터주체가 전자적 형태로 청구하는 경우, 그리고 데이터주체가 달리 청구하지 아니한 경우에, 데이터는 일반적으로 이용되는 전자적 형태로 제공되어야 한다. 다만, 데이터주체의 사본을 얻을 권리는 타인의 권리와 자유에 불리하게 영향을 미쳐서는 안된다.

54) (a) 처리의 목적, (b) 관련 개인데이터의 범주, (c) 개인데이터가 공개되었거나 공개될 수취인, 특히 제3국이나 국제기구에 있는 수취인, (d) 해당하는 경우, 개인데이터가 저장될 예상기간, 또는 이것이 가능하지 않다면, 이 기간을 결정하는데 이용될 기준, (e) 컨트롤러로부터 개인데이터의 정정이나 삭제 또는 데이터주체에 관한 개인데이터의 처리의 제한을 청구할 권리 또는 그러한 처리를 반대할 권리의 존재, (f) 감독기관에게 심판을 청구할 권리, (g) 개인데이터가 데이터주체로부터 수집되지 않은 경우, 그 출처에 관한 이용가능한 데이터, (h) 프로파일링을 포함하여 자동화된 의사결정의 존재, 그리고 적어도 그러한 경우에 포함된 로직에 관한 의미있는 데이터와, 데이터주체를 위한 그러한 처리의 중요성과 예상된 결과

(3) 정정권

데이터주체는 컨트롤러로부터 부당한 지체없이 부정확한 자기에 관한 개인데이터의 정정권을 가진다. 처리의 목적을 고려하여, 데이터주체는 보충적 진술을 제공하는 것을 포함하여 불완전한 개인데이터를 완전하게 할 권리를 가져야 한다(제16조).

(4) 삭제권('잊혀질 권리')

2016년 GDPR은 삭제권을 규정한 조문타이틀에서 괄호 안에 '잊혀질 권리'를 병기하고 있다(제17조 참조).

1) 데이터주체는 컨트롤러로부터 부당한 지체 없이 자기에 관한 개인데이터의 삭제권을 가지며, 컨트롤러는 일정한 경우[55)]에 부당한 지체 없이 개인데이터를 삭제할 의무를 진다.

2) 개인데이터를 공개한 컨트롤러가 그 데이터를 삭제할 의무가 있는 경우에 그 컨트롤러는 이용가능한 기술과 이행비용을 고려하여, 데이터주체가 개인데이터에의 링크 또는 그 복사나 복제의 삭제를 청구하였음을 그 데이터를 처리하고 있는 컨트롤러들에게 통지할 합리적인 조치-기술적 조치를 포함하여-를 취하여야 한다.

3) 적용제외

: 처리가 다음을 위해 필요한 범위에서 1)과 2)는 적용되지 않아야 한다.

---

55) (a) 데이터가 처리 목적과 관련하여 더 이상 필요하지 않은 경우, (b) 데이터주체가 처리의 근거가 되는 동의를 철회하는 경우와 데이터 처리의 법적 근거가 없는 경우, (c) 데이터주체가 처리를 반대하는 경우와 처리에 대해 우월적인 정당한 근거가 없는 경우, (d) 개인데이터가 불법적으로 처리된 경우, (e) 컨트롤러가 준수해야 하는 EU법이나 회원국법상의 법적 의무의 준수를 위하여 개인데이터가 삭제되어야 하는 경우, (f) 개인데이터가 정보사회서비스의 제공과 관련하여 수집된 경우

(a) 표현 및 정보의 자유권의 행사를 위하여

(b) 컨트롤러가 준수해야 하는 EU법이나 회원국법에 의해 처리를 요구하는 법적 의무의 준수를 위하여, 또는 공익상으로나 컨트롤러에게 부여된 공권력의 행사로 수행된 임무의 완수를 위하여,

(c) 공중보건의 영역에서 공익의 이유로

(d) 공익상의 기록보존 또는 과학적·역사적 연구나 통계를 위하여

(e) 법적 청구권의 설정, 행사 또는 방어를 위하여

(5) 처리제한권

1) 데이터주체는 일정한 경우[56]에 컨트롤러로부터 처리의 제한을 얻을 권리를 가져야 한다. 처리의 제한을 획득한 데이터주체는 처리의 제한이 폐지되기 전에 컨트롤러로부터 통지를 받아야 한다.

2) 처리가 제한된 경우, 저장을 제외하고 데이터주체의 동의에 따라 또는 법적 청구권의 설정, 행사나 방어를 위하여 또는 다른 자연인이나 법인의 권리의 보호를 위하여 또는 EU나 회원국의 중요한 공익을 이유로 그러한 개인데이터는 처리되어야 한다.

(6) 데이터이동권

데이터이동권의 기본관념은 빅데이터와 클라우드컴퓨팅이 널리 이용되고 있는 정보사회에서 어떤 정보서비스를 이용하는 데이터주체가

---

56) (a) 컨트롤러가 개인데이터의 정확성을 입증할 수 있는 기간 중에 데이터주체에 의해 개인데이터의 정확성이 다퉈지는 경우, (b) 처리가 불법인데, 데이터주체가 개인데이터의 삭제에 반대하며 대신 그 이용의 제한을 청구하는 경우, (c) 컨트롤러가 처리를 위하여 더 이상 개인데이터를 필요로 하지 않지만, 법적 청구권의 설정, 행사나 방어를 위하여 데이터주체에 의하여 개인데이터가 요구되는 경우, (d) 컨트롤러의 정당한 이익이 데이터주체의 그것에 우월하는지 여부의 확인이 될 때까지 데이터주체가 처리를 반대한 경우

그 데이터를 방해받지 않고 다른 정보서비스로 이전할 수 있는 권리라는 것이다. 데이터이동권도 지침 95/46에는 존재하지 않았던 것이 2016년 GDPR에 의해 새롭게 도입되었다. 그 규정내용은 다음과 같다(제20조 참조).

데이터주체는 체계화되고 일반적으로 이용되며 기계가 인식가능한 포맷으로 자기가 컨트롤러에게 제공하였던 자기에 관한 개인데이터를 받을 권리를 가져야 하며, (a) 처리가 데이터주체의 동의에 근거하거나, 또는 데이터주체가 당사자인 계약에 근거하는 경우와 (b) 처리가 자동화 수단에 의해 수행되는 경우에 개인데이터가 제공되었던 컨트롤러로부터 방해를 받지 않고 다른 컨트롤러에게로 그 데이터를 전송할 권리를 가져야 한다. 이 경우에, 데이터주체는 데이터이동권을 행사할 때, 기술적으로 가능한 경우, 한 컨트롤러로부터 다른 컨트롤러에게로 직접적으로 전송될 것을 얻을 권리를 가진다.

데이터이동권의 행사는 삭제권을 침해하지 않아야 하며, 타인의 권리와 자유에 불리한 영향을 미쳐서도 안된다. 데이터이동권은 공익상 또는 컨트롤러에게 부여된 공권력의 행사로 이행된 임무의 수행을 위하여 필요한 처리에는 적용하지 않아야 한다.

(7) 반대권

(가) 반대권 일반

데이터주체는 자기의 특별한 상황과 관련되는 이유로 언제라도 제6조 제1항 제e호 또는 제f호에 근거하여, 또한 이들 규정에 근거한 프로파일링을 포함하여 자기에 관한 개인데이터의 처리를 반대할 권리를 가져야 한다. 컨트롤러는 데이터주체의 이익, 권리와 자유에 우월한 처리를 위하여 또는 법적 청구권의 설정, 행사나 방어를 위하여 압도적으로 정당한 이유를 입증하지 않는다면, 더 이상 개인데이터를 처리하여서는 안된다(제21조 참조).

반대권은 늦어도 데이터주체에게 최초로 연락을 할 때 데이터주체가 인식할 수 있게 명시적으로 주어져야 하며, 다른 데이터와 명확하게 분리하여 제시되어야 한다. 그리고 지침 2002/58에도 불구하고, 데이터주체는 정보사회서비스의 이용에 있어서 기술적 스펙을 이용하는 자동화 수단에 의하여 반대권을 행사할 수 있다.

(나) 다이렉트마케팅을 위한 개인데이터의 처리와 반대권

개인데이터가 다이렉트마케팅을 위하여 처리되는 경우, 데이터주체는 그러한 다이렉트마케팅과 관련되는 범위에서 프로파일링을 포함하여, 그러한 마케팅을 위한 자기에 관한 개인데이터의 처리를 언제라도 반대할 권리를 가져야 한다. 데이터주체가 다이렉트마케팅을 위한 처리를 반대하는 경우, 개인데이터는 더 이상 그러한 목적을 위하여 처리되어서는 안된다.

(다) 공익 임무의 수행을 위한 개인데이터의 처리와 반대권

개인데이터의 처리가 과학적·역사적 연구 또는 통계를 위한 공익 임무의 수행을 위해 필요한 경우에는 데이터주체는 그 처리를 반대할 수 없다. 그러나 과학적·역사적 연구 또는 통계를 위한 개인데이터의 처리가 공익을 이유로 한 임무의 수행을 위해 필요하지 않다면, 데이터주체는 자기의 특별한 상황과 관련되는 이유로 자기에 관한 개인데이터의 처리를 반대할 권리를 가져야 한다.

(8) 자동화된 개별적 의사결정과 관련한 권리

데이터주체는 프로파일링을 포함하여, 자기에 관한 법적 효과를 가져오거나 마찬가지로 자기에 대해 크게 영향을 미치는 자동화된 처리에만 근거한 결정에 따르지 않을 권리를 가져야 한다(제22조 참조).

그러나 그 결정이 (a) 데이터주체와 데이터 컨트롤러 간의 계약의 체결이나 이행을 위해 필요한 경우, (b) EU법이나 회원국법에 의해 허용되는 경우, (c) 데이터주체의 명시적인 동의에 근거한 경우에 해당한다면 데이터주체는 반대권을 갖지 못한다. 또한 그 결정들은 제9조 제2항 제a호 또는 제g호가 적용되지 않고, 데이터주체의 권리 및 자유와 정당한 이익을 보장할 적합한 조치가 마련되어 있지 않다면, 제9조 제1항에서 규정된 특별한 범주의 개인데이터에 근거하여서는 안된다.

한편, (a) 및 (c)의 경우에 데이터 컨트롤러는 데이터주체의 권리 및 자유와 정당한 이익, 적어도 컨트롤러 측의 인적 개입을 얻고, 데이터주체의 견해를 표시하며 결정을 다툴 권리를 보장할 적합한 조치를 이행하여야 한다.

(9) 권리의 제한

데이터 컨트롤러나 프로세서가 준수해야 하는 EU법이나 회원국법은 그러한 제한이 기본적 권리와 자유의 본질을 존중하며 민주사회에서 일정한 사항[57]을 보장하는 필요하고도 비례적인 조치인 때, 제12조부터 제22조까지와 제34조에서 규정된 권리와 의무, 그리고 제5조에서 규정된 권리와 의무의 범위를 입법조치에 의해 제한할 수 있다(제23조 참조).

---

57) (a) 국가안보, (b) 방위, (c) 공공의 안전, (d) 공공의 안전의 위협에 대한 보호와 그 예방을 포함하여, 범죄의 예방, 수사, 적발이나 기소 또는 형벌의 집행, (e) 통화, 예산 및 조세문제, 공중보건과 사회보장을 포함하여, EU나 회원국의 일반적 공익의 다른 중요한 목적들, 특히 EU나 회원국의 중요한 경제적 또는 재정적 이익, (f) 사법적 독립성과 사법절차의 보호, (g) 규제받는 전문직의 윤리 위반의 예방, 수사, 적발 및 기소, (h) 제a호부터 제e호까지와 제g호에서 규정된 경우에 공권력의 행사에 간헐적으로라도 연결된 모니터링, 검사 또는 규제적 기능, (i) 데이터주체의 보호 또는 타인의 권리 및 자유, (j) 민사법적 청구권의 집행

5) 컨트롤러와 프로세서(Controller and processor)

2016년 GDPR은 지침 95/46과 달리 컨트롤러와 프로세서에 관한 규정을 독립된 별개의 장(제4장)에서 5개절(제1절-일반적 의무, 제2절-개인데이터의 보안, 제3절-데이터보호영향평가와 사전협의, 제4절-데이터 보호책임자, 제5절-행동규범과 인증), 20개조(제24조~제43조)에 걸쳐서 상세하고 체계적으로 규정하고 있다.

(1) 일반적 규정

(가) 컨트롤러의 책임

1) 처리의 성질, 범위, 관계 및 목적, 그리고 개인의 권리와 자유에 대한 다양한 가능성 및 가혹함의 리스크를 고려하여, 컨트롤러는 처리가 본 규칙을 준수하여 이루어지고 있다는 것을 보장하고 입증할 수 있는 적절한 기술적·조직적 조치를 이행하여야 한다. 이들 조치는 필요한 경우에 심사되고 업데이트되어야 한다(제24조 참조).

2) 승인된 행동규범이나 인증체계의 준수는 컨트롤러의 의무의 준수를 입증하는 요소로서 이용될 수 있다.

(나) 디자인 및 디폴트에 의한 데이터 보호(Data protection by design and by default)

디자인 및 디폴트에 의한 데이터 보호는 개인데이터의 처리가 최종단계에서가 아니라 시작단계에서 디자인에 의해 데이터주체의 권리를 보장하고, 디폴트에 의해 특정한 목적을 위해 필요하고 최소한의 개인데이터만이 처리되며 필요 이상으로 공개되지 않을 것을 보장하는 적절한 기술적·조직적 조치와 절차를 수행할 것을 컨트롤러에게 요구하는 것을 말한다. 지침 95/46에는 존재하지 않았던 것이 2016년 GDPR에 새로 도입되었다(제25조 참조).

(다) 프로세서

프로세서는 컨트롤러를 대신하여 개인데이터를 처리하는 자를 말한다. 이러한 프로세서에는 자연인이나 법인, 공적 기관, 에이전시 또는 그 밖의 기구가 될 수 있다. 2016년 GDPR은 지침 95/46과 달리 프로세서에 대해 비교적 상세한 규정을 두고 있다(제28조 참조).

1) 컨트롤러를 대신하여 처리가 이루어진 경우, 컨트롤러는 처리가 본 규칙의 요건을 충족시키며 데이터주체의 권리 보호를 보장하는 방식으로 적절한 기술적·조직적 조치를 이행하는 충분한 보증을 제공하는 프로세서만을 이용하여야 한다.

2) 프로세서는 컨트롤러의 사전적으로 특정되거나 일반적으로 기술된 허가 없이는 다른 프로세서를 관여시켜서는 안된다. 일반적으로 기술된 허가의 경우에 프로세서는 컨트롤러에게 다른 프로세서의 추가 또는 대체에 대해 예정된 변경을 통지하여야 하며, 그렇게 함으로써 컨트롤러에게 그러한 변경에 대해 반대할 기회를 주어야 한다.

3) 프로세서에 의한 처리는 계약 또는 EU법이나 회원국법에 의한 다른 법적 행위에 의해 규율되어야 한다. 그 계약 또는 EU법이나 회원국법에 의한 다른 법적 행위는 컨트롤러와 관련하여 프로세서에게 기속력이 있고, 처리의 주제문제 및 기간, 처리의 성질 및 목적, 개인데이터의 유형과 데이터주체의 범주, 컨트롤러의 의무 및 권리를 설정한다.

4) 프로세서가 컨트롤러를 대신하여 특정한 처리활동을 수행하기 위하여 다른 프로세서를 관여시키는 경우, 컨트롤러와 프로세서 간의 계약이나 또는 다른 법적 행위로 설정된 동일한 데이터 보호 의무는 계약 또는 EU법이나 회원국법에 의한 다른 법적 행위에 의하여 그 다른 프로세서에게 부과되어야 하며, 특히 처리가 본 규칙의 요건을 충족하는 방식으로 적절한 기술적·조직적 조치를 이행하는 충분한 보증을 제공하여야 한다.

5) 유럽위원회는 일정한 사항에 대해, 법정의 심사절차에 따라서 표준계약조항을 설정할 수 있다. 그리고 감독기관도 일정한 사항에 대해, 그리고 일관성체계에 따라서 표준계약조항을 채택할 수 있다.

6) 프로세서가 처리의 목적 및 수단을 결정함으로써 본 규칙을 위반한다면, 그 프로세서는 그 처리에 대해 컨트롤러로 간주되어야 한다.

(2) 개인데이터의 보안

개인데이터의 보안과 관련하여, 지침 95/46은 1개조의 규정(제17조)만을 규정하였는데 비하여, 2016년 GDPR은 '제4장 컨트롤러와 프로세서'의 장에서 독립된 별개의 절(제2절)을 '개인데이터의 보안'으로 설정하여, '처리의 보안'(제32조), '감독기관에 대한 개인데이터 침해의 신고'(제33조)와 '데이터주체에 대한 개인데이터 침해의 연락'(제34조)을 규정하고 있다.

(가) 처리의 보안

1) 최신기술과 이행비용을 참작하고, 처리의 성질, 범위, 관계 및 목적과 개인의 권리 및 자유에 대한 다양한 가능성과 가혹성의 위험을 고려하여, 컨트롤러와 프로세서는 해당하는 경우 특히 다음을 포함하여, 위험에 적절한 보안수준을 보장하기 위한 적절한 기술적·조직적 조치를 이행하여야 한다. 한편, 승인된 행동규범이나 인증체계의 준수는 이들 요건의 준수를 입증하는 요소로서 이용될 수 있다.

(a) 개인데이터의 가명처리와 암호화

(b) 처리제도와 서비스가 실시중인 비밀준수, 무결성, 활용성과 탄력성을 보장하는 능력

(c) 물리적이나 기술적 사고의 경우에 적시에 개인데이터의 이용가능성과 접근성을 회복시키는 능력

(d) 처리의 보안을 보장하기 위한 기술적·조직적 조치의 효율성을 정기적으로 테스트하며, 측정하고, 평가하기 위한 절차

2) 적절한 보안수준을 평가할 때, 특히 전송되거나, 저장되거나 또는 달리 처리된 개인데이터가 사고에 의하거나 불법적인 파기, 멸실, 변경, 권한 없는 공개나 접근으로부터 처리에 의해 제기된 위험을 특히 고려하여야 한다.

3) 컨트롤러와 프로세서는 EU법이나 회원국법에 의해 그렇게 할 것이 요구되지 않는다면, 그의 권한에 따라 행위하는 자연인이 컨트롤러로부터의 지시에 따르지 않고서는 개인데이터를 처리하지 않을 것을 보장하는 조치를 취하여야 한다.

(나) 개인데이터 침해

1) 감독기관에의 신고

개인데이터 침해의 경우에 개인데이터 침해가 자연인의 권리와 자유에 대한 위험을 초래할 것 같다면, 컨트롤러는 부당한 지체 없이 가능한 경우 그 사실을 안 때로부터 72시간 이내에 관할감독기관에게 개인데이터 침해를 신고하여야 한다. 감독기관에의 신고가 72시간 이내에 이루어지지 않은 경우에는 지체의 이유를 첨부하여야 한다. 동시에 데이터를 제공하는 것이 불가능한 경우에, 데이터는 더 이상 부당한 지체 없이 단계적으로 제공될 수 있다.

2) 데이터주체에의 연락

개인데이터 침해가 자연인의 권리와 자유에 대해 높은 위험을 야기할 것 같은 경우, 컨트롤러는 부당한 지체 없이 개인데이터 침해를 데이터주체에게 연락하여야 한다. 데이터주체에의 연락은 개인데이터 침해의 성질을 명확하고 평이한 언어로 기술하여야 하며, 적어도 제33조 제3항 제b호, 제c호 및 제d호에서 규정된 데이터와 조치를 포함하여야

한다. 그러나 데이터주체에의 연락은 일정한 경우[58]에는 요구되지 않는다. 감독기관은 이들 조건의 충족 여부를 결정할 수 있다.

(3) 데이터보호영향평가와 사전협의

개인데이터를 처리하기 전에 그것이 개인의 권리와 자유에 대해 미치는 영향을 평가해서 개인의 권리와 자유에 대한 위험을 완화시키기 위한 적절한 조치를 강구하는 제도인 데이터보호영향평가(제35조 참조)와, 개인데이터의 처리가 개인의 권리와 자유에 대한 높은 위험을 나타내는 경우에 컨트롤러가 감독기관과 사전에 협의하도록 하는 제도인 사전협의(제36조 참조)는 2016년 GDPR에 의해 새로 규정되었다.

(가) 데이터보호영향평가(Data protection impact assessment)

1) 특히 신기술을 이용하는 처리의 유형이 자연인의 권리와 자유에 대해 높은 위험을 야기할 것 같은 경우에, 컨트롤러는 처리의 성질, 범위, 관계와 목적을 고려하여, 처리에 앞서 개인데이터의 보호에 관한 예상된 처리작용의 영향평가를 수행하여야 한다. 단일평가는 유사한 높은 위험을 제기하는 유사한 처리작용을 사용할 수 있다. 컨트롤러는 데이터보호영향평가를 수행할 때, 지정된 경우 데이터 보호책임자의 조언을 구하여야 한다.

그러나 제6조 제1항 제c호나 제e호에 따른 처리가 컨트롤러가 준수해야 하는 EU법이나 회원국법에 법적 근거를 가지며, 이러한 법률이

58) (a) 컨트롤러가 적절한 기술적·조직적 보호조치를 이행하였으며, 그들 조치는 개인데이터 침해에 의해 영향을 받는 개인데이터에 적용되었고, 암호화와 같이 개인데이터에 접근할 권한이 없는 사람에게 그 데이터를 알 수 없게 만드는 조치인 경우, (b) 컨트롤러가 데이터주체의 권리와 자유에 대한 높은 위험이 더 이상 현실화될 것 같지 않음을 보장하는 후속적인 조치들을 취한 경우, (c) 그것이 비례적이지 않은 노력을 포함하는 경우에, 데이터주체들이 똑같이 효과적인 방식으로 통지받을 공적 연락수단이나 또는 유사한 수단이 대신 있는 경우

문제의 특별한 처리작용을 규율하고 있으며, 그러한 법적 근거의 채택으로 데이터보호영향평가가 이미 일반적인 영향평가의 일부로서 이루어진 경우에, 회원국들이 처리활동 전에 그러한 평가를 수행할 필요가 있다고 생각하지 않는다면 데이터보호영향평가를 수행하지 않는다.

2) 데이터보호영향평가는 다음의 경우에 특히 요구되어야 한다.

(a) 프로파일링을 포함하여 자동화된 처리에 근거하며, 그리고 자연인에 관한 법적 효과를 낳거나 또는 마찬가지로 자연인에게 중대하게 영향을 미치는 결정이 근거하는, 자연인과 관련되는 사적 측면의 체계적이며 포괄적인 평가

(b) 제9조 제1항에서 규정된 특별한 범주의 데이터 또는 제10조에서 규정된 유죄판결 및 형사범죄와 관련되는 개인데이터의 대규모적인 처리

(c) 공개적으로 접근 가능한 영역의 대규모의 체계적인 모니터링

3) 데이터보호영향평가에는 적어도 다음 사항을 포함하여야 한다.

(a) 해당하는 경우 컨트롤러가 추구하는 정당한 이익을 포함하여, 예상된 처리작용과 처리 목적의 체계적인 기술

(b) 목적과 관련하여 처리작용의 필요성과 비례의 평가

(c) 데이터주체의 권리 및 자유에 대한 위험의 평가

(d) 데이터주체와 관계되는 다른 사람들의 권리와 정당한 이익을 고려하여, 개인데이터의 보호를 보장하며, 본 규칙의 준수를 입증하는 안전장치, 보안조치와 체계를 포함하여, 리스크를 처리할 것으로 예상되는 조치들

(나) 사전협의(Prior consultation)

1) 위험을 완화시키기 위하여 취하는 조치가 없다면 데이터보호영향평가가 개인데이터의 처리에 의해 높은 위험이 야기될 것임을 나타내

는 경우에 컨트롤러는 처리 전에 감독기관과 협의하여야 한다. 컨트롤러가 감독기관과 협의를 할 때 감독기관에게 일정한 정보[59]를 제공하여야 한다.

2) 감독기관이 예정된 처리가 본 규칙을 위반한다는 의견인 경우에, 특히 컨트롤러가 불충분하게 그 위험을 인식하거나 완화시킨 경우에 감독기관은 협의 요청을 받은 날로부터 최대 8주 이내에 컨트롤러와 해당하는 경우 프로세서에게 서면으로 조언을 하여야 하며, 이를 위해 그 권한을 사용할 수 있다. 그 기간은 예정된 처리의 복잡성을 고려하여 6주 연장될 수 있다. 감독기관은 컨트롤러와 해당하는 경우 프로세서에게 지연이유와 함께 협의요청을 받은 날부터 1월 이내에 그러한 연장을 통지하여야 한다. 그들 기간은 감독기관이 협의목적으로 청구한 데이터를 입수한 때까지 정지될 수 있다.

3) 회원국들은 처리와 관련되는, 국가의회에 의해 채택되는 입법안이나 또는 그러한 입법에 근거한 규제조치를 준비하는 동안 감독기관과 협의하여야 한다. 한편, 회원국법은 사회보장 및 공중보건과 관련한 처리를 포함하여 공익상의 임무의 수행을 위한 컨트롤러에 의한 처리와 관련하여, 컨트롤러에게 감독기관과 협의하고, 사전 허가를 얻도록 요구할 수 있다.

(4) 데이터 보호책임자(Data protection officer)

2016년 GDPR은 지침 95/46에는 존재하지 않았던 데이터 보호책임

---

59) (a) 해당하는 경우, 처리, 특히 사업체그룹내의 처리에 대해 관여한 컨트롤러, 공동 컨트롤러 및 프로세서의 각자의 책임, (b) 예정된 처리의 목적과 수단, (c) 본 규칙에 따른 데이터주체의 권리와 자유를 보호하기 위해 제공된 조치와 안전장치, (d) 해당하는 경우, 데이터 보호책임자의 연락처, (e) 데이터보호영향평가, (f) 감독기관에 의해 요청된 다른 데이터

자제도를 도입하여, 독립한 절(제4절)에서 3개조(제37조~제39조)에 걸쳐서 비교적 상세하게 규정하고 있다.

(가) 데이터 보호책임자의 지명

컨트롤러와 프로세서는 일정한 경우[60]에 데이터 보호책임자를 지명하여야 하며, 데이터 보호책임자의 연락처를 공개하고, 감독기관에게 그 연락처를 통보하여야 한다.

그 이외의 경우에 컨트롤러나 프로세서 또는 컨트롤러나 프로세서의 범주를 대표하는 협회 및 다른 기구들은 하나의 데이터 보호책임자를 지명할 수 있거나, 또는 EU법이나 회원국법에 의해 요구되는 경우에는 지명하여야 한다. 데이터 보호책임자는 컨트롤러나 프로세서를 대표하는 협회와 다른 기구들을 위하여 행위할 수 있다.

(나) 데이터 보호책임자의 임무

데이터 보호책임자는 적어도 다음의 임무를 가져야 한다.

(a) 컨트롤러나 프로세서, 그리고 본 규칙 및 EU나 회원국의 다른 데이터보호조항에 따른 의무의 처리를 수행하는 고용인에게 통지하고 조언하는 것

(b) 처리작용과 관련 감사에 관여하는 직원의 책임의 분배, 인식제고 및 교육을 포함해서 개인데이터의 보호와 관련하여, 본 규칙, EU나 회원국의 다른 데이터보호조항, 그리고 컨트롤러나 프로세서의 정책들의 준수를 모니터링하는 것

---

60) (a) 법원이 재판기관으로 행위하는 경우를 제외하고, 처리가 공적 기관이나 기구에 의하여 수행되는 경우, (b) 컨트롤러나 프로세서의 핵심적인 활동이 그 성질, 범위와/또는 목적들에 의하여, 대규모로 데이터주체들의 정기적이고 체계적인 모니터링을 요구하는 처리작용을 구성하는 경우, (c) 컨트롤러나 프로세서의 핵심적인 활동들이 제9조에 따른 특별한 범주의 데이터와 제10조에서 규정한 유죄판결과 형사범죄와 관련되는 개인데이터의 대규모 처리를 구성하는 경우

(c) 데이터보호영향평가에 관하여 요청받는 경우에 조언을 제공하며, 그 수행을 모니터링하는 것

(d) 감독기관과 협력하는 것

(e) 감독기관과의 사전협의를 포함하여 개인데이터의 처리와 관련된 문제들에 관하여 감독기관에 대한 연락처로서 행위하고, 해당하는 경우 다른 문제에 대해 협의하는 것

(5) 행동규범과 인증

행동규범과 관련하여 지침 95/46이 1개조(제27조)만을 규정하였던데 비하여 2016년 GDPR은 2개조(제40조, 제41조)에 걸쳐서 더 체계적이고 자세하게 규정하고 있으며, 그리고 지침 95/46에서는 존재하지 않았던 인증제도와 관련하여 비교적 자세하게 규정하고 있다(제42조, 제43조 참조).

(가) 행동규범(Codes of conduct)

1) 회원국, 감독기관, 유럽데이터보호위원회(European Data Protection Board ; EDPB)와 유럽위원회는 다양한 처리영역의 특성과 중소기업들의 구체적 사정을 고려하여, 본 규칙의 적정한 적용에 기여하도록 행동규범의 작성을 장려하여야 한다.

컨트롤러나 프로세서의 범주를 대표하는 협회와 다른 기구들은 일정한 사항[61]에 대하여 본 규칙 조항의 적용을 구체화하기 위하여 행동규

---

61) (a) 공정하고 투명한 처리, (b) 특정한 관계에서 컨트롤러에 의해 추구된 정당한 이익, (c) 개인데이터의 수집, (d) 개인데이터의 가명처리, (e) 일반인 및 데이터주체에게 제공된 정보, (f) 데이터주체의 권리의 행사, (g) 아동에게 제공된 정보와 아동의 보호, 그리고 아동에 대해 부모책임 부담자의 동의가 획득되는 방식, (h) 제24조와 제25조에서 규정된 조치 및 절차와 제32조에서 규정된 처리의 보안을 보장하는 조치, (i) 개인데이터 침해의 감독기관에의 신고와 데이터주체에의 연락, (j) 개인데이터의 제3국이나 국제기구로의 이전, (k) 제77조 및 제79조에 따른 데

범을 마련하거나 그러한 규범을 개정하거나 연장할 수 있다. 행동규범은 컨트롤러나 프로세서의 행동규범 준수를 감독기관에게 의무적으로 모니터링하게 할 수 있는 제도를 포함하여야 한다.

2) 감독기관에 의해 승인되고 일반적 효력을 가지는 행동규범은 제3국이나 국제기구로의 개인데이터 이전의 체계 내에서 적절한 안전장치를 제공하기 위하여 본 규칙의 적용을 받지 않는 컨트롤러나 프로세서에 의해 또한 준수될 수 있다. 이들 컨트롤러나 프로세서는 계약이나 다른 법적 구속력 있는 장치에 의하여 데이터주체의 권리에 관한 것을 포함하여 적절한 안전장치를 적용하겠다는 약속을 구속력있고 실행가능하게 하여야 한다.

(나) 인증(Certification)

1) 회원국, 감독기관, 유럽데이터보호위원회(EDPB)와 유럽위원회는 특히 EU레벨에서 컨트롤러와 프로세서에 의한 처리작용이 본 규칙을 준수함을 입증하기 위하여 데이터보호인증체계와 데이터보호 씰 및 마크의 설정을 장려하여야 한다.

데이터보호인증체계, 씰이나 마크는 제3국이나 국제기구로의 개인데이터 이전의 체계 내에서 본 규칙의 적용을 받지 않는 컨트롤러나 프로세서에 의해 제공된 적절한 안전장치의 존재를 입증하기 위하여 설정될 수 있다. 그러한 컨트롤러나 프로세서는 계약이나 다른 구속력있는 법규범에 의하여 데이터주체의 권리에 관한 것을 포함하여, 적절한 안전장치를 적용하겠다는 협약을 구속력있고 실행가능하게 하여야 한다.

2) 인증은 인증기구에 의하여 또는 그 관할감독기관이나 유럽데이터보호위원회(EDPB)에 의하여 승인된 기준에 근거하여, 관할감독기관

이터주체의 권리를 침해하지 않고, 처리와 관련하여 컨트롤러와 데이터주체 간의 분쟁 해결을 위한 법정 외 절차와 그 밖의 분쟁해결절차

에 의하여 발행되어야 한다. 기준이 유럽데이터보호위원회(EDPB)에 의해 승인된 경우에, 이것은 공통인증인 유럽데이터보호 씰로 될 수 있다. 인증은 자발적이어야 하며, 투명한 절차를 통하여 이용가능하여야 한다. 또한, 인증은 본 규칙의 준수를 이유로 컨트롤러나 프로세서의 책임을 경감시키지 않으며, 관할감독기관의 임무와 권한을 침해하지 않는다.

인증은 최장 3년간 컨트롤러나 프로세서에게 발행되어야 하며, 해당 요건이 계속해서 충족되는 한 동일한 조건에서 갱신될 수 있다. 인증요건이 충족되지 않거나 더 이상 충족되지 않게 된 경우에, 인증은 해당하는 경우 인증기구나 또는 관할감독기관에 의하여 철회되어야 한다.

6) 개인데이터의 제3국이나 국제기구로의 이전

(1) 일반원칙

제3국이나 국제기구로의 이전 후에 처리되고 있거나 처리될 예정인 개인데이터의 이전은 제3국이나 국제기구에서 다른 제3국이나 국제기구로의 계속된 이전을 포함하여, 컨트롤러와 프로세서가 일정한 조건들을 준수하는 경우에만 이루어져야 한다(제44조).

(2) 적정성 결정에 근거한 이전

1) 제3국이나 국제기구로의 개인데이터의 이전은 유럽위원회가 그 제3국이나 또는 그 제3국내의 영토나 하나 이상의 특정한 영역, 또는 문제의 국제기구가 적합한 보호수준을 보장한다고 결정한 경우에 이루어질 수 있다. 그러한 이전은 특별한 허가를 요구하여서는 안된다(이하 제45조 참조).

2) 유럽위원회는 보호수준의 적정성을 평가할 때 특히 다음의 요소를 고려하여야 한다.

(a) 법의 지배, 인권과 기본적 자유의 존중, 공공의 안전, 방위, 국가안보와 형사법에 관한 것을 포함한 일반적 및 영역별 관련입법과 공적기관의 개인데이터에의 접근, 그리고 그 국가나 국제기구에서 준수되는 개인데이터의 다른 제3국이나 국제기구로의 계속적인 이전을 위한 규정을 포함하여 그러한 입법, 데이터 보호규정, 전문적 규정과 보안조치의 실행, 판례, 그리고 실효적이고 실행가능한 데이터주체의 권리와 개인데이터가 이전되고 있는 데이터주체를 위한 실효적인 행정적·사법적 구제

(b) 적절한 집행권을 포함하여 데이터 보호규정의 준수를 보장하고 실행하며, 데이터주체가 권리를 행사할 때 그를 지원하고 조언하며, 회원국들의 감독기관과 협력하기 위한 책임을 가진, 그 제3국에 있는 또는 국제기구가 따라야 하는 하나 이상의 독립적인 감독기관의 존재와 실효적인 기능

(c) 제3국이나 관련 국제기구가 가입한 국제협약, 또는 법적 구속력 있는 관습이나 법규범과 그리고 특히 개인데이터의 보호와 관련하여 다자간 또는 지역시스템에의 가입으로부터 생기는 다른 의무

3) 유럽위원회는 보호수준의 적정성을 평가한 후, 집행법령에 의하여 제3국이나 국제기구가 적정한 보호수준을 보장하고 있음을 결정할 수 있다. 집행법령은 제3국이나 국제기구에서의 모든 관련되는 발전상을 고려하여 최소한 4년마다 정기적인 심사제도를 규정하여야 한다. 유럽위원회는 채택된 결정과 지침 95/46 제25조 제6항에 근거하여 채택된 결정의 기능에 영향을 미칠 수 있는 제3국과 국제기구에서의 발전상황을 지속적으로 모니터링하여야 한다.

유럽위원회는 적정성 심사에 의해 이용가능한 데이터가 제3국이나 국제기구가 적정한 보호수준을 더 이상 보장하지 않음을 나타내는 경우에, 필요한 정도에서 소급효 없이 집행법령에 의하여 결정을 취소,

개정 또는 정지시켜야 한다. 유럽위원회는 그러한 결정으로 발생하는 상황을 제거하기 위하여 제3국이나 국제기구와 협의하여야 한다. 다만, 그러한 결정은 제46조부터 제49조까지에 따라서 문제의 제3국이나 국제기구로의 개인데이터의 이전을 침해하지 않는다.

유럽위원회는 적정한 보호수준이 보장되거나 또는 더 이상 보장되지 않는다고 결정한 제3국과 국제기구의 리스트를 유럽연합공보와 웹 사이트에 공개하여야 한다.

(3) 적절한 안전장치에 따른 이전

1) 유럽위원회의 적정성 결정이 없는 경우에 컨트롤러나 프로세서는 적절한 안전장치를 제시한 경우에만, 그리고 데이터주체의 실행가능한 권리와 데이터주체를 위한 실효적인 법적 구제가 이용가능하다는 것을 조건으로 개인데이터를 제3국이나 국제기구로 이전할 수 있다(이하 제46조 참조).

2) 그러한 적절한 안전장치는 감독기관의 특별한 허가를 요하지 않더라도 일정한 것[62]에 의해서 규정될 수 있다.

3) 적절한 안전장치는 또한 관할감독기관으로부터의 허가에 따라서 (a) 컨트롤러나 프로세서와 제3국이나 국제기구의 컨트롤러, 프로세서 또는 개인데이터의 수취인 간의 계약조항, 또는 (b) 공적 기관이나 기구들 간의 행정협정에 삽입된, 실행가능하고 실효적인 데이터주체의

---

62) (a) 공적 기관이나 기구들 간의 법적 구속력 있고 실행가능한 법규범, (b) 구속적 기업규칙, (c) 유럽위원회가 채택한 표준데이터보호조항, (d) 감독기관이 채택하고, 유럽위원회가 승인한 표준데이터보호조항, (e) 데이터주체의 권리에 관한 것을 포함하여, 적절한 안전장치를 적용할 제3국의 컨트롤러나 프로세서의 구속적이고 실행가능한 약속과 함께 제40조에 의해 승인된 행동규범, (f) 데이터주체의 권리에 관한 것을 포함하여, 적절한 안전장치를 적용할 제3국의 컨트롤러나 프로세서의 구속적이고 실행가능한 약속과 함께 제42조에 의한 승인된 인증제도

권리를 포함하는 조항에 의해 규정될 수 있다. 그 경우에 감독기관은 일관성체계를 적용하여야 한다.

(4) 구속적 기업규칙(Binding corporate rules; BCRs)

1) 관할감독기관은 다음의 경우에 일관성체계에 의하여 구속적 기업규칙을 승인하여야 하며, 그것에는 일정한 사항[63]을 포함하여야 한다(이하 제47조 참조).

63) 구속적 기업규칙은 적어도 다음 사항을 적시하여야 한다.
(a) 공동경제활동에 관여한 사업체그룹 또는 기업그룹과 그 구성원 각자의 구성과 연락처, (b) 개인데이터의 범주, 처리의 유형과 그 목적, 영향을 받는 데이터주체의 유형과 문제의 제3국의 정체성을 포함하여 데이터이전, (c) 내부적 및 외부적인 법적 구속성, (d) 일반 데이터보호원칙의 적용, 특히 목적 제한, 데이터 최소화, 제한된 저장기간, 데이터 품질, 디자인 및 디폴트에 의한 데이터 보호, 처리의 법적 근거, 특별한 범주의 개인데이터의 처리, 데이터보안을 보장하는 조치, 그리고 구속적 기업규칙에 의해 구속되지 않는 기구로의 지속적인 이전에 관한 요건, (e) 프로파일링을 포함하여 자동화된 처리에만 근거한 결정에 따르지 않을 권리, 회원국의 관할감독기관과 관할법원에 쟁송을 청구할 권리와 해당하는 경우 구속적 기업규칙의 위반에 대해 구제와 보상을 얻을 권리를 포함하여, 처리에 관한 데이터주체의 권리와 그들 권리를 행사하는 수단, (f) EU 내에 설립되지 않은 관련 구성원에 의한 구속적 기업규칙의 위반책임의 회원국의 영토상에 설립된 컨트롤러나 프로세서에 의한 인정; 컨트롤러나 프로세서는 그 구성원이 손해발생사건에 대해 책임이 없다는 것을 입증할 때에만, 전부 또는 부분적으로 그 책임으로부터 면제되어야 한다. (g) 구속적 기업규칙, 특히 (d), (e) 및 (f)에서 규정된 조항들에 관한 데이터가 제13조 및 제14조에 부가하여 데이터주체에게 제공되는 방법, (h) 데이터 보호책임자 또는 공동경제활동에 관여한 사업체그룹 또는 기업그룹 내의 구속적 기업규칙의 준수의 모니터링과 교육 및 심판 취급의 모니터링을 담당하는 다른 사람이나 실체의 임무, (i) 심판절차, (j) 구속적 기업규칙의 준수의 확인을 보장하기 위한 공동경제활동에 관여한 사업체그룹 또는 기업그룹 내의 메커니즘, (k) 규정의 변경을 보고하고 기록하며, 그들 변경을 감독기관에 보고하는 메커니즘, (l) 특히 (j)에서 규정된 조치의 확인의 결과를 감독기관이 이용할 수 있게 함으로써, 공동경제활동에 관여한 사업체그룹 또는 기업그룹의 구성원에 의한 준수를 보장하는 감독기관에의 협력 메커니즘, (m) 공동경제활동에 관여한 사업체그룹 또는 기업그룹의 구성원이 제3국에서 따라야 할, 구속적 기업규칙에 의해 규정된 보장에 대해 상당히 악영향을 가질 것 같은 법적 요건을 관할감독기관에게 하는 보고제도, (n) 개인데이터에 대해 상시적이거나 정기적으로 접근하는 직원에 대한 적절한 데이터보호교육

(a) 그것이 법적 구속력이 있으며, 고용인을 포함하여 공동경제활동에 참여한 사업체그룹의 모든 관련구성원에게 적용되고, 그들에 의해 실행되는 경우

(b) 개인데이터의 처리와 관련하여 데이터주체에게 실행가능한 권리를 명시적으로 부여하는 경우

(c) 2)에서 규정된 요건을 이행하는 경우

2) 유럽위원회는 구속적 기업규칙에 대해 컨트롤러, 프로세서 및 감독기관들 간의 데이터의 교환을 위한 형식과 절차를 구체화할 수 있다. 그들 집행법령은 제93조 제2항에서 설정된 심사절차에 따라 채택되어야 한다.

(5) EU법이 허가하지 않은 이전 또는 공개

컨트롤러나 프로세서에게 개인데이터를 이전하거나 공개할 것을 요구하는 제3국의 법원이나 심판소의 판결과 행정기관의 결정은 본 장에 따른 다른 이전사유를 침해하지 않고, 국제협정에 근거한다면, 요청하는 제3국과 EU나 회원국 간에 시행중인 상호법지원조약과 같은 방식으로 인정되거나 집행될 수 있을 뿐이다(제48조).

(6) 특별한 상황에 대한 특례

1) 구속적 기업규칙, 적정성 결정 또는 적절한 안전장치가 없는 경우에, 개인데이터의 제3국이나 국제기구로의 이전은 다음의 조건들 중의 하나에 근거하여서만 이루어져야 한다(이하 제49조 참조).

(a) 적정성 결정과 적절한 안전장치가 없기 때문에 그러한 이전의 가능한 위험을 통지받은 후에, 데이터주체가 제안 받은 이전을 명시적으로 동의한 경우

(b) 데이터주체와 컨트롤러 간의 계약의 이행, 또는 데이터주체의 요청으로 취해진 계약전 조치의 이행을 위하여 이전이 필요한 경우

(c) 컨트롤러와 다른 자연인이나 법인 간에 데이터주체를 위해 체결된 계약의 체결이나 이행을 위해 이전이 필요한 경우

(d) 중대한 공익상의 이유로 이전이 필요한 경우

(e) 법적 청구권의 설정, 행사 또는 방어를 위하여 이전이 필요한 경우

(f) 데이터주체가 사실상 또는 법률상 동의할 수 없는 경우에, 데이터주체나 타인의 중대한 이익을 보호하기 위하여 이전이 필요한 경우

(g) EU법이나 회원국법에 따라서 일반에게 정보를 제공하도록 예정되어 있으며, 일반대중이나 정당한 이익을 입증할 수 있는 사람에 의해 조회하도록 개방되어 있으나, EU법이나 회원국법에서 규정된 조회의 조건이 특정한 경우에 충족된 범위에서만 개방되어 있는 등록부로부터 이전이 이루어진 경우

2) 이전이 구속적 기업규칙에 관한 조항들을 포함하여, 제45조나 제46조의 규정에 근거할 수 없으며 특별한 상황에 대한 특례가 적용될 수 없는 경우에, 제3국이나 국제기구로의 이전은 그 이전이 반복적이 아니며 한정된 숫자의 데이터주체만이 관련되고, 데이터주체의 이익이나 권리 및 자유가 우월하지 않은 컨트롤러에 의해 추구된 압도적인 정당한 이익을 위하여 필요하며, 그리고 컨트롤러가 데이터이전을 둘러싼 모든 상황을 평가하고, 이러한 평가에 근거하여 개인데이터의 보호와 관련하여 적정한 안전장치를 제공한 경우에만 이루어질 수 있다. 컨트롤러는 감독기관에게 그 이전을 통지하여야 한다. 컨트롤러는 제13조와 제14조에서 규정된 정보의 제공에 부가하여, 데이터주체에게 이전과 컨트롤러가 추구한 압도적인 정당한 이익에 대해 통지하여야 한다.

7) 독립적 감독기관

개인데이터 감독기관과 관련하여, 지침 95/46이 1개조(제28조)만을 규정하였던 것에 비하여, 2016년 GDPR은 9개조(제51조~제59조)에 걸쳐서 자세하게 규정하고 있다. 특히 지침 95/46이 '감독기관'이라고만 하였던 데 비하여, 2016년 GDPR은 '독립적 감독기관'이라고 칭하고 '독립성'에 대해 별개의 규정(제52조)을 두고 있을 만큼 감독기관의 독립성에 대해 중점을 두고 있다고 할 수 있다.

(1) 감독기관

1) 각 회원국은 처리와 관련하여 자연인의 기본적 권리와 자유를 보호하고, EU내에서 개인데이터의 자유로운 유통을 촉진하기 위하여 본 규칙의 적용을 모니터링할 책임이 있는 하나 이상의 독립적 감독기관을 설치하여야 한다(이하 제51조 참조).

2) 한 회원국에서 하나 이상의 감독기관이 설치된 경우에, 그 회원국은 유럽데이터보호위원회(EDPB)에서 그 기관들을 대표할 감독기관을 지명하여야 하고, 다른 기관들에 의한 일관성체계와 관련되는 규정의 준수를 보장할 제도를 설정하여야 한다.

(2) 감독기관의 독립성

1) 각 감독기관은 본 규칙에 따라서 임무를 수행하고 그 권한을 행사함에 있어서 완전한 독립성을 가지고 행위하여야 한다(이하 제52조 참조).

2) 각 감독기관의 구성원은 본 규칙에 따라서 그 임무의 수행과 그 권한의 행사에 있어서 직접적이든 간접적이든 외부의 영향으로부터 자유로워야 하며, 누구로부터서도 지시를 구하거나 받아서는 안된다.

또한, 각 감독기관의 구성원은 그 임무와 양립할 수 없는 행위를 자제하여야 하며, 재직기간 중에 영리적인지 여부와 관계없이 양립할 수 없는 직업에 종사하여서는 안된다.

3) 각 회원국은 각 감독기관이 유럽데이터보호위원회(EDPB)에서의 상호원조, 협력과 참여를 위하여 수행되는 것들을 포함하여 그 임무의 효과적인 수행과 그 권한의 행사에 필요한 인적·기술적·재정적 자원, 청사와 인프라를 제공받는 것을 보장하여야 하며, 각 감독기관이 그 독립성에 영향을 미치지 않는 재정통제에 따를 것과 주 또는 국가의 총계 예산의 일부가 될 수 있는 별개의 공적인 연간 예산을 가지는 것을 보장하여야 한다. 또한, 각 감독기관이 관계 감독기관의 구성원의 지시에 전적으로 따라야 하는 그 자신의 직원을 선택하고 가지는 것을 보장하여야 한다.

(3) 감독기관의 권한

감독기관은 다음과 같이 조사권, 시정권, 허가권 및 지도권 등을 갖는다(이하 제58조 참조). 감독기관에게 부여된 권한의 행사는 유럽연합 기본권헌장에 따라서 EU법과 회원국법에서 규정된, 효과적인 사법적 구제와 적정절차를 포함하여 적절한 안전장치를 적용하여야 한다.

8) 권리구제, 책임 및 벌칙

(1) 심판제기권(Right to lodge a complaint with a supervisory authority)

다른 행정적 또는 사법적 구제를 침해하지 않고, 모든 데이터주체는 특히 자기와 관련되는 개인데이터의 처리가 본 규칙을 위반한다고 생각한다면, 특히 일상적 거주지, 활동지 또는 추정된 침해지인 회원국에서 감독기관에게 심판을 청구할 권리를 가져야 한다. 심판을 청구받은 감독기관은 청구인에게 사법적 구제의 가능성을 포함하여 심판의 진행

상황 및 결과를 고지하여야 한다(제77조 참조).

(2) 사법적 구제권(Right to an effective judicial remedy)

(가) 감독기관을 상대로 한 경우

1) 각 자연인 또는 법인은 자기에 관한 감독기관의 법적인 구속적 결정에 대해 실효적인 사법적 구제권을 가져야 한다. 관할감독기관이 심판을 취급하지 않거나 또는 청구된 심판의 진행상황이나 결과에 대해 3월 이내에 데이터주체에게 고지하지 않는 경우, 각 데이터주체는 실효적인 사법적 구제권을 가져야 한다(이하 제78조 참조).

2) 감독기관에 대한 소송은 감독기관이 설치된 회원국의 법원에 제기되어야 한다. 일관성체계에서 유럽데이터보호위원회(EDPB)의 의견이나 결정이 먼저 이루어진 감독기관의 결정에 대한 소송이 제기된 경우, 감독기관은 그 의견이나 결정을 법원에 송부하여야 한다.

(나) 컨트롤러나 프로세서를 상대로 한 경우

각 데이터주체는 본 규칙에 의한 자신의 권리가 본 규칙을 준수하지 않는 자기의 개인데이터의 처리의 결과로서 침해되었다고 생각하는 경우에, 실효적인 사법적 구제권을 가져야 한다(제79조 제1항).

컨트롤러나 프로세서를 상대로 한 소송은 컨트롤러나 프로세서가 설립체를 가지고 있는 회원국의 법원에 제기되어야 한다. 그 대신, 컨트롤러나 프로세서가 그 공권력의 행사로 행위하는 회원국의 공적 기관이 아니라면, 그 소송은 데이터주체가 일상적 거주지를 가지고 있는 회원국의 법원에 제기될 수 있다(동 조 제2항).

(3) 공익단체에 의한 데이터주체의 대리

1) 회원국법에서 규정된 경우에, 데이터주체를 대신하여 심판을 청구

하고 제77조, 제78조 및 제79조에서 규정된 권리를 행사하고 제82조에서 규정된 보상을 받을 권리를 행사하기 위하여, 데이터주체는 회원국법에 따라서 적정하게 구성되었으며 실정법상의 공익 목적을 가지며, 개인데이터 보호와 관련하여 데이터주체의 권리와 자유의 보호의 영역에서 활동하는 비영리적 기구, 조직이나 협회에게 위임할 권리를 가져야 한다(이하 제80조 참조).

2) 회원국들은 데이터주체의 위임과 관계없이, 본 규칙을 준수하지 않은 개인데이터의 처리의 결과로서 데이터주체의 권리가 침해되었다고 생각한다면, 위의 비영리적 기구, 조직이나 협회가 그 회원국에서 관할감독기관에게 심판을 청구하며, 사법적 구제권을 행사할 권리를 가져야 할 것을 규정할 수 있다.

(4) 배상권과 책임(Right to compensation and liability)

(가) 배상권

본 규칙 위반의 결과로서 물질적 또는 비물질적 손해를 입은 사람은 받은 손해에 대해 컨트롤러나 프로세서로부터 배상을 받을 권리를 가져야 한다(제82조 제1항).

(나) 배상책임

1) 처리에 관여한 컨트롤러는 본 규칙을 위반한 처리에 의해 야기된 손해에 대해 책임을 져야 한다. 프로세서는 특별히 프로세서에게 지시된 본 규칙의 의무를 준수하지 않은 경우에만 또는 컨트롤러의 적법한 지시에 대해 그 범위를 일탈하거나 반하여 행위한 경우에만 처리에 의해 발생된 손해에 대해 책임을 져야 한다(동 조 제2항). 그러나 손해를 발생시킨 사건에 대해 전혀 책임이 없음을 입증하면, 컨트롤러나 프로세서는 그 책임으로부터 면제되어야 한다(동 조 제3항).

2) 하나 이상의 컨트롤러나 프로세서 또는 컨트롤러 및 프로세서 양자가 동일한 처리에 관여한 경우 그리고 그들이 처리에 의해 발생된 손해에 대해 책임이 있는 경우, 각 컨트롤러나 프로세서는 데이터주체의 실효적인 배상을 보장하기 위하여 모든 손해에 대해 책임을 부담하여야 한다(동 조 제4항).

3) 어느 한 컨트롤러나 프로세서가 손해에 대해 완전한 배상을 한 경우, 그 컨트롤러나 프로세서는 동일한 처리에 관여한 다른 컨트롤러들이나 프로세서들로부터 그들 책임부분에 상응하는 손해배상액을 구상할 권리를 가져야 한다(동 조 제5항).

4) 배상을 받을 권리를 행사하기 위한 소송은 제79조 제2항에서 규정된 회원국법에 의해 관할권이 있는 법원에 제기되어야 한다(동 조 제6항).

(5) 과징금(administrative fines)

(가) 과징금 부과의 일반적 조건

1) 각 감독기관은 본 규칙의 위반에 대한 과징금의 부과가 각 개별적인 경우에 실효적이며, 비례적이고 억지적이어야 할 것을 보장하여야 한다(제83조 제1항).

2) 과징금은 각 개별적인 경우의 사정에 따라서 제58조 제2항 제a호부터 제h호까지 그리고 제j호에서 규정된 조치에 부가하여 또는 그에 대체하여 부과되어야 한다. 각 개별적인 경우에 과징금을 부과할지 여부를 결정할 때 그리고 과징금 금액을 결정할 때, 다음 사항에 대해 정당한 고려가 이루어져야 한다(동 조 제2항).

(a) 관련 처리의 성질, 범위 또는 목적을 고려하여 침해의 성질, 정도 및 지속기간, 그리고 영향을 받은 데이터주체의 숫자와 그에 의해 받은

손해의 정도

(b) 침해의 고의성 또는 과실적 성격

(c) 데이터주체가 받은 손해를 완화시키기 위해 컨트롤러나 프로세서가 취한 조치

(d) 제25조 및 제32조에 따라서 그에 의해 이행된 기술적·조직적 조치를 고려하여 컨트롤러나 프로세서의 책임의 정도

(e) 컨트롤러나 프로세서에 의한 이전의 관련 침해사실

(f) 침해를 구제하고, 그 침해의 가능한 부작용을 완화시키기 위한 감독기관과의 협력의 정도

(g) 침해에 의해 영향을 받은 개인데이터의 범주

(h) 침해가 감독기관에게 알려진 방식, 특히 컨트롤러나 프로세서가 침해를 신고하였는지 여부와 하였다면 어느 정도로 하였는지

(i) 제58조 제2항에서 규정된 조치가 동일한 주제문제와 관련하여 관련 컨트롤러나 프로세서에게 이전에 명령된 경우에, 그들 조치의 준수

(j) 제40조에 의해 승인된 행동규범 또는 제42조에 의해 승인된 인증제도의 준수

(k) 그 침해로부터 직접적으로나 간접적으로 얻은 재정상 이익 또는 회피된 손실과 같이, 그 사안의 상황에 적용할 수 있는 다른 악화시키거나 완화시키는 요인

3) 컨트롤러나 프로세서가 동일하거나 관련된 처리작용에 대해 고의나 과실로 본 규칙의 여러 조항들을 위반하였다면, 과징금의 총액은 그 가장 중한 위반에 대해 규정된 금액을 초과하여서는 안된다(동 조 제3항).

4) 제58조 제2항에 의한 감독기관의 시정권을 침해하지 않고, 각 회원국은 과징금이 그 회원국에서 설립된 공적 기관 및 기구들에 대해 부과될 수 있는지 및 어느 정도로 부과될 수 있는지에 대한 규정을 설정할 수 있다(동 조 제7항).

5) 감독기관의 권한 행사는 실효적인 사법적 구제와 적정절차를 포함하여, EU법 및 회원국법에 따라서 적절한 절차적 안전장치를 따라야 한다(동 조 제8항).

6) 회원국법제도가 과징금을 규정하고 있지 않는 경우, 본 조는 그들 법적 구제가 실효적이며 감독기관에 의해 부과된 과징금에 대해 동등한 효과를 가지는 것을 보장하면서, 과징금이 관할감독기관에 의해 제안되고 관할국가법원에 의해 부과되는 방식으로 적용될 수 있다. 어떠한 경우에도, 부과된 과징금은 실효적이며, 비례적이고 억지적이어야 한다. 그들 회원국은 본 항에 의해 채택하는 법조항들을 2018년 5월 25일까지, 그리고 그들 법조항에 영향을 미치는 후속개정법이나 개정을 지체없이 유럽위원회에 통보하여야 한다(동 조 제9항).

(나) 과징금의 부과

1) 다음 조항들의 위반은 10,000,000 유로까지 또는 기업의 경우에 이전 회계연도의 세계연간전체매출액의 2%까지 중에서 높은 쪽의 과징금이 부과되어야 한다(제83조 제4항).

(a) 제8조, 제11조, 제25조부터 제39조까지와 제42조 및 제43조에 의한 컨트롤러 및 프로세서의 의무

(b) 제42조 및 제43조에 의한 인증기구의 의무

(c) 제41조 제4항에 의한 모니터링기구의 의무

2) 다음 조항들의 위반은 20,000,000 유로 또는 기업의 경우 이전 회계연도의 세계연간전체매출액의 4%까지 중에서 높은 쪽의 과징금이 부과되어야 한다(동 조 제5항).

(a) 제5조, 제6조, 제7조 및 제9조에 의해 동의의 조건을 포함하여, 처리의 기본원칙

(b) 제12조부터 제22조까지에 의한 데이터주체의 권리

(c) 제44조부터 제49조까지에 의한 제3국이나 국제기구의 수취인으로의 개인데이터의 이전

(d) 제9장에 의해 채택된 회원국법에 의한 의무

(e) 제58조 제2항에 의해서 감독기관에 의한 명령 또는 처리에 대한 임시적이거나 최종적인 제한 또는 데이터 유통 정지의 불준수 또는 제58조 제1항에 위반하여 접근을 제공하지 않는 것

3) 제58조 제2항에서 규정된 바와 같이 감독기관에 의한 명령의 불준수는 20,000,000 유로 또는 기업의 경우 이전 회계연도의 세계연간전체매출액의 4%까지 중에서 높은 쪽의 과징금이 부과되어야 한다(동 조 제6항).

(6) 벌칙(Penalties)

회원국들은 특히 과징금이 부과되지 않는 위반에 대해 본 규칙의 위반에 적용할 수 있는 벌칙규정을 설정하여야 하며, 그것이 이행되는 것을 보장하는 필요한 모든 조치를 취하여야 한다(제84조 제1항).

각 회원국은 채택하는 법조항들을 2018년 5월 25일까지, 그리고 그들 법조항에 영향을 미치는 후속 개정을 지체없이 유럽위원회에 통보하여야 한다(동 조 제2항).

9) 특정한 데이터 처리상황과의 관련

(1) 표현 및 정보의 자유와의 관련

1) 회원국들은 본 규칙에 의한 개인데이터의 보호권과, 언론과 학문적, 예술적 또는 문학적 표현을 위한 처리를 포함하여, 표현 및 정보의 자유권을 법률에 의하여 조화시켜야 한다(제85조 제1항).

2) 언론을 위하여 또는 학문적, 예술적 또는 문학적 표현을 위하여

수행된 처리에 대하여, 회원국들은 그것들이 개인데이터의 보호권과 표현 및 정보의 자유를 조화시킬 필요가 있다면, 제2장(원칙), 제3장(데이터주체의 권리), 제4장(컨트롤러와 프로세서), 제5장(개인데이터의 제3국 또는 국제기구로의 이전), 제6장(독립적 감독기관), 제7장(협력과 일관성) 및 제9장(특정한 데이터 처리상황)의 규정들의 적용면제 또는 적용특례를 규정하여야 한다(동 조 제2항).

각 회원국은 채택한 법조항들과, 그들 법조항에 영향을 미치는 후속 개정법 또는 개정을 지체없이 유럽위원회에 통보하여야 한다(동 조 제3항).

(2) 일반인의 공문서에의 접근

공적 기관이나 공적 기구 또는 공익상 이행된 임무의 수행을 위한 사적 기구에 의해 보유된 공문서에서의 개인데이터는 일반인의 공문서에의 접근과 본 규칙에 의한 개인데이터의 보호권을 조화시키기 위하여 공적 기관이나 기구가 준수해야 하는 EU법이나 회원국법에 따라서 기관이나 기구에 의하여 공개될 수 있다(제86조).

(3) 국민식별번호의 처리

회원국들은 국민식별번호 또는 일반적으로 적용되는 다른 식별자의 처리를 위하여 특별한 조건들을 추가적으로 결정할 수 있다. 그 경우에, 국민식별번호 또는 일반적으로 적용되는 다른 식별자는 본 규칙에 의한 데이터주체의 권리와 자유를 위하여 적절한 안전장치에 의해서만 이용되어야 한다(제87조).

(4) 고용관계에서의 처리

1) 회원국들은 특히 채용, 법률이나 단체협약에 의해 설정된 의무의

면제를 포함하여 고용계약의 이행, 경영, 업무의 계획과 구성, 직장에서의 평등과 다양성, 작업에서의 건강과 안전, 고용주나 고객의 재산권의 보호를 위하여, 그리고 개별적으로 또는 단체로 고용과 관련된 권리 및 이익의 행사와 향유를 위하여, 그리고 고용관계의 종료를 위하여 고용관계에서의 근로자들의 개인데이터의 처리에 대해 권리와 자유의 보호를 보장하는 보다 세부적인 규정을 법률 또는 단체협약에 의하여 규정할 수 있다(제88조 제1항).

2) 그들 규정은 특히 처리의 투명성, 공동경제활동에 관여한 사업체 그룹이나 기업그룹 내에서의 개인데이터의 이전과 직장에서의 모니터링시스템과 관련하여, 데이터주체의 인간의 존엄성, 정당한 이익 및 기본권을 보장하는 적합하고 특별한 조치를 포함하여야 한다(동 조 제2항).

(5) 공익상의 기록보존, 과학적·역사적 연구 또는 통계를 위한 처리

1) 공익상의 기록보존 또는 과학적·역사적 연구나 통계를 위한 처리는 본 규칙에 따라서 데이터주체의 권리와 자유를 위한 적절한 안전장치에 의하여야 한다. 그들 안전장치는 기술적·조직적 조치가 특히 데이터 최소화의 원칙에 대한 존중을 보장하기 위하여 마련되어야 한다. 그들 조치는 그들 목적이 그러한 방식으로 이행될 수 있다면, 가명처리를 포함할 수 있다. 그들 목적이 데이터주체의 신원을 허용하지 않거나 더 이상 허용하지 않게 되는 추가적인 처리에 의해 이행될 수 있을 경우, 그들 목적은 그러한 방식으로 이행되어야 한다(제89조 제1항).

2) 개인데이터가 과학적·역사적 연구 또는 통계를 위하여 처리되는 경우, 그러한 권리가 특정한 목적들의 달성을 불가능하게 만들거나 또는 심각하게 훼손시킬 것 같으며, 그리고 그러한 특례가 그들 목적의 완수에 필요한 한, EU법이나 회원국법은 (1)에서 규정된 조건과 안전장치에 따라서 제15조, 제16조, 제18조 및 제21조에서 규정된 권리의

특례를 규정할 수 있다(동 조 제2항).

3) 개인데이터가 공익상의 기록보존을 위하여 처리되는 경우, EU법이나 회원국법은 그러한 권리가 특정한 목적들의 달성을 불가능하게 만들거나 또는 심각하게 훼손시킬 것 같으며, 그리고 그러한 특례가 그들 목적의 완수에 필요한 한, (1)에서 규정된 조건과 안전장치에 따라서 제15조, 제16조, 제18조, 제19조, 제20조 및 제21조에서 규정된 권리의 특례를 규정할 수 있다(동 조 제3항).

(6) 비밀준수의무

회원국들은, 개인데이터보호권과 비밀준수의무를 조화시키기 위하여 필요하며 비례적인 경우, EU법이나 회원국법 또는 국가관할기구에 의해 제정된 규정에 따라서 직업적 비밀준수의무나 다른 동등한 비밀준수의무의 적용을 받는 컨트롤러나 프로세서와 관련하여, 제58조 제1항 제e호 및 제f호에서 규정된 감독기관에 의한 권한을 설정하는 구체적인 규정을 채택할 수 있다. 그들 규정은 컨트롤러나 프로세서가 그러한 비밀준수의무의 대상이 되는 활동의 결과로서 받은 또는 그 활동에서 얻은 개인데이터와 관련하여서만 적용되어야 한다(제90조 제1항).

10) 최종규정

(1) 지침 95/46의 폐지

지침 95/46은 2018년 5월 25일부터 폐지된다(제94조 제1항).

(2) 지침 2002/58과의 관계

본 규칙은 지침 2002/58과의 관계에서 규정된 동일한 목적을 가진 특정한 의무에 따르는 사안들과 관련된 유럽연합의 공공통신망에서의 공중이용전자통신서비스의 제공과 연결된 처리와 관련하여 자연인이나 법인에 대해 추가적인 의무를 부과하여서는 안된다(제95조).

(3) 시행과 적용

1) 본 규칙은 유럽연합공보에서 공표된 날의 20일째 되는 날에 시행되어야 한다(제99조 제1항).

2) 그것은 2018년 5월 25일부터 적용되어야 한다(동 조 제2항).

4. EU 개인데이터 보호 특별법제 - 지침 2002/58[64)65)]

가. 개설

지침 95/46은 개인데이터에 관한 EU법체계에 있어서 일반법적 지위를 가지는 것으로서, 그에 대해 전자통신 분야에서의 개인데이터에 관한 규율을 위해 EU는 2002년 7월부터 별도의 지침인 지침 2002/58을 시행하고 있다. 지침 2002/58은 지침 95/46의 특별법적 지위를 가지는 것으로 동 지침이 명문으로 이를 규정하고 있다.[66)] 그 후, 지침 2002/58은 지침 2006/24[67)]과 지침 2009/136[68)]에 의해 개정이 이루어졌다. 이들 개

64) DIRECTIVE 2002/58/EC OF THE EUROPEAN PARLIAMENT AND OF THE COUNCIL of 12 July 2002 concerning the processing of personal data and the protection of privacy in the electronic communications sector (Directive on privacy and electronic communications), OJ 2002 L 201, p.37.

65) 이하는 졸저, EU개인정보보호법, 209쪽 이하를 참조하였다.

66) Article 1(2)

67) DIRECTIVE 2006/24/EC OF THE EUROPEAN PARLIAMENT AND OF THE COUNCIL of 15 March 2006 on the retention of data generated or processed in connection with the provision of publicly available electronic communications services or of public communications networks and amending Directive 2002/58/EC, OJ 2006 L 105, p.54.

68) DIRECTIVE 2009/136/EC OF THE EUROPEAN PARLIAMENT AND OF THE

정의 내용을 반영한 지침 2002/58은 전 23조로 구성되어 있다.[69] 그런데, EU에서의 개인데이터 보호와 관련한 일반법인 지침 95/46이 2016년 5월에 GDPR로 새로 대체된 것에 대응하여, 지침 2002/58도 그에 따라서 2017년 1월 10일에 유럽위원회(EC)는 새로운 ePrivacy규칙안[70][71]을 입법기관인 유럽의회와 이사회에 제출하여 현재 입법절차가 진행 중이다.

나. 주요내용

1) 목적과 적용범위

(1) 지침 2002/58의 목적은 유럽공동체에서 전자통신 분야에서의 개인데이터의 처리와 관련하여 기본적 권리와 자유, 특히 프라이버시권과

COUNCIL of 25 November 2009 amending Directive 2002/22/EC on universal service and users' rights relating to electronic communications networks and services, Directive 2002/58/EC concerning the processing of personal data and the protection of privacy in the electronic communications sector and Regulation (EC) No 2006/2004 on cooperation between national authorities responsible for the enforcement of consumer protection laws, OJ 2009 L 337, p.11.

69) 보다 구체적으로 이들 규정을 살펴보면, 목적과 적용범위(제1조), 개념 정의(제2조), 관련서비스(제3조), 처리의 보안(제4조), 통신의 비밀(제5조), 트래픽데이터(제6조), 청구의 명세화(제7조), 통화 및 연결회선 식별의 표시와 제한(제8조), 트래픽데이터가 아닌 위치데이터(제9조), 적용제외(제10조), 스팸통신(제13조), 자동통화전달(제11조), 가입자의 디렉토리(제12조), 기술적 특징과 표준화(제14조), 위원회절차(제14a조), 지침 95/46 특정한 규정의 적용(제15조), 실시와 집행(제15a조), 경과규정(제16조), 국가조치(제17조), 심사(제18조), 폐지(제19조), 발효(제20조), 수범자(제21조)에 관한 규정들이다.

70) Proposal for a REGULATION OF THE EUROPEAN PARLIAMENT AND OF THE COUNCIL concerning the respect for private life and the protection of personal data in electronic communications and repealing Directive 2002/58/EC (Regulation on Privacy and Electronic Communications), COM(2017) 10 final.

71) 이에 관한 보다 자세한 내용은 졸고, EU의 2017년 ePrivacy규칙(ePR)안의 검토와 시사점, 법학논총 38권 2호(2018.5.31.), 139-167쪽 참조.

비밀을 회원국들 사이에서 동등하게 보장하고, 개인데이터와 전자통신 장비 및 서비스의 자유로운 이동을 보장할 것이 요구되는 회원국들의 규정을 조화시키기 위한 것이다.[72] 동 지침의 목적규정은 개인데이터의 처리와 관련한 프라이버시권의 보장과 함께, 개인데이터의 자유로운 이동의 보장을 명백히 하고 있는 점에서 지침 95/46과 유사하다고 할 수 있다. 한편, 지침 95/46과의 관계에 대해서 특별화하고 보완하는 것이라고 하여, 동 지침이 지침 95/46에 대하여 특별법적 성격을 가짐을 명백히 하고 있다. 또한 지침 95/46이 '자연인'만을 그 보호의 대상으로 하고 있는데 반하여, 지침 2002/58은 '법인'의 정당한 이익도 동 지침의 보호의 대상임을 명백히 규정하고 있다.[73]

(2) 한편, 지침 2002/58의 적용범위와 관련하여서 동 지침은 유럽공동체설립조약의 적용범위 밖의 활동들, 즉 EU조약(TEU) 제5편 및 제6편에서 규정하고 있는 활동들[74]과 공공의 안전, 방위, 국가안보(그 활동들이 국가안보문제들과 관련되는 경우 국가의 경제적 복지를 포함한다.)에 관한 활동들, 그리고 형사법 영역에서의 국가활동들에 대해서는 적용이 제외됨을 규정하고 있다.[75] 따라서 동 지침은 회원국들이 합법적으로 전자통신을 도청하는 등의 행위에 영향을 미치지 않는다고 해석된다. 다만, 그러한 경우에도 유럽인권협약에 따라서 적절하고 비례적인 경우에만 합법적인 것으로 해석된다.[76]

---

72) Article 1(1)

73) Article 1(2) "The provisions of this Directive particularise and complement Directive 95/46/EC for the purposes mentioned in paragraph 1. Moreover, they provide for protection of the legitimate interests of subscribers who are legal persons."

74) EU조약(TEU)은 그에 대해 대외행동과 공동외교안보정책에 관한 행동 등을 규정하고 있다.

75) Article 1(3)

76) OJ 2002 L 201, recital(11)

2) 개념 정의

지침 2002/58은 '이용자', '트래픽데이터', '위치데이터', '통신', '동의', '부가가치서비스', '전자메일', '개인데이터 침해'에 대한 개념정의 규정을 두고 있다. 이들 개념의 규정내용을 살펴보면, '이용자(user)'란 "반드시 이러한 서비스에 가입하지 않고서도 사적 또는 사업 목적을 위하여 공중전자통신서비스를 이용하는 자연인"을 의미하고, '트래픽데이터(traffic data)'란 "전자통신망상에서 통신의 전달 또는 요금 청구의 목적을 위하여 처리되는 데이터"를 의미하며, '위치데이터(location data)'란 "공중전자통신서비스 이용자의 단말기의 지리적 위치를 나타내는 전자통신망에서 처리되거나 또는 공중전자통신서비스에 의해 처리되는 데이터"를 의미하고, '통신(communication)'이란 "한정된 숫자의 당사자 간에 공중전자통신서비스에 의해 교환되거나 전달된 데이터를 말한다. 이것은 전자통신망을 통하여 방송서비스의 일부로서 대중에게 전달된 데이터를 포함하지 않는다. 다만 그 데이터가 그것을 수신하는 식별가능한 가입자 또는 이용과 관련된 경우에는 제외한다."고 하며, 이용자 또는 가입자에 의한 '동의(consent)'란 지침 95/46에서의 '데이터주체의 동의', 즉 "데이터주체가 자신과 관련한 개인데이터가 처리되는 것에 합의를 나타내는, 자유롭게 주어진 특정되고 데이터에 기한 의사표시"와 동일하며, '부가가치서비스(value added service)'란 "통신데이터 또는 그 이외의 위치데이터의 처리를 요구하는 서비스로서 커뮤니케이션 또는 그 요금 청구서의 전송을 위해 필요한 것을 제외한다."고, 그리고 '개인데이터 침해(personal data breach)'란 "공동체 내에서 공중전자통신서비스의 제공과 관련하여 전송되거나, 저장되거나, 또는 그밖에 방법으로 처리된 개인데이터의 우발적이거나 불법적인 파기, 분실, 변경, 권한이 없는 공개 또는 접근을 낳는 보안의 침해"라고 규정하고 있다.

3) 통신의 비밀(Confidentiality of the communications)

회원국들은 국가입법을 통하여 공공통신망과 공중전자통신서비스에 의한 통신과 관련 트래픽데이터의 비밀을 보장하여야 하고, 특히 이용자의 동의 없이 이용자 이외의 사람에 의한 통신과 트래픽데이터의 청취, 도청, 저장 또는 다른 유형의 간섭이나 감시를 금지하여야 한다. 다만, 국가안보, 방위, 공공의 안전 그리고 형사범죄 또는 전자통신시스템의 부당한 이용의 예방, 수사, 인지 및 기소를 보장하기 위하여 필요하며 적절하고 비례적인 조치에 대해서는 예외가 인정된다.[77] 또한, 영업적 거래나 다른 사업상 교신의 증거를 제공할 목적으로 적법한 사업수행 중에 이루어질 때 통신이나 관련 트래픽데이터의 법적으로 허용된 기록에 대해서도 예외가 인정된다. 나아가, 관련 가입자나 이용자가 동의를 하고, 처리의 목적에 관하여 명확하고 포괄적인 데이터를 제공받았으며, 데이터 컨트롤러에 의한 그러한 처리에 대해 반대할 권리가 부여된다는 조건에서 가입자나 이용자의 단말기에 데이터의 저장 또는 이미 저장된 데이터에의 접근이 허용된다.[78]

4) 트래픽데이터(Traffic data)

공공통신망이나 공중전자통신서비스의 제공자가 처리하고 저장한 가입자 및 이용자에 관한 트래픽데이터는 통신 전송의 목적을 위하여 더 이상 필요하지 않게 되었을 때 삭제되거나 익명처리되어야 한다.[79] 다만, 전자통신서비스의 마케팅을 위하여 또는 부가가치서비스의 제공을 위하여 공중전자통신서비스 제공자는 데이터와 관련된 가입자 또는 이용자가 사전 동의를 한다면, 그러한 서비스 또는 마케팅에 필요한 정

77) Article 5(1)

78) Article 5(2)(3)

79) Article 6(1)

도로 그리고 그 기간 동안에 트래픽데이터를 처리할 수 있다. 이러한 경우에 이용자 또는 가입자는 언제라도 트래픽데이터의 처리에 대한 동의를 철회할 수 있어야 한다.[80)]

또한 가입자 통신요금 청구 및 상호접속이용료 청구를 위해 필요한 트래픽데이터는 처리될 수 있다. 다만, 서비스 제공자는 사전에 처리되는 트래픽데이터의 유형과 처리기간을 통지하여야 하며, 그러한 처리는 요금청구가 적법하게 다투어질 수 있거나 이용료 청구가 이루어질 수 있는 기간 종료까지만 허용될 수 있다.[81)]

이상의 트래픽데이터의 처리는 요금청구나 트래픽 관리, 고객대응, 사기 적발, 전자통신서비스의 마케팅 또는 부가가치서비스의 제공을 취급하는 공공통신망과 공중전자통신서비스 제공자의 권한에 따라 행동하는 사람들과 그러한 활동목적에 필요한 사항으로 제한되어야 한다.[82)]

5) 위치데이터(Location data)

공공통신망이나 공중전자통신서비스의 이용자나 가입자와 관련된 위치데이터가 처리될 수 있는 경우에, 그러한 데이터는 익명처리되거나 이용자나 가입자의 동의가 있는 경우 부가가치서비스의 제공에 필요한 정도와 기간 동안 처리될 수 있을 뿐이다. 이 경우에 서비스 제공자는 동의를 얻기 전에 이용자나 가입자에게 처리되는 위치데이터의 유형, 처리의 목적 및 기간, 그리고 그 데이터가 부가가치서비스를 제공할 목적으로 제3자에게 전달될지 여부에 대하여 통지하여야 하며, 이용자나 가입자는 언제든지 위치데이터의 처리에 대한 동의를 철회할

---

80) Article 6(3)

81) Article 6(2)

82) Article 6(5)

수 있다. 위치데이터의 처리를 위하여 이용자나 가입자의 동의를 얻은 경우에, 이용자나 가입자는 간단한 수단과 비용부담 없이 망에 대한 접속 시 또는 통신의 전송 시 그러한 데이터의 처리를 일시적으로 반대할 수 있어야 한다.[83]

이상의 위치데이터의 처리는 공공통신망이나 공중통신서비스의 제공자나 부가가치서비스를 제공하는 제3자의 권한 하에 행동하는 사람과 부가가치서비스를 제공하기 위하여 필요한 사항으로 제한되어야 한다.[84]

6) 스팸통신(Unsolicited communications)

다이렉트마케팅 목적으로 하는 자동통화·통신시스템(자동통화기계), 팩스나 전자메일의 이용은 사전 동의를 한 가입자 또는 이용자에 대해서만 허용될 수 있다. 자연인이나 법인이 고객으로부터 제품이나 서비스의 판매를 위하여 전자메일로 전자적 연락사항을 받은 경우에, 동일한 자연인이나 법인은 고객들이 비용부담 없이 그리고 손쉬운 방식으로 전자적 연락사항의 이용을 반대할 기회가 명백하게 주어진다면 유사한 제품이나 서비스의 다이렉트마케팅을 위하여 이들 전자적 연락사항을 이용할 수 있다.[85]

한편, 회원국들은 본 지침에 따라서 채택된 국가법조항들의 위반에 의해 불리한 영향을 받는, 따라서 그러한 위반의 중지 또는 금지에 정당한 이익을 가지는 자연인 또는 법인이 그 정당한 사업이익을 보호하는 전자통신서비스 제공자를 포함하여, 그러한 위반에 대해 법적 소송을 제기할 수 있음을 보장하여야 하며, 또한 과실로 그들 국가법조항의

83) Article 9(1)(2)

84) Article 9(3)

85) Article 13(1)(2)

위반에 기여하는 전자통신서비스 제공자들에게 적용 가능한 벌칙에 관한 특별규정들을 제정할 수 있다.[86)]

7) 지침 95/46의 특정 규정의 적용

회원국들은 통신의 비밀(제5조), 트래픽데이터(제6조), 통화회선 및 접속회선 ID의 표시 및 제한(제8조), 그리고 위치데이터(제9조)와 관련된 가입자 및(또는) 이용자의 권리와 의무의 범위를 제한하기 위한 입법적 조치를 채택할 수 있다. 다만, 이러한 제한은 국가안보, 방위, 공공의 안전 그리고 형사범죄 또는 전자통신시스템의 부당한 이용의 예방, 수사, 적발 및 기소를 보장하기 위하여 필요하며 적절하고 비례적인 조치에 해당하는 것이어야 한다.[87)]

한편, 위의 사항은 지침 2006/24에 의하여 동 지침 제1조 제1항[88)]에서 규정된 목적들을 위하여 보관될 것이 특별히 요구된 데이터에는 적용되지 않는다.[89)] 또한, 지침 2009/136에 의하여, 제공자들은 위에서 채택된 국가법조항에 근거한 이용자들의 개인데이터에의 접근 요청에 대응하기 위한 내부절차를 수립하여야 하도록 되어 있다. 제공자들은 관할 국가기관이 요구하는 경우에 내부절차, 접수된 요청건수, 제기된 법적 정당화와 그 대응에 관한 데이터를 제공하여야 한다.

---

86) Article 13(5)

87) Article 15(1)

88) "본 지침은 각 회원국의 국가법에 규정된 중대 범죄의 수사, 적발 및 기소를 위해서 데이터의 이용가능성을 보장하기 위하여 공중전자통신서비스 또는 공공통신망에 의하여 생성되거나 처리된 일정한 데이터의 보관과 관련하여 공중전자통신서비스 또는 공공통신망 제공자들의 의무에 관한 회원국들의 법규정을 조화하는 것을 목적으로 한다."

89) 그러나 지침 2006/24는 유럽연합사법재판소에 의하여 무효판결을 받았다. Joined cases C-293/12 and C-594/12 (8 April 2014) - 동 판례에 대해서는 본서 238쪽 이하를 참조.

8) 이행 및 집행(Implementation and enforcement)

이와 관련된 사항은 지침 2009/136에 의하여 신설된 것으로서, 현행 지침 2002/58의 실효성을 담보하기 위한 것이라고 할 수 있다. 그 주된 내용은 다음과 같다.

첫째로, 회원국들은 지침 2002/58에 따라서 채택된 국가법조항의 위반에 적용할 수 있는 벌칙규정들을 - 필요한 경우에 형사제재를 포함하여 - 규정하여야 하고, 그것들의 이행을 보장하는 필요한 모든 조치들을 취하여야 한다. 규정된 벌칙들은 효과적이고, 비례적이며, 억지력이 있어야 한다. 회원국들은 이러한 입법조치를 취한 후, 2011년 5월 25일까지 그 규정을 유럽위원회에 통보하여야 하며, 그에 영향을 미치는 이후의 개정에 대해서도 지체없이 통보하여야 한다.[90]

둘째로, 회원국들은 관할 국가기관과 관련있는 경우에 다른 국가기구들이, 본 지침에 따라서 채택된 국가법조항을 감시하고 집행하기 위하여 필요한 관련데이터를 얻을 권한을 포함하여 필요한 조사권한과 자원들을 보유함을 보장하여야 한다.[91]

셋째로, 관련 국가기관들은 본 지침에 따라서 채택된 국가법의 집행에서 국경을 넘는 효과적인 협력을 보장하고, 국경을 넘는 데이터의 유통을 포함한 서비스의 제공을 위한 조건들을 설정하는 조치들을 채택할 수 있다. 국가규제기관들은 유럽위원회에 그러한 조치들을 채택하기 전 적절한 때에 행위의 근거의 요약, 예상되는 조치들과 행위의 과정에 대한 법안을 제공하여야 한다. 유럽위원회는 그러한 데이터를 조사하여, ENISA[92] 및 지침 95/46 제29조에 의한 작업반(Working party)과 협의한 후, 특히 예정된 조치가 역내시장의 기능에 불리한 영향을

90) Article 15a(1)

91) Article 15a(3)

92) ENISA(European Union Agency for Network and Information Security)는 EU의 네트워크와 데이터보안 등을 담당하는 에이전시(Agency)이다.

미치지 않도록 하기 위하여 그에 대한 코멘트 또는 권고를 할 수 있다. 국가규제기관들은 조치들을 결정할 때 유럽위원회의 코멘트 또는 권고를 최대한 고려하여야 한다.[93]

93) Article 15a(4)

제3장

EU 사법제도

1. 개설

EU는 27개국의 다수 회원국들로 구성되어 있고, 각 회원국들은 그들 고유의 법제도를 운영하고 있기 때문에 EU의 법규범들이 각 회원국 법원에 의해 독자적으로 해석·적용된다면 EU법의 규범성과 실효성은 매우 약화될 것이다. 따라서 EU는 EU법의 통일적인 해석과 적용을 위하여 유럽연합(EU)사법재판소(THE COURT OF JUSTICE OF THE EUROPEAN UNION ; CJEU)를 설치하여 운영하고 있으며, 동 재판소는 룩셈부르크에 위치하고 있다. EU의 사법기관은 최고심으로서 사법재판소(Court of Justice),[1] 하급심으로서 일반재판소(General Court)로 구성되어 있다.[2]

한편, EU와 구별되는 유럽지역의 국제기구로서 유럽평의회[3](Council

1) 사법재판소(Court of Justice)는 일반적으로 유럽연합사법재판소(Court of Justice of The European Union ; CJEU)로도 불린다.

2) 종래에는 특별법원(specialised courts)으로서 직원심판소(Civil Service Tribunal)가 2004년에 설치되어 활동하였으나 2016년 9월 1일자로 폐지되고, 그 관할은 일반재판소가 맡게 되었다.

3) 유럽평의회는 유럽 모든 국가 간에 법적 기준, 인권, 민주발전, 법의 지배 및 문화

of Europe)가 있다. 유럽평의회는 EU와는 별개의 조직으로서 유럽인권협약(Convention for the Protection of Human Rights and Fundamental Freedoms ; ECHR)을 1950년에 제정하여 1953년부터 시행하고 있다. 동 협약 및 그 의정서(Protocols)에서 규정하고 있는 시민의 인권과 기본적 자유의 준수 여부를 심판하기 위하여 유럽인권재판소(European Court of Human Rights ; ECtHR)를 설치하여 운영하고 있다. 유럽인권재판소는 유럽연합사법재판소를 정점으로 하는 EU의 사법기관과는 별개의 조직이지만, 양자의 판결은 판례법으로서 상호 인정하여 판결에 반영하고 있다. 그로 인하여, EU 데이터 보호판례를 보다 실질적으로 이해하기 위해서는 EU 사법제도는 물론 유럽인권재판소제도를 아울러 살펴볼 필요가 있다.

이하에서 EU사법기관으로서의 사법재판소 및 일반재판소와 함께, EU 사법기관에 속하지 않는 유럽인권재판소에 대해 차례로 살펴보기로 한다.

2. 유럽연합사법재판소(Court of Justice of The European Union; CJEU)

가. 설립

유럽연합사법재판소의 역사는 1952년 12월에 설립된 ECSC[4]사법재

의 협력을 촉진하기 위한 국제기구로서, 1949년에 설립되었다. 현재 회원국은 47개국으로 EU와는 전혀 별개의 조직이다. 유럽평의회는 EU와는 달리 구속력있는 입법을 할 수 없지만, EU의 회원국들이 유럽평의회의 주요 구성국을 이루고 있기 때문에 양자는 긴밀한 관계를 가지고 있다. 졸고, EU개인정보보호법제에 관한 연구 -'2012년 개인정보보호규칙안'을 중심으로 하여-, 저스티스 제133호(2012.12), 6쪽 참조.

4) European Coal and Steel Community(유럽석탄철강공동체)의 약칭. ECSC는 6개국(프랑스, 독일, 이탈리아, 벨기에, 네덜란드, 룩셈부르크)에 의해 1951년 4월 18일

판소(Court of Justice of the ECSC)로부터 시작된다.[5] 이후 로마조약[6]에 의해 유럽경제공동체(European Economic Community ; EEC)와 유럽원자력공동체(European Atomic Energy Community ; EAEC or Euratom)가 성립되었고, 1957년 3월에 ECSC를 포함하여 이들 3개의 공동체를 관할하는 유럽공동체사법재판소(Court of Justice of the European Communities ; CJEC)로 변경되었다.[7] 그리고, 2009년 12월 1일 리스본조약의 발효에 의해 EC에 대체하여[8] 법인격을 갖는 EU가 성립하게 되었고, EU가 EC의 법적 지위를 승계하였다. 이에 따라, 유럽공동체사법재판소(CJEC)도 유럽연합사법재판소(Court of Justice of The European Union ; CJEU)로 명칭이 변경되었다.

나. 구성

사법재판소는 각 회원국마다 한 명의 재판관을 내세울 수 있으며,[9] 따라서 2022년 12월 31일 현재 사법재판소의 재판관은 27명으로 구성

에 서명되고 1952년 7월 23일에 발효된 파리조약에 의해 설치된 것으로, 2002년 7월 23일에 폐지되었다.

5) The Court of Justice of the European Communities - Historic landmarks, buildings and symbols2007(http://curia.europa.eu/jcms/upload/docs/application/pdf/ 2012-08/histoire_en.pdf)

6) 로마조약은 원래 6개국(프랑스, 독일, 이탈리아, 벨기에, 네덜란드, 룩셈부르크)에 의해 1957년 3월 25일에 서명되고, 1958년 1월 1일에 발효되었다.

7) 1957년 3월 25일에 서명된 「유럽공동체에 공통되는 일정한 기관들에 관한 조약」(The Convention on certain institutions common to the European Communities)에 의해 종래의 ECSC사법재판소에 대체하여 CJEC가 설치되었다.

8) 다만, 유럽원자력공동체(The European Atomic Energy Community)는 병존하도록 되었다. 따라서 EU사법재판소는 유럽원자력공동체를 규율하는 법규범도 관할권의 범위에 속한다.

9) Article 19(2) of TEU. 한편, 각 회원국에서의 후보선정절차와 관련하여서는 각 회원국별로 크게 차이가 있으며, 그다지 투명하지 않은 것에서부터 완전히 알 수 없는 것까지 다양하게 걸쳐 있다고 하는 견해가 있다. Klaus-Dieter Borchardt, THE ABC OF EUROPEAN UNION LAW, European Commission, 2010, p.69. 졸역, EU법 입문, 전남대출판부, 2014, 91쪽.

되어 있다.[10] 또한 사법재판소의 재판업무를 보조하기 위하여 재판연구관[11](Advocates-General)을 두며, 현재 11명의 재판연구관이 있다. 재판연구관의 임무는 관련사건에서 제기된 법적 문제에 대해 완전히 독립적이고 비당파적 조사에 기초한 재판소의 결정을 위하여 (비구속적) 제안의 형태로 사법재판소에 '의견'을 제시하는 것이다. 의견은 구술절차의 필수적인 부분이며, 재판소공보에 판결과 함께 공표된다. 재판연구관은 의견을 통해 판결에 영향을 미칠 수 있을 뿐이며, 재판의 심리에 관여하거나 판결에서의 표결에 참여할 수 없다.[12]

재판관과 재판연구관은 회원국들의 합의에 의해 6년 임기로 임용되며 재임될 수 있다. 재판업무의 연속성을 확보하기 위하여 재판관 및 재판연구관의 반수의 부분교체가 3년마다 사법년 시작인 10월 6일에 이루어진다. 이들은 그 독립성이 의심의 여지가 없고, 소속 국가에서 최고위 재판관의 임용에 요구되는 자격요건을 갖추거나 널리 인정을 받는 능력을 가진 법전문가 중에서 선정된다. 재판소장은 재판관들 중에서 재판관들이 선출하며, 3년 임기이며 재선될 수 있다.[13] 2012년 사법재판소법(Statute of the Court of Justice)의 개정에 의해 부소장(vice-president) 직이 설치되었다. 부소장도 소장과 동일한 절차에 의해 선출되며, 동일하게 3년 임기에 재선될 수 있다.

---

10) https://curia.europa.eu/jcms/jcms/P_80908/en/ (2023.2.5 방문)

11) Advocate-General에 대해서는 법무관 등 여러 가지의 번역례가 있으나, Advocate-General의 기본적인 임무가 구체적 사건에 대해 조사하여 당해 재판부에 보고서를 제출하는 데에 있다는 점에 착안한다면, 우리나라의 재판연구관과 유사하다고 할 수 있다. 따라서 본서에서는 '재판연구관'이라고 번역하기로 한다. 다만, 사법재판소의 재판연구관과 우리나라 대법원의 재판연구관은 그 보고서의 영향력이나 그 위상에 있어서 차이가 있음을 유의할 필요가 있다.

12) op. cit. p.69. 그러나 재판연구관의 의견은 재판 실제에 있어서 대단히 큰 영향력을 가지며, 다수의 사건에 있어서 재판연구관의 의견을 따르고 있다고 한다. Paul Craig & Gráinne de Búrca, EU Law : Text, Cases and Materials(5th ed.), Oxford University Press, 2011, p.70.

13) Article 253 of TFEU(Treaty on the Functioning of the European Union)

한편, 각 회원국들이 재판관들을 지명하기 전에 후보자인 재판관 및 재판연구관으로서의 적격성에 관한 의견을 얻기 위하여 자문단(consultative panel)을 설치하도록 되어 있다. 자문단은 사법재판소 및 일반재판소의 전임 구성원, 회원국 최고법원의 구성원, 공인된 능력을 가진 변호사와 유럽의회가 추천한 사람 등으로 구성된다.[14]

다. 임무

사법재판소는 EU의 최고의 재판기관으로서 그 기본적인 임무는 '조약의 해석 및 적용에 있어서 법규범이 준수되는 것을 보장하는 것'이다.[15] 이러한 기본적인 임무는 EU기관들의 조약 이행과 회원국 및 개인의 EU법상의 의무와 관련하여 EU법의 적용을 모니터링하고, 판결을 통하여 EU법의 해석 및 적용을 할 때 구체적으로 나타난다고 할 수 있다. 즉, 사법재판소는 제3자에게 법적 효력을 미치는 이사회·유럽위원회 등 EU기관 등의 행위의 적법성을 심사한다.[16]

그밖에도 사법재판소는 EU가 비회원국이나 국제기구와 체결하고자 하는 협정 등에 대해 법적 조언을 한다. 이러한 법적 조언은 구속력 있는 의견(Opinion)의 형태로 제공된다.

라. 소송유형

사법재판소는 그 임무를 수행하기 위하여 재판권을 가지고 여러 가지 유형의 소송을 제기 받아 이를 처리하고 있다. 여기에서는 사법재판소가 처리하는 여러 가지 소송유형의 주요내용에 대하여 살펴보도록 한다.[17]

---

14) Article 255 of TFEU
15) Article 19(1) of TEU
16) Article 263 of TFEU
17) 이하의 소송유형 중 선결소송을 제외한 소송을 직접소송(direct actions)이라고 한

1) 선결소송(Preliminary rulings)

(1) 의의

EU법의 다수는 회원국에서 직접 적용되기 때문에 회원국내 소송절차에서도 EU법의 해석과 효력이 법적 쟁점으로 될 수 있다. 그 때 각 회원국마다 제 각각 EU법을 해석·적용하면 다양한 법적 전통을 가진 회원국 간에 EU법의 통일적인 해석·적용이 훼손될 수 있다. 이와 같은 경우에 EU법의 통일적인 해석·적용을 도모하기 위하여 마련된 제도가 선결소송절차라고 할 수 있다.[18] 즉, 회원국의 국가법원이 재판과정에서 관련 EU법을 해석·적용할 때에 불분명하거나 의문이 있는 사항에 대하여 사법재판소에 선결소송(preliminary ruling)을 제청하면, 사법재판소가 선결소송절차에 의한 결정을 통하여 그에 대한 회답을 하는 제도라고 할 수 있다. 이러한 결정은 판결(judgment)이나 의견(opinion) 또는 이유제시 명령(reasoned order)의 형식을 가진다.[19]

따라서 이러한 선결소송제도는 EU법의 해석·적용에서 통일성과 일관성을 확보함에 있어서 중요한 역할을 하고 있으며, 또한 EU법의 실

다. 한편, 2021년 사법재판소에 제기된 838건 중 직접소송은 29건을 차지하였다. COURT OF JUSTICE OF THE EUROPEAN UNION, ANNUAL REPORT 2021, 2022.5, p.72.

18) Article 267 of TFEU. 동 조는 유럽연합사법재판소의 관할권 중에서 '왕관의 보석'(jewel in the Crown)과 같은 존재라고 표현된다. Paul Craig & Gráinne de Búrca, EU LAW Text, Cases, and Materials(5th edition), OXFORD UNIVERSITY PRESS, 2011, p.442.

19) https://curia.europa.eu/jcms/jcms/Jo2_7024/en/#composition (2023.2.5. 방문) 사법재판소는 대부분의 경우에 판결의 형태로 회답하며, 다만 예외적으로 일정한 사유가 있는 경우에 판결이 아닌 이유제시 명령(reasoned order)이나 의견(opinion)으로 결정할 수 있다. 그러한 경우로서, 제청사항이 사법재판소가 이미 판결한 것과 유사한 문제이거나, 명백히 사법재판소의 판례법에 의해 추론 가능한 경우, 합리적인 의심없이 그 답변을 도출할 수 있는 경우가 있다(사법재판소절차법〈RULES OF PROCEDURE OF THE COURT OF JUSTICE〉 제99조). 이러한 실정을 감안하여, EU법에서 '선결소송'이 법률용어로서 채택되어 있는 것은 아니지만, 본서에서는 편의상 '선결소송'으로 부르기로 한다.

제 적용에 있어서 그 해석상의 의문점이나 불분명한 점을 명확히 하는 과정에서 여러 가지 중요한 법원칙(예컨대, 직접효과의 원칙, 적합해석의 원칙, 국가책임의 원칙, EU법 우위의 원칙 등)을 정립함으로써 EU법의 발전에 기여하고 있다.

(2) 선결소송의 제기권자

선결소송을 제기할 수 있는 자는 회원국의 법원 또는 심판소(any court or tribunal of a Member State)이다.[20] 여기에서의 "법원 또는 심판소(any court or tribunal)"에 해당하는지 여부는 반드시 명확하지는 않지만, 그 기준과 관련하여 사법재판소는 그 조직이 법에 의해 설립된 것인지, 상설조직인지, 그 관할권이 법적 구속력을 갖는 것인지, 그 절차가 당사자 간의 것인지, 독립성을 가지는지 여부에 의하여 판단하고 있다.[21] 이러한 기준에 입각하여 비교적 광범위하게 인정하는 입장을 취하여, 예컨대 준사법적 행정기관인 일반의료심사위원회도 선결소송의 제기가 인정되었다.[22]

(3) 선결소송의 대상

사법재판소는 (a) 조약(TEU 및 TFEU)의 해석과 (b) EU의 여러 기관 및 조직의 법령의 효력 및 해석과 관련하여 선결소송(preliminary ruling)을 다룰 관할권을 가진다.[23] 사법재판소는 EU조약(TEU) 및 EU운영조약(TFEU)의 해석을 통하여 여러 가지 법원칙, 즉 직접효과의 원칙, 적합해석의 원칙, 국가책임의 원칙, EU법 우위의 원칙 등을 정립하였다.

---

20) Article 267 of TFEU

21) Case C-196/09, Paul Miles and others v. European Schools[2011], EU:C:2011:388, para.37.

22) Case 246/80, Broekmeulen v Huisarts Registratie Commissie[1981], EU:C:1981:218

23) Article 267 of TFEU

또한 EU의 여러 기관 및 조직, 즉 유럽의회(European Parliament), 유럽이사회(European Council),[24] 이사회(Council of the EU), 유럽위원회(European Commission), 유럽중앙은행(European Central Bank), 회계검사원(Court of Auditors) 등의 기관(institutions)은 물론, 그밖에도 자문기관인 유럽경제사회위원회(European Economic and Social Committee) 및 지역위원회(Committee of the Regions), 하부기관인 유럽환경청(European Environment Agency), 역내시장조화청(Office for Harmonisation in the Internal Market), 유럽화학물질청(European Chemicals Agency) 등도 여기에 포함된다. 이들 EU의 여러 기관 등의 법령에는 법규적 법령은 물론 비법규적 법령도 포함되며, 법령 가운데에서는 법적 구속력이 있는 규칙(regulation), 지침(directive) 및 결정(decision)뿐만 아니라 법적 구속력이 없는 권고(recommendation)나 의견(opinion)도 포함된다. 그리고 EU의 여러 기관 등의 법령에 대해서는 조약의 해석과 달리 효력(유효성)에 대해서도 그 대상으로 된다.

(4) 선결소송 판결의 효력

사법재판소의 선결소송 판결은 제청법원을 기속할 뿐만 아니라 동일한 사안이 제기된 다른 회원국 법원을 기속하는 효력을 가진다.[25]

(5) 선결소송절차의 운영현황과 과제

2021년에 사법재판소에 제기된 사건은 전부 838건인데, 그 중에서 567건이 선결소송으로서 약 68%를 차지하고 있다.[26]

---

24) 다만 유럽이사회의 주 임무인 공동외교안전보장정책에 대해서는 원칙적으로 사법재판소의 관할권에서 제외되고 있다.

25) https://curia.europa.eu/jcms/jcms/Jo2_7024/en/#composition(2023.2.15. 방문)

26) COURT OF JUSTICE OF THE EUROPEAN UNION, ANNUAL REPORT 2021, 2022.5, p.72.

선결소송절차는 중간판결로서의 성격을 가지고 있는 것으로서 사법재판소가 최종판결을 내리는 것이 아니라, 다시 회원국의 국가법원에서 소송절차가 재개되어 최종판결이 내려지기 때문에 소송기간이 장기화되는 경향이 있다. 선결소송절차 자체의 기간은 평균 20개월 정도 걸리기 때문에 국가법원에서의 최종판결에는 그만큼의 기간이 더 소요되는 셈이다.

이와 같이 선결소송절차가 장기화되는 이유는 국가법원이 선결소송을 제청하면 그 내용이 EU의 모든 공용어로 번역되어 당사자, 전 회원국 및 EU 여러 기관에 송부된다. 그 후, 관계 당사자는 2개월 이내에 서면의견을 제출하고, 제출된 의견은 당해 사건언어 및 사법재판소에서의 작업언어(일반적으로 프랑스어)로 번역되어 관계 당사자에게 송부된다. 구두절차는 룩셈부르크에 있는 사법재판소의 법정에서 복수의 동시통역자가 관계 당사자의 발언을 동시통역하게 된다. 이러한 구두절차가 종료되면, 재판연구관(advocate general)이 사법재판소에 의견을 제출하고, 이를 참고하여 재판소에서 토의가 이루어져 그 결과가 당해 사건언어로 번역되어 선결소송의 결정이 내려지게 된다.[27]

위와 같은 절차로 인하여 선결소송절차는 장기화되는 경향이 있고, 이를 개선하기 위한 노력으로 리스본조약에 의해 개정이 이루어져 EU법의 효력이나 해석과 관련된 문제가 구류중인 자와 관련된 사건에 대해서는 사법재판소는 가능한 한 신속하게 처리하도록 규정하였다.[28]

2) 의무불이행소송(actions for failure to fulfil obligations)

(1) 의의

EU에서 조약상의 의무이행의 실효성을 확보하기 위한 수단을 규정

27) 中西 優美子, EU法, 新世社, 2012, 249-250쪽.

28) Article 267 of TFEU

하고 있는 것이 EU운영조약(TFEU) 제258조 및 제259조에 의한 조약의 무불이행소송과 제260조에 의한 판결의무불이행소송이라 할 수 있다.[29] 전자는 EU조약(TEU) 및 EU운영조약(TFEU)에 의해 발생한 회원국들의 의무를 이행하지 아니한 경우에, 유럽위원회 또는 다른 회원국이 동 조에 의한 절차를 개시하여 조약상의 의무불이행상태가 계속되고 있는 회원국을 상대로 하여 사법재판소에 제기하는 소송이다.[30] 후자는 관련 회원국이 전자에 의한 사법재판소의 판결을 이행하지 아니한 경우에, 유럽위원회가 일정한 금전적 제재를 청구하여 사법재판소에 제기하는 소송이다.[31]

(2) 당사자

의무불이행소송을 제기할 수 있는 자로서는 우선 유럽위원회가 있다. 유럽위원회는 EU법의 적용을 보장하고 감시할 책무를 담당하고 있다.[32] 그로 인하여, 유럽위원회의 중요한 임무 중의 하나는 회원국이 EU법을 준수하는지를 감시하고, 준수하지 아니한 경우에 그에 대한 대응을 하는 것이다.[33] 이러한 임무를 수행하기 위해 EU운영조약(TFEU)이 인정하고 있는 수단의 하나가 의무불이행소송을 제기할 자격이라고 할 수 있다.

그밖에도 EU운영조약(TFEU) 제259조는 회원국에 의한 의무불이행소송의 제기를 인정하고 있다. 즉, 회원국은 다른 회원국이 조약상의 의무를 이행하지 아니한다고 생각할 때 사법재판소에 의무불이행소송

29) 이들 소송유형을 조약위반소송(Treaty infringement proceedings)으로 부르는 경우도 있다. Klaus-Dieter Borchardt, THE ABC OF EUROPEAN UNION LAW, European Commission, 2017, p.120.
30) Articles 258 and 259 of TFEU
31) Article 260(2) of TFEU
32) Article 17(1) of TEU
33) Paul Craig & Gráinne de Búrca, op. cit., p.408.

을 제기할 수 있다.[34]

한편, 의무불이행소송의 피고는 조약상의 의무를 이행하지 아니하거나 그러한 소송의 인용판결을 이행하지 아니한 회원국이 된다.

(3) 대상

의무불이행소송은 회원국이 조약상의 의무를 이행하지 아니한 것을 그 대상으로 한다. 여기서 조약이란 EU조약(TEU) 및 EU운영조약(TFEU)을 의미하며, 조약상의 의무를 이행하지 아니한 형태는 여러 가지를 상정할 수 있지만, 예컨대 회원국이 지침(directive)의 국가법화를 이행하지 아니하거나 불완전하게 이행하는 경우를 들 수 있다. 그밖에도 기존의 국가법 또는 새롭게 제정된 국가법이 EU법에 합치하지 아니한 경우이거나 또는 회원국의 행위가 조약 위반인 경우를 들 수 있다.[35]

한편, 판결의무불이행소송의 대상은 사법재판소가 조약의무불이행소송에서 해당 회원국이 조약상의 의무를 이행하지 아니하였다고 인정했음에도 해당 회원국이 그 판결을 이행하기 위해 필요한 조치를 취하지 아니한 것이 된다.

(4) 금전적 제재

유럽위원회는 판결의무불이행소송에서 해당 회원국이 조약의무불이행소송의 인용판결에 따른 필요한 조치를 이행하도록 하기 위하여 일정한 금전적 제재, 즉 일괄위약금(lump sum) 또는 과징금(penalty payment)의 금액을 특정하여 청구하여야 한다.[36] 또한, EU운영조약 제

34) 회원국에 의한 의무불이행소송은 실무상 거의 이용되고 있지 않으며, 회원국은 유럽위원회를 통하여 EU운영조약 제258조에 의한 의무불이행소송을 제기하게 하는 것이 일반적이라고 한다. 中西 優美子, 앞의 책, 189-190쪽.

35) 中西 優美子, 앞의 책, 173-174쪽.

258조에 의한 조약의무불이행소송의 경우에도 유럽위원회는 그 사유가 입법절차에 따라 채택된 지침(directive)의 국가법화를 위한 조치에 대한 통지의무를 이행하지 아니한 경우에 위의 금전적 제재를 특정하여 청구할 수 있다.[37] 사법재판소는 해당 회원국이 판결을 이행하지 아니하였다고 인정하는 경우에 금전적 제재를 부과할 수 있다. 이러한 금전적 제재가 회원국의 조약상의 의무 이행을 확보함에 있어서 실효성 있는 수단이 되고 있다.[38]

3) 무효소송(actions for annulment)

(1) 의의

EU는 조약에 의해 회원국으로부터 일정한 권한을 이양받아 그 기관들을 통하여 그 권한을 행사한다. EU의 기관 등이 조약이나 그에 근거한 규범에 위반하여 그 권한을 행사한 경우에 이의 시정이 필요한데, 이를 위한 제도가 무효소송이라고 할 수 있다.[39] 위에서 살펴본 의무불이행소송이 회원국들의 EU법상의 의무 이행의 실효성을 담보하기 위한 장치라고 한다면, 무효소송이나 다음에 살펴볼 부작위소송은 EU법 집행책임을 지는 기관 등이 EU법을 위반하는 경우의 시정 또는 구제를 위한 제도적 장치라고 할 수 있다. 한편, 일반재판소(General Court)도 일정한 대상에 대해서는 1심으로서 무효소송의 재판관할권을 가진다.

36) Article 260(2) of TFEU

37) Article 260(3) of TFEU

38) https://curia.europa.eu/jcms/jcms/Jo2_7024/en/ (2023.2.5. 방문)

39) 이와 관련하여 EU운영조약(TFEU) 제263조는 "EU사법재판소는 제3자에 대해 법적 효과를 발생할 의도로 이루어진 입법행위 및 이사회·유럽위원회·유럽중앙은행의 권고 및 의견을 제외한 행위와 유럽의회 및 유럽이사회의 행위의 적법성을 심사한다. 또한 제3자에 대해 법적 효과를 발생할 의도로 이루어진 기구(bodies), 청(offices) 또는 행정기관(agencies)들의 행위의 적법성을 심사한다."고 규정하고 있다.

(2) 당사자

무효소송을 제기할 수 있는 원고는 회원국, 유럽의회, 이사회 또는 유럽위원회와 회계검사원, 유럽중앙은행 및 지역위원회, 그리고 자연인 및 법인이다.[40)]

여기에서 회원국, 유럽의회, 이사회 또는 유럽위원회는 무권한(lack of competence), 필수적 절차요건의 위반(infringement of an essential procedural requirement), 조약의 위반 또는 그 적용과 관련된 법의 지배의 위반(infringement of the Treaties or of any rule of law relating to their application), 또는 권한의 남용(misuse of powers)을 이유로 하여 무효소송을 제기할 수 있다.[41)] 그리고, 유럽중앙은행(European Central Bank), 회계검사원(European Court of Auditors) 및 지역위원회(European Committee of the Regions)는 자기의 권한(prerogatives)을 보호하기 위한 범위에서 원고적격이 인정된다.

한편, 자연인과 법인의 원고적격에 대해서는 일정한 조건을 충족한 경우에 인정된다. 즉, "자기에 대해 발하여지거나 또는 자기와 직접적이고 개별적인 관련이 있는 행위, 그리고 자기와 직접적인 관련을 가지며 집행조치를 포함하지 않는 규제적 행위[42)]"에 대해서 원고적격이 인정된다. 또한 리스본조약에 의해 추가된 것으로서 "연합의 기구(bodies), 사무소(offices) 및 에이전시(agencies)들을 설립하는 행위는 자연인 또는 법인에 대해 법적 효과를 발생시킬 의도로 이루어진 이들 기구 등의 행위"에 대해 자연인 또는 법인은 소송을 제기할 수 있다. 다만, 이 경우에는 "특정한 조건이나 합의(specific conditions and

---

40) Article 263 of TFEU

41) 유럽의회는 원래 자문기관으로 출발하여 원고적격이 인정되지 않았으나, 유럽연합사법재판소의 판례와 그 후의 조약(마스트리히트조약과 니스조약)에 의해 현재에 이르렀다.

42) Article 263 4th paragraph of TFEU

arrangements)[43]"를 규정할 수 있다.

무효소송의 피고로 되는 것은 주로 이사회, 유럽의회 및 유럽위원회이다. 리스본조약에 의하여 EU의 기구나 하부기관들도 자연인이나 법인에 대해 법적 효과를 발생시키는 경우에는 일정한 조건 하에서 피고가 될 수 있다.

(3) 대상

EU운영조약(TFEU) 제263조는 무효소송의 대상에 대하여 ①입법행위, ②이사회·유럽위원회·유럽중앙은행의 권고 및 의견을 제외한 행위, ③제3자에 대해 법적 효과를 발생시킬 의도로 이루어진 유럽의회 및 유럽이사회의 행위, ④제3자에 대해 법적 효과를 발생시킬 의도로 이루어진 EU의 각 기구들의 행위라고 규정하고 있다.

첫째로, '입법행위'(legislative acts)란 입법절차에 의해 채택된 법행위를 말한다.[44] 법행위(legal acts)란 규칙(regulation), 지침(directive), 결정(decision), 권고(recommendation) 및 의견(opinion)으로 이루어진다.[45] 이 가운데에서 입법절차는 입법기관인 이사회와 유럽의회가 일반입법절차나 특별입법절차에 의하여 법적 구속력을 가지는 법행위 형식인 규칙, 지침 또는 결정을 채택하는 절차이다.[46]

둘째로, '이사회, 유럽위원회 및 유럽중앙은행의 권고 및 의견을 제외한 행위'가 그 대상이 된다. 권고와 의견을 제외하는 것은 이들이 법적 구속력을 가지지 않기 때문이다. 따라서 이사회의 행위 중에 입법행위는 위에서 규정하고 있기 때문에 권고와 의견을 포함한 법행위를 제외한 행위가 이에 해당하게 되는 셈이다.

---

43) Article 263 5th paragraph of TFEU
44) Article 289(3) of TFEU
45) Article 288 of TFEU
46) Article 289(1)(2) of TFEU

셋째로, '제3자에 대해 법적 효과를 발생시킬 의도로 이루어진 유럽의회 및 유럽이사회의 행위'가 그 대상이다. 유럽의회는 입법기관으로서 입법행위의 주체가 되므로 첫 번째 범주에서 규정하는 입법행위를 제외한 행위로서 제3자에게 법적 효과를 발생시킬 것을 의도한 행위가 이에 해당한다. 유럽이사회는 EU의 정책결정에 직접적으로는 관여하지 않고, 주로 공동외교안전보장정책에 관여한다. 유럽이사회의 공동외교안전보장정책은 유럽연합사법재판소의 관할권의 범위에서 제외되지만,[47] 예외적으로 그 준수에 대해서는 관할권이 인정되기 때문에 그 한도에서 유럽이사회의 행위도 대상이 된다.

넷째로, '제3자에 대해 법적 효과를 발생시킬 의도로 이루어진 EU의 각 기구들의 행위'가 그 대상이다. 여기에서 EU의 각 기구들에 속하는 것으로서는 예컨대, 자문기관인 유럽경제사회이사회와 지역위원회가 있고, 역내시장조화청이나 유럽화학물질청 등의 하부기관(agency)을 들 수 있고, 이들 행위 가운데 제3자에 대해 법적 효과를 발생시키는 것이 그 대상이 된다.

(4) 제소기간 등

무효소송은 조치의 공표, 원고에 대한 조치의 통지 또는 통지가 없는 경우에는 원고가 그 조치를 안 날로부터 2개월 이내에 제기하여야 한다.[48]

사법재판소는 원고의 주장이 이유가 있다고 판단하는 경우에는 해당 행위의 무효를 선언한다.[49] 또한 필요하다고 판단하는 경우에는 전부의 무효가 아닌 일부의 무효를 선언할 수 있다.

47) Article 40 of TEU
48) Article 263 6th paragraph of TFEU
49) Article 264 1st paragraph of TFEU

4) 부작위소송(Actions for failure to act)

(1) 의의

유럽의회, 유럽이사회, 이사회, 유럽위원회 또는 유럽중앙은행이 조약에 위반하여 행위를 하지 아니한 경우에, 회원국 및 EU의 다른 기관들은 그러한 부작위가 조약 위반이라는 확인을 구하여 사법재판소에 제기하는 소송유형이다.[50] 일반재판소(General Court)도 부작위소송의 재판관할권을 가진다.

(2) 당사자

본 소송의 원고가 될 수 있는 자는 회원국, 유럽의회, 유럽이사회, 이사회, 유럽위원회 및 유럽중앙은행의 EU 기관들, 그리고 자연인과 법인이다.[51] 다만, 자연인과 법인은 EU의 기관, 기구, 하부기관들이 자기에 대한 행위(권고 또는 의견은 제외)를 하지 아니한 경우에 제기할 수 있다.

본 소송의 피고는 EU의 기관들(institutions ; 유럽의회, 유럽이사회, 이사회, 유럽위원회 및 유럽중앙은행), 기구들(bodies) 및 하부기관들(offices and agencies)이다.

(3) 대상

본 소송은 조약에 의해 부여된 권한을 EU의 기관, 기구 또는 하부기관들이 행사하지 아니한 부작위가 그 대상이 된다. 모든 권한 행사가 그 대상이 되는 것이 아니라, 권한 행사의무가 부과된 행위가 그 대상이 되며, 이들 기관 등에 재량이 인정되는 경우에는 그 대상에서 제외된다.

---

50) Article 265 1st paragraph of TFEU
51) Article 265 of TFEU

(4) 한계

관련되는 EU의 기관, 기구 및 하부기관이 최초로 행위를 요구받은 때에 한하여 본 소송은 수리되고(admissible), 요구받은 날부터 2개월 이내에 관련 EU의 기관 등이 그 입장을 명확히 하지 아니한 경우에는 그 후 2개월 이내에 본 소송을 제기할 수 있다. 이처럼 본 소송은 부작위 소송이기 때문에 일정한 기간 이내에 관련 EU의 기관 등이 그 입장을 명확히 나타내는 경우에는 제기할 수 없게 되는 한계를 가지기 때문에 실제로는 그다지 활용되고 있지 아니하다. 제기되는 경우에도 승소하는 경우는 드물다고 한다.[52)]

5) 손해배상청구소송

(1) 의의

EU운영조약(TFEU)은 계약책임(contractual liability)과 비계약책임(non-contractual liability)에 대해 규정하고 있다.[53)] 전자는 당해 계약에 적용 가능한 법에 의해 규율되며, 후자는 회원국법에 공통되는 일반원칙에 따라서 EU의 기관 또는 그 직원이 가한 손해를 배상하도록 되어 있다.

(2) 손해배상책임의 요건

손해배상책임과 관련하여서는 EU운영조약에 "회원국법에 공통되는 일반원칙(the general principles common to the laws of the Member States)"에 따라서 손해배상청구를 하도록 규정하고 있을 뿐 그에 관한 법이 EU에는 존재하지 않는다. 따라서 사법재판소는 판례를 통하여 그 내용

52) 中西 優美子, 앞의 책, 219쪽.

53) Article 340 of TFEU

을 구체화하여 왔다.[54] 즉, 손해배상책임의 요건으로서, ①원고에게 실제 손해(actual damage)가 발생하였을 것, ②EU기관이나 그 직원에 의한 위법한 행위일 것, ③위법행위와 손해 사이에 인과관계가 있을 것을 들고 있다.

이들 요건 중에서 실제 가장 논란이 생기는 것은 ②의 위법행위에 해당하는지 여부이다. 즉, EU 기관 등의 입법행위에 의한 손해 발생의 경우에 손해배상책임을 인정할 것인지의 문제이다. 이와 관련하여, 사법재판소는 탈지우유(skimmed milk)가루의 의무적 구매에 관한 이사회 규칙의 채택에 의해 경제적 손해를 입은 축산농가가 이사회와 유럽위원회에 대해 손해배상을 청구한 이른바 Second Skimmed Milk Powder사건에서, 당해 규칙은 별개의 사건에서 무효로 인정되었지만 그러한 사실만으로 EU의 손해배상책임이 발생하는 것이 아니고, 입법행위에는 경제정책의 선택이 포함되기 때문에 개인의 보호를 위한 상위법에 대해 충분히 중대한 위반(sufficient serious breach)이 발생한 경우에만 배상책임이 있다고 하였다.[55]

(3) 기타

직원의 위법행위로 EU가 손해배상한 경우에는 EU에 대한 직원의 개인책임문제는 직원규칙 또는 고용조건에 의해 규율된다.

EU의 손해배상책임은 EU 기관 등의 위법행위의 인정요건이 상당히 엄격하기 때문에 재판상 손해배상책임이 인정되는 경우는 그다지 많지 않다고 할 수 있다.

---

54) 中西 優美子, 앞의 책, 220쪽.

55) Joined Cases 83 and 94/76, 4, 15 and 40/77, HNL v Council and Commission [1978], EU:C:1978:113

6) 상소(Appeals)

1심법원으로서 일반재판소(General Court)가 내린 판결이나 결정에 대해서 불복이 있는 경우에 법률적 쟁점에 대해서만 상소가 허용된다. 상소가 이유 있는 경우에는 사법재판소가 직접 결정을 내리거나 일반재판소로 파기환송하게 된다. 이 경우에 일반재판소는 환송된 사건에 대해 사법재판소의 결정에 기속된다.

한편, 2021년 상소건수는 사법재판소에 제기된 총 838건 중 232건을 차지하여 약 28%를 차지하였다.[56]

3. 일반재판소(General Court)

가. 설치

EU의 기능이 활성화됨에 따라, 유럽연합사법재판소는 업무 과부하 상태에 빠지게 되었다. 지침(directive) 등의 입법행위가 증가함에 따라서 회원국의 국가법으로 도입된 법규범과 관련된 분쟁이 증가하게 되었고, 이에 대응하기 위하여 유럽연합사법재판소 이외에 '제1심재판소(Court of First Instance)'가 1988년 10월 24일에 설치되었다. 이어서 2009년 12월 1일 리스본조약의 발효에 의하여 제1심재판소는 일반재판소(General Court)로 그 명칭이 변경되었다.

나. 구성

일반재판소는 2022년 12월 말 현재 54명의 재판관들로 구성되어 있

---

56) COURT OF JUSTICE OF THE EUROPEAN UNION, ANNUAL REPORT 2021, 2022.5, p.73.

다.[57] 2019년 9월 1일부터 각 회원국은 2명의 재판관을 선임한다. 그 주요기능은 '재판관'으로서 참여하는 것이지만, 그들은 또한 사건의 사실관계나 법적 쟁점이 복잡하여 필요한 경우에는 전원합의부나 부의 사건에 '조사재판관(Judge-Rapporteur)'으로 지명될 수도 있다.[58] 일반재판소의 재판관은 임기 6년으로 재임될 수 있다.

일반재판소는 주로 3명 또는 5명의 재판관으로 구성된 9개의 부(chamber)에서 재판한다. 그러나 사건의 법적 복잡성이나 중요성에 의해 필요한 경우에 대법정(grand chamber ; 15인의 재판관)으로 재판할 수도 있다. 일반재판소에 제기되는 사건의 80% 이상이 3명의 재판관으로 구성된 부에서 심리되고 있다. 사법재판소에 제기된 사건들은 'C'(= Court) (e.g. C-1/99)라는 명칭이 붙는 데 대해, 일반재판소가 다루는 사건들은 'T'(= Tribunal) (e.g. T-1/99)로 표시한다.

다. 재판관할권과 운영현황

(1) 일반재판소는 자신의 사무기구와 절차규정을 가지고, 조직상으로 사법재판소와는 별개의 독립적인 기구이다. 일반재판소는 원래 단지 제한된 범위의 사건들에 대해서만 임무를 맡았지만, 현재는 다음과 같은 임무를 수행한다.[59]

첫째로, 일반재판소는 사법재판소의 1심급으로서 EU 기관 등에 대해 직접적이고 개별적인 관련이 있는 자연인 또는 법인이 제기하는 무효소송 및 부작위소송 등에 대한 재판관할권을 갖는다. 이들 일반재판

57) https://curia.europa.eu/jcms/jcms/P_80908/en/ (2023.2.5. 방문)
58) 여기서 조사재판관은 'Judge-Rapporteur'라고 하며, 일반재판소는 사법재판소와 달리 'Advocates General'을 두지 않고 있기 때문에 사건을 담당하는 재판부의 재판장이 동료 재판관 중에서 'Judge-Rapporteur'를 지명하여 당해 사건의 연구·조사를 담당하도록 한다. 그러나 이 제도는 지금까지 매우 제한적으로 사용되어 왔다.
59) https://curia.europa.eu/jcms/jcms/Jo2_7033/en/ (2023.2.5. 방문)

소의 판결이나 결정에 대해서는 법률문제와 관련하여서만 사법재판소에 상소할 수 있다.

둘째로, 각 회원국들이 유럽위원회를 상대로 제기하는 소송이다.

셋째로, 각 회원국들이 정부지원, 무역보호조치(덤핑) 분야에서 채택된 행위와 그 집행권한의 행사에 의한 행위와 관련하여 이사회(Council)를 상대로 하여 제기하는 소송이다.

넷째로, EU기관 등이나 그 구성원이 초래한 손해에 대한 손해배상청구소송이다.

다섯째로, 명시적으로 일반재판소에 관할권이 부여된 EU가 체결한 계약에 근거한 소송이다.

여섯째로, EU지식재산청(European Union Intellectual Property Office ; EUIPO)이나 유럽식물품종청(Community Plant Variety Office ; CPVO)을 상대로 하여 제기된 지식재산과 관련된 소송이다.

일곱째로, EU기관들과 그 직원 간에 고용관계 및 사회보장제도와 관련한 분쟁이다. 이것은 종래 EU직원심판소(European Union Civil Service Tribunal)에서 관할하던 것이 2016년 9월 EU직원심판소가 폐지되면서 일반재판소가 관할하게 된 것이다.

(2) 2021년 12월 말 현재 일반재판소에 제기된 사건은 882건으로, 이 중 직접소송(Direct actions)이 785건, 법률구조신청(applications for legal aid)이 70건을 차지하였으며, 평균 소송절차기간은 17.3개월이다.[60)]

---

60) COURT OF JUSTICE OF THE EUROPEAN UNION, ANNUAL REPORT 2021, 2022.5, pp.82-83.

〈참고〉 유럽인권재판소(European Court of Human Rights ; ECtHR)

가. 개설

유럽인권재판소(European Court of Human Rights ; ECtHR)는 유럽평의회(Council of Europe) 46개 회원국[61] 모두가 체약당사자인 유럽인권협약(The Convention for the Protection of Human Rights and Fundamental Freedoms ; ECHR)에 의해 설립된 초국가적 또는 국제적 재판소이다. 개인, 개인의 그룹 또는 하나 이상의 체약국은 다른 체약국이 유럽인권협약과 그 의정서(protocol)에 규정된 시민과 정치적 권리에 관한 하나 이상의 인권규정을 위반하였다고 주장하여, 유럽인권재판소에 재판을 청구할 수 있다. 동 재판소는 판결 이외에도 자문적(권고적) 의견(advisory opinions)을 발할 수 있으며, 프랑스 스트라스부르에 위치하고 있다.

유럽인권재판소는 유럽인권협약 제19조에 근거하여 1959년 1월 21일에 설립되었으며, 그 최초의 구성원들은 유럽평의회의 협의회에서 선출되었다. 1998년 동 재판소는 전일제 기관이 되었으며, 청구의 허용성을 결정하였던 유럽인권위원회는 의정서 제11호에 의하여 폐지되었다. 의정서 제11호는 재판소와 재판관들을 전일제 기관으로 설립하고, 절차를 단순화함으로써 계속된 사건심리의 부담 과중을 감소시키고자 하는 것이었지만, 재판소의 업무 과부하는 계속되었다. 그로 인하여, 체약국들은 보다 큰 개혁이 필요하다고 합의하여, 2004년 5월에 유럽평의회 장관위원회는 유럽인권협약 의정서 제14호를 채택하였다. 의정서 제14호는 재판소가 중요한 인권문제와 관련된 사건에 집중할 수 있도록 하기 위하여 유럽인권재판소의 업무과중과 판결의 집행을 감독하

61) 유럽평의회의 회원국은 종래 47개국이었으나, 2022년 3월 16일 러시아가 퇴출되어 현재는 46개국이 되었다.

는 유럽평의회 장관위원회의 업무과중을 완화시킬 목적으로 제정된 것이었다.

한편, 의정서 제14호는 EU가 유럽인권협약의 당사자가 되는 것을 허용하고 있다(제17조). 그에 대응하여, 2009년 12월 효력이 발생한 리스본조약도 EU가 유럽인권협약에 가입할 것을 명시적으로 규정하고 있다.[62] 그리하여, 2013년 4월에 EU와 유럽평의회의 협상팀이 가입에 합의하였다. 그러나 2014년 12월 18일 유럽연합사법재판소가 이는 외부기구에 EU법 적용의 심판권을 부여하는 것이라고 하여, EU의 유럽인권협약 가입에 부정적인 의견(opinion)을 제기함으로써 현재는 가입절차가 중단되어 있는 상태이다.

나. 구성

유럽인권재판소는 유럽인권협약의 체약국 숫자와 동일한 전일제 재판관으로 구성된다. 유럽인권협약은 재판관들이 높은 도덕성과 재판업무에 적합한 자격을 가지거나 공인된 능력을 가진 법전문가일 것을 요구한다. 재판관들은 각 체약국에 의해 지명된 3명의 후보자들 중에 유럽평의회의 의회에서 다수결로 선출된다. 종래 재판관들은 6년 임기에 연임 가능하였으나, 의정서 제14호의 채택에 의해 현재 재판관들은 9년 단임으로 선출된다. 재판관들은 재직 중인 재판관의 임기가 종료될 때마다 또는 새로운 국가가 조약에 가입할 때 선출된다. 재판관의 정년은 70세이지만, 새로운 재판관이 선출될 때까지 또는 자신이 맡고 있는 사건이 종료될 때까지 계속해서 근무할 수 있다.

재판관들은 개별적 능력으로 업무를 수행하며, 자신이 선출된 체약국의 기관 또는 다른 유형의 구속을 받는 것이 금지된다. 재판소의 독

62) Article 6(2) of TEU

립성을 확보하기 위하여 재판관들은 재판소의 독립성을 위태롭게 할 수 있는 활동에 참가하는 것이 금지된다. 재판관들은 해당 재판관이 요구된 조건들을 충족하지 못하게 되었다고 다른 재판관들이 3분의 2 다수로 결정한 경우에 면직될 수 있을 뿐이다.

전원합의체는 재판소 모든 재판관들의 회의기구로서 재판기능을 갖지 않는다. 거기에서 재판소 소장, 부소장, 사무국장(registrar)과 부국장을 선출한다. 또한 행정업무, 규율, 근로조건, 부의 설치, 재판소규칙의 채택 등을 다룬다.

다. 임무와 활동

유럽인권재판소는 유럽인권협약 및 의정서와 관련하여 체약국들이 한 협약의 준수를 담보하는 임무를 수행한다. 즉, 동 재판소는 유럽평의회의 회원국들이 유럽인권협약을 집행하고 이행하는 것을 담보한다.

베를린장벽의 붕괴에 이어 유럽인권협약에의 새로운 국가의 가입으로 인해, 재판소에 제기하는 청구가 급속히 증가하였다. 1999년에 8,400건, 2003년에 27,200건, 2005년에 45,500건, 2009년에 57,200건의 청구가 배당되었다. 그 중 90% 이상이 청구적격 없음이 선언되었고, 재판소에 의한 결정의 60%는 재판소가 이미 유럽인권협약의 위반을 인정한 판결을 하였거나 유사한 사건에 대해 이미 확립된 판례법이 존재하는 경우와 같이 반복적인 사건과 관련된 것이었다.

라. 재판관할권

유럽인권재판소의 재판관할권은 일반적으로 국가간 사건, 체약국에 대해 개인이 제기하는 청구, 그리고 의정서 제2호에 따른 자문의견(권고의견)으로 나뉜다. 하나의 소부(Committee)는 3인의 재판관으로, 부

(Chamber)는 7인의 재판관으로, 그리고 대법정(Grand Chamber)은 17인의 재판관들로 구성된다.

1) 개인에 의한 청구

모든 개인, 비정부조직 또는 개인의 집단은 특정의 체약국이 유럽인권협약상의 권리를 위반한다고 주장하여 유럽인권재판소에 재판을 청구할 수 있다. 일단 재판소에 접수되면, 그 사건은 조사재판관(judge rapporteur)에게 배당되며, 조사재판관이 당해 사건의 청구적격 여부를 최종결정할 수 있다. 사건이 국내의 모든 구제절차를 경료하지 않았거나, 제기된 심판에 대한 최종결정으로부터 6개월이 경과하였거나, 익명에 의한 것이거나, 이미 재판소에 제기된 사안 등에 대해서는 청구적격이 인정되지 않는다. 조사재판관이 당해 사건의 청구적격을 인정하면, 재판소의 부에 회부된다. 재판소의 부는 당해 청구의 상대방인 체약국의 정부에 통지하여, 당해 사건에 대한 의견제출을 요청한다. 그리고 나서, 당해 사건의 적격성 및 본안에 대해 심리하여 판결한다.

유럽인권협약의 해석 및 적용의 중대한 문제를 제기하거나 또는 이전의 판례법과 다른 사건들은 모든 사건 당사자들이 대법정으로 재판권을 이송하겠다는 부의 결정에 동의하면 대법정에서 심리될 수 있다. 5인 재판관의 패널은 대법정이 그 재판권 이송을 수용할 것인지 여부에 대해 결정한다.

2) 국가간 사건

유럽인권협약의 모든 체약국은 협약 위반을 이유로 다른 체약국을 유럽인권재판소에 제소할 수 있다. 그러나 실제에 있어서 이러한 경우는 대단히 드물다.

3) 자문의견(권고의견)

장관위원회는 다수결로 재판소가 이미 견해를 표명한 기본권의 내용 및 범위와 관련되지 아니한 경우에 유럽인권협약의 해석에 대한 자문의견을 요청할 수 있다.

마. 유럽연합사법재판소와의 관계

유럽연합사법재판소는 유럽인권재판소와 독립적인 관계이다. 그러나 모든 EU 회원국들이 유럽평의회의 구성원이며 유럽인권협약에 서명하였기 때문에 양 재판소의 판례법 간의 관계가 문제된다. 실제 유럽연합사법재판소는 유럽인권협약이 EU 회원국들의 법원칙의 일부를 형성하고 있기 때문에 유럽인권재판소의 판례법을 인용하며, 유럽인권협약이 EU법제도의 일부인 것과 같이 취급한다. 비록 EU회원국들은 협약의 당사자이지만, EU 자체는 아직 당사자가 아니다. 그러나 EU기관들은 니스조약 제6조에 따라 유럽인권협약상의 인권을 존중하여야 한다. 나아가, EU조약은 EU가 유럽인권협약에 가입하여야 할 것을 명시적으로 규정[63]하고 있다. 이것은 유럽연합사법재판소가 유럽인권재판소의 판례법의 선례에 구속되며, 따라서 그 인권법의 적용을 받고 양 재판소 간의 판례법 충돌문제를 회피하여야 한다는 것을 의미한다.

63) Article 6(2) of TEU

제4장

유럽연합사법재판소의 데이터 보호 판례

EU 데이터 보호관련 판례의 범위를 획정하는 것은 용이한 일은 아니지만, 개인데이터 보호를 중심으로 하여 EU개인데이터관련법제에서 기본적인 위치를 차지하고 있는 지침 95/46·2016년 GDPR 및 지침 2002/58과의 관련성을 기준으로 분류하였다. 이러한 분류에 기초하여, 본서의 검토 대상으로서 2023년 1월 1일 현재의 유럽연합사법재판소의 데이터 보호관련 판례 중에서 주요 판례를 가능한 한 포함하고자 하였다. 유럽연합사법재판소의 (개인)데이터 관련 판례를 소송유형별로 분류하여 보면, 선결소송이 가장 많은 비중을 차지하고 의무불이행소송이 그 뒤를 이어 차지하고 있다. 즉, 2021년 사법재판소에서 해결된 사건 772건 중에서 선결소송 547건, 의무불이행소송 30건, 일반재판소 판결에 대한 상소 183건 등으로 되어 있다.[1)]

여기에서는 지침 95/46· 2016년 GDPR 및 지침 2002/58과의 관련에서 사건의 법적 쟁점이 된 (개인)데이터의 내용에 따라, '개인데이터' 등의 개념, 데이터 보호법의 적용범위, 데이터주체의 권리와 권리 상호간의 형량, (개인)데이터의 처리, 그리고 데이터 보호 감독기관 등으로 나

1) COURT OF JUSTICE OF THE EUROPEAN UNION, ANNUAL REPORT 2021, 2022.5, p.73.

누어 살펴보기로 한다.[2)]

1. '개인데이터' 등의 개념

(1) Case C-210/16 (5 June 2018)[3)] (Facebook Fan Page Case)

사실관계의 개요와 쟁점

Wirtschaftsakademie는 Facebook에 호스팅한 팬 페이지에 의해 교육서비스를 제공한다. 팬 페이지는 개인이나 기업이 Facebook에 설정할 수 있는 이용자 계정이다. 이를 위해 팬 페이지 작성자는 Facebook에 등록한 후 Facebook이 설계한 플랫폼을 사용하여 해당 소셜 네트워크 이용자와 팬 페이지를 방문하는 사람들에게 자신을 소개하고 미디어 및 의견 시장에서 모든 유형의 커뮤니케이션을 게시할 수 있다. 팬 페이지 관리자는 Facebook이 협상 불가 이용조건(non-negotiable conditions of use)에 따라 무료로 제공하는 'Facebook Insights'라는 기능을 통해 팬 페이지 방문자에 대한 익명의 통계정보를 얻을 수 있다. 해당 정보는 각각 고유한 이용자 코드를 포함하는 증거 파일('쿠키')을 통해 수집되며, 이 파일은 2년 동안 활성화되고 Facebook이 컴퓨터의 하드 디스크나 팬 페이지 방문자의 다른 미디어에 저장한다. Facebook에 등록된 이용자들의 접속 데이터와 매칭될 수 있는 이용자 코드는 팬 페이지 오픈 시 수집되어 처리된다. 제청명령(order for reference)에 따르면 Wirtschaftsakademie와 Facebook Ireland Ltd는 적어도 본안소송의 중요 기간(material period)

---

2) 이러한 분류는 사건의 주된 쟁점에 따른 편의상의 분류로서 한 사건이 복수의 사항에 해당하는 경우도 적지 않다. 그러한 경우에는 복수의 사항에서 판결을 다루는 경우도 있다.

3) Wirtschaftsakademie[2018], EU:C:2018:388

동안 쿠키의 저장 및 기능 또는 데이터의 후속 처리에 대해 통지하지 않았다.

2011년 11월 3일자 결정('계정 결정')에 따라 슐레스비히홀슈타인주 독립데이터보호센터(Unabhängiges Landeszentrum für Datenschutz Schleswig-Holstein ; 'ULD')는 지침 95/46 제28조 의미 내에서의 감독기관으로서 독일 슐레스비히홀슈타인주에서 해당 지침에 따라 독일연방공화국이 채택한 조항의 적용을 감독하는 임무를 맡고 있는데, Wirtschaftsakademie와 Facebook 모두 팬 페이지 방문자에게 Facebook이 쿠키에 의해 그들에 관한 개인데이터를 수집한 후 처리한 것을 알리지 않았다는 이유로 일정한 기간 내에 이행하지 않으면 과징금을 부과한다는 조건으로 Wirtschaftsakademie에게 연방데이터보호법(Bundesdatenschutzgesetz ; 'BDSG') 제38조 제5항의 1문에 따라 www.facebook.com/wirtschaftsakademie 주소에서 Facebook에 설정한 팬 페이지를 비활성화하도록 명령했다. Wirtschaftsakademie는 BDSG에 따라 Facebook의 데이터 처리 또는 Facebook이 설치한 쿠키에 대해 책임이 없다고 주장하면서 그 결정에 대해 심판을 제기했다.

2011년 12월 16일 결정으로 ULD는 Wirtschaftsakademie가 서비스 제공자로서 전자미디어법(Telemediengesetz ; 'TMG') 제3조 제3항, 제4항 및 제12조 제1항과 BDSG 제3조 제7항에 따라 책임을 진다는 사실을 인정하여 심판을 기각했다. ULD는 Wirtschaftsakademie가 팬 페이지를 설정함으로써 Facebook이 팬 페이지 방문자와 관련된 개인데이터를 수집하는 데 적극적이고 의도적으로 기여했으며, Facebook이 제공한 통계를 통해 이익을 얻었다고 말했다.

Wirtschaftsakademie는 Facebook의 개인데이터 처리가 자신에게 귀속될 수 없으며 BDSG 제11조의 의미 내에서 자신이 통제하거나 영향을 미칠 수 있는 데이터의 처리를 Facebook에 위임하지 않았다고 주장하며, 그 결정에 대해 독일 행정법원에 소송을 제기했다. Wirtschaftsakademie

는 ULD가 자신에 대해 계쟁 결정을 채택할 것이 아니라 Facebook에 대해 직접 행위했어야 했다고 결론지었다.

2013년 10월 9일 판결로 행정법원은 Facebook의 팬 페이지 관리자는 BDSG 제3조 제7항의 의미 내에서 책임 있는 주체가 아니기 때문에 Wirtschaftsakademie는 BDSG 제38조 제5항에 따라 취해진 조치의 수범자가 될 수 없다는 이유로 계쟁 결정을 무효화했다.

독일 고등행정법원은 해당 판결에 대한 ULD의 항소를 근거가 없다고 기각했다. BDSG 제38조 제5항 2문이 데이터의 처리에서 확인된 위반의 제거 조치의 채택만을 허용하는 점진적 절차를 규정하고 있다는 점에서 계쟁 결정에서의 데이터 처리의 금지는 위법하다고 판결했다. 데이터 처리의 즉각적인 금지는 데이터 처리절차가 전체적으로 위법하고 유일한 구제책이 이를 종료시키는 것인 경우에만 고려된다. 고등행정법원에 따르면 Facebook이 ULD가 주장하는 위반을 종식시킬 수 있었기 때문에 이 경우에는 그렇지 않았다.

고등행정법원은 또한 BDSG 제38조 제5항에 따른 명령이 BDSG 제3조 제7항의 의미 내에서의 책임주체에 대해서만 내릴 수 있으며, Wirtschaftsakademie는 Facebook이 수집한 데이터와 관련하여 그러한 주체가 아니라는 이유로 계쟁 결정이 위법하다고 말했다. Facebook만이 Facebook Insights 기능에 사용되는 개인데이터의 수집 및 처리에 대한 목적 및 수단을 결정했으며 Wirtschaftsakademie는 익명의 통계정보만 받았다.

ULD는 특히 BDSG 제38조 제5항의 위반과 항소법원의 판결을 저해하는 다수의 절차적 오류를 근거로 독일 연방행정법원에 법적 문제에 대해 상고했다. Wirtschaftsakademie가 저지른 위반은 부적절한 제공자 - 적용되는 데이터 보호법을 준수하지 않았기 때문에 부적절한 - 즉 Facebook Ireland에게 웹 사이트를 생성, 호스팅 및 유지하도록 위임한 것으로 생각한다. 계쟁 결정에 의해 부과된 Wirtschaftsakademie에 대한 팬 페이지 비활성화 명령은 Wirtschaftsakademie가 Facebook 인프라를 웹 사이트의 기술적 기반으로 계속 사용하는 것을 금지했기 때문에 해당 위반을 시정하기 위한 것이었다.

고등행정법원과 마찬가지로 연방행정법원은 Wirtschaftsakademie 자체가 BDSG 제3조 제7항 또는 지침 95/46 제2조 제d호의 의미 내에서 데이터 처리에 대한 책임이 있다고 간주될 수 없다는 견해를 취한다. 그럼에도 불구하고 사법재판소가 이 점에 대한 최근 판례에서 판결한 것처럼 컨트롤러의 개념은 원칙적으로 프라이버시권의 실효적인 보호를 위해 넓게 해석되어야 한다고 생각한다. EU 수준에서 Facebook 그룹 내에서 개인데이터의 수집 및 처리에 대한 책임이 있는 곳이 Facebook Ireland라는 점을 감안할 때, 이 사건에서 Facebook Germany와 관련하여 ULD의 권한에 대해 의문을 가지고 있다. 마지막으로, ULD의 개입권을 행사할 목적으로 문제가 되는 개인데이터 처리의 합법성과 관련하여 Facebook Ireland가 따라야 하는 감독기관의 평가가 가지는 효력에 대해 확신하지 못한다.

이러한 상황에서 연방행정법원은 소송절차를 중단하고 선결소송을 위해 유럽연합사법재판소에 다음 사항을 제청하기로 결정했다:

'(1) 지침 [95/46] 제2조 제d호는 데이터 보호 위반에 대한 책임을 최종적이고 열거적으로 정의하는 것으로 해석되어야 하는가? 또는 지침 [95/46] 제24조에 따른 "적절한 조치" 및 지침 [95/46] 제28조 제3항 2단에 따른 "실효적인 개입권"에 따라서 다층 정보 제공자 관계에서 정보 제공의 운영자를 선택할 때 지침 [95/46] 제2조 제d호의 의미 내에서의 데이터 처리를 통제하지 않는 사업체의 책임 범위에 해당하는가?
(2) 반대로 컨트롤러를 대신하여 데이터 처리가 수행되는 경우 컨트롤러는 "수행되는 처리를 규율하는 기술적 보안조치 및 조직적 조치에 관

하여 충분한 보장을 제공하는 프로세서를 선택"하여야 하며, 지침 [95/46] 제2조 제e호의 의미 내에서 컨트롤러에 대신하여 데이터 처리에 연계되지 않은 다른 이용자 관계가 있는 경우에 신중한 선택을 할 의무가 없으며 이러한 의무는 국가법에 근거할 수 없음을 규정하는 것이 지침 [95/46] 제17조 제2항에 따라 회원국들의 의무에서 나오는가?

(3) 유럽연합 역외에 기반을 둔 모회사가 여러 회원국에 법적으로 독립된 사업체(자회사)를 보유하고 있는 경우, 이러한 사업체가 광고 판매 홍보와 이러한 회원국 거주자를 대상으로 한 다른 시장 조치에 대해서만 책임이 있는 경우라도 다른 회원국(이 사건에서는 아일랜드)에 소재한 독립적 사업체(자회사)가 그 그룹의 내부 업무분장 내에서 EU의 전 영역, 따라서 그 다른 회원국(이 사건에서는 독일)에서도 개인데이터의 수집 및 처리에 대해 전적으로 책임을 지는 반면, 데이터 처리에 대한 결정이 실제로는 모회사에서 이루어지는 경우 회원국(이 사건에서는 독일)의 감독기관은 지침 [95/46] 제4조 및 제28조 제6항에 따라 그 영토에 소재하는 사업체에 대해 지침 [95/46] 제28조 제3항에 따라 부여된 권한을 행사할 자격이 있는가?

(4) 지침 [95/46] 제4조 제1항 제a호 및 제28조 제3항은 컨트롤러가 한 회원국(이 사건에서는 아일랜드)의 영토에서 사업체를 가지고 있고 다른 회원국(이 사건에서는 독일)의 영토에서는 법적으로 독립된 또 다른 사업체가 있으며, 그 책임은 광고 공간 판매를 포함하고 해당 활동은 해당 회원국의 거주자를 대상으로 하는 경우에, 이 다른 회원국(이 사건에서는 독일)의 관할 감독기관은 그룹의 내부 업무 및 책임분담에 따라 데이터 처리에 대한 책임이 없는 다른 사업체(이 사건에서는 독일)에 대해서도 데이터 보호법을 이행하는 조치 및 명령을 지시할 수 있다는 의미로 해석되어야 하는가? 또는 조치 및 명령은 그룹 내의 내부 책임이 있는 사업체가 등록된 사무소가 있는 영토의 회원국(이 사건에서는 아일랜드)의 감독기관에 의해서만 가능한가?

(5) 지침 [95/46] 제4조 제1항 제a호와 제28조 제3항 및 제6항은 제3자가 데이터 보호법을 위반하기 때문에 데이터 처리 프로세스와 관련된 제3자(이 사건에서는 Facebook)를 신중하게 선택하지 못한 것을 이유로 한 회원국(이 사건에서는 독일)의 감독기관이 지침 [95/46] 제28조 제3항에 따라서 그 영토의 사람 또는 사업체에 대해 처분을 하는 경우에, 처분 감독기관(이 사건에서는 독일)은 데이터 처리에 대한 책임이 있는 제3자가 그 사업체를 가지고 있는 회원국(이 사건에서는 아일랜드)의 감독기관이 데이터 보호법에 따라 수행한 평가에 구속된다는 의미로 해석되어야 하는가? 또는 처분 감독기관(이 사건에서는 독일)은 그 자신의 처분 전에 선결문제로서 다른 회원국(이 사건에서는 아일랜드)에서 설립된 제3자에 의한 데이터 처리의 합법성 심사를 수행할 수 있는가?

(6) 처분 감독기관(이 사건에서는 독일)에서 독립적인 심사를 수행할 가능성이 있는 경우 지침 [95/46] 제28조 제6항 2문은 이 다른 회원국(이 사건에서는 아일랜드)의 감독기관에게 그 권한 행사를 처음 요청한 경우에만 다른 회원국에 설립된 제3자의 데이터 보호 위반에 대한 공동 책임을 이유로 이 감독기관이 자신의 영토에 설립된 개인 또는 사업체에 대해 지침 [95/46] 제28조 제3항에 따라 그에 부여된 실효적인 개입권을 행사할 수 있다는 의미로 해석되어야 하는가?'

판결 주문

이상의 이유에 따라, 유럽연합사법재판소(대법정)는 다음과 같이 판결한다.

1. 지침 95/46 제2조 제d호는 해당 조항의 의미 내에서 '컨트롤러' 개념은 소셜 네트워크에서 호스팅된 팬 페이지의 관리자를 포함한다는 의미로 해석되어야 한다.

2. 지침 95/46 제4조 및 제28조는 EU 역외에 설립된 기업이 여러 회원국에 여러 사업체를 두고 있는 경우 그룹 내 업무분담의 결과로 첫째, 해당 사업체가 광고 판매와 해당 회원국 영토 내에서의 기타 마케팅 활동에 대해서만 책임을 지고, 둘째, 개인데이터의 수집 및 처리에 대한 배타적 책임이 EU 전역에 대해 다른 회원국에 소재한 사업체에 속한다 할지라도 한 회원국의 감독기관은 해당 회원국의 영토에 소재한 그 기업의 사업체와 관련하여 해당 지침 제28조 제3항에 의해 그에 부여된 권한을 행사할 자격이 있다는 의미로 해석되어야 한다.

3. 지침 95/46 제4조 제1항 제a호와 제28조 제3항 및 제6항은 한 회원국의 감독기관이 그 데이터의 처리에 대해 책임이 있는 제3자가 범한 개인데이터 보호법의 위반을 이유로 그 회원국의 영토에 설립된 사업체에 대해 지침 제28조 제3항에서 규정된 개입권을 행사하려는 경우 그 감독기관은 다른 회원국의 감독기관과 관계없이 이러한 처리의 합법성을 평가할 권한이 있으며, 다른 회원국의 감독기관에게 개입을 요청하지 않고서도 그 영토에 설립된 사업체와 관련하여 개입권을 행사할 수 있다는 의미로 해석되어야 한다.

(2) Case C-434/16 (20 December 2017)[4]

사실관계의 개요와 쟁점

Mr Nowak은 아일랜드공인회계사협회(Institute of Chartered Accountants of Ireland : CAI)가 실시한 제1차 회계사시험과 3개의 제2차 시험을 합격한 수습회계사였다. 그러나 Mr Nowak은 수험생들에게 자료를 이용할 수 있도록 한 이른바 오픈북시험인 전략금융 및 경영회계시험에 떨어졌다.

네 차례 시험에 실패한 후인 2009년 가을에 Mr Nowak은 처음으로 그 시험의 결과에 대해 이의신청를 제기하였다. 이의신청이 2010년

4) Mr Nowak[2017], EU:C:2017:994

3월에 기각된 후, 그는 2010년 5월에 데이터 보호법 제4조에 근거하여 CAI가 보유하고 있는 자기와 관련되는 모든 개인데이터에 대한 데이터 접근 청구를 제기하였다. 2010년 6월 1일자 우편으로 CAI는 Mr Nowak에게 17건의 자료를 우송하였지만, 데이터 보호법의 범위에 답안지는 개인데이터에 포함되지 않는다는 이유로 시험답안지는 우송하기를 거부하였다.

그래서, Mr Nowak은 시험답안지 공개거부사유로 제기된 이유를 다투기 위해 데이터보호감독관(Data Protection Commissioner)과 접촉하였다. 2010년 6월에 데이터보호감독관은 시험답안지는 일반적으로 개인데이터를 구성하지 않기 때문에 데이터 보호 목적을 위해 고려될 수 없다는 답변을 이메일로 보내왔다.

데이터보호감독관의 답변을 받고, Mr Nowak은 2010년 7월 1일에 공식 이의신청을 제기하였다. 2010년 7월 21일자 서신으로 데이터보호감독관은 Mr Nowak에게 그 사안을 검토한 결과 데이터 보호법의 실체적 위반을 발견하지 못하였으며, 경미한 이의신청에 관한 동법 제10조 제1항에 따라 이의신청의 조사를 하지 않을 것임을 통지하였다. 또한 그 서신은 Mr Nowak이 정정권 행사를 청구한 자료는 동법 제6조가 적용되는 개인데이터가 아니라고 말하였다.

Mr Nowak은 순회법원에 그 결정에 대한 소송을 제기하였다. 동 법원은 데이터보호감독관은 이의신청의 조사를 개시하지 않았기 때문에 소송의 대상이 되는 결정이 존재하지 않는다고 하여 각하하였다. 또한 동 법원은 시험답안지는 개인데이터가 아니기 때문에 그 소송은 이유가 없다고 판결하였다.

Mr Nowak은 순회법원의 판결에 대해 하이코트(High Court)에 상소를 제기하였지만, 하이코트는 순회법원의 판결을 지지하였다. 이번에는 하이코트의 판결은 항소법원에 의해 지지되었다. 항소법원의 판결에 대해 상고를 허용한 아일랜드 대법원은 Mr Nowak이 데이터보호

감독관을 상대로 하여 제기한 소송은 대상적격이 있다고 판결하였다. 그러나 대법원은 시험답안지가 지침 95/46상의 개인데이터를 구성하는지를 확신하지 못하여 소송절차를 정지시키고, 선결소송을 위해 다음의 사항을 유럽연합사법재판소에 제청하기로 결정하였다.

(1) 수험생이 자격시험 중에 작성한 답안지에서 기록된 데이터가 지침 95/46 범위내의 개인데이터에 해당될 수 있는가?
(2) (1)번 사항에 대한 답변이 그 데이터의 전부 또는 일부가 지침 95/46상의 개인데이터에 해당될 수 있다고 한다면, 사안의 경우에 그러한 답안지가 개인데이터에 해당하는지 여부를 결정할 때 어떠한 요인이 관련되며, 그 요인에 어느 정도의 가중치가 부여되어야 하는가?

제청사항의 검토

제청사항을 함께 검토해보면, 제청법원은 본안소송에서 쟁점이 된 것과 같은 상황에서 수험생이 자격시험에서 제출한 답안지와 그 답안지에 대한 채점위원의 코멘트가 지침 95/46 제2조 제a호의 범위 내인 개인데이터를 형성하는 것으로 해석해야 하는지를 확인하고자 한다.

그와 관련하여, 지침 95/46 제2조 제a호는 개인데이터를 '식별된 또는 식별가능한 자연인과 관련되는 모든 데이터'의 의미로 정의하고 있는 점을 상기하여야 한다. 동 조항에서, '식별가능한 사람이란 직접적이든 간접적이든 특히 식별번호 또는 그의 신체적, 심리적, 정신적, 경제적, 문화적이나 사회적 신원에 특유한 하나 이상의 요소를 조회함으로써 식별가능한 사람'이다. 그러나 수험생이 자격시험에서 제출한 답안지와 그 답안지와 관련하여 채점위원이 작성한 코멘트는 지침 95/46 제2조 제a호 의미 내의, 그 수험생과 관련되는 데이터를 구성하는지를 결정할 필요가 있다.

당 법원이 이전에 판결한 바와 같이, 지침 95/46의 범위는 대단히 광범위하고, 그 지침이 대상으로 하는 개인데이터도 다양하다.[5] 지침 95/46 제2조 제a호의 '개인데이터'의 개념에서 '모든 정보(any information)'의 표현의 사용은 그 개념에 넓은 범위를 부여하고자 하는 EU 입법자의 목적이 반영되어 있으므로 민감하거나 사적인 데이터로 제한되지 않으며, 데이터주체에 '관련되는' 한 의견 및 평가의 형태로 객관적인 것은 물론 주관적인 모든 종류의 데이터를 잠재적으로 포함한다. 후자의 조건과 관련하여, 그 내용, 목적이나 효과를 이유로 데이터가 특정인에게 연결될 경우에 충족된다. Mr Nowak, 체코, 그리스, 헝가리, 오스트리아 및 포르투갈 정부와 유럽위원회가 주장하는 바와 같이, 수험생이 자격시험에서 제출한 답안지는 사람으로서 그에게 연결된 데이터를 형성한다.

첫째로, 그 답안지의 내용은 특정한 분야에서의 수험생의 지식과 능력의 정도, 그리고 어떤 경우에는 그 지능, 사고과정 및 판단을 나타내는 것이다. 손으로 작성한 답안지의 경우에, 그 답안지는 그 필적에 관한 데이터를 추가적으로 포함한다.

둘째로, 그 답안지 수거의 목적은 수험생의 직업적 능력과 관련 직업을 수행할 적정성을 평가하는 것이다.

마지막으로, 그 데이터의 이용과 그 이용의 하나의 결과가 그 수험생의 관련시험에서의 합격과 불합격이라는 것은 그것이 예컨대 열망하는 직업에 진입하거나 구하고자 하는 직위를 얻을 기회를 결정하거나 영향을 미칠 수 있다는 점에서 그의 권리 및 이익에 영향을 가지는 것이다. 더구나, 수험생이 자격시험에서 제출한 답안지는 그 시험이 본 사안에서처럼 오픈북 시험인 경우에 그 내용, 목적 또는 효과에 의해 그 수험생과 관련되는 데이터를 형성하는 것이 또한 사실이다.

---

5) judgment of 7 May 2009, *Rijkeboer*, C-553/07, EU:C:2009:293, paragraph 59 및 거기서 인용된 판결.

재판연구관(Advocate General)이 그 의견 24번에서 기술한 바와 같이, 시험의 목적은 특정인, 다시 말하면 그 수험생의 개별적인 성취도를 결정하고 확정하는 것이며, 예컨대 대표조사(representative survey)와 달리 그 사람과 관계없는 데이터를 획득하는 것이 아니다.

그 수험생의 답안지와 관련한 채점위원의 코멘트에 대하여서도, 그 시험에서 수험생이 제출한 답안지와 마찬가지로 그 수험생과 관련되는 데이터를 형성한다는 것은 명확하다. 그 코멘트의 내용은 그 시험에서의 그 수험생의 개별적인 성취도, 특히 관련 분야에서의 그의 지식과 능력에 대한 채점위원의 의견 또는 평가를 나타낸다. 더구나, 그 코멘트의 목적은 그 수험생의 성취에 대한 채점위원의 평가를 상세하게 기록하는 것이며, 그 코멘트는 본 판결 제39항에서 기술하였듯이 그 수험생에게 일반적으로 영향을 가지게 된다. 그 수험생이 시험에서 제출한 답안과 관련하여 채점위원의 코멘트가 그 내용, 목적 또는 효과의 면에서 그 수험생과 연결되는 데이터를 형성한다는 인정은 그 코멘트도 또한 그 채점위원과 관련되는 데이터를 형성한다고 하는 사실에 의해 의문이 제기될 수 없다. 동일한 데이터가 다수의 개인들과 관련될 수 있으며, 그 사람들이 식별되거나 식별가능하다면 그들 각자에 대해 지침 95/46 제2조 제a호의 의미 내에서의 개인데이터를 구성할 수 있다.

나아가, 수험생이 자격시험에서 제출한 답안지와 그 답안지와 관련하여 채점위원이 작성한 코멘트는 개인데이터로 분류되어야 하는지의 문제는 데이터보호감독관과 아일랜드 정부가 주장하는 것과는 반대로, 그 분류의 결과가 원칙적으로 그 수험생이 지침 95/46 제12조 제a호 및 제b호에 따라서 접근권과 정정권을 가지는 것이라고 하는 사실에 의해 영향을 받을 수 없다.

그와 관련하여, 첫째로, 유럽위원회가 구술변론에서 주장한 바와 같이 지침 95/46에 의해 제공되는 다수의 원칙과 보호장치들은 그러한 분류와 결부된 것이며, 그러한 분류로부터 나오는 것이라는 점이 상기되어야 한다. 동 지침이 규정하고 있는 보호의 원칙들은 한편으로는 데이터를 처리할 책임있는 사람들에게 부과되는 의무, 특히 데이터 품질, 기술보안, 감독기관에의 통지, 그리고 처리가 수행될 수 있는 상황과 관련되는 의무에서 나타나며, 다른 한편으로는 처리의 대상인 데이터의 주체인 개인들에게 부여된 처리를 하고 있다는 사실을 통보받고, 그 데이터를 조회하며, 정정을 청구하고 심지어 일정한 상황에서 처리를 반대할 권리들에서도 나타난다고 지침 95/46 전문(recital) 제25항에서 기술하고 있다.

따라서 자격시험에서 제출된 답안지와 그 답안지와 관련하여 채점위원이 작성한 코멘트에서 포함된 수험생과 관련되는 데이터가 '개인데이터'로 분류되지 않는다면, 그것은 개인데이터 보호의 영역에서 준수되어야 할 원칙들과 보호장치, 특히 그러한 데이터의 품질과 관련되는 원칙들과 지침 95/46 제6조와 제7조에서 규정된 데이터 처리를 합법적으로 만드는 기준들뿐만 아니라, 동 지침 제12조와 제14조에서 규정된 데이터주체의 접근권, 정정권 및 반대권 그리고 동 지침 제28조에 의해서 감독기관이 행사하는 감독도 준수할 의무를 그 데이터에서 완전히 배제시키는 결과가 될 것이다.

재판연구관(Advocate General)이 그 의견 26번에서 기술하고 있는 바와 같이, 수험생은 특히 사생활 보호에 근거하여 정당한 이익을 가진다. 그 시험에서 제출한 답안지와 시험절차 외에서 그 답안지와 관련하여 채점위원의 코멘트의 처리를 반대할 수 있고, 특히 그것들이 그의 허락없이 제3자들에게 보내지거나 공개되는 것을 반대할 수 있다는 점에서 정당한 근거를 가지는 것은 논란의 여지가 없다. 마찬가지로, 시험을 실시하는 기구는 데이터 컨트롤러로서 그들 답안지와 코멘트가 제3자가 그것들에 불법적인 접근을 하지 못하는 것을 보장하는 방식으로 저장할 것을 보장할 의무가 있다.

나아가서, 지침 95/46 제12조 제a호와 제b호에서 규정된 접근권과 정정권은 수험생이 자격시험에서 제출한 답안지와 그 답안지와 관련하여 채점위원이 작성한 코멘트와 관련하여 주장될 수 있다는 것은 명백하다. 물론, 지침 95/46 제12조 제b호에서 규정된 정정권은 수험생이 '틀린' 답안을 나중에 '정정'할 수 있는 것은 아니다. 개인데이터가 정확하고 완전한 것인지 여부의 평가는 그 데이터가 수집된 목적의 관점에서 이루어져야 한다는 것은 지침 95/46 제6조 제1항 제d호로부터 명백하다. 그 목적은 수험생이 제출한 답안이 관련되는 한, 시험 당시에 그 수험생의 지식과 능력의 정도를 평가할 수 있는데 있다. 그 수준은 그 답안에서 실수에 의해 정확하게 드러난다. 따라서 그러한 실수는 동 지침 제12조 제b호에 의해 정정권을 발생시키는 지침 95/46의 의미에서의 부정확성을 표시하는 것은 아니다.

다른 한편으로, 수험생의 답안지와 그 답안지와 관련된 채점위원의 코멘트가 지침 95/46 제6조 제1항 제d호의 의미에서 부정확하게 되는 경우가 있을 수 있다. 여컨대, 실수로 시험답안지가 다른 수험생의 답안지가 관련 수험생의 것으로 바뀐다던지 또는 그 수험생의 답안지를 포함하는 표지가 분실된다든지 하여, 그 답안지가 불완전하게 되거나 또는 채점위원이 작성한 코멘트가 관련 수험생의 답안의 평가를 정확하게 기록하지 못하는 것을 들 수 있다.

더구나, 재판연구관(Advocate General)이 그 의견 37번에서 기술하고 있듯이, 수험생은 지침 95/46 제12조 제b호에 따라서 데이터 컨트롤러에게 자기의 시험답안지와 그와 관련된 채점위원의 코멘트는 일정 기간 후에 삭제, 다시 말하면 파기를 보장할 것을 청구할 권리를 가질 수 있음을 배제할 수 없다. 동 지침 제6조 제1항 제e호에 따라서 개인데이터는 그 데이터가 수집되거나 후속적으로 처리되는 목적에 필요한 기간 이상 데이터주체의 식별을 허용하는 형태로 보존되어서는 안 된다. 수험생이 제출한 답안지와 채점위원의 코멘트의 목적을 고려할 때, 그 수험생의 식별을 허용하는 형태로의 보존은 시험절차가 최종적으로 종료되자마자 더 이상 필요하지 않으며, 그들 답안지와 코멘트가 증명적 가치를 상실하였기 때문에 더 이상 이의신청이 이루어지지 않을 것이다.

수험생이 자격시험에서 제출한 답안지와 그 답안지와 관련한 채점위원이 작성한 코멘트는 따라서 지침 95/46 제6조 제1항 제d호 및 제e호의 의미에서 정확성과 보유의 필요성이 체크될 필요가 있는 한, 그리고 동 지침 제12조 제b호에 따라서 정정이나 삭제의 대상이 될 수 있는 한, 유럽연합사법재판소는 동 지침 제12조 제a호에 따라서 수험생에게 그 답안지와 코멘트에의 접근권을 부여하는 것이 그 수험생이 시험절차에 적용 가능한 국가입법에 따라 접근권을 가지는지 여부와 관계없이 자기와 관련되는 데이터의 처리와 관련하여 그 수험생의 프라이버시권의 보호를 보장하는 것이라는 동 지침의 목적에 기여하는 것이라고 판결하여야 한다.

그러한 의미에서, 사생활을 존중할 기본권의 보호는 특히 모든 개인이 자기와 관련되는 개인데이터가 정확한 것과 그것이 합법적인 방식으로 처리되는 것을 확인할 수 있다는 것을 의미한다는 점이 상기되어야 한다. 지침 95/46 전문 제41항에서 명백한 바와 같이, 데이터주체가 동 지침 제12조 제a호에 따라서 현재 처리되고 있는 자기와 관련되는 데이터에의 접근권을 가지는 것은 필요한 체크를 수행할 지위를 얻기 위한 것이다. 이러한 접근권은 특히 데이터주체가 사정에 따라서 데이터 컨트롤러에 의하여 그 데이터의 정정, 삭제 또는 차단을 얻을 수 있게 하며, 따라서 동 지침 제12조 제b호에서 규정된 권리를 행사할 수 있게 하는데 필요하다.

마지막으로, 우선, 지침 95/46 제12조 제a호 및 제b호에 따라서 접근권과 정정권은 수험생의 개인데이터에 해당하지 않기 때문에 시험문제로 확장되지 않는다고 하여야 한다.

다음으로, 지침 95/46과 동 지침을 대체하는 2016년 GDPR은 모두 이들 권리에 대해 일정한 제한을 규정하고 있다. 그리하여, 지침 95/46 제13조 제1항 제g호에 따라서 회원국들은 그러한 제한이 다른 사람들의 권리와 자유를 보호할 필요한 조치를 형성할 때, 특히 동 지침 제6조 제1항 및 제12조에서 규정된 권리와 의무의 범위를 제한할 입법적 조치를 채택할 수 있다. 2016년 GDPR 제23조 제1항 제e호는 현재 지침 95/46 제13조 제1항에서 규정된 제한들을 정당화하는 근거들을 'EU나 회원국의 공익이라는 다른 중요한 목적'으로까지 확장시키고 있다. 나아가서, 데이터주체의 접근권과 관련되는 조항인 2016년 GDPR 제15조 제4항은 개인데이터의 사본을 얻을 권리는 역으로 다른 사람들의 권리와 자유에 영향을 미쳐서는 안된다고 규정하고 있다.

이상의 관점에서, 지침 95/46 제2조 제a호는 본안소송에서와 같은 상황에서 수험생이 자격시험에서 제출한 답안지와 그 답안지와 관련된 채점위원의 코멘트는 동 규정의 의미에서의 개인데이터를 형성한다는 것이 제청된 질문에 대한 답변이다.

(3) Case C-212/13 (11 December 2014)[6]

사실관계의 개요와 쟁점

본안소송의 원고(Mr Ryneš)는 2007년 10월 5일부터 2008년 4월 11일까지 집 처마 밑에 감시카메라를 설치하였다. 카메라는 고정되어 움직일 수 없도록 되어 있었으며, 집 입구, 집 앞 보도와 맞은 편 집의 입구를 기록하였다. 카메라는 영상기록만이 가능하였고 하드디스크에 기록을 저장하였으며, 저장용량이 가득차면 이전 기록을 지우고 저장하는 방식이었다. 또한 모니터가 설치되지 않아서 실시간으로 영상을 볼 수

6) Ryneš[2014], EU:C:2014:2428

없었으며, 그 카메라 시스템과 데이터에의 직접적인 접근은 Mr Ryneš만이 가능하였다.

Mr Ryneš가 카메라를 설치한 이유는 신원을 확인할 수 없는 정체불명의 사람들로부터 본인과 그 가족이 공격을 받았으며, 2005년과 2007년 사이에는 집의 유리창이 여러 차례 부서졌고, 그로 인하여 자신과 가족의 재산, 건강 및 생명을 지키기 위한 수단으로 한 것이었다. 그런데, 2007년 10월 6일과 7일 저녁에 캐터펄트의 발사로 집 유리창이 부서졌다. 감시카메라에 의해 두 사람의 용의자의 신원이 확인되었다. 카메라 영상기록은 경찰에 넘겨져, 형사소송절차에서 제출되었다.

그런데, 용의자 중의 한 사람이 Mr Ryneš의 카메라장치가 적법한 것인지 여부의 확인을 요청하였으며, 관할 개인데이터보호청은 2008년 8월 4일 Mr Ryneš가 개인데이터 보호법을 위반하였다고 결정하였다. Mr Ryneš가 그 결정을 다투어 소송을 제기하였으나, 관할 지방법원은 2012년 4월 25일 기각판결을 내렸다. Mr Ryneš은 그 판결에 불복하여, 체코 최고행정법원에 상소하였다. 최고행정법원은 소송절차를 정지시키고, 다음 사항에 대해 선결소송을 구하여 유럽연합사법재판소에 제청하였다.

- 가족의 재산, 건강 및 생명을 보호하기 위하여 집에 설치한 카메라 장치의 사용은 그것이 비록 공공장소를 모니터링하는 경우에도 지침 95/46 제3조 제2항의 목적을 위하여 "자연인에 의하여 순전히 사적 또는 가사적 활동 중에" 한 개인데이터의 처리로 분류될 수 있을 것인가?

제청사항의 검토 요지

지침 95/46 제3조 제1항은 "전적으로 또는 부분적으로 자동적 수단에 의한 개인데이터의 처리와 파일링시스템의 일부를 형성하거나 또는 형성할 의도인 개인데이터의 자동적 수단 이외의 다른 수단에 의한 처리"에 적용된다. 동 조에서 사용된 '개인데이터'라는 용어는 동 지침 제2조 제a호의 개념 정의에 따르면, "식별된 또는 식별가능한 자연인에 관련되는 데이터"를 말하며, 식별가능한 사람이란 "특히 그의 신체적 … 정체성에 특유한 하나 또는 그 이상의 요소를 조회함으로써 직접적 또는 간접적으로 식별될 수 있는 사람"이다. 따라서 카메라에 의해 기록된 사람의 영상은 그 관계인의 신원을 식별할 수 있게 하는 한 지침 95/46 제2조 제a호의 '개인데이터'를 형성한다.

'개인데이터의 처리'에 관하여, 동 지침 제2조 제b호가 "수집, 기록, … 저장과 같은 개인데이터에 대해 행해진 작용"이라고 정의하고 있는 점을 주목하여야 한다. 특히 동 지침 전문 제15항과 제16항에서 볼 수 있듯이, 비디오 감시는 그것이 자동적 처리를 형성하는 한 동 지침의 범위에 속한다. 본 사건에서처럼 연속적 기록장치, 즉 하드디스크에 기록되는 비디오 기록의 형태로 하는 사람의 감시는 동 지침 제3조 제1항에 따라서 개인데이터의 자동적 처리를 형성한다.

제청법원은 그럼에도 불구하고 개인데이터의 그러한 처리가 동 지침 제3조 제2항 2단의 목적을 위하여 "순전히 사적 또는 가사적 활동 중에" 수행되는 한, 동 지침의 적용을 회피하여야 하는지에 대하여 의문을 가진다. 지침 95/46 제1조와 전문 제10항으로부터 명백한 것처럼, 동 지침은 자연인의 기본적 권리와 자유, 특히 개인데이터의 처리와 관련하여 프라이버시권의 높은 수준의 보호를 보장하고자 한다.[7] 그와 관련하여 확립된 판례법에 따르면, EU기본권헌장 제7조에 의하여 보장된 사생활기본권의 보호는 필요하는 한에 있어서만 개인데이터의 보호와 관련하여 적용특례와 한계가 엄격히 적용되어야 할 것을 요구한

7) Case C-131/12, Google Spain and Google[2014], EU:C:2014:317, paragraph 66

다.[8] 지침 95/46의 제 규정은 기본적 자유, 특히 프라이버시권을 침해하기 쉬운 개인데이터의 처리를 규율하는 한에 있어서 헌장에 규정된 기본권의 관점에서 해석되어야 하기 때문에, 동 지침 제3조 제2항 2단에서 규정된 예외는 좁게 해석되어야 한다. 동 지침 제3조 제2항이 좁게 해석되어야 한다는 사실은 바로 동 조항의 문언에서도 그 근거를 가진다. 즉, 동 조항에 의하면, 그 처리가 이루어지는 활동이 '순전히' 사적 또는 가사적 활동인 경우에, 다시 말하면 단순히 사적 또는 가사적 활동이 아닌 경우에 동 지침은 개인데이터의 처리에서 제외하고 있다. 따라서 개인데이터의 처리는 그 개인데이터를 처리하는 사람의 순전히 사적 또는 가사적 활동에서 수행되는 경우에만 동 지침 제3조 제2항의 제2단에서 규정된 예외의 범위 내에 속하게 된다.

본 사건에서와 같은 비디오감시는 부분적이라 할지라도 공공장소를 포함하고 있고, 따라서 그러한 방식으로 데이터를 처리하는 사람의 사적 활동으로 이루어지는 범위에서 그 활동은 동 지침 제3조 제2항 제2단의 목적을 위한 순전히 '사적 또는 가사적' 활동인 것으로 간주될 수 없다. 동시에, 동 지침의 적용에서는 본안소송에서처럼 가족과 본인의 재산, 건강 및 생명의 보호와 같은 데이터 컨트롤러에 의해 추구된 정당한 이익을 특히 동 지침 제7조 제f호, 제11조 제2항, 그리고 제13조 제1항 제d호 및 제g호에 따라서 고려할 수 있다.

이상에서 살펴본 바와 같이, 지침 95/46 제3조 제2항 2단은 사람의 비디오기록이 하드디스크와 같은 연속적인 기록장치에 저장되고, 가족의 재산, 건강 및 생명을 보호할 목적으로 개인이 집 위에 설치하였지만, 공공장소도 모니터링하는 카메라 장치의 작동은 동조의 목적을 위

8) Case C-473/12, IPI[2013], EU:C:2013:715, paragraph 39, and Joined cases C-293/12 and C-594/12, Digital Rights Ireland and Others[2014], EU:C:2014:238, paragraph 52

해 순전히 사적 또는 가사적 활동 중에 이루어진 개인데이터의 처리에 해당하지 않는다고 해석되어야 한다.

(4) Joined Cases C-141/12 and C-372/12 (17 July 2014)[9]

제청사항의 검토 요지

신청인의 체류허가 신청과 관련된 데이터와 법적 분석이 지침 95/46 제2조 제a호의 '개인데이터'에 해당하는지 여부는 동조의 규정인 "식별된 또는 식별가능한 자연인과 관련되는 데이터"의 해석과 관련하여 주목할 필요가 있다.

결정안에 포함된 신청인의 체류허가 신청과 관련된 데이터, 즉 신청인의 이름, 생년월일, 국적, 성별, 민족, 종교 및 언어는 자연인과 관련되는 데이터이며, 특히 이름에 의해 그 결정안에서 식별되었기 때문에 '개인데이터'라고 보아야 한다.[10]

그러나 결정안에서의 법적 분석은 비록 그것이 개인데이터를 포함할 수 있다고 하더라도 그 자체로는 지침 95/46 제2조 제a호의 '개인데이터'에 해당하지 않는다고 하여야 한다. 그러한 법적 분석은 신청인과 관련되는 데이터가 아니라, 대개의 경우에 그것이 법률의 순전히 추상적인 해석으로 한정되지 않는 한에 있어서는 그 개인데이터에 의하여 결정되는 신청인의 상황에 대한 해당 기관의 그 법률의 평가와 적용에 관한 데이터이다.

---

9) YS and Others[2014], EU:C:2014:2081. 본 판례의 사실관계와 쟁점에 대해서는 228쪽 이하를 참조.

10) 동 취지의 판결로서, C-524/06, Huber[2008], EU:C:2008:724, paragraphs 31 and 43

(5) Case C-131/12 (13 May 2014)[11]

제청사항의 검토 요지

제청법원은 지침 95/46 제2조 제b호는 제3자에 의해 인터넷상에 공표되거나 소재하는 데이터를 발견하고, 그것을 자동적으로 인덱스하고 일시적으로 저장하며 궁극적으로 일정한 선호도순에 따라서 인터넷 이용자들이 이용할 수 있게 하는, 콘텐츠 공급자로서의 검색엔진의 활동은 그 데이터에 개인데이터가 포함될 때, 그 규정이 의미하는 '개인데이터의 처리'로서 분류되어야 한다는 의미로 해석될 수 있는지 여부에 대하여 제청하고 있다.

지침 95/46 제2조 제b호는 '개인데이터의 처리'를 '자동적 수단에 의하는지 여부에 관계없이 수집, 기록, 편성, 저장, 각색 또는 수정, 복구, 조회, 이용, 전송에 의한 공개, 배포 또는 다른 이용, 정렬 또는 조합, 차단, 삭제 또는 파기와 같이 개인데이터에 가하여진 작용'이라고 정의한다. 특히 인터넷과 관련하여, 유럽연합사법재판소는 인터넷 페이지상에 개인데이터를 게시하는 작업은 동 지침 제2조 제b호가 의미하는 그러한 '처리'로 간주되어야 한다고 이미 판시한 바 있다.[12] 본안소송에서 쟁점이 되는 활동에 관한 한 검색엔진에 의해 발견되고 인덱스되며 저장되어, 그 이용자들에게 이용 가능한 데이터가 식별되거나 식별 가능한 자연인과 관련되는 데이터, 따라서 동 지침 제2조 제a호가 의미하는 '개인데이터'를 포함한다는 점은 다툼이 없다.

그러므로, 인터넷에서 공표된 데이터를 찾아서 자동적으로 부단하게

11) Google Spain and Google[2014], EU:C:2014:317 본 판결에 대해서는 제5장에서 별도로 자세히 다루도록 하고, 여기에서는 개인데이터의 처리와 관련한 유럽연합사법재판소의 판결의 주요부분만을 소개하도록 한다.

12) Lindqvist[2003], paragraph 25

그리고 조직적으로 인터넷을 검색할 때, 검색엔진의 운영자는 이후에 인덱스 프로그램체계 내에서 '복구'하고 '기록'하며 그리고 '편성'하고 그 서버에 '저장'하며, 경우에 따라서는 검색결과의 목록의 형태로 그 이용자들에게 '이용'할 수 있게 하는 그러한 데이터를 '수집'한다는 점이 인정되어야 한다. 그들 작용이 지침 95/46 제2조 제b호에서 명시적으로 또한 무조건적으로 열거되어 있기 때문에, 그것들은 그 규정이 의미하는 '처리'로 분류되어야 한다. 이는 검색엔진의 운영자가 또한 다른 유형의 데이터에 대한 동일한 작용들을 수행하며, 그러한 다른 유형의 데이터와 개인데이터를 구별하지 않고 있다는 사실과는 관계없다. 이러한 사실은 이들 데이터가 이미 인터넷상에 공표되었으며, 검색엔진에 의해 변경되지 않는다는 사실에 의해 영향을 받지 않는다.

유럽연합사법재판소는 지침 95/46 제2조 제b호에서 규정된 작용들이 미디어에서 변경되지 않은 형태로 이미 공표된 자료와 전적으로 관련되는 경우에, 이들 작용도 또한 이러한 처리로 분류되어야 한다는 것을 이미 판결한 바 있다. 유럽연합사법재판소는 이와 관련하여 이러한 경우에 동 지침의 적용을 일반적으로 제외하는 것은 지침의 실효성을 크게 박탈하는 것이 될 것이라고 판시하였다.[13] 더구나, 동 지침 제2조 제b호에서 포함된 정의로부터 개인데이터의 수정은 사실 지침이 의미하는 처리를 형성하지만, 다른 한편으로 동 조에서 언급된 다른 작용들은 개인데이터가 수정될 것을 요구하지 않는다.

이상에서 살펴본 바와 같이, 지침 95/46 제2조 제b호와 제d호는 제3자에 의해 인터넷상에서 공표되고 소재하는 데이터를 발견하고 자동적으로 인덱스하며 일시적으로 저장하여, 최종적으로 일정한 선호도순에 따라서 인터넷 이용자들이 이용할 수 있게 하는 검색엔진의 활동은 그

13) Case C-73/07, Satakunnan Markkinapörssi and Satamedia[2008], EU:C:2008:727, paragraphs 48 and 49

데이터가 개인데이터를 포함할 때 동 지침 제2조 제b호가 의미하는 '개인데이터의 처리'로 분류되어야 한다.

(6) Case C-342/12 (30 May 2013)[14)]

사실관계의 개요와 쟁점

2010년 3월 9일에 포르투칼 근로조건청(ACT)은 포르투칼 비세우(VISEU)시에 있는 회사(Worten)에서 근로조건과 관련한 조사를 한 후, 다음과 같은 사실을 기재한 보고서를 공표하였다.

Worten은 비세우 영업소에서 교대근무하는 4명의 근로자를 고용하였다. ACT는 일일근무시간, 근로자의 일간 및 주간 근로시간의 계산 등이 기재되어 있는 근로시간기록부에 즉시 조회를 위한 접근이 불가능하였다. 근로자들은 조사대상 장소에 설치되어 있는 계시기에 IC카드를 삽입하여 근로시간을 기록하였다. 근로시간기록부는 회사에서 근무하는 근로자 누구도 접근할 수 없었으며, Worten의 그 지역 책임자만이 접근할 수 있었다. 그런데 책임자는 현장조사시에 영업소에 없었다. 그러한 경우에는 Worten의 본사 인사부서만이 그 기록을 제공할 수 있다. 2010년 3월 15일에 기록(서류)제출통지에 응하여, 법적으로 요구된 데이터인 근로시간기록부가 ACT에 제출되었다. ACT는 2012년 3월 14일 결정에 의하여, Worten이 ACT로 하여금 비세우 영업소의 근로자 근로시간기록부를 즉시 조회할 수 있도록 허용하지 않음으로써 포르투칼 고용법 규정의 중대한 위반을 하였다고 결정하였다. 위반행위의 중대성은 회사가 노동시간에 관한 규제를 준수하는지 여부를 근로시간기록부에 의해 신속하고도 직접적인 입증을 허용한다는 점에 근거한다고 하였다. ACT는 Worten에 대해 2,000 유로의 과태료를 부과하였다.

---

14) Worten[2013], EU:C:2013:355

Worten은 비세우 노동법원(Tribunal do trabalho de Viseu)에 그 결정의 취소소송을 제기하였다. 그러자, 노동법원은 소송절차를 정지시키고, 지침 95/46 제2조는 근로시간기록부, 즉 개별 근로자와 관련하여 근로시간의 시작과 종료, 각 휴식시간 및 그 간격의 기록이 '개인데이터'의 개념에 포함된다고 해석되는지 여부에 대해 선결소송을 구하여 유럽연합사법재판소에 제청하였다.

제청사항의 검토 요지

본안소송의 쟁점인 근로시간기록부에 포함된 데이터 - 그 데이터는 개별 노동자에 관하여 매일의 근로시간과 휴식시간에 관련된 것이다 - 는 지침 95/46 제2조 제a호에 속하는 '개인데이터'에 해당한다. 왜냐하면 그것은 '식별된 또는 식별가능한 자연인에 관한 데이터'를 나타내고 있기 때문이다.[15)]

따라서 지침 95/46 제2조 제a호는 본안소송에서 쟁점이 되고 있는, 각 근로자의 근로시간의 시작과 종료, 각각의 휴식시간과 그 간격을 표시하는 근로시간기록부는 동 조항의 '개인데이터'의 개념에 포함된다.

(7) Case C-101/01 (6 November 2003)[16)]

사실관계의 개요와 쟁점

유지보수노동자인 Mrs Lindqvist는 본업 이외에 한 교구에서 교구문

---

15) 같은 취지의 판결로서, Joined Cases C-465/00, C-138/01 and C-139/01, Österreichischer Rundfunk and Others[2003], EU:C:2003:294, paragraph 64; Case C-524/06, Huber[2008], EU:C:2008:724, paragraph 43; Case C-553/07, Rijkeboer [2009], EU:C:2009:293, paragraph 42

16) Lindqvist[2003], EU:C:2003:596

답교사(catechist)로 봉사하였다. 그녀는 특히 인터넷상에 홈페이지를 설치하기 위하여 데이터 처리과정을 이수하였으며, 1998년 말에 견진성사(confirmation)를 준비하고 있는 교구민들이 필요로 하는 데이터를 얻을 수 있도록 그녀의 인터넷 홈페이지를 설치하였다. 그녀의 요청으로, 그 교회의 웹 사이트 컨트롤러는 그녀의 홈페이지와 링크를 설치하였다.

문제의 페이지는 Mrs Lindqvist와 18명의 교구신도들에 관한 데이터를 포함하였으며, 일부는 풀 네임을, 그 밖의 경우에는 성만을 표시하였다. Mrs Lindqvist는 또한 약간 유머러스하게 동료 신도들의 직업과 취미를 묘사하였다. 그녀는 대부분의 경우 가정상황, 전화번호 등을 기재하였으며, 또한 한 신도가 발을 다쳐서 치료 때문에 쉬는 중이라고 하였다.

Mrs Lindqvist는 동료 신도들에게 그 인터넷 홈페이지의 존재에 대해 알리지 않았거나 그들의 동의를 얻지 않았으며, 또한 스웨덴 데이터보호감독청(Datainspektionen)에 자기의 활동을 신고하지도 않았다. 그녀는 몇몇 동료신도들의 반응이 좋지 않다는 것을 알고서 곧 문제의 인터넷 홈페이지를 폐쇄하였다.

검사는 ①데이터보호감독청(Datainspektionen)에 대한 사전서면신고 없이 자동수단에 의하여 개인데이터를 처리하였고, ②데이터주체의 동의 없이 민감한 개인데이터(발을 다쳐 치료 때문에 휴식 중)를 처리하였으며, ③동의 없이 처리된 개인데이터를 제3국으로 이전하였다는 점을 들어 관련법 위반을 이유로 Mrs Lindqvist를 기소하였다. Mrs Lindqvist는 그 사실관계를 인정하였지만, 죄를 범하였다는 점에 대해서는 다퉜다. 그녀는 지방법원에 의해 벌금을 선고받았고, 그 판결에 대해 항소하였다.

스웨덴 항소법원(Göta Court of Appeal)은 소송절차를 정지시키고, 지침 95/46의 해석과 관련하여 선결소송을 구하여 유럽연합사법재판소에 제청하였다. 제청사항은 여러 쟁점사항에 대해서 이루어졌지만, 여기서는 '개인데이터'의 해당성 여부 등과 관련한 사항만을 살펴보면, 제청법원은 이름이 언급된 동료신도가 발을 다쳐서 치료 때문에 휴가 중이라고 기재하고 있는 홈페이지상의 데이터가 지침 95/46 제8조 제1항에 의하여 처리되어서는 안 되는 민감데이터에 속하는 건강에 관한 개인데이터로 볼 것인지에 대하여 제청하였다.

제청사항의 검토 요지

제청법원은 어떤 개인이 발을 다쳐서 치료 때문에 쉬는 중이라고 언급하는 것은 지침 95/46 제8조 제1항의 의미에서의 건강에 관한 개인데이터를 형성하는지를 알고 싶어 한다. 동 지침의 목적의 관점에서 제8조 제1항에서 사용된 '건강에 관한 데이터'라는 표현은 개인의 건강의 신체적 및 정신적인 모든 측면에 관한 데이터를 포함하도록 넓게 해석되어야 한다. 따라서 그에 대한 답변은 개인이 발을 다쳐서 치료 때문에 쉬는 중이라는 사실에 대한 언급은 지침 95/46 제8조 제1항의 건강에 관한 개인데이터를 형성한다고 하여야 한다.

2. 데이터 보호법의 적용범위

(1) Case C-817/19 (21 June 2022)[17]

사실관계의 개요와 쟁점

2017년 7월 24일 청구에 의해, 인권연맹(Ligue des droits humains)은 2016년 12월 25일 법률의 전부 또는 일부의 무효를 구하는 소송을 벨

17) Ligue des droits humains[2022], EU:C:2022:491

기에 헌법재판소에 제기하였다.

제청법원은 해당 법률은 PNR지침 및 API지침과 지침 2010/65의 일부를 국내법화한 것이라고 말한다. 제청법원에 따르면, 입법준비작업 부터 해당 법률은 여러 분야(항공, 철도, 국제도로 및 해양)에서의 국제승객운송회사들과 투어 운영자들에게 벨기에 내무연방공공서비스(Home Affairs Federal Public Service)가 운영하는 데이터베이스에 승객들에 관한 데이터를 이전할 것을 요구하는 법체계를 창설하고자 하는 것이다. 2016년 12월 25일 법률이 의도한 입법목적은 세 범주, 즉, (i) 형사범죄의 예방, 적발, 수사 및 기소 또는 형벌의 집행 ; (ii) 첩보 및 보안 업무 ; (iii) 국경통제의 개선과 불법이민 퇴치에 속한다.

그 소송을 지원하여 인권연맹은 2개의 항변(pleas)을 제기한다. 첫 번째는 GDPR 제23조, EU기본권헌장 제7조, 제8조 및 제52조 제1항과 유럽인권협약 제8조와 함께 벨기에 헌법 제22조의 위반을 주장하는 것이고, 두 번째는 그 대신에 TEU 제3조 제2항과 헌장 제45조와 함께 헌장 제22조의 위반을 주장하는 것이다.

첫 번째 항변에서 인권연맹은 해당 법률이 사생활존중권과 개인데이터보호권을 침해하며, 헌장 제52조 제1항과 특히 비례의 원칙을 준수하지 않는다고 진술한다. 해당 법률의 적용범위와 수집되는 데이터의 정의는 민감정보도 나타낼 수 있는데 너무 광범위하다. 마찬가지로 동일한 법률의 의미 내에서 '승객(passenger)'의 개념은 모든 승객의 데이터를 체계적이고 대상이 지정되지 않은 자동 처리로 이끈다. 또한, '사전 스크리닝(pre-screening)' 방식의 특성 및 세부 규정과 이러한 데이터가 전송된 후 비교되는 데이터베이스는 충분히 명확한 방식으로 정의되지 않는다. 또한 2016년 12월 25일 법률은 PNR지침의 목적 이외의 목적을 추구한다. 마지막으로, 그러한 데이터의 보존을 위해 해당 법률에 규정된 5년의 기간은 비례적이지 않다.

2016년 12월 25일 법률 제3조 제1항, 제8조 제2항 및 제28조부터 제

31조까지에 관한 두 번째 항변(plea)에 의해, 인권연맹은 PNR지침에 의해 규정된 시스템을 EU 내 운송 운영으로 확장함으로써, 그러한 조항들이 사람들의 자유로운 이동을 침해하여, 간접적으로 내부 국경 통제를 복원하는 효과가 있다고 진술한다. 도착, 출발 또는 경유 중에 벨기에 영토에 도착하면 그들의 데이터가 자동으로 수집된다.

장관회의는 이러한 주장에 이의를 제기한다. 특히 2016년 12월 25일 법률에 적용되지 않는 GDPR에 관한 한 첫 번째 항변은 허용되지 않는다고 간주한다. 또한, PNR지침에 따라 해당 법률이 규정하는 데이터 처리는 특히 테러 및 중대 범죄와의 싸움에 필수적인 도구이며, 해당 법률에서 비롯된 조치는 추구하는 목적을 달성하기 위해 필요하고 비례적이다.

첫 번째 항변과 관련하여, 우선 제청법원은 GDPR이 규정하는 보호가 주로 PNR지침을 구현하기 위한 2016년 12월 25일 법률에 의해 수립된 데이터 처리에 적용되는지 여부를 제청한다. 다음으로 제청법원은 2017년 7월 26일 의견 1/15(EU-캐나다 PNR협정) (EU:C:2017:592)에서 유래한 판례법과 관련하여 PNR지침 제3조 제5항의 PNR데이터의 개념정의와 부속서 I은 첫째, 해당 조항에 포함된 데이터 중 일부에 대한 설명의 비포괄적 특성으로 인해 충분히 명확하고 정확하지 않을 수 있으며, 둘째, 간접적으로 민감데이터의 공개로 이어질 수 있다. 또한, PNR지침 제3조 제4항에서의 '승객' 개념의 정의는 일반화되고 무차별적인 의무를 구성하는 PNR데이터의 수집, 전송, 처리 및 보유를 초래할 수 있으며, 그 사람이 범죄를 저질렀거나 저지를 예정이거나 범죄로 유죄 판결을 받았다고 믿을 수 있는 중요한 근거가 있는지 여부와 관계없이 승객 명단에 표시된, 운송되거나 운송될 모든 사람에게 적용된다.

또한 제청법원은 PNR지침의 조항에 따라 PNR데이터가 일치 항목을 찾기 위해 데이터베이스 또는 사전 결정된 기준과의 교차 점검(cross-checks)을 포함하는 체계적인 사전 평가(advance assessment)의 대상이 된다고 말한다. 유럽평의회 제108호 조약의 자문위원회는 2016년 8월 19일 PNR 처리의 데이터 보호 함의에 대한 의견(T-PD(2016)18rev)에서 개인데이터 처리가 범죄에 연루된 것으로 의심되거나 국가안보 또는 공공질서에 즉각적인 위협을 가하는 대상이 개인뿐만 아니라 모든 승객과 관련이 있으며, 데이터 마이닝에 의한 이러한 승객의 평가는 특히 자율학습 능력에 비추어 지속적으로 진화할 수 있는 동적 기준을 사용하는 예측 알고리즘을 기반으로 운영될 때 예측 가능성의 문제를 제기할 수 있기 때문에, 범죄활동에 연루되거나 관여할 수 있는 모든 사람을 식별하기 위한 목적으로 PNR데이터를 데이터베이스와 비교('데이터 매칭') 할 수 있을 뿐만 아니라 선택기(selectors) 또는 예측 알고리즘에 따라 '데이터 마이닝'에 의해 처리할 수 있다고 지적했다. 그러한 맥락에서, 제청법원은 고위험 프로파일(high-risk profiles)을 식별하기 위한 사전 결정된 기준이 2017년 7월 26일의 의견 1/15(EU-캐나다 PNR협정)(EU:C:2017:592)에 따라 구체적이고 신뢰할 수 있으며 비차별적이어야 하지만, 그러한 기준을 더 세부적으로 정의하는 것은 기술적으로 불가능해 보인다고 생각한다.

PNR지침 제12조에서 규정된 데이터에 대한 5년의 보존기간 및 접근과 관련하여, 제청법원은 프라이버시 보호위원회(벨기에)는 EU와 미국간의 PNR협정을 비준하는 법률 초안에 관한 2010년 1월 13일자 자체 의견에서, 데이터가 장기간 보존되고 대량으로 저장되면 프로파일링되는 데이터주체의 위험이 높아지고 원래 의도한 목적 이외의 목적으로 데이터를 부적절하게 사용할 가능성도 높아진다고 생각했다고 지적한다. 또한 유럽평의회 제108호 조약 자문위원회의 2016년 8월 19일 의견에서도 마스킹된 데이터를 통해 여전히 개인을 식별할 수 있고 계속해서 개인데이터를 구성할 수 있으며 영구적이고 일반적인 감시를 피하기 위해 적시에 이러한 데이터의 보존이 제한되어야 한다는 것이 분명하다.

이러한 상황에서, 특히 2017년 7월 26일의 의견 1/15(EU-캐나다 PNR협약)(EU:C:2017:592)에 따른 판례법을 고려하여, 제청법원은 PNR 지침에 의해 설정된 PNR데이터의 수집, 이전, 처리 및 보존을 위한 시스템이 엄격히 필요한 한도 내에서 이루어지는 것으로 간주될 수 있다. 제청법원은 해당 지침에서 제공한 목적 이외의 목적을 위한 PNR데이터의 처리를 승인하는 국가입법을 금지하는지 여부와 해당 지침 제12조에 따라 전체 데이터가 탈개인화된 후 2016년 12월 25일 법률에 의해 창설된 PIU와 같은 국가기관이 전체 데이터의 공개를 승인할 수 있는지 여부를 확인하는 것이 적절하다고 생각한다.

두 번째 항변과 관련하여, 제청법원은 해당 법률의 제3조 제1항이 '벨기에 영토로 여행하거나 벨기에 영토를 경유하는' 승객과 관련된 데이터의 이전에 관한 운송업체 및 여행사의 의무를 규정하고 있다고 말한다. 제청법원은 해당 법률의 적용범위와 관련하여 국가 입법부가 EU 역내 비행에 대해 PNR지침 전문 제10항과 함께 동 지침 제2조가 상정하는 바와 같이 'EU 역내 및 국가안보에 대해 잠재적인 위협을 나타내는 승객 이동에 대한 보다 완전한 그림'을 얻기 위해 '데이터 수집에 있어서 EU 역내 여행을 포함'하기로 결정했다고 덧붙였다. 제청법원은 또한 벨기에 프라이버시 보호위원회가 2016년 12월 25일 법률로 된 법안 초안에 대한 2015년 12월 16일 의견 No 55/2015에서 벨기에 PNR 시스템이 EU 역내에서 수행되는 운송 작업을 포함하는 한 사람들의 자유로운 이동의 원칙과 충돌할 수 있는지 여부에 대한 문제를 제기했다고 말한다.

이러한 상황에서 벨기에 헌법재판소는 소송절차를 중지하고 다음 제청사항에 대한 선결소송을 위해 유럽연합사법재판소에 제청하기로 결정했다.

‘(1) GDPR 제23조는 동 규칙 제2조 제2항 제d호와 함께, PNR지침, API 지침 및 지침 2010/65를 국내법화하는 2016년 12월 25일 법률과 같은 회원국법에 적용되는 것으로 해석되어야 하는가?
(2) 조회하는 데이터의 범위가 매우 넓다는 점 – 특히 해당 지침 부속서 I의 제18항에서 규정된 데이터, 이는 API지침 제3조 제2항에서 규정한 데이터를 초과한다-과 그 데이터가 민감정보를 드러낼 수 있으므로 “엄격히 필요한 것”을 초과한다는 점을 고려할 때, PNR지침 부속서 I은 헌장 제7조, 제8조 및 제52조 제1항과 양립할 수 있는가?
(3) “including”이라는 단어를 고려하여 해당 항들이 예시에 의하고 열거적이지 않고, 따라서 사생활존중권과 개인데이터보호권을 침해하는 규정의 구체성과 명확성에 대한 요건이 충족되지 않는다는 점을 감안할 때, PNR지침 부속서 I 제12항 및 제18항은 헌장 제7조, 제8조 및 제52조 제1항과 양립할 수 있는가?
(4) 그 사람이 공공 안전에 위험을 줄 수 있다고 생각할 객관적인 근거가 있는지 여부와 관계없이 이들 조항에 의해 설정된 승객 데이터의 일반화된 수집, 이전 및 처리가 해당 운송수단을 사용하는 모든 사람에게 관련된다는 점을 감안할 때, PNR지침 제3조 제4항 및 동 지침 부속서 I은 헌장 제7조, 제8조 및 제52조 제1항과 양립할 수 있는가?
(5) 헌장 제7조, 제8조 및 제52조 제1항과 함께 PNR지침 제6조는 PNR 데이터가 처리되는 목적 중에서, 정보 및 보안 서비스의 소관 모니터링 활동, 따라서 그 목적을 테러 범죄 및 중대 범죄의 예방, 적발, 수사 및 기소의 필수적인 부분으로 취급하는 것을 포함하는 쟁점 법률과 같은 국가입법을 금지하는 것으로 해석하여야 하는가?
(6) 그것이 규정하는 사전평가는 승객 데이터를 데이터베이스 및 사전 결정된 데이터와 비교하여 이루어지는데, 해당 승객이 공공의 안전에 대한 위험을 초래할 수 있다고 간주할 객관적인 근거가 있는지 여부에 관계없이 체계적이고 일반화된 방식으로 해당 데이터에 적용된다는 점

을 감안할 때, PNR지침 제6조는 헌장 제7조, 제8조 및 제52조 제1항과 양립할 수 있는가?

(7) PNR지침 제12조 제3항의 "국가법에 따른 관할권을 가진 또 다른 국가기관"이라는 표현은 임시 검색을 위해 6개월이 지난 후 PNR데이터에의 접근권한을 부여하는 2016년 12월 25일 법률에 따라 창설된 PIU를 포함하는 것으로 해석할 수 있는가?

(8) PNR지침 제12조는 헌장 제7조, 제8조, 제52조 제1항과 함께, 사전평가에서 승객이 공공의 안전에 대한 위험을 줄 수 있다고 표시했는지 여부와 관련하여 구별 없이 5년간의 일반적인 보존기간을 규정하는 쟁점 법률과 같은 국가입법을 금지하는 것으로 해석되어야 하는가?

(9) (a) 그것이 규정하고 있는 의무가 EU 역내의 비행에 적용된다는 점을 감안할 때, API지침은 TEU 제3조 제2항 및 헌장 제45조와 양립할 수 있는가?

(b) API지침은 TEU 제3조 제2항 및 헌장 제45조와 함께, 불법 이민 및 국경 통제 개선을 위하여, 내부 국경 통제의 재수립을 간접적으로 포함할 수 있는 "벨기에 영토를 여행하거나 경유하는" 승객과 관련되는 데이터의 수집 및 처리 시스템을 승인하는 쟁점 법률과 같은 국가입법을 금지하는 것으로 해석되어야 하는가?

(10) 이상의 제청사항에 대한 답변에 근거하여 벨기에 헌법재판소가 특히 PNR지침을 국내법화하는 쟁점 법률이 이들 제청사항에서 언급된 조항에 따라 발생하는 하나 이상의 의무를 이행하지 못한다고 결론을 내리는 경우, 법적 불확실성을 회피하고 법률이 상정한 목적을 위해 지금까지 수집 및 보관된 데이터를 계속 사용할 수 있도록 2016년 12월 25일 법률의 효과를 일시적으로 유지할 수 있는가?'

판결 주문

이상의 이유에 따라, 유럽연합사법재판소(대법정)는 다음과 같이 판결한다.

1. GDPR 제2조 제2항 제d호 및 제23조는 항공사의 승객 데이터 전송 의무에 대한 2004년 4월 29일 이사회 지침 2004/82의 조항들, 회원국들의 항구를 입·출항하는 선박들의 보고 양식에 관한 지침 2010/65의 조항들과 또한 한편으로는 민간사업자가 수행하는 데이터 처리 작업과 다른 한편으로는 지침 2004/82 또는 지침 2010/65에 의해 단독으로 또는 추가적으로 적용되는 공공기관이 수행하는 데이터 처리 작업과 관련하여 테러 범죄 및 중대 범죄의 예방, 적발, 수사 및 기소를 PNR데이터의 이용에 관한 지침 2016/681의 조항들을 국내법으로 법제화하는 국가입법이 상정하는 개인데이터의 처리에 적용된다는 의미로 해석되어야 한다.

2. EU기본권헌장 제52조 제1항뿐만 아니라 제7조, 제8조 및 제21조에 비추어 지침 2016/681을 해석하면 해당 지침이 기본권헌장의 조항과 일치함을 보장한다는 점을 감안할 때, 선결소송에서의 제청사항 2-4와 6의 검토에서 상기 지침의 효력에 영향을 미칠 수 있는 어떠한 것도 밝혀지지 않았다.

3. 기본권헌장 제52조 제1항뿐만 아니라 제7조 및 제8조에 비추어 지침 2016/681 제6조는 해당 지침에 따라 수집된 PNR데이터를 상기 지침 제1조 제2항에서 명시적으로 규정된 목적 이외의 목적으로 처리하도록 권한을 부여하는 국가입법을 금지하는 것으로 해석되어야 한다.

4. 지침 2016/681 제12조 제3항 제b호는 여객정보부(PIU)로 설립된 기관이 이들 데이터의 PIU 이전 후 6개월 기간 만료 시에 PNR데이터의 공개를 승인할 권한을 가진 관할 국가기관으로 지정되도록 하는 국가입법을 금지하는 것으로 해석되어야 한다.

5. 기본권헌장 제52조 제1항뿐만 아니라 제7조 및 제8조와 함께, 지침 2016/681 제12조 제1항은 해당 지침 제6조 제2항 제a호에 따른 사전 평가 또는 상기 지침의 제12조 제2항에서 규정된 6개월의 기간 동안 수행된 검증 또는 다른 어떤 상황도 항공편으로 승객을 운송하는 것과 간접적인 것일지라도 객관적인 연결을 가지고 있는 테러리스트 범죄 또는 중대 범죄와 관련된 위험을 입증할 수 있는 객관적인 증거의 존재를 밝히지 않았다는 것을 포함하여, 모든 항공 승객들에게 무차별적으로 적용되는 PNR데이터에 대해 5년의 일반 보존기간을 규정하는 국가입법을 금지하는 것으로 해석되어야 한다.

6. 지침 2004/82는 정기이든 또는 비정기이든 항공사가 한 회원국 영토에서 출발하여 제3국의 영토에서 스톱오버하지 않고 하나 이상의 다른 회원국들의 영토에 착륙할 예정인 항공편(EU 내 항공편)에는 적용되지 않는 것으로 해석되어야 한다.

7. EU법, 특히 지침 2016/681 제2조는 TEU 제3조 제2항, TFEU 제67조 제2항 및 기본권헌장 제45조에 비추어 다음을 금지하는 것으로 해석되어야 한다.

- 관련 회원국이 직면한 진정한 현재 또는 예측 가능한 테러리스트 위협이 없는 경우 테러리스트 범죄 및 중대 범죄 퇴치를 목적으로 해당 회원국에서 출발, 도착 또는 통과하는 다른 수단으로 수행되는 EU 역내에서의 모든 EU 내 항공편 및 운송작업의 PNR데이터의 항공운송사 및 여행사에 의한 이전과 관할 당국에 의한 처리를 위한 시스템을 설정하는 국가입법. 그러한 상황에서 지침 2016/681에 의해 설정된 시스템의 적용은 특히 해당 적용을 정당화하는 것과 같은 징후가 있는 특정 경로 또는 여행 패턴 또는 특정 공항, 역 또는 항구와 관련되는 항공편 및/또는 운송작업의 PNR데이터의 이전 및 처리로 제한되어야 한다. 그러한 징후가 있는 EU 내 항공편 및/또는 EU 역내에서 다른 수단으로 수행되는 운송작업을 선택하고 그 시스템을 해당 항공편 및/또는 해당 운송작업에 적용하는 것이 계속해서 엄격하게 필요한 것으로 제한되는 것을 보장하기 위하여 그 선택을 정당화하는 상황의 변화에 따라 해당 적용을 정기적으로 검토하는 것은 관련 회원국의 몫이다.
- 외부 국경 통제를 개선하고 불법 이민을 퇴치하기 위한 목적으로 해당 데이터의 이전 및 처리를 위한 시스템을 규정하는 국가입법.

8. EU법은 회원국 법원이 항공, 철도, 도로 및 관광 사업자에게 PNR데이터를 이전하도록 요구하고 TEU 제3조 제2항, TFEU 제67조 제2항, 기본권헌장 제52조 제1항뿐만 아니라 제7조, 제8조 및 제45조에 비추어 지침 2016/681의 규정을 위반하여 이러한 데이터의 처리 및 보존을 규정하는 국가입법과 관련하여 국가 법률에 따라 하여야 하는 불법 선언의 시간적 효과를 제한하는 것을 금지하는 것으로 해석되어야 한다.

(2) Case C-319/20 (28 April 2022)[18)]

사실관계의 개요와 쟁점

유럽연합에서 온라인 소셜 네트워크 Facebook의 서비스 제공을 관리하는 메타 플랫폼 아일랜드(Meta Platforms Ireland)는 유럽연합에서 해당 소셜 네트워크 이용자의 개인데이터의 컨트롤러이다. 독일에 등록된 사무소가 있는 Facebook Germany GmbH는 인터넷 주소 www.facebook.de에서 광고 공간 판매를 한다. Facebook 인터넷 플랫폼은 특히 인터넷 주소 www.facebook.de에서 메타 플랫폼 아일랜드가 제3자가 제공하는 무료 게임을 이용자에게 제공하는 '앱-젠트럼(App-Zentrum)'('App Center')이라는 영역을 포함하고 있다. 이러한 게임들 중 일부를 App Center에서 찾아볼 때, 이용자에게 관련 앱을 사용하면 게임 회사가 일정량의 개인데이터를 얻을 수 있으며, 이를 이용하여 이용자의 점수 및 기타 정보와 같은 데이터를 해당 이용자를 대신하여 게시할 수 있는 권한이 부여됨을 이용자에게 알리는 표시가 나타난다. 이러한 이용의 결과로 이용자는 앱의 일반 약관과 데이터 보호정책을 수락하게 된다. 또한 특정 게임의 경우 앱이 해당 이용자를 대신하여 지위, 사진 및 기타 정보를 게시할 수 있는 권한을 가진다고 기술되어 있다.

---

18) Meta Platforms Ireland[2022], EU:C:2022:322

금지명령법 제4조에 따라 원고적격을 가지는 기관인 연방연합(Federal Union)은 앱 센터의 관련 게임에 의해 제공되는 정보가 특히 데이터 보호를 규율하는 조항에 따라 이용자의 유효한 동의를 얻는 데 적용되는 법적 요건을 준수하지 않는다는 점에서 불공정하다고 간주한다. 더욱이, 연방연합은 앱이 이용자의 특정 개인정보를 그를 대신하여 게시할 수 있는 권한을 가지고 있다는 문언은 이용자에게 과도하게 불이익을 주는 일반적인 조건에 해당한다고 본다.

이러한 맥락에서 연방연합은 불공정경쟁방지법 제3a조, 금지명령법 제2조 제2항 제11호 1문 및 민법을 근거로 메타 플랫폼 아일랜드를 상대로 베를린지방법원에 금지명령소송을 제기했다. 연방연합은 데이터 주체의 데이터보호권에 대한 구체적 침해와는 관계없이 그리고 그 사람에 의해 그렇게 하도록 위임받지 않고 소송을 제기했다.

베를린지방법원은 연방연합이 청구한 명령의 형태에 따라 메타 플랫폼 아일랜드에 대해 패소 판결을 내렸다. 메타 플랫폼 아일랜드가 베를린고등법원에 제기한 항소도 기각됐다. 이후 메타 플랫폼 아일랜드는 베를린고등법원이 채택한 기각 결정에 대해 제청법원에 상고했다.

제청법원은 메타 플랫폼 아일랜드가 불공정경쟁방지법 제3a조 및 금지명령법 제2조 제2항 제11호 1문을 위반하고, 금지명령법 제1조의 의미 내에서 무효한 일반적 조건을 사용한 점에서 연방연합이 제기한 소송은 타당한 근거가 있다고 본다.

그러나 제청법원은 연방연합이 제기한 소송의 허용성에 대해 의문을 가지고 있다. 부당경쟁방지법 제8조 제3항 제1호 및 금지명령법 제3조 제1항 1문 제1호에 근거하여 소송을 제기한 일자에 원고적격을 가졌던 연방연합이 GDPR, 특히 제80조 제1항 및 제2항과 제84조 제1항의 시행에 따라 소송절차 중에 그 지위를 상실하였음을 배제할 수 없다는 견해이다. 만약 그렇다면, 독일소송법에 따르면 소송을 제기할 원고적격은 최종심 절차의 종료 시까지 지속되어야 하기 때문에, 제청법원은 메타 플랫폼 아일랜드가 제기한 법률적 쟁점에 대한 상고를 지지하고 연방연합의 소송을 기각해야 할 것이다.

제청법원에 따르면, 그와 관련한 답변은 GDPR 조항들의 문구, 체계 및 목적의 평가로부터 명확하지 않다.

GDPR 조항들의 문구와 관련하여, 회원국의 법률에 따라 적절하게 구성된 비영리 단체, 기구 또는 협회의 소송을 제기할 원고적격의 존재는 GDPR 제80조 제1항에 따라 회원국의 법률이 규정하는 경우, 데이터주체가 자기를 대신하여 GDPR 제77조부터 제79조까지에서 규정된 권리와 GDPR 제82조에서 규정된 보상권을 해당 단체, 기구 또는 협회에게 위임했다고 가정한다는 점에 제청법원은 주목한다.

제청법원은 불공정경쟁방지법 제8조 제3항에 따라 소송을 제기할 수 있는 원고적격은 위임에 근거하여 그리고 개인적 권리를 주장하기 위해 데이터주체를 대신하여 제기된 그러한 소송을 포함하지 않는다고 말한다. 반대로, 불공정경쟁방지법 제3조 제1항 및 제3a조에서 유래하고 협회에 고유한 권리에 의해 데이터주체의 특정한 권리의 침해와 그에 의해 부여된 위임에 관계없이, GDPR 조항 위반에 대한 객관적인 근거로 소송을 제기할 수 있는 원고적격을 협회에 부여한다.

또한 제청법원은 그 조항은 GDPR에서 규정된 데이터주체의 권리들이 특정한 데이터의 처리의 결과로 실제로 침해되었다고 가정하기 때문에 개인데이터의 보호에 대해 객관적으로 법률의 적용을 보장하기 위하여 GDPR 제80조 제2항이 소송을 제기할 수 있는 협회의 원고적격을 규정하고 있지 않다고 말한다.

나아가 부당경쟁방지법 제8조 제3항에서 규정된 것과 같은 소송을 제기할 수 있는 협회의 원고적격은 GDPR 제84조 제1항으로부터는 나올 수 없다. 회원국들은 그 조항에 따라 GDPR 위반에 적용할 수 있는 다른 벌칙에 관한 규정을 제정할 수 있고 그 집행을 보장하기 위해 필요한 모든 조치를 취할 수 있다. 부당경쟁방지법 제8조 제3항에서 규정된 것과 같은 협회의 원고적격은 GDPR 해당 조항의 의미 내에서의 '벌칙(penalty)'을 구성하는 것으로 간주될 수 없다.

GDPR 조항의 체계와 관련하여, 제청법원은 주로 이들 기관이 GDPR 조항의 적용을 확인한다는 감독기관의 권한을 유사하게 만들었다는 사실에서 추론할 수 있다고 생각한다.

GDPR 조항의 목적과 관련하여, 제청법원은 GDPR의 실효성은 GDPR 전문 제10항에 따라 개인데이터 보호의 가능한 높은 수준을 보장하기 위해 법의 적용을 감독할 수 있는 추가적인 기회를 허용하기 때문에 데이터주체의 특정한 권리의 침해와 관계없이 불공정경쟁방지법 제8조 제3항에 따라서 경쟁법에 근거하여 소송을 제기할 수 있는 원고적격을 가지는 협회에 유리한 주장을 뒷받침할 수 있다는 점에 주목한다. 그럼에도 불구하고, 협회가 경쟁법에 따라 소송을 제기할 수 있는 원고적격을 가진다는 점을 받아들이는 것은 GDPR이 추구하는 조화(harmonisation)의 목적에 역행하는 것으로 간주될 수 있다.

이러한 검토에 비추어, 독일연방사법재판소(Bundesgerichtshof)는 소송절차를 중단하고 선결소송을 위해 다음 사항을 유럽연합사법재판소에 제청하기로 결정했다.

'GDPR 제8장, 특히 제80조 제1항 및 제2항과 제84조 제1항의 규정들은

- GDPR을 모니터링하고 집행할 책임이 있는 감독기관의 개입권과 데이터주체를 위한 법적 구제의 옵션과 함께 - 개별 데이터주체의 특정한 권리의 침해에 관계없이 데이터주체에 의해 [그 침해에 대해 책임있는 사람]을 상대로 불공정 영업 관행의 금지 또는 소비자보호법 위반 또는 무효인 일반 약관의 사용 금지를 근거로 하여 민사법원에 소송을 제기 할 것을 위임 받지 않고 한편으로 경쟁업체

와 다른 한편으로는 국가법에 따라 GDPR 위반에 대해 소송을 제기할 자격이 부여된 협회, 단체 및 회의소에 권한을 부여하는 국가법 규정을 금지하는가?'

판결 주문

이상의 이유에 따라, 유럽연합사법재판소(제3법정)는 다음과 같이 판결한다.

GDPR 제80조 제2항은 소비자보호협회가 해당 목적을 위해 부여받은 권한이 없고 데이터주체의 특정 권리 침해와 관계없이 관련 데이터 처리가 식별되거나 식별가능한 자연인이 GDPR로부터 나오는 권리에 영향을 미칠 수 있는 경우 불공정한 영업 관행의 금지, 소비자보호법의 위반 또는 무효한 일반 약관의 사용 금지에 근거하여 개인데이터 보호법의 위반에 대한 책임이 있는 사람을 상대로 법적 소송을 제기할 수 있도록 허용하는 국내입법을 금지하지 않는 것으로 해석되어야 한다.

(3) Case C-746/18 (2 March 2021)[19)]

사실관계의 개요와 쟁점

에스토니아 비루 제1심법원은 2017년 4월 6일 판결로 H.K.에게 2015년 1월 17일과 2016년 2월 1일 사이에 다수의 절도(3 유로에서 40 유로에 이르는 가치의 물건과 5.20 유로와 2100 유로 사이의 현금)와 타인의 은행카드를 사용한 것 등의 혐의로 2년 징역형을 선고하였다.

비루 제1심법원은 H.K.의 행위의 유죄를 인정하기 위하여 수사기관이 형사소송법 제90조에 따라서 에스토니아 비루 지방검찰청에 의해

19) H. K.[2021], EU:C:2021:152

그러한 목적으로 허가가 부여된 후 재판 전 절차에서 전자통신서비스 제공자로부터 취득한 전자통신법 제111조 제2항에서 규정된 전자통신과 관련된 데이터에 근거하여 작성된 수사기록에 특히 의존하였다. 2015년 1월 28일 및 2월 2일, 2015년 11월 2일과 2016년 2월 25일에 부여된 이들 허가는 2015년 1월 1일부터 2월 2일까지의 기간, 2015년 9월 21일과 2015년 3월 1일부터 2016년 2월 19일까지의 기간에 관하여 H.K.의 몇 개의 전화번호와 그녀의 여러 가지 IMEI 코드에 관한 데이터와 관련된 것이었다.

H.K.는 비루 제1심법원의 판결에 대해 에스토니아 타투 항소법원에 항소를 제기하였으나, 항소법원은 2017년 11월 17일 판결로 항소를 기각하였다.

H.K.는 항소법원 판결에 대하여 특히 전자통신서비스 제공자로부터 취득한 데이터에 근거하여 작성된 수사기록의 허용성을 다투어 에스토니아 대법원에 법률적 쟁점에 대해 상고를 제기하였다. 변론에서 2016년 12월 21일 판결 Tele2 Sverige and Watson and Others (C-203/15 and C-698/15, 'Tele2', EU:C:2016:970)에 따르면 유죄판결 목적으로 통신데이터의 이용과 서비스 제공자에게 그 데이터를 보존할 의무를 규정한 전자통신법 제111조 조항은 헌장 제7조, 제8조 및 제11조와 제52조 제1항에 비추어 지침 2002/58 제15조 제1항에 반한다는 것이 된다.

제청법원에 따르면, 전자통신법 제111조 제2항에서 규정된 데이터에 근거하여 작성된 수사기록이 허용되는 증거를 구성하는 것으로 간주될 수 있는지의 문제가 발생한다. 제청법원은 본안소송에서 쟁점이 되는 수사기록이 증거로 허용되는지는 이들 수사기록의 작성에 근거가 된 데이터의 수집이 헌장 제7조, 제8조 및 제11조와 제52조 제1항에 비추어 지침 2002/58 제15조 제1항에 어느 정도 일치하는지에 달렸다고 말한다.

제청법원은 그 문제에 답변하기 위해서는 헌장에 비추어 지침 2002/58

제15조 제1항이 용의자가 유선 또는 휴대전화로 한 전화통신의 소스와 목적지를 식별하고, 그 통신의 일자, 시간, 기간 및 유형을 결정하고, 사용된 통신장비를 식별하며, 사용된 모바일통신 장비의 위치를 입증할 수 있게 하는 데이터에 국가기관이 접근하는 것이 국가기관이 보유한 데이터에 대한 접근을 추구한 기간과 관계없이 중대 범죄와의 전쟁으로 제한되어야 할 정도로 심각한 쟁점이 되는 기본권에 대한 간섭에 해당하는지가 결정될 필요가 있다고 생각한다.

그러나 제청법원은 그 기간의 길이가 트래픽 및 위치데이터에의 접근으로 대표되는 간섭의 심각성을 평가하는 데 필수적인 요소라는 견해를 가지고 있다. 따라서 그 기간이 매우 짧거나 수집된 데이터의 양이 매우 제한적인 경우, 중대 범죄와의 전쟁뿐만 아니라 일반적 범죄와의 전쟁의 목적이 그러한 간섭을 정당화할 수 있는지에 대한 문제가 제기되어야 한다.

마지막으로, 제청법원은 2016년 12월 21일 판결 Tele2(C-203/15 and C-698/15, EU:C:2016:970) 제120항의 목적상 전자통신법 제111조 제2항에서 규정된 데이터와 같은 전자통신 관련 데이터에 수사기관이 접근하는 것을 허가할 수 있는 에스토니아 검찰청을 독립 행정기관으로 간주할 수 있는지에 대한 의문을 가지고 있다.

제청법원은 검찰청이 재판 전 절차를 지휘하는 동시에 그 적법성과 실효성을 보장한다고 말한다. 특히 그 절차의 목적이 증거를 수집하는 것이기 때문에 수사기관과 검찰청은 피의자나 피고인을 유죄로 만들고 무죄를 밝히는 상황을 입증한다. 검찰청이 필요한 증거를 모두 수집했다고 만족한다면, 피고인을 기소한다. 검찰청의 권한은 형사소송법 제30조 제1항 및 제2항, 검찰청법 제1조 및 제2조에 따라 독립적으로 직무를 수행하는 검사가 그 명의로 행사한다.

그러한 맥락에서 제청법원은 EU법이 요구하는 독립성에 대한 의문이 검찰청이 재판 전 절차를 지휘할 뿐만 아니라 재판에서 공소를 대리하며, 그 기관이 국가법에 따라서 형사소송의 당사자라는 사실에 기인한다고 본다.

이러한 상황에서 대법원은 소송절차를 중단하고 선결소송으로 다음 사항을 유럽연합사법재판소에 제청하기로 결정했다:

'(1) 지침 2002/58 제15조 제1항은 헌장 제7조, 제8조, 제11조 및 제52조 제1항과 함께 형사소송에서 피의자의 전화 또는 이동전화 통신과 관련하여 소스 및 목적지, 날짜, 시간, 기간 및 통신 유형, 사용된 단말기 및 사용된 모바일 단말기의 위치를 입증할 수 있는 데이터에 대해 국가기관이 접근하는 것은 헌장의 이들 조항에서 규정된 기본권에 대해 매우 심각한 간섭을 구성하므로 형사범죄의 예방, 수사, 적발 및 기소 영역에 대한 접근은 국가기관이 접근할 수 있는 보유 데이터와 관련된 기간과 관계없이 중대 범죄와의 싸움으로 제한되어야 한다는 의미로 해석되어야 하는가?

(2) 지침 2002/58 제15조 제1항은 [2018년 10월 2일 Ministerio Fiscal (C-207/16, EU:C:2018:788)] 판결 제55-57항에서 나타낸 비례의 원칙에 근거하여, 첫 번째 제청사항에서 언급된 국가기관이 접근할 수 있는 데이터의 양이 크지 않은 경우(데이터 유형 및 시간적 범위의 관점에서), 기본권에 대한 관련 간섭은 일반적으로 형사범죄의 예방, 수사, 적발 및 기소라는 목적에 의해 정당화되며, 국가기관이 접근할 수 있는 데이터의 양이 클수록 간섭에 의해 싸우고자하는 형사범죄는 더욱 심각하여야 한다는 의미로 해석되어야 하는가?

(3) 관할 국가기관의 데이터 접근이 법원이나 독립 행정기관의 사전 심사를 받아야 한다는 [2016년 12월 21일, Tele2(C-203/15 and C-698/15, EU:C:2016:970)] 판결에서 언급된 요건은 지침 2002/58 제15조 제1항이 법에 의해 독립적으로 행동할 의무가 있고 법에 의해서만 구속되어

재판 전 절차를 지휘하고, 재판 전 절차에서 피고인이 유죄임을 입증하고 무죄임을 밝히는 상황을 확인하지만 나중에 사법절차에서 공소를 대리하는 검찰청이 독립행정기관으로 간주될 수 있다는 의미로 해석되어야 한다는 것을 의미하는가?'

판결 주문

이상의 이유에 따라, 유럽연합사법재판소(대법정)는 다음과 같이 판결한다.

1. 지침 2009/136에 의해 개정된 지침 2002/58 제15조 제1항은 EU기본권헌장 제7조, 제8조 및 제11조와 제52조 제1항에 비추어, 전자통신 수단의 사용자가 한 통신 또는 그가 사용하는 단말장치의 위치에 관한 정보를 제공하며, 중대 범죄를 퇴치하고 공공의 안전에 대한 심각한 위협을 예방하기 위한 절차 및 소송에 국한되지 않고 형사범죄의 예방, 수사, 적발 및 기소를 목적으로 자신의 사생활에 관한 상세한 결정을 내릴 수 있도록 하는 일련의 트래픽 또는 위치데이터에 공공기관이 접근할 수 있도록 허용하고, 이는 해당 데이터에 대한 접근을 구하는 기간의 길이와 해당 기간 동안 사용 가능한 데이터의 양 또는 특성에 관계없는 국가입법을 금지하는 것으로 해석되어야 한다.

2. 지침 2009/136에 의해 개정된 지침 2002/58 제15조 제1항은 기본권헌장 제7조, 제8조 및 제11조와 제52조 제1항에 비추어, 그 임무가 재판 전 형사절차를 지휘하고 해당하는 경우 후속 소송에서 공소를 제기하는 검찰청에 대해 범죄 수사의 목적으로 공공기관이 트래픽 및 위치데이터에 대한 접근을 허가하는 권한을 부여하는 국가입법을 금지하는 것으로 해석되어야 한다.

(4) Case C-620/19 (10 December 2020)[20]

사실관계의 개요와 쟁점

독일 기업 J & S Service의 파산관재인 자격으로 활동하는 D.-H. T.는 파산절차의 맥락에서 파산회피청구를 제기할 수 있는 가능성을 검토하기 위해 정보공개법 제4조 제1항에 따라 해당 기업에 대한 납세자료를 세무당국에 청구했다.

이들 데이터는 J & S Service가 대상이 된 잠재적인 집행조치들과 이미 취해진 조치들, 수령액, 그리고 세무당국이 회사가 파산했다는 것을 알게 된 일자와 관련된 것이었다. D.-H.T.는 2014년 3월부터 2015년 6월까지의 기간 동안 세무당국이 관리한 모든 세금과 관련한 명세표도 청구했다.

세무당국이 그 청구를 거부한 결과, D.-H.T.는 관할 행정법원에 소송을 제기했고, 행정법원은 본질적으로 그 소송을 지지했다. 관할 독일 고등행정법원은 제1심 판결에 대한 노르트라인베스트팔렌주의 항소를 기각했다. 해당 법원은 특히 정보공개법에 따라 행사된 정보접근권이 특정한 조세법령에 의해 금지되지 않았고 어떠한 배제 근거도 없다고 판결했다.

고등행정법원에 따르면, 납세정보에 대한 접근권은 파산절차의 맥락에서 파산관재인에게 이전되었었고, 그 이전에는 파산채무자의 자산의 적절한 관리에 필요한 범위 내에서 영업비밀과 납세정보도 포함되었다. 이에 따라 D.-H.T.는 파산관재인으로서 세무상 비밀에 해당하는 정보라 하더라도 파산절차와 관련된 모든 정보를 J & S Service에 요구할 수 있는 권한을 부여받았다. 파산채무자의 참가의무에는 세무당국의

20) J & S Service UG[2020], EU:C:2020:1011

세무비밀유지를 해제할 의무도 포함되었다.

노르트라인베스트팔렌주는 고등행정법원의 판결에 대해 독일 연방행정법원에 법적 쟁점에 대해 상고를 제기했다.

연방행정법원은 처음에 본안소송의 사건이 GDPR 제1조 제1항 및 제4조 제1항의 의미 내에서의 자연인과 관련된 개인데이터나 또는 GDPR 제15조의 의미 내에서의 데이터주체의 접근권과 관련한 것이 아니기 때문에 GDPR이 이 사건에 직접 적용되지 않는다는 점에 주목한다. 제청법원에 따르면, GDPR 제15조에 따른 접근권은 개인데이터의 처리와 관련된 데이터주체에 첨부되는 권리로서 파산자산의 일부를 구성하지 않으며, 따라서 파산관재인에게 관리처분권이 이전되는 것에 해당하지 않는다.

그럼에도 불구하고 해당 법원은 이들 조항이 국가법에 의해 직접적이고 무조건적으로 적용되었던 경우 유럽연합사법재판소는 EU법의 균일한 해석을 보장하기 위해 순수 내부 상황에서 EU법조항과 관련된 선결소송 재판권이 있다고 이미 선언했음을 상기시킨다.

해당 법원은 세법 제2a조 제5항은 법인의 개인데이터 처리에 관한한 GDPR의 조항을 참조하기 때문에, 그러한 요건이 이 사건에서 충족된다고 본다.

이와 관련하여 제청법원은 세무당국이 세법 제32c조 제1항 및 제2항이 명시적으로 인용하는 GDPR 제23조 제1항 제j호에 따라 조세채무자의 납세데이터에 대한 접근을 제한할 수 있는지를 첫 번째 제청사항으로 묻는다.

세무당국이 GDPR 제23조 제1항 제j호에 의존할 수 있다고 인정되어야 한다면, 제청법원은 해당 조항에 나오는 '민사법적 청구권의 집행(enforcement of civil law claims)'의 개념은 또한 민사법적 청구권에 대한 방어도 포함하는지를 확신하지 못한다.

제청법원은 국가법상 세법 제32c조 제1항 및 제2항은 명시적으로 데이터주체의 접근권이 제한될 수 있는 근거로 민사법적 청구권의 방어를 포함한다고 말한다. 해당 조항은 세무당국이 다른 채권자나 채무자와 달리 취급되지 않음을 보장하고자 하는 의도이다. 따라서 이들 당국의 정보제공의무는 민법에 의해서만 규율되어야 하고, 파산회피청구는 본안에서 입증되고 청구의 성질 및 정도가 결정될 것이 남아있다는 조건만을 따라야 한다.

마지막으로, 제청법원은 세무당국에 대해 파산회피청구를 방어하기 위해 GDPR 제15조에 의해 부여된 접근권에 대한 제한을 도입한 국가 법규정이 GDPR 제23조 제1항 제e호를 그 근거로 가질 수 있는지를 궁금해 한다.

제청법원은 세법 제32c조 제1항 및 제2항이 민법적 청구와 관련하여 다른 채권자 및 채무자와 동일한 방식으로 세무당국을 취급하고 과세가 납부기일이 지났으며 적법함을 보장하고 따라서 세수를 보호하는 방향으로 조정된다고 말한다. 그러한 목적은 GDPR 제23조 제1항 제e호의 의미 내에서 예산 및 과세문제에서의 일반적 공익이라는 중요한 목적에 해당할 수 있다.

그럼에도 불구하고 제청법원에 따르면, 국가 입법부는 세법 제32c조 제1항 및 제2항으로 GDPR 제23조 제1항 제j호에 따른 제한을 대신 이용했다. 청구된 납세데이터는 실제로 조세 청구 자체의 목적이 아니라 해당하는 경우 본안소송의 분쟁에 적용되는 버전으로 1994년 10월 5일의 파산법에 따라 회피될 수 있는 법령으로 파산법의 문제인 결제사업에 대한 이익에 해당한다.

이러한 상황에서 연방행정법원은 소송절차를 중단하고, 다음과 같은 사항들을 선결소송을 위해 유럽연합사법재판소에 제청하기로 결정했다.

‘(1) GDPR 제23조 제1항 제j호도 재정당국의 이익을 보호하는 역할을 하는가?
(2) 그렇다면, “민사법적 청구권의 집행”이라는 문구는 민법적 청구권에 대한 재정당국의 방어도 해당되며, 이러한 청구권은 이미 제기되었어야 하는가?
(3) 조세문제에서의 회원국의 중요한 재정적 이익 보호와 관련된 GDPR 제23조 제1항 제e호의 규정은 금융당국에 대한 민사법적 파산회피청구의 방어와 관련하여 GDPR 제15조에 따른 접근권의 제한을 허용하는가?’

판결 주문

이상의 이유에 따라, 유럽연합사법재판소(제1법정)는 다음과 같이 판결한다.

유럽연합사법재판소는 2019년 7월 4일 결정으로 독일연방행정법원이 제청한 사항을 답변할 재판관할권을 가지고 있지 않다.

(5) Case C-623/17 (6 October 2020)[21]

사실관계의 개요와 쟁점

2015년 초 영국 의회의 정보보안위원회의 보고서를 포함하여 영국의 다양한 보안·정보기관, 즉 GCHQ, MI5 및 MI6에 의한 대량 통신데이터의 취득 및 이용 관행의 존재가 공개되었다. 2015년 6월 5일, 비정

21) Privacy International[2020], EU:C:2020:790

부기구인 Privacy International은 수사권 심판소(영국)에 외교통상부장관, 내무부장관 및 이들 보안·정보기관들을 상대로 이들 관행의 합법성을 다투는 소송을 제기했다.

제청법원은 우선 국가법 및 1950년 11월 4일 로마에서 서명된 유럽인권협약('ECHR')과 이어서 EU법의 조항에 비추어 이러한 관행의 합법성을 검토했다. 2016년 10월 17일의 판결에서, 제청법원은 본안소송 피고인들이 이들 기관이 그들의 활동에서 인적 데이터 또는 여행 데이터, 금융 또는 상업 정보, 직업적 비밀유지나 언론 자료에서 민감데이터를 포함할 수 있는 통신데이터와 같은 대량의 개인데이터를 취득하고 이용했음을 인정했다고 판결했다. 다양하고 비밀스러운 수단으로 얻은 이들 데이터는 교차 확인과 자동 처리를 통해 분석되며 다른 사람 및 기관에 공개되고 외국 파트너와 공유될 수 있다. 그러한 맥락에서 보안·정보기관은 특히 1984년 법률 제94조에 근거하여 국무장관이 발행한 지시에 따라 공공 전자통신네트워크 제공자로부터 획득한 대량의 통신데이터를 사용했을 것이다. GCHQ와 MI5는 각각 2001년과 2005년부터 이를 수행해오고 있다.

제청법원은 데이터 수집 및 이용을 위한 이러한 조치가 국가법과 일치하며, 2015년부터 이러한 조치의 비례성 및 데이터의 제3자 이전과 관련하여 검토 중인 문제에 따라 ECHR 제8조를 준수한다고 판결했다. 이와 관련하여, 제청법원은 특히 보안·정보기관 외부에서 데이터에 접근하고 공개하는 절차, 데이터 유지 준비 및 독립적인 감독 장치와 관련하여 적용 가능한 안전장치에 관한 증거가 법원에 제출되었다고 밝혔다.

EU법에 비추어 본안소송에서 쟁점이 되고 있는 취득 및 이용 조치의 적법성과 관련하여, 제청법원은 2017년 9월 8일 판결에서 이들 조치가 EU법의 범위에 해당하는지 여부와 만약 그렇다면 EU법과 양립가능한지 여부를 검토했다. 제청법원은 대량의 통신데이터와 관련하여 1984

년 법률 제94조에 따라 국무장관이 그러한 취지의 지시를 내린 경우 전자통신네트워크 제공자들은 EU법의 적용범위 내에 해당하는 그들의 경제활동 중에 수집된 데이터를 보안·정보기관에 제공해야 한다고 판결했다. 그러나 그러한 구속력을 사용하지 않는 이들 기관이 얻은 다른 데이터의 취득은 그렇지 않았다. 이러한 판결에 근거하여, 제청법원은 1984년 법률 제94조에 따른 것과 같은 체제가 EU법의 적용범위에 해당하는지 여부와, 그렇다면 2016년 12월 21일 판결, Tele2 Sverige 및 Watson and Others (C-203/15 및 C-698/15, EU:C:2016:970; 'Tele2')에 따른 판례법에서 규정된 요건이 이러한 체제에 적용되는지 여부 및 방식을 결정하기 위하여 유럽연합사법재판소에 제청할 필요가 있다고 생각했다.

이와 관련하여, 선결소송 청구에서 제청법원은 1984년 법률 제94조에 따라 국무장관이 국가안보 또는 외국 정부와의 관계를 위해 필요하다고 생각되는 일반 또는 특정 지침을 전자통신서비스 제공자에게 제공할 수 있다고 말한다. 제청법원은 RIPA 제21조 제4항 및 제6항에 규정된 정의를 참조하여 관련 데이터에는 해당 조항의 의미 내에서 트래픽데이터 및 서비스 사용 정보가 포함되며 통신 내용만 제외된다고 말한다. 이러한 데이터와 정보를 통해 특히 커뮤니케이션의 '누가, 어디서, 언제, 어떻게'를 알 수 있게 된다. 이러한 데이터는 보안·정보기관으로 전송되어 그들의 활동 목적을 위해 보유된다.

제청법원에 따르면 본안소송에서 쟁점이 되는 제도는 2016년 12월 21일 판결, Tele2(C-203/15 및 C-698/15, EU:C:2016:970)의 사안에서 쟁점이 된 2014년 데이터 보존 및 수사권법에 따른 제도와 다르다. 왜냐하면 후자의 제도는 국가안보를 위하여 보안·정보기관에게 뿐만 아니라 그들의 필요에 따라 다른 공공기관들에게도 전자통신서비스 제공자의 데이터의 보존과 이러한 데이터의 이용을 규정하였기 때문이다. 더구나 그 판결은 국가안보가 아니라 범죄수사와 관련된 것이었다.

제청법원은 보안·정보기관이 작성한 데이터베이스가 알려지지 않은 위협을 발견하기 위해 대량의 불특정하고 자동화된 처리의 대상이라고 덧붙인다. 이를 위해, 제청법원은 이렇게 작성된 메타데이터 세트가 그 안에 숨겨진 '바늘'을 찾기 위해 '건초더미'를 갖도록 가능한 한 포괄적이어야 한다고 말한다. 이들 기관에 의한 대량의 데이터 수집의 유용성과 이러한 데이터를 조회하는 기술과 관련하여, 제청법원은 특히 2016년 8월 19일 당시 영국 테러리즘입법 독립검토자(United Kingdom Independent Reviewer of Terrorism Legislation)였던 David Anderson QC가 작성한 보고서의 결과를 참조한다. 이 보고서를 작성할 때 정보 전문가팀이 수행한 검토와 보안·정보기관 직원들의 증언에 의존했다.

제청법원은 또한 Privacy International에 따르면, 본안소송 피고들은 특히 국가안보는 각 회원국의 전속적인 책임으로 되어 있는 TEU 제4조 제2항에 따라서 해당 제도가 규정한 데이터를 이전할 의무, 그 데이터에의 접근과 그 이용은 EU의 권한 범위 내에 속하지 않는다고 생각하지만, 본안소송에서 쟁점이 되고 있는 제도는 EU법에 비추어 위법하다고 말한다.

이와 관련하여 수사권 심판소는 2006년 5월 30일 판결, Parliament v Council and Commission(C-317/04 and C-318/04, EU:C:2006:346, paragraphs 56 to 59)에 근거하여 공공 안전의 보호를 목적으로 한 여객이름기록(PNR) 데이터의 이전과 관련하여 국가안보를 보호하기 위한 목적으로 데이터를 처리하고 전송하는 데 있어서의 기업 활동은 EU법의 적용범위에 해당하는 것으로 보이지 않는다고 생각한다. 제청법원의 경우, 쟁점이 되는 활동이 데이터 처리를 구성하는지 여부가 아니라, 실체 및 효과에 있어서 그러한 활동의 목적이 TEU 제4조 제2항의 의미 내에서 공공의 안전과 관련된 공공기관에 의해 확립된 체계를 통해 필수적인 국가 기능을 향상시키는 것인지 여부만 검토할 필요가 있다.

그럼에도 불구하고 본안소송에서 쟁점이 되는 조치가 EU법의 적용범위에 해당하는 경우, 제청법원은 2016년 12월 21일 판결 Tele2(C-203/15 and C-698/15, EU:C:2016:970) 제119항부터 제125항에서 설정된 요건은 국가안보의 맥락에서 부적절해 보이며 국가안보에 대한 일부 위협에 대처하는 보안·정보기관의 능력을 약화시킬 것이라고 생각한다.

이러한 상황에서 수사권 심판소는 절차를 중단하고 선결소송을 위해 다음 사항을 유럽연합사법재판소에 제청하기로 결정했다.

'다음과 같은 상황에서:
(a) 그들에게 제공된 대량 통신데이터를 사용할 수 있는 보안·정보기관의 능력은 대테러, 대간첩 및 대핵확산 분야를 포함하여 영국의 국가안보 보호에 필수적이다.
(b) 보안·정보기관의 대량 통신데이터 이용의 근본적인 특징은 해당 데이터의 한 곳의 집계에 의존하는 비표적 대량 기술(non-targeted bulk techniques)을 통해 국가안보에 대한 이전에 알려지지 않은 위협을 발견하는 것이다. 그것의 주된 유용성은 임박한 위협에 직면했을 때 조치의 기반을 제공할 뿐만 아니라 신속한 표적 식별 및 개발에 있다.
(c) 전자통신네트워크 제공자는 이후에 (일반적인 비즈니스 요구 기간을 초과하여) 대량 통신데이터를 보유할 필요가 없으며, 국가([보안·정보기관])만이 이들 데이터를 보유한다.
(d) 국가법원은 보안·정보기관의 대량 통신데이터 이용을 둘러싼 안전장치가 ECHR의 요건과 일치한다고 판결했다. 그리고
(e) 국가법원은 [2016년 12월 21일 판결, Tele2(C-203/15 및 C-698/15, EU:C:2016:970)의 119-125항)]에 명시된 요건의 부과가 해당되는 경우 보안·정보기관이 국가안보를 보호하기 위해 취한 조치를 좌절시켜 영국의 국가안보를 위험에 빠뜨릴 수 있다고 판결해왔다;

(1) TEU 제4조 및 지침 2002/58 제1조 제3항을 고려하여, 대량 통신데이터를 회원국의 보안·정보기관에게 제공해야 하는 전자통신네트워크 제공자에 대한 국무장관의 지시에서의 요구사항은 EU법과 지침 2002/58의 적용범위에 해당하는가?

(2) 제청사항 (1)에 대한 답변이 "예"인 경우, [2016년 12월 21일 판결, Tele2(C-203/15 and C-698/15, EU:C:2016:970)의 119-125항에서 설정된 보유 통신데이터에 적용되는 요건] 또는 ECHR이 부과한 요건 이외의 다른 요건이 국무장관의 이러한 지시에 적용되는가? 그리고 만일 그렇다면, 보안·정보기관이 국가안보를 보호하기 위해 대량 획득 및 자동화 처리 기술을 사용해야 하는 본질적인 필요성과 ECHR을 준수한다면 이러한 요건의 부과에 의해 이러한 능력이 심각하게 방해를 받을 수 있는 정도를 고려하여, 이들 요건은 어떻게 그리고 어느 정도로 적용되는가?'

판결 주문

이상의 이유에 따라, 유럽연합사법재판소(대법정)는 다음과 같이 판결한다.

1. 지침 2009/136에 의해 개정된 지침 2002/58 제1조 제3항, 제3조 및 제15조 제1항은 TEU 제4조 제2항에 비추어, 국가안보를 보호할 목적으로 국가기관이 전자통신서비스 제공자에게 트래픽데이터 및 위치데이터를 보안·정보기관에게 전달하도록 요구할 수 있도록 하는 국가입법은 해당 지침의 적용범위에 해당한다는 의미로 해석되어야 한다.

2. 지침 2009/136에 의해 개정된 지침 2002/58 제15조 제1항은 TEU 제4조 제2항과 EU기본권헌장 제7조, 제8조, 제11조 및 제52조 제1항에 비추어 국가안보를 보호

할 목적으로 국가기관이 전자통신서비스 제공자에게 보안·정보기관에 대해 일반적이고 무차별적인 전송을 할 것을 요구할 수 있게 하는 국가입법을 금지하는 것으로 해석되어야 한다.

3. 데이터주체의 권리와 권리 상호간의 형량

(1) Case C-460/20 (8 December 2022)[22)]

사실관계의 개요와 쟁점

TU는 이사회의 구성원이며 투자회사의 유일 주주이고 다른 회사들과 함께 회사그룹을 구성하는 자회사의 회장이기도 한다. 그는 또한 제3회사의 단독 주주이며, 제4회사의 단독 주주이고, 제5회사의 지분 60%를 소유하고 있다.

RE는 TU의 동거 파트너였으며 2015년 5월까지 그 제4회사에서 일반적인 상업적 대표권(general commercial power of representation)을 보유했다.

2015년 4월 27일, 6월 4일, 6월 16일에는 제5회사와 본 판결 제15항에서 언급된 회사그룹의 투자모델을 비판하는 3개의 기사가 웹 사이트 www.g …net('g-net 웹 사이트')에 게시되었다. 2015년 6월 4일자 기사에는 TU가 각각 고급차를 운전하고, 헬리콥터를 타고, 비행기 앞에서 찍은 사진 3장과 컨버터블 자동차를 탄 RE의 사진이 실렸다.

g-net 웹 사이트의 운영자는 그 소개란에 따르면 G-LLC이며, 그 등록사무소는 미국 뉴욕에 있다. G-LLC의 기업 목적은 자체 설명에 따르면 '적극적인 조사와 지속적인 투명성을 통해 경제와 사회의 사기 예방에

---

22) Google LLC[2022], EU:C:2022:962

지속적으로 기여하는 것'이다. 여러 출판물들은 G-LLC의 사업 모델을 비판했는데, 특히 G-LLC가 기업들에 대해 부정적인 보고서를 먼저 발표한 후 금전을 받는 대가로 삭제하거나 게시를 막으려는 방식으로 기업을 '협박'하려고 시도했다고 비난했다.

구글은 본안소송의 청구인들의 이름과 특정 회사의 이름들을 검색엔진에 입력했을 때인 2015년 6월 4일과 2015년 6월 16일의 기사들과 특정 회사 이름이 입력되었을 때인 2015년 4월 27일 기사를 표시하고 해당 기사들에 대한 링크를 포함했다. 또한 검색엔진에서 이미지 검색이 수행되었을 때 구글은 2015년 6월 4일자 기사에 포함된 본안소송 청구인들의 사진을 섬네일의 형태로 결과 목록에 표시했다. 이 사진들은 2017년 9월에 표시를 중단했으며, 이 기사들은 2018년 6월 28일부터 g-net 웹 사이트에서 접속이 중단되었다.

본안소송의 청구인들은 구글이 검색엔진에 의해 처리되는 개인데이터의 컨트롤러로서, 첫째, 부정확한 주장과 명예를 훼손하는 의견을 포함하고 있다는 이유로 본안소송에서 쟁점이 되는 기사들에 대한 링크를 검색결과 목록에서 삭제할 것을 요청했고, 둘째, 검색결과 목록에서 섬네일을 제거할 것을 요청했다. 그들은 또한 G-LLC의 '블랙메일'의 피해자라고 주장했다.

구글은 본안소송에서 쟁점이 되고 있는 기사와 사진이 설정된 직업적인 맥락을 언급하고 해당 기사에 포함된 정보의 부정확성에 대해 알지 못한다고 주장하면서 그 요청에 응하지 않았다.

2015년에 본안소송의 청구인들은 쾰른지방법원에 구글이 본안소송에서 쟁점이 되는 기사들에 대한 링크를 검색결과 목록에서 삭제하고 사진의 섬네일 형태의 표시를 중단하도록 요구하는 명령을 청구하는 소송을 제기했다. 2017년 11월 22일 판결로 해당 법원은 소송을 기각했다.

본안소송의 청구인들은 쾰른고등법원에 판결에 대해 항소를 제기했다. 항소는 2018년 11월 8일 판결로 기각되었다. 항소법원은 검색엔진의 기능에 대한 구체적인 방법과 인터넷의 기능에서 검색엔진이 가지는 특별한 중요성은 경합하는 권리와 이익의 형량의 맥락에서 특히 중시되어야 한다고 말했다. 검색엔진 운영자는 일반적으로 표시된 내용을 제공하는 사업자와 법적 관계가 없으며, 그 운영자가 해당 사업자의 의견을 고려하면서 사실관계를 조사하고 평가하는 것이 불가능하다는 점을 고려할 때, 검색엔진 운영자는 데이터주체의 구체적인 통지에 따라 일응 명백하고 확실하게 식별 가능한 법 위반에 대해 인지하게 될 때에만 구체적인 행위의무를 진다. 이러한 원칙들은 관련 이익이 유사하다는 점을 감안할 때 검색엔진이 이미지 검색에만 사용되는 경우에도 적용된다.

항소법원은 주장된 사실의 정확성을 결정적으로 고려할 필요가 있는 한 그에 대한 입증책임은 삭제를 청구하는 사람에게 있다고 덧붙였다. 이 사건에서 본안소송의 청구인들은 그들과 관련하여 보도된 사실들이 부정확함을 입증하지 못하였으므로 구글은 본안소송에서 쟁점이 되는 기사에 대한 최종 평가를 수행할 수 없으며, 결과적으로 그것들을 삭제할 것이 요구되지 않는다. 섬네일 형태로 표시된 사진들에 대해, 그것들이 해당 기사들 중 하나에 해당하는 한 뉴스 이미지로 간주될 수 있다.

본안소송의 청구인들은 제청법원인 독일연방사법재판소에 법률적 쟁점으로 상고를 제기했다. 제청법원은 그 소송의 결과는 EU법, 특히 GDPR 제17조 제3항 제a호와 지침 95/46 제12조 제b호 및 제14조 제a호의 해석에 따라 달라진다고 말한다.

선결소송의 쟁점으로서 제청법원은 GDPR이 발효된 날짜에 구글이 운영하는 검색엔진에 의해 더 이상 표시되지 않는다는 것을 감안하면, 이미지 검색결과 목록에서 섬네일을 제거하도록 구글에게 명령하라는 청구는 지침 95/46 적용범위 내에 일시적으로 해당하는 반면, 본안소송에서 쟁점이 되고 있는 기사들에 대한 링크를 검색결과 목록에서 제거하도록 구글에 대해 명령하라는 청구는 GDPR의 적용범위에 일시적으로 해당한다고 말한다. 그러나 섬네일 제거청구와 관련하여 제청법원은 그 쟁점에 대해 GDPR도 고려한 답변을 유럽연합사법재판소에 요청한다.

이어 제청법원은 본안소송에서 쟁점이 되고 있는 기사들이 더 이상 g-net 웹 사이트에서 이용할 수 없고 구글이 섬네일을 더 이상 표시하지 않는다는 사실이 g-net 웹 사이트가 여러 가지 이유로 해당 기사들을 '현재' 사용할 수 없다고 말한다는 점만을 감안하여 본안소송 청구인들이 그들의 검색결과 제거청구를 추구하는 것에 대한 이익을 없애지는 않았다고 말한다. 이런 상황에서 구글은 제거청구가 부당하다는 입장을 지속적으로 취하고 있고 이를 수용할 것을 계속 거부하고 있다는 점이 더욱 주목 되기 때문에 향후 해당 기사들이 온라인에 다시 게시되고 구글의 검색엔진에 의해 검색될 가능성도 배제할 수 없다.

우선 첫째로, 본안소송에서 쟁점이 되는 기사들에 대한 링크를 검색결과 목록에서의 제거청구에 관한 실체와 관련하여, 제청법원은 본안소송의 청구인들이 특히 해당 기사에 있는 주장 중 일부가 부정확하다고 주장함으로써 그 청구를 정당화한다는 점을 언급한다. 따라서 본안소송의 청구인들이 그러한 주장의 부정확성을 입증하든지 아니면 최소한 그 부정확성에 대한 어느 정도의 증거를 제공하든지 또는 반대로, 구글이 본안소송의 청구인들의 주장이 정확했다고 가정했어야 하거나 사실관계 자체를 명확히 하려고 했어야 하는지에 대한 질문이 제기된다.

제청법원에 따르면 한편으로는 헌장 제7조 및 제8조와 다른 한편으로는 헌장 제11조 및 제16조에서 발생하는 경합하는 기본권 사이의 동등한 균형을 유지해야 하는 요건은 본안소송 사건에서 쟁점이 되는 것과 같은 상황에서 입증책임이 배타적으로 한 당사자나 또는 다른 당사자에게 있는 경우에는 충족되지 않는다.

그러므로, 제청법원은 적어도 잠정적으로 사법적 보호를 얻는 것이 데이터주체가 특정한 사건의 상황을 고려한 합리적인 선택인 한, 데이터주체가 콘텐츠 제공자에 대한 주장을 법정에서 추구함으로써 적어도 잠정적으로 검색결과 내용의 정확성에 대한 문제를 해결하도록 요구하는 해결책을 채택할 것을 제안한다. 그것이 콘텐츠 제공자와 관계가 없는 한 데이터주체는 콘텐츠 제공자와 접촉하는 데 있어 검색 운영자와 동일한 어려움을 겪을 수 있다는 것은 사실이다. 그러나 데이터주체는 검색결과 내용이 정확한지 여부를 알고 있다. 예를 들어, 그 데이터주체가 콘텐츠 제공자에 대한 자신의 주장을 법원에서 합리적으로 추구하도록 요구될 수 있는지 여부의 문제는 콘텐츠 제공자가 유럽연합 내에서 특별한 어려움 없이 접근할 수 있는지 여부에 달려 있을 수 있다.

따라서 제청법원은 일반적으로 데이터주체가 익명 제공자나 통지가 불가능한 제공자에 대해서가 아니라, 이름이 알려진 콘텐츠 제공자에 대해서는 가구제 소송을 제기하도록 합리적으로 요구될 수 있다고 제안한다. 그러나 삭제를 요구하는 콘텐츠 제공자에 대한 명령의 집행을 얻을 수 있는 실제적인 가능성은 검색엔진 운영자에 대한 권리와 관련하여 무관하다.

둘째로, 2015년 6월 4일자 기사에 포함된 본안소송 청구인들의 사진을 섬네일 형태로 표시하는 것을 종결하도록 구글에 명령하라는 청구와 관련하여, 제청법원은 우선 해당 섬네일에 해당 사진이 게시된 제3자의 인터넷 페이지에 대한 접근을 허용하는 링크가 실제로 포함되어 있고, 그로 인해 그러한 게시의 내용을 알게 되었다고 말한다. 그러나 이미지 검색결과 목록이 제3자의 인터넷 페이지에 해당 게시물의 내용에 대한 정보를 재생산하지 않고 섬네일만 표시하는 한, 해당 목록은 그 자체로 중립적이며 원래의 게시를 둘러싼 내용을 확인하는 것을 가능하게 하지 않는다.

따라서 지침 95/46 제12조 제b호 및 제14조 제1항 제a호 또는 GDPR

제17조 제3항 제a호에 따라 형량을 수행할 때, 결과 목록의 중립적인 맥락에서 섬네일만을 고려해야 하는지 또는 해당 이미지의 게시 원본도 고려해야 하는지에 대한 질문이 제기된다.

이와 관련하여 제청법원은 일반인들에게 알려지지 않은 본안소송의 사례에서 문제의 사진들은 그 자체로는 공적 논쟁에 기여하지 못하고 전 항(34)에서 언급된 조항에 따른 정보에 대한 강력한 필요성을 충족시키지 못한다는 점에 주목하고 있다. 그러나 g-net 웹 사이트에 게재된 2015년 6월 4일자 기사와 관련하여 사진들은 그 기사에 포함된 메시지, 즉 본 판결 제15항에서 언급된 제4회사 및 회사 그룹의 창업자 및 매니저라는 지위 때문에 본안소송 청구인들은 높은 생활수준을 즐기며 사치품을 소유하는 반면, 이들 회사의 직원들, 유통업자들 및 고객들은 투자의 안정성에 대해 불확실하다는 것을 구체화하는데 중요한 역할을 하고 있다. 따라서 그러한 사진이 처음 게시된 맥락을 고려해야 하는 경우, 관련된 텍스트 자체가 합법적인 경우 결과 목록에 섬네일로 게시하는 것은 정당한 것으로 간주되어야 한다.

제청법원에 따르면, 게시 원본의 맥락을 고려하는 데 유리하게 작용하는 한 가지 요소는 기술적으로 섬네일이 제3자의 인터넷 페이지를 조회하는 링크를 구성한다는 사실에 있다. 마찬가지로, 이미지 검색엔진의 평균적인 사용자는 검색엔진이 결과 목록에서 가져온 섬네일이 제3자 게시물에서 가져온 것이며, 이러한 섬네일에 해당하는 사진들이 해당 게시물에서 특정한 맥락에서 표시된다는 사실을 알고 있는 것으로 잘 알려져 있다.

그러나 다른 조회 결과의 경우와 달리 섬네일을 표시할 때 이미지 게시의 원래 맥락이 명시되지 않거나 표시되지 않는다는 사실을 고려해야 한다. 처음부터 이미지 표시에만 관심이 있는 이용자는 일반적으로 게시물의 출처와 원래 맥락을 찾을 이유가 없다.

따라서 제청법원에 따르면, 관련 검색엔진 데이터 컨트롤러에 의한 데이터 처리의 합법성을 평가하기 위하여서는 지침 95/46 제14조 제1항 제a호 또는 GDPR 제17조 제3항 제a호에 언급된 형량 수행에서 섬네일 자체에서 명백한 권리 및 이익만을 포함하는 것이 논리적으로 보인다.

이러한 상황에서 독일연방사법재판소는 소송절차를 중단하고 다음과 같은 제청사항들을 선결소송으로 EU사법재판소에 제청하기로 결정했다.

'(1) 헌장 제7조, 제8조, 제11조 및 제16조에서 발생하는 상충되는 권리 및 이익의 형량의 맥락에서 GDPR 제17조 제3항 제a호에 따라서 인터넷 검색엔진 데이터 컨트롤러에 대해 제기된 검색결과 제거청구의 심사범위 내에서 그 사람이 청구하고 있는 검색결과 제거가 사실상의 청구권 및 그에 근거한 가치판단을 포함하는 콘텐츠를 가져올 때, 그것의 진실성이 데이터주체에 의해 부정되고 그것의 적법성이 그 내용에 포함된 사실상의 청구권이 사실인 범위의 문제에 달려 있을 때 회원국 법원이 또한 데이터주체가 예컨대 가구제에 의해 콘텐츠 제공자에 대해 법적 보호를 합리적으로 구할 수 있는지 여부의 문제에 대해 확실하게 집중하고, 그로써 적어도 검색엔진 데이터 컨트롤러가 표시한 콘텐츠의 진실성의 문제에 대해 잠정적인 명확성이 제공될 수 있다면, 데이터주체의 사생활존중권(헌장 제7조)과 개인데이터보호권(헌장 제8조)은 양립 가능할 것인가?

(2) 지침 95/46 제12조 제b호 및 제14조 제1항 제a호 또는 GDPR 제17조 제3항 제a호에 따라서 헌장 제7조, 제8조, 제11조 및 제16조에서 발생하는 상충하는 권리 및 이익의 형량의 맥락에서 제3자가 그 사람의 이름과 함께 인터넷에서 소개하고 검색결과에서 발견한 사진을 미리보기 이미지(섬네일)로 표시하는 인터넷 검색엔진의 데이터 컨트롤러를

상대로 이루어진 검색결과 제거청구의 경우에, 미리보기 이미지가 표시되지만 구체적으로 이름이 표시되지 않고 그 결과 내용이 인터넷검색엔진에 의해 표시되지 않을 때 제3자 웹 사이트가 검색엔진에 의해 링크된다 할지라도 원래의 제3자 게시물의 내용은 결정적으로 고려되어야 하는가?'

제청사항의 검토 요지

첫 번째 제청사항

소의 허용성(Admissibility)

구글은 첫 번째 제청사항이 제기된 문제가 성질상 가정적이라는 점을 이유로 소의 허용성이 있는지 여부에 대해 의문을 표시한다. 특히 제청법원이 제안한 해결책은 본안소송의 사안에서 쟁점이 되는 사실관계와 관련이 없는 추상적 구조형태를 가지고 있다. 그 견해에 유럽연합사법재판소도 또한 그 문제에 대한 유용한 답변을 제공할 필요한 자료를 가지고 있지 않다.

그와 관련하여, 확립된 판례법에 따라 TFEU 제267조에서 규정된 유럽연합사법재판소와 국가법원 간의 협력의 맥락에서 분쟁이 제기되고 그에 따른 사법적 결정의 책임을 맡아야 하는 국가법원만이 그 사안의 구체적 사정에 비추어 판결을 내릴 수 있도록 하기 위한 선결소송의 필요성과 유럽연합사법재판소에 제기한 문제들의 관련성을 결정하여야 한다는 점을 주목하여야 한다. 따라서 국가법원이 제기한 문제들이 EU법의 해석과 관련되는 경우 유럽연합사법재판소는 원칙적으로 결정을 하여야 한다.[23]

유럽연합사법재판소는 청구된 EU법의 해석이 본안소송의 실제 사실관계나 또는 그 목적과 아무런 관련이 없는 경우, 그 문제가 가정적인 경우이거나 유럽연합사법재판소가 제기된 문제들에 대한 유용한 답변을 하는데 필요한 사실적 또는 법적 자료를 가지고 있지 않는 경우에만 국가법원이 선결소송으로 제청한 사항에 대한 결정을 거부할 수 있다.[24]

본 건에서 재판연구관이 그 의견 22번에서 말하였듯이 제청법원은 본안소송의 분쟁에 기초하는 사실적 법적 맥락의 충분히 자세하고 포괄적인 그림을 제공하였으며, 그러한 맥락에서 제기된 문제에 대한 답변을 얻을 필요성을 충분히 구체화하였다.

그와 관련하여, 검색엔진의 활동의 맥락에서 수행된 개인데이터의 처리는 데이터를 인터넷페이지에 올린다는 점에서 웹 사이트 운영자가 수행한 활동과 구별될 수 있으며 부가적이라는 점이 지적되어야 한다.[25] 따라서 데이터주체가 검색엔진 운영자를 상대로 소송을 제기하는 경우 관련 권리, 이익 및 제한은 콘텐츠 제공자를 상대로 제기된 소송의 맥락에서 반드시 동일하지 않으며, 결과적으로 GDPR 제17조에 따른 조회차단 요청을 검토하기 위하여 구체적인 형량작업이 필요하다.

첫째로, 조회된 콘텐츠에서의 정보의 부정확성에 근거한 조회차단 요청을 처리하는데 있어서 검색엔진 운영자가 부담하는 의무 및 책임의 정도와 둘째로, 그 부정확성에 대해 데이터주체가 부담하는 입증책임에 관한 질문에 대한 유럽연합사법재판소의 답변은 본안소송의 청구인이 부정확한 콘텐츠를 인터넷에 게시한 것과 관련하여 콘텐츠 제공

23) judgment of 15 July 2021, The Department for Communities in Northern Ireland, C-709/20, EU:C:2021:602, paragraph 54 and the case-law cited

24) judgment of 15 July 2021, The Department for Communities in Northern Ireland, C-709/20, EU:C:2021:602, paragraph 55 and the case-law cited

25) judgment of 13 May 2014, Google Spain and Google, C-131/12, EU:C:2014:317, paragraph 35

자를 상대로 실효적인 사법적 보호를 얻을 위치에 있는지 여부와 관계없이 본안소송에서 제청법원에 의한 그 소송의 평가에 직접적인 영향을 가질 수 있다는 것은 제청법원이 한 검토로부터도 명백하다.

재판연구관이 그 의견 22번에서 언급한 바와 같이, 본안소송에서 쟁점이 되는 것과 같은 상황에서 적용될 수 있다고 생각하는 방법론에 관한 제청법원의 질문이 일반적이고 추상적인 용어로 표현된다는 사실이 그와 관련하여 유럽연합사법재판소에 제청된 질문이 가정적이라는 것을 의미하지 않는다.

따라서 첫 번째 제청사항은 소의 허용성이 있다는 것이다.

실체(Substance)

첫 번째 제청사항으로 제청법원은 GDPR 제17조 제3항 제a호는 요청을 제기한 사람이 검색결과 목록으로부터 부정확하다고 생각하는 청구를 포함하는 콘텐츠로 연결하는 링크의 제거를 요구하는 검색엔진 운영자에게 한 조회차단 요청을 검토하기 위하여 한편으로 헌장 제7조 및 제8조에서 규정된 권리들과 다른 한편으로 헌장 제11좀 및 제16조에서 규정된 권리들 간에 이루어져야 할 형량작업의 맥락 내에서 그러한 조회차단은 조회된 콘텐츠의 정확성의 문제가 그러한 사법적 보호를 얻을 합리적인 가능성이 있는 경우에 그 콘텐츠 제공자를 상대로 그 사람이 제기한 소송에서 적어도 일시적으로라도 해결이 되었다는 조건을 따라야 한다는 의미로 해석되어야 하는지를 묻는다.

선결적 쟁점으로서 첫째로, 제3자가 인터넷상에 게시하거나 게재한 정보를 탐색하고 그것을 자동으로 인덱스하며, 일시적 및 최종적으로 그것을 저장하고, 일정한 선호도에 따라 인터넷 이용자가 이용할 수 있게 하는데 있는 검색엔진의 활동은 그 정보가 개인데이터를 포함할 때 지침 95/46 제2조 제b호와 GDPR 제4조 제1호 및 제2호의 의미 내에서

'개인데이터의 처리'로 분류되어야 하며, 둘째로, 검색엔진 운영자는 지침 제2조 제d호와 GDPR 제4조 제7호의 의미 내에서의 그러한 처리에 관해서 '컨트롤러'로 간주되어야 한다는 것이 상기되어야 한다.[26)]

본 판결 제44항에서 상기되듯이, 검색엔진 활동의 맥락에서 수행된 개인데이터의 처리는 인터넷 페이지 상에 그들 데이터를 게재하는데 있는 웹 사이트 운영자가 수행한 활동과 구별될 수 있으며 부가적이다. 또한 그러한 활동은 그렇지 않았더라면 그들 데이터가 게시된 인터넷 페이지를 발견하지 못했을 인터넷 이용자를 포함하여 그것이 데이터주체의 이름을 기반으로 검색을 하는 인터넷 이용자가 접근할 수 있게 해준다는 점에서 그러한 데이터의 전반적인 배포에서 결정적인 역할을 한다. 또한 이용자들이 그러한 정보에 접근하는 것을 용이하게 할 목적으로 검색엔진이 수행한 인터넷 상에 게시된 정보의 구성 및 수집은 이용자들이 개인의 이름을 기반으로 검색을 수행할 때 결과 목록을 통하여 그 개인과 관련되는 정보를 체계적으로 개관할 수 있게 한다.[27)]

따라서 검색엔진의 활동이 웹 사이트 게시자의 활동, 프라이버시 및 개인데이터 보호의 기본권에 중대한 영향을 미치고 부가적으로 비교되기 때문에, 그러한 활동의 목적 및 수단을 결정하는 검색엔진 운영자는 그 책임, 권한 및 능력의 체계 범위 내에서 지침 95/46 및 GDPR에서 규정된 보장이 완전히 효력을 가질 수 있으며 정보주체, 특히 프라이버시권의 실효적이며 완전한 보호가 실제로 달성될 수 있도록 그 활동이 지침 95/46 및 GDPR의 요건을 충족하는 것을 보장하여야 한다.[28)]

---

26) see, to that effect, judgments of 13 May 2014, Google Spain and Google, C-131/12, EU:C:2014:317, paragraph 41, and of 24 September 2019, GC and Others (De-referencing of sensitive data), C-136/17, EU:C:2019:773, paragraph 35

27) see, to that effect, judgments of 13 May 2014, Google Spain and Google, C-131/12, EU:C:2014:317, paragraphs 36 and 37, and of 24 September 2019, GC and Others (De-referencing of sensitive data), C-136/17, EU:C:2019:773, paragraph 36

28) see, to that effect, judgments of 13 May 2014, Google Spain and Google, C-131/12,

검색엔진 운영자의 책임 및 특정한 의무의 범위에 대하여, 유럽연합 사법재판소는 제3자가 게시한 인터넷 페이지 상에 개인데이터가 나타나기 때문이 아니라 개인의 이름을 기반으로 하여 수행된 검색에 따라서 인터넷 이용자들에게 제시된 결과 목록에서 그 인터넷 페이지로 연결하는 링크를 표시하기 때문에 그 운영자가 책임이 있다고 이미 말한 바 있다. 왜냐하면 이러한 목록에서의 링크의 표시는 데이터주체와 관련되는 그의 프라이버시 및 개인데이터 보호의 기본권에 중대한 영향을 미치기 쉽기 때문이다.29)

그러한 상황에서 검색엔진 활동과 관련하여 수행되는 처리를 하는 컨트롤러로서 검색엔진 운영자의 책임, 권한 및 능력을 고려하여 지침 95/46 및 GDPR에서 규정된 금지 및 제한은 데이터주체의 요청에 근거하여 관할 국가기관의 감독 하에 해당 조회 및 검증을 통해서만 해당 운영자에게 적용될 수 있다.30)

이러한 요청과 관련하여 GDPR 제17조에는 '잊혀질 권리'라고도 하는 '삭제권'을 구체적으로 규율하는 조항이 포함되어 있다. 동 조 제1항은 데이터주체는 원칙적으로 거기에 기재된 이유로 컨트롤러가 자신과 관련된 개인데이터를 삭제할 권리가 있다고 규정하지만, 제7조 제3항 제a호에 특히 정보의 자유와 관련되는 권리 행사를 포함하여 열거된 근거 중 하나로 인해 문제의 처리가 필요한 경우에 그 권리에 근거하지 않을 수 있다고 제3항에 명시되어 있다.

따라서 조회차단 요청을 받은 검색엔진 운영자는 데이터주체의 이름

EU:C:2014:317, paragraph 38, and of 24 September 2019, GC and Others (De-referencing of sensitive data), C-136/17, EU:C:2019:773, paragraph 37

29) see, to that effect, judgments of 13 May 2014, Google Spain and Google, C-131/12, EU:C:2014:317, paragraph 80, and of 24 September 2019, GC and Others (De-referencing of sensitive data), C-136/17, EU:C:2019:773, paragraph 46

30) see, to that effect, judgment of 24 September 2019, GC and Others (De-referencing of sensitive data) (C-136/17, EU:C:2019:773, paragraph 47

을 기반으로 하여 수행된 검색에 따라서 표시된 목록에서 문제의 인터넷 페이지로 연결하는 링크가 포함되는 것이 검색으로 해당 인터넷 페이지에 접근하는데 잠재적으로 관심이 있는 인터넷 이용자들의 정보의 자유권-헌장 제11조에 의해 보호된 권리-을 행사하기 위해 필요한 것인지를 확인하여야 한다.[31]

GDPR 제17조 제3항 제a호가 데이터주체의 삭제권은 처리가 헌장 제11조에서 보장된 정보권의 행사를 위해 필요한 경우 배제된다고 명시적으로 규정하고 있다는 사실이 개인데이터 보호권은 절대적 권리가 아니라 GDPR 전문 제4항에서 기술하고 있는 바와 같이 사회에서의 기능과 관련하여 고려되어야 하고, 비례의 원칙에 따라서 다른 기본권과 형량되어야 한다는 사실의 표현이다.[32]

그러한 맥락에서, 그 제한이 법률에 의해 규정되며, 그들 권리 및 자유의 본질을 존중하며, 비례의 원칙에 따라서 필요하며 EU가 인정된 일반적 이익의 목적 또는 타인의 권리 및 자유를 보호할 필요성을 순전히 충족하는 한, 헌장 제52조 제1항은 헌장 제7조 및 제8조에서 규정된 것과 같은 권리의 행사에 대해 제한이 부과될 수 있다는 것을 상기하여야 한다.[33]

따라서 GDPR 제17조 제3항 제a호는 한편으로 헌장 제7조 및 제8조에서 보장된 프라이버시 및 개인데이터 보호의 기본권과 다른 한편으로 헌장 제11조에서 보장된 정보 자유의 기본권 사이에 형량을 하여야 할 요건을 명시적으로 규정하고 있다.

사생활 및 가족생활 존중권에 관한 헌장 제7조는 1950년 11월 4일에

---

31) see, by analogy, judgment of 24 September 2019, GC and Others (De-referencing of sensitive data) (C-136/17, EU:C:2019:773, paragraph 66

32) see, to that effect, judgment of 24 September 2019, GC and Others (De-referencing of sensitive data), C-136/17, EU:C:2019:773, paragraph 57 and the case-law cited

33) judgment of 24 September 2019, GC and Others (De-referencing of sensitive data), C-136/17, EU:C:2019:773, paragraph 58 and the case-law cited

로마에서 서명된 유럽인권협약('ECHR') 제8조 제1항에서 보장된 것에 상응하는 권리를 포함하며, 개인데이터 보호는 ECHR 제8조에서 보장된 바와 같이 사생활 및 가족생활 존중권의 향유에 있어서 기본적으로 중요하다고 부가되어야 한다.[34] 헌장 제52조 제3항에 따라서 헌장 제7조는 유럽인권재판소의 판례법이 해석한 바와 같이 ECHR 제8조 제1항과 동일한 의미 및 범위가 주어져야 한다. 이는 헌장 제11조와 ECHR 제10조에 대해서도 마찬가지이다.[35]

데이터의 게시와 관련하여 사생활 존중권과 표현 및 정보의 자유권 사이의 형량을 위하여 공익 토론에의 기여, 영향을 받는 사람의 평판의 정도, 뉴스 보도의 주제, 관계인의 이전 행실, 게시의 콘텐츠, 형식 및 영향, 정보가 획득된 방식 및 상황과 그 진실성과 같은 다수의 관련 기준이 고려되어야 한다.[36]

이들 고려에 비추어, 검색엔진 운영자는 조회차단 요청에 응해야 하고 따라서 조회된 콘텐츠가 그 사람이 부정확하다고 생각하는 사항을 포함하고 있다는 이유로 데이터주체의 이름을 기반으로 한 검색에 따라서 표시된 결과 목록에서 그 사람에 특유한 개인데이터가 나타나는 인터넷 페이지로의 링크를 제거하여야 하는 조건에 대한 심사가 이루어져야 한다.

그와 관련하여, 헌장 제7조 및 제8조에서 보호된 데이터주체의 권리는 일반적으로 문제의 정보에 접근하는데 관심이 있을 수 있는 인터넷 이용자들의 정당한 이익에 우월하지만, 그러나 그 형량은 각 사안의 관련 상황, 특히 그 정보의 성질 및 데이터주체의 사생활에 대한 민감성

34) ECtHR, 27 June 2017, Satakunnan Markkinapörssi oy and satamedia oy v. Finland, CE:ECHR:2017:0627JUD000093113, § 137

35) see to that effect, judgment of 14 February 2019, Buivids, (C-345/17, EU:C:2019:122, paragraph 65 and the case-law cited

36) see, to that effect, ECtHR, 27 June 2017, Satakunnan Markkinapörssi Oy and Satamedia Oy v. Finland, CE:ECHR:2017:0627JUD000093113, § 165

과 그 정보를 보유하는데 있어서 일반대중의 이익 – 특히 데이터주체가 공적 생활에서 수행하는 역할에 따라서 다양할 수 있는 이익 – 에 의존할 수 있다는 점에 우선 주목하여야 한다. 특히 데이터주체가 공적 생활에서 역할을 수행하는 경우 그 사람은 불가피하게 공적 심사에 노출되어 있기 때문에 보다 큰 정도의 인내를 보여야 한다.

조회된 콘텐츠가 정확한지 여부의 문제는 인터넷 이용자들의 정보권과 콘텐츠 제공의 표현의 자유가 조회차단을 요청하는 사람의 권리에 우월할 수 있는지를 평가하기 위하여 GDPR 제17조 제3항 제a호에서 규정된 적용조건을 평가할 때 관련 요소를 구성한다.

그와 관련하여, 재판연구관이 그 의견 30번에서 기술한 바와 같이 일정한 상황에서 특히 데이터주체가 공적 생활에서 역할을 수행하는 경우 표현 및 정보의 자유권은 사생활 및 개인데이터 보호권에 우월할 수 있지만, 적어도 조회차단 요청에서 언급된 정보의 일부 – 그것이 콘텐츠 전체와 관련해서는 적지 않다 – 가 부정확하다고 입증이 된 경우 어쨌든 역전된다. 그러한 상황에서 그러한 정보를 배포하고 접근할 권리를 포함할 수 없기 때문에 정보권과 정보를 받을 권리는 고려될 수 없다.

조회된 콘텐츠에서의 주장이 정확한지 여부의 문제는 GDPR 제17조 제3항 제a호의 적용과 관련이 있지만, 사실상의 주장과 가치판단 사이의 구별은 이루어져야 한다는 점이 부가되어야 한다. 사실관계의 존재가 입증되면, 가치판단의 진실은 증거에 민감하지 않다.

다음 첫째로, 조회차단 요청을 제기한 사람이 조회된 콘텐츠에서의 정보의 부정확성과 관련되는 주장을 뒷받침하기 위해 증거를 제공해야 하는지와 만일 그러한다면 어느 정도로 제공해야 하는지와 둘째로, 검색엔진 운영자는 부정확한 정보인지 또는 정확하지 않는지를 입증하기 위하여 사실관계 자체를 명확히 하고자 하여야 하는지를 결정할 필요가 있다.

첫 번째로, 조회된 콘텐츠가 부정확하기 때문에 조회차단을 요청하는 사람의 의무와 관련하여, 그 사람이 그 콘텐츠에서 발견된 정보 또는 적어도 그 정보의 일부 – 콘텐츠 전체와 관련하여서는 적지 않다 – 의 분명한 부정확성을 입증하여야 한다. 그러나 조회차단권의 실제적 효과를 저해할 수 있는 그 사람에 대한 과중한 부담을 부과하는 것을 피하기 위하여 그 사람은 개별적 사안의 상황에 비추어 그러한 분명한 부정확성을 입증하기 위하여 발견하고자 노력하는 것이 합리적으로 요구될 수 있는 증거만을 제공하여야 한다. 그와 관련하여, 그 사람은 원칙적으로 검색엔진 운영자에게 한 조회차단 요청을 뒷받침하기 위하여 소송 전 단계에서부터 가구제 절차에서 주어지는 결정의 형태로라도 문제의 웹 사이트 게시자를 상대로 한 사법적 결정을 만들어 낼 것이 요구될 수 없다. 그 사람에게 그러한 의무를 부과하는 것은 비합리적인 부담을 부과하는 효과를 갖게 될 것이다.

두 번째로, 검색엔진 운영자에게 부과되는 의무 및 책임과 관련하여, 검색엔진 운영자는 콘텐츠가 계속해서 조회차단 요청에 따라서 검색엔진을 사용하여 수행된 검색결과 목록에 포함될 수 있는지를 결정하기 위하여 관련된 모든 권리 및 이익과 그 사건의 모든 상황을 고려하여야 한다는 것은 사실이다.

그러나, GDPR 제17조 제3항 제a호에서 규정된 적용조건을 평가할 때 그 운영자는 그 요청이 근거가 충분한지 결정하기 위하여 조회차단 요청에 의해 입증되지 않는 사실관계를 발견하는데 적극적인 역할을 할 것이 요구될 수 없다.

따라서 이러한 요청이 처리될 때, 관계 검색엔진 운영자는 사실관계를 조사할 것과 이를 위해 조회된 콘텐츠의 정확성에 관한 누락된 정보를 얻으려는 콘텐츠 제공자와 적대적 논쟁을 조직할 것이 요구될 수 없다. 검색엔진 운영자가 조회된 콘텐츠가 정확한지 여부를 확인하는 데 기여할 것을 요구하는 한, 그러한 의무는 그의 책임, 권한 및 능력에 비추어 합리적으로 기대할 수 있는 것을 초과하는 부담을 그 운영자에게 부과할 것이다. 따라서 그러한 의무는 정보에 대한 일반대중의 정당하고 강력한 필요를 충족하는 콘텐츠가 조회되지 않게 되어 인터넷에서 찾기가 어려워질 심각한 위험을 수반할 것이다. 이와 관련하여 검색엔진 운영자가 조회된 콘텐츠가 정확한지 여부를 확인하기 위하여 관련 사실관계를 조사해야 하는 부담을 회피하기 위하여 조회차단의 실행을 유사 체계적으로 수행한다면, 표현 및 정보의 자유의 행사에 억지효과가 발생할 실제 위험이 있게 될 것이다.

따라서 조회차단 요청을 한 사람이 자신의 요청을 입증할 수 있고 조회된 콘텐츠에서 발견된 정보, 또는 적어도 그 정보의 일부 - 그것은 정보 전체와 관련하여서는 적지 않다 - 의 분명한 부정확성을 확인할 수 있는 관련성 있고 충분한 증거를 제출한 경우, 검색엔진 운영자는 조회차단 요청에 응하여야 한다. 데이터주체가 조회된 콘텐츠에서 발견된 정보 - 그 콘텐츠 전체와 관련하여서는 적지 않다 - 가 적어도 일견 부정확하다는 인정에 근거하여 웹 사이트 운영자를 상대로 사법적 결정을 제기한 경우에도 동일하게 적용된다.

반면에, 조회된 콘텐츠에서 발견된 그러한 정보의 부정확성은 데이터주체가 제공한 증거에 비추어 명백하지 않은 경우 검색엔진 운영자는 그러한 사법적 결정이 없는 경우 그러한 조회차단 요청에 응할 것이 요구되지 않는다. 문제의 정보가 공익 토론에 기여할 경우 사건의 모든 상황에 비추어 표현 및 정보의 자유권에 특별히 중요성을 두는 것이 적절하다.

본 판결 제65항에서 기술되었던 것에 따라서 그들 기사에서 발견된 콘텐츠와 관련하여 크게 중요하지 않은 특정한 정보가 부정확한 것이 입증된 상황에서 기사의 조회차단은 적절하지 않을 것이며, 결과적으로 인터넷에서 그들 모두에 접근하는 것은 어려울 것이라는 점이 부가되어야 한다.

마지막으로, 검색엔진 운영자가 조회차단 요청을 수락하지 않은 경우 데이터주체는 필요한 체크를 하고 그 컨트롤러에게 필요한 조치를 채택할 것을 명령하도록 감독기관이나 사법기관에 쟁송을 제기할 수 있어야 한다고 하여야 한다. 충돌하는 이익 사이에 형량이 이루어지는 것을 보장하는 것은 사법기관이어야 한다. 왜냐하면 사법기관은 유럽연합사법재판소와 유럽인권재판소의 관련판례에 의해 정립된 모든 기준 및 요소를 고려하여 복합적이고 상세한 형량작업을 수행할 최적의 위치에 있기 때문이다.

그러나 조회된 콘텐츠에서 발견된 정보의 부정확성에 관한 행정적 또는 사법적 절차가 개시된 경우 그리고 그러한 절차의 존재를 관계 검색엔진 운영자에게 알린 경우, 그 운영자는 특히 계속해서 관련성 있고 최신인 정보를 인터넷 이용자들에게 제공하기 위하여 그러한 절차의 존재에 관한 경고를 검색결과에 부가하여야 한다.

전술한 것에 비추어, 첫 번째 제청사항에 대한 답변은 GDPR 제17조 제3항 제a호는 그 요청을 제기한 사람이 검색결과 목록에서 부정확하다고 생각하는 주장을 포함하는 콘텐츠로의 링크의 제거를 구하는 검색엔진 운영자에게 한 조회차단 요청을 심사하기 위하여, 한편으로 헌장 제7조 및 제8조에서 규정된 권리와 다른 한편으로 헌장 제11조에서 규정된 권리 사이에 이루어지는 형량작업의 맥락에서, 조회된 콘텐츠의 정확성 문제가 적어도 잠정적으로 콘텐츠 제공자에 대해 그 사람이 제기한 소송에서 해결되었다는 조건의 적용을 받지 않는다는 의미로 해석되어야 한다.

두 번째 제청사항

두 번째 제청사항으로 제청법원은 지침 95/46 제12조 제b호 및 제14

조 제a호와 GDPR 제17조 제3항 제a호는 자연인의 이름을 기반으로 하여 수행된 이미지 검색의 결과로부터 그 사람을 나타내는 섬네일의 형태로 게시된 사진의 제거를 구하여 검색엔진 운영자에게 한 조회차단 요청을 심사하기 위하여, 한편으로 헌장 제7조 및 제8조에서 규정된 권리와 다른 한편으로 헌장 제11조에서 규정된 권리 사이에 이루어지는 형량작업의 맥락에서, 인터넷 상에서의 이들 사진의 게시의 원래 맥락이 확실하게 고려되어야 한다는 의미로 해석되어야 하는지를 묻는다.

유럽연합사법재판소에 제청된 그 사항은 본안소송 원고의 이름을 기반으로 하여 수행된 이미지 검색의 결과에서 2015년 6월 4일 g-net 웹사이트에 게시된 기사를 설명한 섬네일의 형태로 전시된 사진들의 제거를 구하는 요청을 포함한다. 이와 관련하여, 제청법원은 특히 그러한 요청이 충분히 근거가 있는지를 평가하기 위하여 결과 목록의 중립적 맥락에서 섬네일 자체의 정보적 가치만을 고려하여야 하는지 또는 결과 목록의 맥락에서 섬네일의 게시로부터는 명백하지 않은 사진들의 게시의 원래 맥락을 고려하여야 하는지를 확인하고자 한다.

선결적 쟁점으로 재판연구관이 그 의견 53번에서 주목하였던 바와 같이 사람의 이름을 기반으로 하여 인터넷 검색엔진의 수단으로 수행된 이미지 검색은 거기에 포함된 인터넷 페이지 검색 및 정보에 적용되는 것과 동일한 원칙을 적용하여야 한다는 것을 주목하여야 한다. 따라서 본 판결 제49항부터 제61항까지에서 언급된 유럽연합사법재판소의 판례는 또한 섬네일의 형태로 표시된 사진들을 이미지 검색의 결과에서 제거할 것을 구하는 조회차단 요청의 처리에도 적용한다.

이와 관련하여, 우선 이미지 검색의 결과로 된 섬네일 형태로 자연인의 사진의 표시는 개인데이터의 처리를 형성하며, 관계 검색엔진 운영자가 지침 95/46 제2조 제d호와 GDPR 제4조 제7호의 의미 내에서의 '컨트롤러'로서 그 책임, 권한 및 능력의 구조 내에서 이들 조항에서 포함된 요건 준수를 보장하여야 한다.

다음으로, 제청사항은 본안소송에서 쟁점이 되는 검색엔진과 같은 일정한 검색엔진에 의해 제공된 이미지 검색의 특별한 방법과 관련되며, 그에 의해 인터넷 이용자들은 그래픽 콘텐츠(사진, 페인팅, 디자인, 그래프, 테이블 등)의 형태를 취하는 모든 유형의 정보를 검색할 수 있다는 것이 주목되어야 한다. 이러한 검색을 행할 때, 검색엔진은 이용된 검색용어와 그 목록에서 제시된 그래픽 콘텐츠 양자를 포함하는 인터넷 페이지로의 링크를 제공하는 섬네일을 구성하는 결과의 목록을 생성한다는 것을 주목하여야 한다.

이와 관련하여, 사람의 이름을 기반으로 한 검색에 따라서 표시된 결과 목록에서 인터넷 페이지 및 그 사람과 관련되는 정보가 포함되어 있는 것은 그 사람에 관하여 검색을 하는 인터넷 이용자들에게 그 정보에의 접근을 매우 쉽게 하며 그러한 정보의 배포에 결정적인 역할을 할 수 있기 때문에 인터넷 페이지 상의 게시보다 데이터주체의 프라이버시권을 보다 중대하게 침해할 수 있다고 판결되었다.

이는 이름으로 한 검색에 따라서 데이터주체의 사진들이 섬네일의 형태로 표시되는 경우에 더욱 그러하며, 그러한 표시는 헌장 제7조 및 제8조에서 규정된 데이터주체의 사생활권과 그 사람의 개인데이터보호권을 특히 중대하게 침해하게 되는 것이다.

사람의 이미지는 그 사람의 고유한 특성을 드러내고 다른 사람들과 구별하기 때문에 그 사람의 성격의 주요 속성 중 하나를 구성한다. 따라서 자신의 이미지보호권은 개인 개발의 필수 요소 중 하나이며 주로 해당 이미지의 사용에 대한 그 사람의 통제(게시 거부권 포함)를 전제로 한다. 따라서 표현 및 정보의 자유는 의심할 여지없이 사진의 게시를 포함하지만, 사진은 개인 또는 그 가족에 대한 사적 또는 심지어 친밀한 정보를 전달할 수 있기 때문에 프라이버시권의 보호는 그러한 맥락에서 특히 중요하다.

따라서 검색엔진 운영자가 사람의 이름을 기반으로 수행된 이미지 검색의 결과로부터 그 사람을 나타내는 섬네일 형태로 표시된 사진의 삭제를 요구하는 조회차단 요청을 받은 경우, 이러한 검색을 통해 사진에 접근하는 데 잠재적으로 관심이 있는 인터넷 이용자들의 헌장 제11조에 의해 보호되는 권리인 정보자유권을 행사하기 위하여 문제의 사진을 표시할 필요가 있는지 여부를 확인해야 한다.

이와 관련하여, 우월한 것이 (i)데이터주체의 사생활존중권 및 개인데이터보호권인지 (ii)표현 및 정보의 자유권인지를 평가하기 위하여 공익 토론에 대한 기여는 충돌하는 기본권 사이의 형량을 할 때 고려되어야 할 필수적 요소이다.

검색엔진이 주로 그 페이지에 포함된 텍스트 요소를 설명하기 위하여 조회된 인터넷 페이지에 게시된 컨텍스트의 외부에 데이터주체의 사진을 표시하는 한, 그럼에도 불구하고 그 컨텍스트는 충돌하는 권리와 이익 사이의 형량을 할 때 그 컨텍스트는 고려되어야 하는지 여부를 확인할 필요가 있다.

그러한 컨텍스트에서 재판연구관이 그 의견 54번에서 언급하였듯이 그러한 평가가 또한 섬네일의 형태로 표시된 사진을 포함하는 인터넷 페이지의 콘텐츠를 포함하여야 하는지의 문제는 쟁점이 되는 처리의 목적 및 성질에 달려있다.

첫째로, 쟁점이 되는 처리의 목적과 관련하여, 커뮤니케이션의 비언어적 수단으로서의 사진의 게시는 텍스트 게시보다 인터넷 이용자들에 대해 보다 강력한 영향력을 갖는 경향이 있다는 점을 주목하여야 한다. 사진은 그 자체로 인터넷 이용자들의 관심을 끄는 중요한 수단이며 그것이 설명하는 기사를 접근함에 있어서 관심을 불러일으킬 수 있다. 특히 사진은 다수의 해석에 오픈되어 있는 경우가 자주 있기 때문에 검색 결과 목록에 섬네일로 표시하는 것은 본 판결 제95항에서 기술된 것에 따라서 데이터주체의 이미지보호권을 특히 중대하게 침해하게 될 수 있으며, 이는 충돌하는 권리 및 이익을 형량할 때 고려되어야 한다.

따라서 충돌하는 권리 및 이익의 개별적 형량은 한편으로 사건이 인터넷 페이지에 게시되고 원래의 컨텍스트에 위치되었을 때는 기사에서 제공된 정보를 설명하는 사진들을 포함하는 기사와 거기에 표시된 의견들과 관련되는 것인지 또는 다른 한편으로 원래의 인터넷 페이지에 게시된 컨텍스트의 외부에서 검색엔진 운영자에 의해 섬네일의 형태로 결과 목록에 표시된 사진과 관련되는 것인지에 따라 요구된다.

이와 관련하여, 개인데이터를 웹 사이트 상에 게시하는 것을 정당화하는 이유는 반드시 검색엔진 활동에 적용될 수 있는 것과 일치하는 것이 아닐 뿐만 아니라, 그러한 경우라 하더라도 첫째로, 처리를 정당화하는 정당한 이익이 다를 수 있다는 것과 둘째로, 데이터주체를 위한 처리의 결과와 특히 그 사생활을 위한 것은 반드시 동일하지 않다는 점을 감안할 때 쟁점이 되는 권리 및 이익의 형량의 결과는 검색엔진 운영자 또는 그 인터넷 페이지의 게시자에 의해 수행된 것인지에 따라 달라질 수 있다는 점을 상기하여야 한다.

둘째로, 검색엔진 운영자에 의해 수행된 처리의 성질과 관련하여, 재판연구관 의견 55번에서와 같이 인터넷에 게시된 자연인의 사진을 검색하여 섬네일의 형태로 이미지 검색 결과에 별도로 표시함으로써, 검색엔진 운영자는 사진이 찍힌 인터넷 페이지의 게시자의 처리와 운영자가 또한 책임지는 그 페이지를 조회하는 것의 처리와 구별되는 개인데이터의 자율적 처리를 수행하는 서비스를 제공한다는 것이 언급되어야 한다.

따라서 섬네일의 형태로 이미지 검색의 결과를 표시하는 것인 검색엔진 운영자의 활동에 대한 자율적 평가는 필요하다. 이러한 활동으로 야기되는 기본권에 대한 부가적인 침해는 이름에 의한 검색에서 인터넷 상에 발견되는 데이터주체에 관한 모든 정보의 검색에서 수집으로 인해 특히 극심할 수 있기 때문이다. 이러한 자율적 평가의 맥락에서 인터넷에서 섬네일의 형태로 사진을 표시하는 것은 그가 이어서 원래의 인터넷 페이지에 접근할 것을 결정했는지 여부와 관계없이 그 자체로 인터넷 이용자에 의한 검색 결과에 해당한다.

검색엔진 운영자가 수행한 데이터 처리의 자율성을 고려하는 이러한 특별한 형량작업이 검색결과의 목록에서 사진의 게시를 직접 수반할 수 있는 텍스트 요소의 관련성을 침해하지 않는다. 왜냐하면, 이러한 요소들이 일반대중을 위해 그러한 사진의 정보적 가치를 부각시킬 수 있고 따라서 관련 권리 및 이익의 형량에 영향을 미칠 수 있기 때문이다.

본 건에서 본안소송의 청구인의 사진이 일부를 구성하는 2015년 6월 4일자 기사의 맥락에서 정보와 거기에 표현된 의견들을 전달하는데 기여하지만, 그 문맥 밖의 사진이 검색엔진에 의해 수행된 검색에 따라 표시되는 결과 목록에 섬네일 형태로만 나타나는 경우 정보가치가 거의 없다는 것은 제청명령에서의 기록으로부터도 명백하다. 따라서 표현 및 정보의 자유가 본안소송의 청구인의 사생활존중권 및 개인데이터보호권보다 우월해야 한다는 이유로 그 기사의 조회차단 요청이 기각되는 경우, 이러한 사실은 결과 목록에 섬네일 형태로 표시된 해당 사진의 삭제 요청에 대한 적절한 결과를 침해하지 않는 것이 된다.

반면에 쟁점이 되는 2015년 6월 4일자 기사의 조회차단 요청이 승인된다면 그 기사에 포함된 사진의 섬네일 형태의 게시는 삭제되어야 할 것이다. 만약 게시가 유지된다면, 인터넷 이용자들은 섬네일에 포함된 링크로 인해 전체 기사에 계속 접근할 수 있기 때문에 기사 조회차단의 실질적인 효과가 훼손될 것이다.

이상에 비추어, 두 번째 제청사항에 대한 답변은 지침 95/46 제12조 제b호 및 제14조 제a호와 GDPR 제17조 제3항 제a호는 자연인의 이름을 기반으로 하여 수행된 이미지 검색의 결과로부터 그 사람을 나타내는 섬네일의 형태로 게시된 사진의 삭제를 구하는 검색엔진 운영자에게 한 조회차단 요청을 심사하기 위하여, 한편으로 헌장 제7조 및 제8조에서 규정된 권리와 다른 한편으로 헌장 제11조에서 규정된 권리 사이에 이루어지는 형량작업의 맥락에서, 검색 결과에 사진의 직접 표시에 수반되고 해당 사진의 정보적 가치를 부각시킬 수 있는 텍스트 요소를 고려해야 하지만 사진이 찍힌 인터넷 페이지에 게시된 맥락에 관계없이 해당 사진의 정보적 가치가 고려되어야 한다.

판결 주문

이상의 이유에 따라, 유럽연합사법재판소(대법정)는 다음과 같이 판결한다.

1. GDPR 제17조 제3항 제a호는 그 청구를 제기한 사람이 검색결과 목록에서 부정확하다고 보는 콘텐츠에의 링크를 제거할 것을 구하여 검색엔진 운영자에게 한 검색결과 제거청구를 심사할 목적으로 한편으로 EU기본권헌장 제7조 및 제8조에서 규정된 권리와 다른 한편으로 기본권헌장 제11조에 규정된 권리 사이에 이루어진 형량작업의 맥락 내에서, 그러한 검색결과 제거는 검색결과 콘텐츠의 정확성의 문제가 콘텐츠 제공자에 대해 그 사람이 제기한 소송에서 적어도 잠정적으로 해결되었다는 조건에 구속되지 않는다는 의미로 해석되어야 한다.

2. 지침 95/46 제12조 제b호 및 제14조 제1항 제a호와 GDPR 제17조 제3항 제a호는 자연인의 이름을 기반으로 수행된 이미지 검색의 결과로부터 그 사람을 나타내는 섬네일의 형태로 표시된 사진들의 제거를 구하여 검색엔진 운영자에게 한 검색결과 제거청구를 심사할 목적으로 한편으로 EU기본권헌장 제7조 및 제8조에 규정된 권리와 다른 한편으로 기본권헌장 제11조에 규정된 권리 사이에 이루어진 형량작업의 맥락에서, 인터넷 페이지에 게시된 내용에 관계없이 해당 사진들의 정보적 가치를 고려하여야 하되, 검색결과에 해당 사진들을 직접 표시하고 해당 사진들의 정보적 가치를 밝힐 수 있는 텍스트 요소를 고려해야 한다.

(2) Case C-184/20 (1 August 2022)[37]

사실관계의 개요와 쟁점

최고윤리위원회(Chief Ethics Commission)는 이해관계조정법의 적용을 보장하고, 특히 사익신고를 수집하고 점검하는 것을 관할하는 공공기관이다. OT는 환경보호 분야에서 운영되는 공적 자금을 받는 리투아니아 법에 의해 규율되는 기관인 QP의 이사로 일하고 있다.

2018년 2월 7일 결정으로 최고윤리위원회는 OT가 사익신고서를 제출하지 않음으로써 이해관계조정법 제3조 제2항 및 제4조 제1항을 위반했다고 평결했다. 2018년 3월 6일 OT는 제청법원에 그 결정의 무효소송을 제기하였다.

OT는 그 소송을 지원하기 위하여 첫째, 사익신고의무의 대상이 되는 이해관계조정법 제2조 제1항에 따른 자에 해당하지 않는다고 주장한다. 그는 QP의 이사로서의 자격으로 공공 행정의 권한이 주어지지 않으며 대중들에게 어떠한 공공 서비스도 제공하지 않는다고 말한다. 게다가 QP는 비정부기구로서 공공기관과 독립적으로 활동을 수행한다. 둘째, 그가 사익신고를 제출해야 한다고 하더라도, OT는 그 게시가 그의 사생활존중권과 그 신고에서 언급해야 할 다른 사람들의 권리 모두에 부정적인 영향을 미칠 것이라고 주장한다.

최고윤리위원회는 OT가 EU 구조기금과 리투아니아 국가예산으로부터 자금을 지원받는 기관에서 행정권한을 부여받은 한, 그는 공무원이 아니며 공공행정권한을 행사하지 않았더라도 사익신고서를 제출해야 한다고 주장한다. 또한 최고윤리위원회는 이러한 신고서의 게시가 OT와 그 배우자의 사생활에 대한 간섭을 구성할 수 있지만, 그러한 간

37) OT[2022], EU:C:2022:601

섭은 이해관계조정법에 의해 규정되어 있다고 말한다.

제청법원은 이해관계조정법에 규정된 제도가 GDPR 제6조 제1항 제c호·제e호 및 제6조 제3항과 제9조 제1항과 양립할 수 있는지에 대해 의문을 가지고 있다. 제청법원은 사익신고서에 포함된 개인데이터는 신고인과 그 배우자 및 신고인 자녀의 사생활에 관한 정보를 노출할 수 있으며, 결과적으로 그 공개로 인하여 데이터주체의 사생활존중권을 침해할 수 있다는 견해를 취한다. 실제로 그러한 데이터는 데이터주체가 동거하고 있거나 동성의 다른 사람과 살고 있다는 사실과 같은 특히 민감정보를 노출하기 쉬우며, 이러한 정보의 공개는 이들의 사생활에 중대한 방해가 될 수 있다. 신고인과 그 배우자, 동거인 또는 파트너가 받은 선물과 거래에 관한 자료는 그들의 사생활의 특정한 세부사항을 드러낸다. 더욱이, 이해충돌을 야기할 수 있는 신고인의 가까운 친척이나 지인에 관한 자료는 신고인의 가족과 개인적 관계에 관한 정보를 노출한다.

제청법원에 따르면 이해관계조정법은 공적 기능을 수행할 때, 특히 공익집행에 관한 결정이 채택될 때에는 투명성의 원칙이 지켜지도록 하는 것을 목적으로 하지만, 이러한 결정의 채택에 영향을 미칠 수 있는 사항을 인터넷에 게시하는 것은 그 목적 달성에 필요한 것은 아니다. 개인데이터를 동법 제5조에 명시된 기관에 전달하는 것과 제22조에 규정된 기관에 할당된 모니터링 작업은 그 목적이 달성되도록 보장하기에 충분한 조치를 구성한다.

이러한 상황에서, 리투아니아 빌뉴스지방행정법원은 소송절차를 중단하고 선결소송으로 다음 사항을 유럽연합사법재판소에 제청하기로 결정했다:

'(1) 회원국법이 공익 목적을 충족하고 추구하는 정당한 목적에 비례해야 한다는 요건을 포함하여 GDPR 제6조 제3항에서 규정된 요건과 관련하고, 또한 헌장 제7조 및 제8조와 관련하여 개인데이터의 처리가 공익상 수행되거나 컨트롤러에게 수권된 공권력의 행사에 필요할 것이라는 GDPR 제6조 제1항 제e호에 규정된 조건은 국가법이 사익신고의 공개와 컨트롤러(최고윤리위원회)의 웹 사이트에서 공개하고, 그로써 인터넷에 접근하는 모든 개인들에게 이들 데이터에 접근을 제공할 것을 요구할 수 없다는 의미로 해석되어야 하는가?

(2) 추구하는 목적에 비례하여야 하며, 데이터보호권의 본질을 존중해야 하고, 데이터주체의 기본적 권리 및 이익을 보호하는 적절하고 특별한 조치를 규정하여야 하는 EU법 또는 회원국법에 근거하여 개인데이터의 처리가 실질적인 공익의 이유로 필요해야 한다는 제9조 제2항 제g호에 규정된 조건을 포함하여 GDPR 제9조 제2항에서 규정된 조건들을 고려할 때 GDPR 제9조 제1항에서 규정된 특별한 범주의 개인데이터의 처리를 금지하는 것은 또한 헌장 제7조 및 제8조와 관련하여 국가법은 개인의 정치적 견해, 노동조합 가입, 성적 지향 및 기타 개인정보를 알아볼 수 있는 데이터를 포함하여 개인데이터를 공개할 수 있는 사익신고와 관련된 데이터의 공개와 인터넷에 접근하는 모든 개인에게 이들 데이터에의 접근을 제공하는 컨트롤러(최고윤리위원회)의 웹 사이트 상에서의 게시를 요구할 수 없다는 의미로 해석하여야 하는가?'

판결 주문

이상의 이유에 따라, 유럽연합사법재판소(대법정)는 다음과 같이 판결한다.

1. 지침 95/46 제7조 제c호와 GDPR 제6조 제1항 제c호 및 제6조 제3항은 EU기본권헌장 제7조, 제8조 및 제52조 제1항과 함께 특히 온라인 게시가 그 배우자, 동거인

또는 파트너, 또는 신고인의 가까운 친지, 또는 그에 의해 알려진 사람 또는 이익 충돌을 야기할 수 있는 사람과 관련된 이름별 데이터와 관련되거나 또는 3,000 유로를 초과하는 최근 12개월 이내에 체결된 거래와 관련되는 한, 공적 자금을 받는 설립체의 장이 제출할 것이 요구되는 사익신고서의 온라인 게시를 규정하는 국가입법을 금지하는 것으로 해석해야 한다.

2. 지침 95/46 제8조 제1항과 GDPR 제9조 제1항은 사익신고서의 콘텐츠를 수집하고 점검하는 것을 관할하는 공공기관의 웹 사이트 상에 자연인의 성적 취향을 간접적으로 공개할 수 있는 개인데이터의 게시는 이들 조항의 목적상 특별한 범주의 개인데이터의 처리를 구성한다는 의미로 해석되어야 한다.

(3) Case C-439/19 (22 June 2021)[38]

사실관계의 개요와 쟁점

B는 하나 이상의 도로교통법 위반으로 벌점이 부과된 자연인이다. 도로교통법 및 2004년 6월 21일 규칙 No 551에 따라 도로안전부('CSDD')는 국가자동차등록부에 벌점과 그 운전자를 입력했다.

그 등록부에 포함된 벌점과 관련되는 정보는 일반인들이 접근할 수 있고, 더욱이 B에 따르면 등록부에 포함된 벌점과 관련된 정보는 일반인들이 열람할 수 있었고 재사용을 목적으로 다수의 경제 사업자들에게 공개되었기 때문에, B는 도로교통법 제14조 제2항이 라트비아헌법 제96조에 규정된 사생활존중의 기본권과 일치하는지 여부를 라트비아 헌법재판소에 심판 청구하였다.

라트비아 의회는 도로교통법을 채택한 기관으로서 이 소송에 참가하였다. 또한 GDPR 제51조의 의미 내에서 라트비아 감독기관인 데이터

38) Latvijas Republikas Saeima[2021], EU:C:2021:504

보호기관과 다수의 다른 기관들 및 개인들과 마찬가지로, 도로교통법 위반에 부과되는 벌점과 관련된 데이터를 처리하는 CSDD는 의견청취를 받았다.

본안소송의 맥락에서 라트비아 의회는 도로교통법 제14조 제2항에 따라서 CSDD에 직접 문의하거나 상업적 재사용자가 제공하는 서비스를 이용함으로써 벌점과 관련된 정보를 누구라도 취득할 수 있음을 확인하였다.

라트비아 의회는 해당 조항이 도로안전을 개선한다는 목적에 의해 정당화되기 때문에 적법하다고 하였다. 그러한 공익은 교통규칙을 위반한 사람, 특히 체계적이고 악의적으로 교통규칙을 무시하는 사람들이 공개적으로 식별되어야 하고, 그러한 투명성에 의해 위반행위가 저지되어야 할 것을 요구한다.

나아가 해당 조항은 라트비아헌법이 규정한 정보접근권에 의해 정당화된다. 라트비아 의회는 자동차 및 운전자 국가등록부에 포함된 정보의 공개는 실제로 정보를 청구하는 사람이 자기가 조회하기를 원하는 운전자의 국민식별번호를 제공해야 한다는 조건을 따라야 한다. 이러한 정보 획득의 전제조건은 다른 사람의 이름과 동일할 수 있는 그 사람의 이름과 달리 국민식별번호는 고유한 식별자라는 사실 때문이다.

CSDD는 도로교통법 제14조 제2항이 벌점과 관련되는 데이터에의 공적 접근이나 재사용에 대해 어떠한 제한도 부과하지 않는다는 점을 지적했다. 그것이 상업적 재사용자와 체결하는 계약과 관련하여, CSDD는 그것들이 데이터의 법적 이전을 규정하지 않고 재사용자들은 고객들에게 전송된 정보가 CSDD로부터 획득될 수 있는 것을 초과하지 않는다는 점을 보장해야 한다고 말했다. 또한 이들 계약에 따라서 취득자는 그 계약에서 지정한 목적에 따라서 시행중인 법률을 준수하여 취득된 정보를 이용할 것을 확인한다.

데이터보호기관은 도로교통법 제14조 제2항이 사생활존중권을 규정하고 있는 라트비아헌법 제96조와 일치하는지 여부에 대해 의문을 표시하였다. 그 견해에서 본안소송에서 쟁점이 되고 있는 조항에 근거하여 수행된 처리의 중요성과 목적은 명백히 입증되지 않았고, 따라서 그 처리는 부적절하거나 비례적이지 않다는 점이 배제될 수 없다. 라트비아 도로교통사고와 관련되는 통계는 사고 건수에 있어서는 감소를 보이고 있지만, 벌점제도와 그와 관련되는 정보에의 공적 접근이 그러한 우호적인 발전에 기여했다는 증거는 없다.

라트비아 헌법재판소는 우선 해당 조항이 자동차 및 운전자의 국가등록부에 입력된 벌점을 일반인이 접근할 수 있게 하는 한에 있어서만 헌법심판이 도로교통법 제14조 제2항과 관련된다는 점을 주목한다.

다음으로 헌법재판소는 벌점은 개인데이터이며 라트비아헌법 제96조에서 규정된 사생활존중권을 평가할 때 GDPR, 보다 일반적으로는 TFEU 16조와 헌장 제8조를 고려할 것을 말한다. 라트비아 도로교통법의 목적과 관련하여, 헌법재판소는 운전자들이 범한 위반행위는 라트비아에서는 행정벌로 분류되는데 유죄판결 등록부에 입력되고 벌점은 국가자동차운전자등록부에 입력되는 것은 특히 도로 안전을 증진하기 위해서라고 설명한다.

특히 국가자동차운전자등록부에 관한 한, 이러한 등록부를 통해 도로교통 위반건수를 확인할 수 있고 그 건수에 비추어 조치를 취할 수 있다고 명시하고 있다. 따라서 해당 등록부에 입력된 벌점과 관련된 시스템은 첫째, 도로교통법규를 체계적이고 악의적으로 위반하는 차량의 운전자와 가끔 위반하는 운전자가 구별될 수 있도록 함으로써 도로 안전을 개선하기 위한 것이다. 둘째, 이러한 제도는 도로교통법규의 준수를 독려함으로써 예방적인 방식으로 도로이용자의 행동에 영향을 미칠 수 있다.

헌법재판소는 도로교통법 제14조 제2항이 운전자에게 부과되는 벌점과 관련하여 국가자동차운전자등록부에 포함된 정보를 CSDD에 요청하고 얻을 권리를 누구에게나 부여하고 있다는 것은 논쟁의 여지가 없다고 본다. 그 사람이 관련 운전자의 국민식별번호를 표시하면 실제로 해당 정보가 청구인에게 제공된다는 것을 확인한다.

이어 라트비아 헌법재판소는 벌점이 공개적으로 접근 가능한 정보로 분류되기 때문에 정보공개법의 범위에 속하며, 따라서 해당 정보가 생성된 처음 목적 이외의 상업적 또는 비상업적 목적으로 재사용될 수 있다고 설명한다.

라트비아헌법 제96조를 EU법과 일관되게 해석하고 적용하기 위해 헌법재판소는 첫째로, 벌점에 관련되는 정보가 GDPR 제10조에서 규정된 정보, 즉 '형사 유죄판결 및 범죄와 관련되는 개인데이터'에 해당하는지 확인하고자 한다. 그렇다면 도로교통법 제14조 제2항은 해당 조항과 관련된 데이터의 처리가 '공권력의 통제에 따라서'만 또는 '데이터의 권리와 자유에 대한 적절한 보호장치가 있는 경우에' 이루어질 수 있다는 GDPR 제10조에 포함된 요건을 준수하지 못한다는 견해가 취해질 수 있다. 헌법재판소는 범죄 및 형사 유죄판결과 관련된 데이터에 대한 특별규정이 행정범죄 및 제재와 관련된 데이터로 확장되어야 하는지 여부를 결정하는 것을 각 회원국에 맡긴 지침 95/46 제8조 제5항이 형사 범죄 및 유죄판결과 관련된 데이터와 같이 행정범죄와 관련된 개인데이터가 법률에 의해 규정된 사람과 상황에서만 처리될 수 있는 방식으로 라트비아에서 2007년 9월 1일부터 시행되었다고 말한다. 헌법재판소는 GDPR 제10조의 적용범위는 그 전문 제4항에 따라서 사회의 기본권의 기능에 비추어 평가되어야 한다고 덧붙인다. 그와 관련하여, 전과가 어떤 사람의 사생활 및 직업생활에 대해 과도한 역효과를 갖지 않도록 하는 것의 목적은 형사 유죄판결이나 행정벌에 모두 적용될 수 있다. 이러한 문맥에서 일정한 행정사건과 형사사건을 동일시하는 것에 대한 유럽인권재판소의 판례법을 고려해야 한다.

라트비아 헌법재판소는 둘째로, GDPR 제5조의 적용범위에 대한 문제를 제기한다. 특히 라트비아 입법부가 개인데이터를 '무결성과 기밀성'을 가지고 처리하도록 요구하는 제5조 제1항 제f호에 설정된 의무를 준수했는지 여부는 확실하지 않다. 헌법재판소는 벌점과 관련된 정보에 접근할 수 있도록 함으로써 도로교통법 제14조 제2항이 도로교통범죄의 유죄 여부를 확인할 수 있도록 한 것은 그러한 데이터의 보안을 보장하는 구체적인 조치가 수반되지 않았다는 점을 지적한다.

셋째로, 헌법재판소는 도로교통법 제14조 제2항이 사생활존중권과 양립할 수 있는지를 검토할 때 지침 2003/98이 관련성이 있는지를 확인하고자 한다. 개인데이터의 재사용은 그 권리가 존중되는 경우에만 허용될 수 있다는 것은 해당 지침으로부터 명백하다.

넷째로, 선결소송에서 제공된 EU법의 해석이 절대적 효력을 가지는 유럽연합사법재판소의 판례법에 비추어, 라트비아 헌법재판소는 도로교통법 제14조 제2항이 GDPR 및 기본권헌장에 비추어 라트비아헌법 제96조와 양립할 수 없다면 다수의 쟁점이 되는 법적 관계를 고려할 때 그 판결 선고일까지 해당 법률 제14조 제2항의 시적 효력을 유지할 수 있는지 여부를 확신하지 못한다. 헌법재판소는 라트비아법에 따라서 그것이 헌법에 위반된다고 선언하는 조치는 달리 결정하지 않는다면 그 판결 선고일부터 무효로 간주되어야 한다고 말한다. 그와 관련하여 법적 확실성의 원칙과 관련 여러 당사자 간의 형량을 취하여야 한다고 설명한다.

이러한 상황에서, 라트비아 헌법재판소는 소송절차를 중단하고 다음 사항들을 선결소송으로 유럽연합사법재판소에 제청하기로 결정했다:

'(1) GDPR 제10조에서 사용하는 "형사 유죄판결 및 범죄 또는 관련 보안조치와 관련된 개인데이터의 처리"라는 표현은 쟁점 조항에서 규정된 바와 같이 자동차 운전 위반에 대해 운전자에 대해 기록된 벌점과 관련된 정보의 처리를 포함한다는 의미로 해석되어야 하는가?
(2) 첫 번째 질문에 대한 답변과 관계없이 GDPR의 조항들, 특히 제5조 제1항 제f호에서 규정된 "무결성과 기밀성"의 원칙은 회원국들이 자동차 운전 위반에 대해 운전자에 대해 기록된 벌점과 관련된 정보가 공적 영역에 해당한다고 규정하는 것을 금지하고 이러한 데이터가 유통됨으로써 처리되는 것을 허용하는 것을 금지한다는 의미로 해석되어야 하는가?
(3) GDPR 전문(recital) 제50항과 제154항, 제5조 제1항 제b호와 지침 2003/98 제1조 제2항 제cc호는 운전자에 대해 기록된 벌점과 관련된 정보가 재이용 목적으로 전송되도록 허용하는 회원국의 입법을 금지한다는 의미로 해석되어야 하는가?
(4) 이상의 질문들 중 어느 하나라도 긍정적으로 답변한다면, EU법 우위의 원칙과 법적 확실성의 원칙은 쟁점 조항을 적용하여 라트비아 헌법재판소가 최종판결을 내릴 때까지 그 법적 효력을 유지할 수 있을 것이라는 의미로 해석되어야 하는가?'

판결 주문

이상의 이유에 따라, 유럽연합사법재판소(대법정)는 다음과 같이 판결한다.

1. GDPR 제10조는 도로교통법 위반으로 자동차 운전자에게 부과된 벌점과 관련된 개인데이터의 처리에 적용되는 것으로 해석되어야 한다.

2. GDPR 조항들, 특히 제5조 제1항, 제6조 제1항 제e호 및 제10조는 도로교통법 위반으로 자동차 운전자에게 부과된 벌점이 입력된 등록부를 관할하는 공공기관이 접근을 청구하는 사람이 그 데이터를 취득하는데 구체적인 이익을 입증하여야 하지 않고 그 데이터를 일반인이 이용할 수 있도록 의무 부과하는 국가입법을 금지하는 것으로

해석되어야 한다.

3. GDPR 조항들, 특히 제5조 제1항, 제6조 제1항 제e호 및 제10조는 도로교통법 위반으로 자동차 운전자에게 부과된 벌점이 입력된 등록부를 관할하는 공공기관이 이러한 데이터를 재이용하기 위해 경제 사업자에게 공개하도록 권한을 부여하는 국가입법을 금지하는 것으로 해석되어야 한다.

4. EU법 우위의 원칙은 유럽연합사법재판소가 내린 선결소송 판결의 관점에서 EU법과 양립할 수 없다고 입증된 국가입법을 다투어 심판이 제기된 회원국 헌법재판소가 법적 확실성의 원칙에 따라서 그러한 입법의 법적 효력은 그러한 헌법심판이 최종적으로 결정되는 판결 선고일까지 유지되어야 한다고 결정하는 것을 금지하는 것으로 해석되어야 한다.

(4) Joined Cases C-511/18, C-512/18 and C-520/18 (6 October 2020)[39]

사실관계의 개요와 쟁점

Case C-511/18

2015년 11월 30일과 2016년 3월 16일에 신청한 청구로 본안소송에 참가하게 된 La Quadrature du Net, French Data Network, the Fédération des fournisseurs d'accès à Internet associatifs 및 Igwan.net는 특히 프랑스헌법, 유럽인권협약('ECHR')과 EU기본권헌장 제7조, 제8조 및 제47조에 비추어 지침 2000/31 및 2002/58을 위반한다는 이유로 법령 No 2015-1185, No 2015-1211, No 2015-1639 및 No 2016-67의 무효를 주장하여 프랑스 최고행정법원(Conseil d'État)에 소송을 제기하였다.

39) French Data Network etc[2020], EU:C:2020:791

특히 지침 2000/31의 위반을 주장하는 항변과 관련하여, 제청법원은 CSI[40] L. 851-3조의 조항들은 전자통신 운영자와 기술서비스 제공자에게 '테러 위협을 구성할 수 있는 링크를 적발하기 위해 허가에 명시된 매개변수 내에서 설계된 자동화된 데이터 처리 관행을 네트워크에서 구현할 것'을 요구한다고 말한다. 이러한 기술은 제한된 기간 동안 해당 운영자 및 서비스 제공자가 처리하는 모든 연결 데이터에서 이러한 종류의 중대 범죄와 관련될 수 있는 데이터의 수집을 용이하게 하기 위한 것이다. 이러한 상황에서 능동적 감시의 일반적인 의무를 부과하지 않는 이들 조항은 제청법원의 관점에서는 지침 2000/31 제15조를 침해하지 않는다.

지침 2002/58 위반을 주장하는 항변과 관련하여, 제청법원은 특히 동 지침의 조항과 2016년 12월 21일 판결 Tele2 Sverige and Watson and Others(C-203/15 and C-698/15, EU:C:2016:970; 'Tele2')에 따를 때 동 지침 제15조 제1항에서 명시된 국가안보, 방위 및 공공의 안전을 보호하는 것이 포함된 목적들을 위하여 이용자 및 가입자의 트래픽 및 위치 데이터의 일반적이고 무차별적인 보존과 같은 전자통신서비스 제공자에게 의무를 부과하는 국가법조항들은 이들 제공자의 활동을 규율하기 때문에 동 지침의 적용범위에 해당한다고 생각한다. 이는 국가기관의 데이터 접근 및 이용을 규율하는 규정들에도 적용된다.

제청법원은 이로부터 CSI L. 851-1조에서 발생하는 데이터를 보유할 의무와 실시간 접근을 포함하여 해당 법령 L. 851-1, L. 851-2 및 L. 851-4에서 규정된 행정기관의 해당 데이터에 대한 접근은 모두 지침 2002/58의 적용범위에 해당한다고 결론 내린다. 제청법원에 따르면 CSI L. 851-3조의 조항도 마찬가지이다. 이 조항은 관련 운영자에게 일반적인 보존의무를 부과하지는 않지만 이들 운영자에게 테러 위협을

40) Code de la sécurité intérieure

구성할 수 있는 링크를 적발하기 위한 네트워크에서의 자동처리를 구현하도록 요구한다.

다른 한편으로, 제청법원은 지침 2002/58의 적용범위가 국가가 직접 적용한 정보수집 기술과 관련된 무효청구에 언급된 CSI 조항으로 확장되지 않고, 그들에게 특정 의무를 부과하여 전자통신서비스 제공자의 활동을 규제하지 않는다는 관점을 취한다. 따라서 이들 조항은 EU법을 이행하는 것으로 간주될 수 없으며, 결과적으로 이들 제공자가 지침 2002/58을 위반한다고 주장하는 항변은 유효하게 신뢰할 수 없다.

따라서 지침 2002/58에 비추어 법령 No 2015-1185, No 2015-1211, No 2015-1639 및 No 2016-67의 적법성에 관한 분쟁을 해결하기 위해서는 이들 법령이 CSI L. 851-1부터 L. 851-4까지를 이행하기 위해 채택되는 한 EU법의 해석에 대한 세 가지 질문이 제기된다.

지침 2002/58 제15조 제1항의 해석과 관련하여, 우선 제청법원은 CSI L. 851-1조 및 R. 851-5조에 근거하여 전자통신서비스 제공자에게 부과되는 일반적이고 무차별적인 보존의무가 특히 행정기관의 연결데이터에의 접근 및 이용이 준수해야 하는 안전장치 및 체크에 비추어 헌장 제6조에서 보장된 보안에 대한 권리와 TEU 제4조에 따라서 회원국들에게만 속하는 국가안보, 책임의 요건에 의해 정당화되는 간섭으로 간주되어야 하는지를 확신하지 못한다.

둘째로, 전자통신서비스 제공자에게 부과될 수 있는 다른 의무들과 관련하여, 제청법원은 CSI L. 851-2조의 조항들은 테러 예방만의 목적으로 동일인으로부터 동법 L. 851-1조에서 규정된 정보와 자료의 수집을 허용한다고 말한다. 이러한 수집은 이전에 잠재적으로 테러리스트 위협과 관련이 있는 것으로 확인된 한 명 이상의 개인과 관련하여서만 실시간으로 수행되어야 한다. 단말장치의 위치와 관련된 기술 데이터만을 운영자가 실시간으로 전송할 수 있도록 허용하는 L. 851-4조의 조항도 마찬가지이다. 이러한 기술은 다양한 목적과 수단으로 CPCE 및

LCEN에 따라 보존된 데이터에 대한 행정기관의 실시간 접근을 규제하지만 관련 제공자에게 그들 서비스의 요금청구와 제공을 위해 필요한 것 이상으로 추가 보존요건을 부과하지 않는다. 같은 맥락에서 서비스 제공자가 네트워크에서 연결 분석을 위한 자동화 시스템을 이행하도록 요구하는 CSI L. 851-3조의 조항도 일반적이고 무차별적인 보존을 수반하지 않는다.

제청법원은 일반적이고 무차별적인 보존과 연결 데이터에 대한 실시간 접근이 국가안보에 대한 심각하고 지속적인 위협, 특히 테러 위협의 배경에 비할 데 없이 운영상 유용하다고 생각한다. 일반적이고 무차별적인 보존을 통해 관련자가 공공의 안전, 국방 또는 국가안보에 위협이 된다고 믿는 이유가 확인되기 전에 정보기관이 통신데이터에 접근할 수 있게 한다. 또한 연결 데이터에 대한 실시간 접근을 통해 공공의 질서에 즉각적인 위협을 가할 수 있는 개인의 행동을 높은 수준의 응답성으로 모니터링할 수 있게 된다. 또한 CSI L. 851-3조에서 규정된 기술을 사용하면 그러한 목적을 위해 특별히 규정된 기준에 따라 통신방법을 고려할 때 테러리스트 위협을 구성하는 행동을 하는 개인을 탐지할 수 있다.

셋째로, 보존된 데이터에 대한 관할기관의 접근과 관련하여, 제청법원은 지침 2002/58이 헌장에 비추어 그렇게 알리는 것이 관할기관이 수행하는 수사를 더 이상 위태롭게 하지 않을 때마다 데이터주체에게 알리는 것이 연결 데이터의 수집절차의 적법성에 대한 전제조건이라는 의미로 해석되어야 하는지 여부, 또는 이러한 절차가 이들 안전장치가 구제권이 유효하다고 보장하는 경우 국가법에서 규정된 다른 모든 절차적 안전장치를 고려하여 적법하다고 간주될 수 있는지 여부를 확신하지 못한다.

이러한 다른 절차적 안전장치와 관련하여, 특히 제청법원은 어떠한 정보기술도 자신에게 불법적으로 시행되지 않았음을 확인하고자 하는 사람은 해당 사안을 최고행정법원(Conseil d'État)의 전문가 패널에 제기할 수 있다고 말한다. 그런데, 최고행정법원은 당사자 간 절차 외부에서 그에 전달된 정보에 비추어 청구인이 정보기술의 대상이 되어왔는지 여부와 해당 기술이 CSI VIII편에 따라 시행되었는지 여부를 결정할 책임이 있다. 해당 패널에 부여된 청구 조사권은 그것이 수행한 사법심사가 유효함을 보장하는 것이다. 따라서 해당 패널은 청구를 조사하여 발견할 수 있는 위법사항을 자체적으로 제기하고, 발견된 위법사항을 시정하기 위한 모든 적절한 조치를 취하도록 기관들에게 명령할 관할권을 가진다. 또한 정보수집기술이 CSI의 요건에 따라 국가 영토에서 시행되는지 체크하는 것은 정보기술감독위원회(Commission for the Oversight of Intelligence Techniques)이다. 따라서 본안소송에서 쟁점인 법률조항들이 관계자들에게 적용되는 감시조치를 관계자들에 대해 통지하지 않는다는 사실 자체가 사생활존중권을 과도하게 침해하는 것은 아니다.

이러한 근거로 프랑스 최고행정법원은 소송절차를 중단하고 선결소송으로 다음 사항을 유럽연합사법재판소에 제청하기로 결정했다.

'(1) 지침 2002/58 제15조 제1항의 이행조항을 근거로 사업자에게 부과된 일반적이고 무차별적인 보존의무는 국가안보에 대한 심각하고 지속적인 위협, 특히 테러 위협을 배경으로 헌장 제6조에서 보장된 안보에 대한 권리와 TEU 제4조에 따라 회원국에만 속하는 국가안보, 책임의 요건에 의해 정당화된 간섭으로 간주되어야 하는가?

(2) 지침 2002/58은 헌장에 비추어 전자통신서비스 제공자의 권리와 의무에 영향을 미치지만 데이터를 보존해야 하는 특정 의무를 준수하도록 요구하지 않는, 특정 개인의 트래픽 및 위치데이터의 실시간 수집을 위한 조치와 같은 입법조치를 승인하는 것으로 해석되어야 하는가?

(3) 지침 2002/58은 헌장에 비추어 그렇게 알리는 것이 관할기관이 수행하는 수사를 더 이상 위태롭게 하지 않을 때마다 데이터주체에게 알리는 것이 연결 데이터의 수집절차의 적법성에 대한 전제조건이라는 의미로 해석되어야 하는가? 또는 이러한 절차는 이들 안전장치가 구제권이 유효함을 보장하는 경우 다른 모든 절차적 안전장치를 고려하여 적법하다고 간주될 수 있는가?'

Case C-512/18

2015년 9월 1일 청구로 French Data Network, La Quadrature du Net 및 the Fédération des fournisseurs d'accès à Internet associatifs는 이들 법문이 특히 헌장 제7조, 제8조 및 제11조에 비추어 지침 2002/58 제15조 제1항을 위반한다는 이유로 CPCE R. 10-13조 및 법령 No 2011-219의 취소청구에 대해 수상이 답변하지 않은 것으로부터 나온 암묵적 기각결정의 무효소송을 프랑스 최고행정법원(Conseil d'État)에 제기하였다. Privacy International 및 Center for Democracy and Technology는 본안소송 참가 허가를 받았다.

CPCE R. 10-13조와 거기에 규정된 통신데이터의 일반적이고 무차별적인 보존의무와 관련하여, C-511/18의 경우와 유사한 고려사항을 제기하는 제청법원은 그러한 보존이 사법기관에게 범죄를 저질렀다는 혐의를 받고 있는 개인이 이전에 한 통신과 관련된 데이터에 접근할 수 있도록 허용하며, 결과적으로 그러한 보존이 형사범죄의 수사, 적발 및 기소에 있어서 비할 바 없이 유용하다고 본다.

법령 No 2011-219와 관련하여, 제청법원은 콘텐츠 생성과 관련된 데이터만 보유하고 보존할 의무를 부과하는 LCEN 제6(II)조는 해당 지침의 적용범위는 동 지침 제3조 제1항에 따라서 EU의 공공통신망에서 공개 이용 가능한 전자통신서비스로 제한되기 때문에 지침 2002/58의 적용범위에 속하지 않는다고 생각한다. 반면에, 그 국가법조항은 지침 2000/31의 적용범위에 속한다.

그러나 제청법원은 지침 2000/31 제15조 제1항 및 제2항에 따라 지침이 콘텐츠 생성과 관련된 데이터를 보존하는 것을 원칙적으로 금지하지 않으며, 그에 대한 적용특례는 예외적으로만 가능하다고 생각한다. 따라서 지침 2000/31 제12조, 제14조 및 제15조는 헌장 제6조, 제7조, 제8조, 제11조 및 제52조 제1항에 비추어 볼 때 회원국이 LCEN 제6(II)조와 같은 국가법을 도입하는 것을 허용하는 것으로 해석되어야 하는지에 대한 의문이 생긴다. 이 조항은 사법기관이 해당하는 경우 민사 및 형사책임에 관한 규정의 준수를 보장하기 위해 해당 데이터의 전달을 요구할 수 있도록 관계인에게 해당 콘텐츠 또는 제공하는 서비스의 콘텐츠 또는 일부 콘텐츠의 생성에 기여한 사람을 식별할 수 있는 데이터를 보존할 것을 요구한다.

이를 근거로 프랑스 최고행정법원(Conseil d'État)은 소송절차를 중단하고 선결소송으로 다음 사항을 유럽연합사법재판소에 제청하기로 결정했다.

'(1) 지침 2002/58 제15조 제1항의 이행조항에 근거하여 서비스 제공자에게 부과되는 일반적이고 무차별적인 보존의무는 특히 그러한 연결데이터의 수집 및 이용이 적용되는 안전장치 및 점검에 비추어 볼 때 헌장 제6조에서 보장된 안보에 관한 권리와 TEU 제4조에 따라서 회원국에만 전속하는 국가안보, 책임의 요건에 의해 정당화되는 간섭으로 간주되어야 하는가?

(2) 지침 2000/31의 조항들은 헌장 제6조, 제7조, 제8조, 제11조 및 제52조 제1항에 비추어 온라인 공공통신서비스에 대한 접근을 제공하는 활동을 하는 자와 무료로 온라인 공공통신서비스를 통해 일반인에게

제공하기 위해 이들 서비스의 수취인이 제공하는 모든 종류의 신호, 쓰기, 이미지, 소리 또는 메시지를 저장하는 자연인 또는 법인에게 사법기관이 해당하는 경우 민사 및 형사책임에 관한 규정의 준수를 보장하기 위해 해당 데이터의 전달을 요구할 수 있도록 제공하는 서비스의 콘텐츠 또는 일부 콘텐츠의 생성에 기여한 사람을 식별할 수 있는 데이터를 보존할 것을 요구하는 국가입법을 국가가 도입하는 것을 허용하는 것으로 해석되어야 하는가?'

Case C-520/18

2017년 1월 10일, 16일, 17일 및 18일에 제기된 청구에서 본안소송에 참가하게 된 the Ordre des barreaux francophones et germanophone, the Académie Fiscale ASBL and UA, the Liga voor Mensenrechten ASBL, the Ligue des Droits de l'Homme ASBL 및 VZ, WY and XX는 유럽인권협약 제5조, 제6조부터 제11조, 제14조, 제15조, 제17조 및 제18조, EU기본권헌장 제7조, 제8조, 제11조, 제47조 및 제52조 제1항, 1966년 12월 16일 UN총회에서 채택되었으며 1976년 3월 23일에 발효된 국제인권규약 제17조, 법적 확실성, 비례 및 정보자기결정권의 일반원칙들 및 TEU 제5조 제4항과 함께, 벨기에 헌법 제10조 및 제11조를 위반한다는 이유로 벨기에 헌법재판소에 2016년 5월 29일 법률의 무효소송을 제기하였다.

그들의 소송을 뒷받침하기 위해 본안소송에서 청구인들은 2016년 5월 29일 법률이 특히 엄격하게 필요한 수준을 넘어서고 적절한 보호의 보장을 규정하지 않기 때문에 위법하다고 주장한다. 특히 데이터 보존과 관련된 조항들이나 보존 데이터에 대한 기관의 접근을 규율하는 조항들은 2014년 4월 8일 Digital Rights Ireland and Others[41] 및 2016년 12월 21일 Tele2[42]의 판결에서 도출된 요건을 충족하지 않는다. 청구인들은 이들 조항이 관할기관에 의해 오용될 수 있는 성격 프로파일이 작성될 위험을 수반하며, 보존된 데이터에 대한 적절한 수준의 보안과 보호를 확립하지 못한다고 주장한다. 마지막으로, 동 법은 전문적인 비밀의무에 구속된 사람들과 기밀유지의무를 지는 사람들을 포함하며, 그러한 데이터를 보호하기 위한 구체적인 안전장치를 포함하지 않고 민감한 개인통신데이터에 적용된다.

제청법원은 2016년 5월 29일 법률에 따라 인터넷, 인터넷 접근 및 인터넷 기반 이메일에 의하는 것을 포함하는 전화서비스 제공자와 공공전자통신네트워크를 제공하는 운영자가 보존해야하는 데이터는 관계인과 관련하여 구별을 하지 않거나 또는 추구된 목적을 근거로 지침 2006/24에서 열거된 것과 동일하다고 본다. 후자와 관련하여, 제청법원은 입법부가 그 법률에 의해 추구한 목적은 테러리즘 및 아동포르노와의 싸움뿐만 아니라 범죄수사의 맥락에서도 넓고 다양한 상황에서 보존 데이터를 이용할 수 있게 하는 것이라고 말한다. 제청법원은 또한 국가 입법부가 추구하는 목적에 비추어 볼 때 선택적인 데이터 보존의무를 부과하는 것이 불가능하다고 간주하고 사생활존중권에 대한 간섭을 최소화하기 위해 보존된 데이터 및 그 데이터에 대한 접근과 관련하여 일반적이고 무차별적인 보존의무에 대한 엄격한 보장을 적용할 것을 선택했다는 것은 그 법률의 설명자료에서도 명백하다고 언급한다.

제청법원은 또한 2016년 5월 29일 법률에 의해 개정된 2005년 6월 13일 법률 제126조 제2항 제1호 및 제2호가 사법기관과 정보·보안기관이 각각 보존 데이터에 접근할 수 있는 조건을 규정하고 있으며, 결과적으로 EU법의 요건에 비추어 해당 법률의 적법성 심사는 그러한 접근과 관련하여 계류 중인 두 개의 선결소송절차에 대해 판결할 때까지 연

41) Joined Cases C-293/12 and C-594/12, EU:C:2014:238

42) Joined Cases C-203/15 and C-698/15, EU:C:2016:970

기되어야 한다고 말한다.

마지막으로, 제청법원은 2016년 5월 29일 법률이 미성년자의 성적 학대와 관련된 사건에서 효과적인 범죄수사와 효과적인 처벌을 보장하고, 전자통신시스템을 사용하는 경우에도 그러한 범죄의 가해자를 식별할 수 있도록 하는 것을 추구한다고 말한다. 그 소송절차에서 유럽인권협약(ECHR) 제3조 및 제8조에 따른 적극적 의무에 대한 관심이 집중됐다. 이들 의무는 헌장의 해당 조항에 따라 발생할 수 있으며, 이는 지침 2002/58 제15조 제1항의 해석에 영향을 미칠 수 있다.

이러한 근거에 의해 벨기에 헌법재판소는 소송절차를 중지하고, 선결소송으로 다음 사항을 유럽연합사법재판소에 제청하기로 결정하였다:

'(1) 지침 2002/58 제15조 제1항은 헌장 제6조가 보장하는 안보에 대한 권리와 헌장 제7조, 제8조 및 제52조 제1항이 보장하는 개인데이터 존중권과 함께 쟁점이 되는 것과 같은 국가입법을 금지하는 것으로 해석되어야 하는가? 이 국가입법에는 전자통신서비스의 운영자 및 제공자가 해당 서비스 제공의 맥락에서 생성하거나 처리한 지침 2002/58의 의미 내에서 트래픽 및 위치데이터를 보존할 일반적 의무를 규정하며, 국가입법의 목적은 중대한 형사범죄의 수사, 적발 및 기소일 뿐만 아니라 국가안보의 보호, 영토 및 공공 안전의 방위, 중대 범죄 이외의 범죄의 수사, 적발 및 기소, 전자통신시스템의 금지된 사용의 예방 또는 GDPR 제23조 제1항에 의해 확인된 다른 목적의 달성이며, 또한 데이터 보존 및 그 데이터에 대한 접근 측면에서 해당 법률의 구체적인 안전장치가 적용되어야 한다.
(2) 지침 2002/58 제15조 제1항은 헌장 제4조, 제7조, 제8조, 제11조 및 제52조 제1항과 함께 쟁점이 되는 것과 같은 국가입법을 금지하는 것

으로 해석되어야 하는가? 이 국가입법에는 전자통신서비스의 운영자 및 제공자가 해당 서비스 제공의 맥락에서 생성하거나 처리한 지침 2002/58의 의미 내에서 트래픽 및 위치데이터를 보존할 일반적 의무를 규정하며, 만일 그 입법 목적이 특히 헌장 제4조 및 제7조에 따라 기관이 부담하는 적극적 의무를 준수하는 것이라면, 미성년자의 성적 학대의 효과적인 범죄 수사와 효과적인 처벌을 허용하고, 전자통신시스템을 사용하는 경우에도 범죄의 가해자를 효과적으로 식별할 수 있는 법체계의 제공에 있다.

(3) 첫 번째 질문 또는 두 번째 질문에 대한 답변에 근거하여, 벨기에 헌법재판소가 이러한 질문에 언급된 조항들에 따라 발생하는 하나 이상의 의무를 이행하지 않는다고 결론을 내려야 할 경우, 법적 불확실성을 피하고 이전에 수집되고 보존된 데이터가 법이 추구하는 목적을 위해 계속 사용될 수 있도록 하기 위해서 2016년 5월 29일 법률의 효력을 일시적으로 유지할 수 있는가?'

판결 주문

이상의 이유에 따라, 유럽연합사법재판소(대법정)는 다음과 같이 판결한다.

1. 지침 2009/136에 의해 개정된 지침 2002/58 제15조 제1항은 EU기본권헌장 제7조, 제8조, 제11조 및 제52조 제1항에 비추어 제15조 제1항에서 규정된 목적을 위하여 예방적 조치로서 트래픽 및 위치데이터의 일반적이고 무차별적인 보존을 규정하는 국가입법을 금지하는 것으로 해석되어야 한다. 반면에, 지침 2009/136에 의해 개정된 지침 2002/58 제15조 제1항은 EU기본권헌장 제7조, 제8조, 제11조 및 제52조 제1항에 비추어 다음과 같은 입법적 조치를 금지하지 않는다.

- 심사의 목적이 그러한 상황 중 하나가 존재하고 반드시 규정되어야 하는 조건 및 안전장치가 준수되는지 확인하는 것으로, 그러한 지시를 부과하는 결정이 그 결정이 구속력 있는 법원이나 또는 독립 행정기관에 의해 실효적인 심사의 대상이 되는 경우와, 엄격하게 필요한 것으로 시간상 제한된 기간 동안만 그러한 지시를 내릴 수 있지만 위협이 지속될 경우 연장할 수 있는 경우에 국가안보를 보호할 목적으로 관련 회원국이 진실되고 현재적이며 예측가능하게 보이는 국가안보에 대한 심각한 위협에 직면한 상황에서 전자통신서비스 제공자에게 일반적이고 무차별적으로 트래픽 및 위치데이터를 보존하도록 요구하는 지시에 따를 수 있도록 허용하는 입법조치;

- 국가안보를 보호하고 중대 범죄와 싸우고 공공의 안전에 대한 심각한 위협을 예방할 목적으로 관계자의 범주에 따라 또는 지리적 기준을 사용하여 엄격하게 필요한 것으로 시간이 제한되지만 연장될 수 있는 기간 동안 객관적이고 비차별적인 요인에 근거하여 제한된 트래픽 및 위치데이터의 보존을 규정하는 입법조치;

- 국가안보를 보호하고, 중대 범죄와 싸우며, 공공의 안전에 대한 심각한 위협을 예방할 목적으로 엄격하게 필요한 것으로 시간이 제한된 기간 동안 인터넷 연결 소스에 할당된 IP 주소의 일반적이고 무차별적인 보존을 규정하는 입법조치;

- 국가안보를 보호하고, 중대 범죄와 싸우며, 공공의 안전을 보호할 목적으로 전자통신 시스템 이용자의 시민 신원과 관련된 일반적이고 무차별적인 데이터 보존을 규정하는 입법조치;

- 중대 범죄와 싸우고, 특히 국가안보를 보호할 목적으로 효과적인 사법심사의 대상이 되는 관할기관의 결정을 통해, 전자통신서비스 제공자에게 일정한 기간 동안 이들 제공자가 보유하고 있는 트래픽 및 위치데이터의 신속한 보존을 수행하도록 요구하는 지시에의 의존을 허용하는 입법조치,

단, 이들 조치가 명확하고 상세한 규정에 의하여 쟁점이 되고 있는 데이터의 보존이 적용 가능한 실체적 및 절차적 조건을 준수하여야 하고, 관련 당사자가 남용의 위험에 대해 효과적인 안전장치를 가지고 있음을 보장하여야 한다.

2. 지침 2009/136에 의해 개정된 지침 2002/58 제15조 제1항은 기본권헌장 제7조, 제8조, 제11조 및 제52조 제1항에 비추어 다음의 경우에 전자통신서비스 제공자에게 첫째로 특히 트래픽 및 위치데이터의 자동화된 분석과 실시간 수집을 할 것과 둘째로 사용된 단말장치의 위치에 관한 기술적 데이터의 실시간 수집을 요구하는 국가입법을 금지하지 않는 것으로 해석되어야 한다;

- 자동화된 분석에 대한 의존은 회원국이 실제 존재하거나 예측 가능한 것으로 보이는 국가안보에 대한 심각한 위협에 직면하고 있는 상황으로 제한되는 경우, 그리고 그러한 분석에 대한 의존은 그 결정이 구속력 있는 법원 또는 독립 행정기관에 의한 실효적인 심사의 대상이 될 수 있으며, 그 심사의 목적은 해당 조치를 정당화하는 상황이 존재하고 규정해야 하는 조건 및 안전장치가 준수되는지를 확인하는 것인 경우;

- 트래픽 및 위치데이터의 실시간 수집에 대한 의존은 어떤 식으로든 테러활동에 연루되어 있다고 의심할 타당한 이유가 있는 사람으로 제한이 되고, 이러한 실시간 수집이 엄격하게 필요한 범위 내에서만 허가되는 것을 보장하기 위해 그 결정이 구속력 있는 법원 또는 독립 행정기관에 의해 수행된 사전 심사의 대상이 되는 경우. 정당한 이유가 있는 긴급 상황의 경우 심사는 짧은 시간 내에 이루어져야 한다.

3. 지침 2000/31('전자상거래 지침')은 정보사회서비스의 맥락에서 개인데이터의 처리와 관련하여 통신의 기밀성 및 자연인의 보호 분야에 적용되지 않는 것으로 해석되어야 한다. 이러한 보호는 지침 2009/136에 의해 개정된 지침 2002/58 또는 해당하는 경우 GDPR에 의해 규율된다. GDPR 제23조 제1항은 기본권헌장 제7조, 제8조, 제11조 및 제52조 제1항에 비추어 온라인 공공통신서비스에의 접근 제공자와 호스팅서비스 제공자가 특히 이들 서비스에 관련된 개인데이터를 일반적이고 무차별적으로 보존할 것을 요구하는 국가입법을 금지하는 것으로 해석되어야 한다.

4. 국가법원은 전자통신서비스 제공자에게 기본권헌장 제7조, 제8조, 제11조 및 제52조 제1항에 비추어 지침 2009/136에 의해 개정된 지침 2002/58 제15조 제1항과 양립할 수 없는 트래픽 및 위치데이터의 일반적이고 무차별적인 보존을 요구하는 의무

-특히 국가안보를 보호하고 범죄와의 싸움을 위해-를 부과하는 국가입법에 관해 그 법률에 따라 반드시 해야 할 위법성 선언의 시간적 효과를 제한하기 위하여 권한을 부여하는 국가법조항을 적용할 수 없다. 제15조 제1항은 효과성의 원칙에 비추어 해석될 때, 형사범죄 피의자들에 대한 형사소송의 맥락에서 이들이 그 정보와 증거에 대해 실효성 있게 코멘트할 입장에 있지 않고 법관들이 알지 못하고 사실인정에 대한 우월적 영향을 가질 것 같은 분야에 속하는 경우에 국가 형사법원이 EU법을 위반하여 트래픽 및 위치데이터의 일반적이고 무차별적인 보존에 의해 획득한 정보와 증거를 무시할 것을 요구한다.

(5) Case C-136/17 (24 September 2019)[43)]

사실관계의 개요와 쟁점

GC, AF, BH 및 ED는 각각 자신의 이름의 검색에 대한 응답으로 Google이 운영하는 검색엔진이 표시하는 결과 목록에서 제3자가 게시한 웹 페이지로 연결되는 다양한 링크를 조회차단하도록 Google에 요청했다. 그러나 구글은 이를 거부했다.

특히 GC는 2011년 2월 18일 YouTube에 가명으로 온라인 게시된 풍자적인 합성사진으로 연결되는 링크의 조회차단(de-referencing)을 청했다. 그 사진은 그녀가 내각 수장으로 재직한 자치단체의 시장과 함께 묘사한 것으로 그들 간의 친밀한 관계와 그러한 관계가 그녀 자신의 정치 경력에 영향을 미칠 것을 명시적으로 언급하였다. 합성사진은 당시 GC가 후보였던 주 선거운동 기간 중에 온라인 게시되었다. 그녀의 조회차단 요청이 거부된 날짜에 그녀는 지방의원도 지방선거후보도 아니었고 더 이상 그 자치단체 시장의 내각 수장으로 재직하지도 않았다.

43) GC and Others[2019], EU:C:2019:773

AF는 2008년 9월 9일자 일간지 Libération에 2006년 12월 사이언톨로지교회 회원의 자살에 대하여 멘탈관리센터(Centre contre les manipulations mentales ; CCMM) 사이트에서 복제되어 관련기사로 연결되는 링크의 조회차단을 요청했다. AF는 그가 그 이후로 활동을 중단한 직업인 사이언톨로지교회의 홍보책임자로서의 자격으로 그 기사에서 언급되어 있다. 또한 기사 작성자는 자신의 버전의 사실관계를 얻기 위해 AF에 연락했으며, 그 때 받은 코멘트를 설명했다고 말한다.

BH는 1995년 6월에 개시된 Parti républicain (PR)의 자금 지원에 대한 사법 수사에 관한 언론기사로 연결되는 링크의 조회차단을 요청했다. 이 수사에서 그는 다수의 기업인 및 정치인과 함께 심문을 받았다. 그에 대한 소송은 2010년 2월 26일 그를 면책하는 명령으로 종결되었다. 대부분의 링크는 수사 개시와 동시기의 기사에 관한 것이므로 소송의 결과에 대해서는 언급하지 않는다.

ED는 Nice Matin과 Le Figaro에 게재된 두 개의 기사로 연결되는 링크의 조회차단을 요청했다. 그 기사는 15세 미만의 아동 성폭행에 대해 7년의 징역형과 10년의 사회적 및 사법적 감독처벌을 선고받은 형사재판을 보도한 것이었다. 법원 재판에 대한 설명 중 하나는 심리에서 공개된 ED와 관련된 몇 가지 친밀한 세부사항도 언급한다.

구글이 조회차단 요청을 거부한 후, 본안소송의 신청인들은 프랑스 개인정보보호 감독기관(CNIL)에 심판을 제기하여 구글에게 해당 링크의 조회차단 명령을 할 것을 청구했다. 2015년 4월 24일자, 2015년 8월 28일자, 2016년 3월 21일자 및 2016년 5월 9일자의 각각의 서한으로 CNIL 위원장은 그들의 심판절차가 종결되었음을 알렸다.

그들 본안절차의 신청인들은 CNIL이 요청된 조회차단을 수행하기 위해 Google에게 공식 통지를 할 것을 거부한 것에 대해 제청법원인 Conseil d'État(프랑스 최고행정법원)에 소송을 제기했다. 소송은 제청법원에 의해 병합되었다.

제소가 지침 95/46의 해석에 몇 가지 심각한 어려움을 야기한 것을 발견한 Conseil d'État(프랑스 최고행정법원)은 소송절차를 중단하고 선결소송으로 다음 사항을 유럽연합사법재판소에 제청하기로 결정했다.

'(1) 검색엔진 운영자의 구체적인 책임, 권한 및 능력을 고려하여 지침 95/46 제8조 제1항 및 제5항에 의해 적용되는 데이터를 처리하는 다른 컨트롤러에 부과된 금지는 동 조에서 규정된 예외에 따라서 그러한 검색엔진에 의해 처리하는 컨트롤러로서의 이 운영자에게도 적용되는가?
(2) 질문 1에 긍정적으로 대답해야 하는 경우:
[(a)] 지침 95/46 제8조 제1항 및 제5항은 동 조항이 적용되는 데이터를 처리하는 검색엔진 운영자에게 부과된 금지는 동 지침에서 규정된 예외에 따라 운영자에게 그러한 데이터에 관한 웹 페이지에 연결된 링크와 관련하여 조회차단 요청을 당연히 허락할 것을 요구한다는 의미로 해석해야 하는가?
[(b)] 그러한 관점에서 지침 95/46의 제8조 제2항 제a호 및 제e호에서 규정된 예외가 검색엔진 운영자에게 적용될 때 구체적인 책임, 권한 및 능력을 고려하여 어떻게 해석되어야 하는가? 특히 해당 운영자는 문제의 링크가 제8조 제1항에서 열거된 범주에 속하는 데이터를 포함하지만 지침 제8조 제2항, 특히 제a호 및 제e호에서 규정된 예외가 적용되는 콘텐츠로 연결된다는 것을 입증하는 경우 조회차단 요청을 거부할 수 있는가?
[(c)] 마찬가지로 조회차단 요청의 대상인 링크가 저널 목적 또는 예술적이나 문학적 표현 목적으로만 수행된 개인데이터의 처리에 연결될

때, 동 지침 제9조에 따라 동 지침 제8조 제1항 및 제5항에서 언급된 범주 내의 데이터는 그 근거로 수집 및 처리될 수 있는데, 지침 95/46 조항들은 검색엔진 운영자가 그러한 근거로 조회차단 요청을 거부할 수 있는 것으로 해석되어야 하는가?

(3) 질문 1에 대해 부정적인 답변을 해야 하는 경우:

[(a)] 검색엔진의 책임, 권한 및 능력의 관점에서 검색엔진 운영자가 충족해야 하는 지침 95/46의 구체적인 요건은 무엇인가?

[(b)] 운영자가 조회차단 요청의 대상이 되는 링크의 끝에 있는 웹 페이지가 해당 페이지에 게시하는 것이 불법적인 데이터를 포함한다고 입증할 때, 지침 95/46 조항은 다음과 같이 해석되어야 하는가?:

- 검색엔진 운영자에게 요청을 한 사람의 이름을 기반으로 한 검색 후 표시되는 결과 목록에서 이러한 링크를 제거하도록 요구하는 것; 또는
- 조회차단 요청의 실체적 사항을 평가할 때 그러한 요소를 고려해야 한다는 것만을 의미하는 것; 또는
- 이 요소가 평가와 아무런 관련이 없다는 의미

또한 그 요소가 관련이 없다면, 지침 95/46과 이에 따라 그를 이행하는 국가법의 영역 범위 밖에 속하는 처리에서 기인한 문제의 데이터의 웹 페이지 게시의 합법성은 어떻게 평가될 것인가?

(4) 질문 1에 대한 답변과 관계없이:

[(a)] 문제가 되는 링크의 끝에 있는 웹 페이지에서 개인데이터를 게시하는 것이 합법적인지 여부에 관계없이, 지침 95/46 조항은 다음과 같이 해석되어야 하는가?:

- 요청을 하는 사람이 문제의 데이터가 불완전하거나 부정확해졌거나 더 이상 최신이 아님을 입증할 때 검색엔진 운영자에게 해당 조회차단 요청을 허락하도록 요구하는 것;
- 보다 구체적으로는 요청을 하는 사람이 법적 절차의 수행과 관련하

여, 그러한 절차의 초기 단계와 관련된 정보가 더 이상 그의 상황의 현실과 일치하지 않는다는 것을 보여줄 때, 검색엔진 운영자에게 그러한 정보를 포함하는 웹 페이지로의 링크를 조회차단시킬 것을 요구하는 것

[(b)] 지침 95/46 제8조 제5항은 개인의 수사 또는 재판 심리 및 그에 따른 유죄판결과 선고를 보도하는 것과 관련된 정보는 범죄 및 형사 유죄판결과 관련된 데이터를 구성한다는 의미로 해석되어야 하는가? 좀 더 일반적으로, 자연인과 관련된 법적 절차나 유죄판결을 언급하는 데이터를 포함하는 웹 페이지가 이들 조항의 범위에 해당되는가?'

판결 주문

이상의 이유에 따라, 유럽연합사법재판소(대법정)는 다음과 같이 판결한다.

1. 지침 95/46 제8조 제1항 및 제5항의 규정들은 동 조항에서 언급된 특별한 범주의 개인데이터의 처리와 관련되는 금지 또는 제한은 데이터주체의 요청에 따라서 관할 국가기관의 감독으로 그 운영자가 입증을 한 경우에 검색엔진 활동과 함께 수행된 처리를 한 운영자로서 동 지침에서 규정된 예외에 따라서 그 책임, 권한 및 능력의 맥락에서 검색엔진 운영자에게도 또한 적용된다는 의미로 해석되어야 한다.

2. 지침 95/46 제8조 제1항 및 제5항은 검색엔진 운영자는 동 지침에서 규정된 예외에 따라서 이들 조항에서 규정된 특별 범주에 해당하는 개인데이터를 포함하는 웹 페이지로의 링크와 관련하여 조회차단 요청에 원칙적으로 이들 조항에 의해 응해야 한다는 의미로 해석되어야 한다.

그 처리가 동 지침에서 규정된 적법성의 모든 다른 조건들을 만족시키고 데이터주체가 그의 특별한 상황과 관련되는 매우 정당한 이유로 그러한 처리를 동 지침 제14

조 제a호에 따라서 반대할 권리를 가지고 있지 않다면 문제의 링크가 제8조 제1항에서 규정된 특별 범주에 해당하지만 그 처리가 동 지침 제8조 제2항 제e호의 예외에 해당하는 개인데이터를 구성하는 콘텐츠로 연결된다고 입증하는 경우, 지침 95/46 제8조 제2항 제e호는 동 조항에 따라서 해당 운영자는 조회차단 요청에 응하는 것을 거부할 수 있다는 의미로 해석되어야 한다.

지침 95/46 규정들은 검색엔진 운영자가 지침 95/46 제8조 제1항 또는 제5항에서 규정된 특별한 범주 내에 속하는 개인데이터가 게시된 웹 페이지로의 링크와 관련되는 조회차단 요청을 받은 경우 그 운영자는 동 지침 제8조 제4항에서 규정된 실질적 공익의 이유를 감안하고 동 조항에서 규정된 조건을 준수하여 데이터주체의 이름을 기반으로 검색을 한 후 표시된 결과 목록에서 그 링크가 포함되는 것이 헌장 제11조에 의해 보호된 그러한 검색에 의해 해당 웹 페이지에 접근하는 것에 잠재적으로 관심이 있는 인터넷 이용자들의 정보의 자유를 보호하는데 대단히 필요한 것인지 여부를 구체적 사안의 모든 관련 요소에 근거하고 EU기본권헌장 제7조 및 제8조에서 규정된 데이터주체의 프라이버시 및 개인데이터 보호의 기본권에 대한 침해의 심각성을 고려하여 확인하여야 한다는 의미로 해석되어야 한다.

3. 지침 95/46 조항들은 다음의 의미로 해석되어야 한다.

- 첫째로, 개인을 상대로 제기된 법적 절차와 관련되는 정보와 경우에 따라 후속 유죄판결과 관련되는 정보는 지침 95/46 제8조 제5항의 의미 내에서의 ‘범죄’ 및 ‘형사유죄판결’과 관련되는 데이터이고,
- 둘째로, 사안의 모든 상황에 비추어 EU기본권헌장 제7조 및 제8조에 의해 보장된 데이터주체의 기본권이 헌장 제11조에 의해 보호된 잠재적으로 관심이 있는 인터넷 이용자들의 권리보다 우월하다는 것이 지침 95/46 제8조 제4항에서 규정된 실질적 공익의 이유가 입증되는 한, 그 정보가 문제의 법적 절차의 초기 단계와 관련되고 절차의 진행을 고려하여 더 이상 현 상황과 부합하지 않는 경우, 검색엔진 운영자는 이러한 정보를 표시하는 웹 페이지로의 링크와 관련되는 조회차단 요청에 응해야 한다.

(6) Case C-507/17 (24 September 2019)[44)]

사실관계의 개요와 쟁점

2015년 5월 21일의 결정으로 CNIL 위원장은 Google에 공식 통지(formal notice)를 했는데, 이는 자연인이 자기의 이름을 기반으로 수행된 검색에 따라 표시된 결과 목록에서 웹 페이지 링크를 제거할 것을 요청할 때, 모든 검색엔진의 도메인 이름 확장자에 그러한 제거를 적용해야 한다는 것이다.

Google은 회원국의 검색엔진 버전에 해당하는 도메인 이름에서 수행된 검색에 따라 표시된 결과에서만 문제의 링크를 제거하는 것으로 제한하며 공식 통지에 따르기를 거부했다.

CNIL은 또한 공식 통지에 명시된 시한이 만료된 후에 만들어진 Google의 추가적인 '지리적 차단(geo-blocking)' 제안을 불충분하다고 간주했다. 이는 인터넷 이용자들이 사용한 검색엔진의 버전과 상관없이 그 데이터주체의 이름을 기반으로 검색을 한 후 데이터주체가 거주하는 국가에 소재하는 것으로 추정되는 IP(인터넷 프로토콜)에서 문제의 결과에 접근하는 것을 막게 될 것이다.

2016년 3월 10일 결정으로 CNIL은 Google이 적시된 기간 내에 해당 공식 통지를 준수하지 않은 것을 확인한 후 Google에 100,000 유로의 벌금을 부과했으며 이는 공표되었다. Google은 Conseil d'État(프랑스 최고행정법원)에 제소하여 해당 결정을 무효화하고자 한다.

Conseil d'État는 Google이 운영하는 검색엔진에 의해 수행되는 개인데이터의 처리가 자회사인 Google France에 의해 수행되는 광고 공간의 홍보 및 판매 활동의 관점에서 1978년 1월 6일 법률의 범위에 속한다

44) Google LLC[2019], EU:C:2019:772

는 점에 주목한다. Conseil d'État는 또한 Google이 운영하는 검색엔진이 해당 회사가 서비스를 제공하는 다양한 국가의 특성, 특히 언어적 특성에 따라 표시되는 결과를 맞춤화하기 위해 지리적 확장자에 따라 다른 도메인 이름으로 분류된다는 점에 주목한다. 'google.com'에서 검색이 수행되는 경우 Google은 원칙적으로 인터넷 이용자의 IP 주소로 식별되는 검색이 이루어진 것으로 추정되는 국가에 해당하는 도메인 이름으로 해당 검색을 자동으로 안내한다. 그러나 위치에 관계없이 인터넷 이용자는 검색엔진의 다른 도메인 이름을 사용하여 검색을 자유롭게 수행할 수 있다. 또한 검색엔진에서 검색을 수행하는 도메인 이름에 따라 결과가 다를 수 있지만 검색에 대한 응답으로 표시되는 링크는 공통 데이터베이스 및 공통 인덱싱에서 추출된다는 것이 공통된다.

Conseil d'État는 첫째로 Google의 검색엔진 도메인 이름이 모두 프랑스 영토에서 접근할 수 있다는 사실과 둘째로 특히 위에서 언급한 자동 안내뿐만 아니라 쿠키가 처음에 저장된 검색엔진 이외의 해당 검색엔진 확장자에 있는 쿠키의 존재에 의해 설명되듯이 이들 다양한 도메인 이름 사이의 게이트웨이의 존재를 고려하여, 해당 검색엔진은 1978년 1월 6일 법률을 적용할 목적으로 개인데이터 처리라는 단일 행위를 수행하는 것으로 간주되어야 한다. 결과적으로 Google이 운영하는 검색엔진에 의한 개인데이터 처리는 프랑스 영토에 설립된 Google France가 Google의 사업체 중의 하나이므로 1978년 1월 6일 법률의 적용을 받는다.

Conseil d'État에서 Google은 쟁점이 되는 벌금이 2014년 5월 13일 Google Spain판결에서 EU사법재판소가 조회차단권(right to de-referencing)을 인정한 것을 근거로 하여 지침 95/46 제12조 제b호와 제14조 제a호를 국내법화한 1978년 1월 6일 법률 조항들의 잘못된 해석을 근거로 한 것이라고 주장한다. Google은 이 권리는 문제의 링크가 지리적 제한 없이 모든 검색엔진 도메인 이름으로부터 제거되어야 한다고 반드시 요구하는 것은 아니라고 주장한다. 또한 이러한 해석을 채택함으로써

CNIL은 국제공법에 의해 인정된 예양 및 불간섭의 원칙(principles of courtesy and non-interference)을 무시하고 특히 헌장 제11조에 의해 보장된 표현, 정보, 커뮤니케이션 및 언론의 자유를 비례적이지 않게 침해했다고 주장한다.

이러한 주장이 지침 95/46의 해석과 관련하여 몇 가지 심각한 어려움을 야기한다는 점에 주목한 Conseil d'État는 절차를 중단하고 선결소송으로 다음 사항을 EU사법재판소에 제청하기로 결정했다.

'(1) 2014년 5월 13일 Google Spain 판결에서 지침 95/46 제12조 제b호 및 제14조 제a호 규정에 근거하여 사법재판소가 확립한 "조회차단권(right to de-referencing)"은 검색엔진 운영자가 조회차단 요청을 수락할 때 요청자의 이름을 기반으로 이루어진 검색이 수행되는 장소와 관계없이 그리고 지침 95/46의 영토적 적용범위 외의 장소에서 수행되었다 하더라도 문제의 링크가 더 이상 표시되지 않도록 검색엔진으로 사용된 모든 도메인 이름에서 조회차단을 적용해야 한다는 의미로 해석되어야 하는가?

(2) 질문 1이 부정적으로 응답된 경우, 위 판결에서 사법재판소가 확립한 "조회차단권(right to de-referencing)"은 검색엔진 운영자가 조회차단 요청을 수락할 때 요청을 한 곳으로 추정되는 국가에 해당하는 도메인 이름 또는 보다 일반적으로는 해당 검색엔진에 의해 모든 회원국들에서 사용되는 국가 확장자에 의해 구별된 도메인 이름에서 요청자의 이름을 기반으로 수행된 검색에 따라 표시된 결과로부터 문제의 링크를 제거하여야 한다는 의미로 해석되어야 하는가?

(3) 또한 질문 2에서 언급된 의무에 추가하여, 사법재판소가 위에서 인용한 판결에서 확립한 "조회차단권(right to de-referencing)"은 검색엔진 운영자가 조회차단 요청을 수락할 때 검색을 하는 인터넷 이용자가 사용하는 도메인 이름에 관계없이 "조회차단권(right to de-referencing)"으

로 혜택을 받는 사람이 거주하는 국가에 소재하는 것으로 추정되는 IP 주소 또는 보다 일반적으로 지침 95/46의 적용을 받는 회원국의 하나에 소재하는 것으로 추정되는 IP 주소로부터 요청자의 이름을 기반으로 하여 수행된 검색에서 "지리적 차단(geo-blocking)"을 사용하여 문제의 결과를 제거하여야 한다는 의미로 해석되어야 하는가?'

판결 주문

이상의 이유에 따라, EU사법재판소(대법정)는 다음과 같이 판결한다.

지침 95/46 제12조 제b호 및 제14조 제a호와 GDPR 제17조 제1항의 적절한 구성으로 검색엔진 운영자는 이들 조항에 따라서 조회차단 요청(request for de-referencing)을 수락하는 경우 그 운영자는 그 검색엔진의 모든 버전에서 그러한 조회차단을 수행하여야 하는 것은 아니고, 데이터주체의 이름을 기반으로 회원국들 중 하나로부터 검색을 하는 인터넷 이용자가 그러한 검색에 따라 표시된 결과 목록에 의해 그 요청의 대상인 링크로의 접근을 법적 요건을 충족하여 실효적으로 금지하거나 최소한 심각하게 의욕을 상실하게 하는 조치를 사용하여 모든 회원국들에 해당하는 그러한 검색엔진의 버전에서 조회차단을 수행하여야 한다는 의미로 해석되어야 한다.

(7) Joined Cases C-203/15 and C-698/15 (21 December 2016)[45](Tele2 Case)

사실관계의 개요와 쟁점

Case C-203/15

2014년 4월 9일 스웨덴에서 설립된 전자통신서비스 제공자인 Tele2

45) Tele2 Sverige[2016], EU:C:2016:970

Sverige는 PTS(스웨덴 체신청)에게 지침 2006/24가 무효라는 2014년 4월 8일 판결[46]에 따라서 2014년 4월 14일부터 LEK(스웨덴 전자통신법)의 적용대상이 되는 전자통신 데이터의 보존을 중단하고 그 날짜 이전에 보존된 데이터는 삭제할 것이라고 통지했다.

2014년 4월 15일 스웨덴국가경찰기관은 Tele2 Sverige가 관련 데이터를 보내주는 것을 그만 두었다고 PTS에 항의를 하였다.

2014년 4월 15일 스웨덴 법무장관은 Digital Rights 판결의 관점에서 쟁점이 되고 있는 스웨덴 입법을 검토하기 위해 특별 보고자를 임명했다. "데이터 보존, EU법과 스웨덴법 ; '2014 리포트'"라는 제목의 2014년 6월 13일의 보고서에서 특별 보고자는 LEK에서 규정된 데이터 보존에 관한 국가법은 EU법이나 유럽인권협약과 양립할 수 없다고 결론내렸다. 특별 보고자는 Digital Rights 판결은 데이터의 일반적이고 무차별적인 보존이 원칙적으로 비난받았다는 의미로 해석될 수 없다고 강조했다. 그의 관점에서 Digital Rights 판결은 입법이 비례적이라고 간주될 수 있었다면 충족되었어야 할 모든 기준을 그 판결에서 확립했다는 의미로 이해되어서는 안되었다. 그는 스웨덴입법과 EU법의 양립가능성을 결정하기 위해서는 데이터에의 접근, 보존기간 그리고 데이터의 보호 및 보안에 관한 규정들에 비추어 데이터 보존의 범위와 같은 모든 상황을 평가할 필요가 있다고 생각했다.

그러한 기초에서 2014년 6월 19일 PTS는 범죄와의 싸움을 위하여 6개월간 LEK의 적용대상인 데이터를 보존하지 않는 것은 국가법에 따른 의무 위반이 된다고 Tele2 Sverige에게 통지했다. 2014년 6월 27일 명령으로 PTS는 Tele2 Sverige에게 2014년 7월 25일까지는 데이터의 보존을 개시할 것을 명령했다.

46) C-293/12 and C-594/12, Digital Rights Ireland and Others[2014], EU:C:2014:238 (이하 'Digital Rights 판결')

Tele2 Sverige는 2014년 보고서는 Digital Rights 판결을 잘못 해석한 것이며 데이터 보존의무가 헌장에서 보장된 기본권을 위반한다고 간주하여 2014년 6월 27일 명령을 다투어 스톡홀름행정법원에 소를 제기하였다. 동 법원은 2014년 10월 13일 판결로 해당 소송을 기각하였기 때문에 Tele2 Sverige는 제청법원에 그 판결을 다투어 항소하였다.

제청법원의 의견으로는 스웨덴법과 EU법의 양립가능성은 지침 2002/58 제15조 제1항과 관련하여 평가되어야 한다. 동 지침은 통신 전송을 위해 더 이상 요구되지 않을 때 트래픽 및 위치 데이터는 삭제되거나 익명처리되어야 한다는 일반 규정을 설정하고 있지만, 동 지침 제15조 제1항은 일정한 이유 중의 하나로 정당화되는 경우 회원국들이 삭제나 익명처리할 의무를 제한하거나, 나아가 데이터 보존을 준비할 것까지도 허용하고 있기 때문에 그러한 일반 규정의 적용특례를 도입하고 있다. 따라서 EU법은 일정한 상황에서 전자통신데이터의 보존을 허용한다.

그럼에도 제청법원은 본안소송에서 쟁점이 되고 있는 것과 같은 전자통신데이터의 일반적이고 무차별적인 보존의무가 Digital Rights 판결을 고려할 때 헌장 제7조, 제8조 및 제52조 제1항에 비추어 해석된 지침 2002/58 제15조 제1항과 양립될 수 있는지 또는 2014 보고서에서 기술된 바와 같이 그러한 데이터 보존의 양립 가능성은 데이터에의 접근, 데이터의 보호 및 보안과 보존기간과 관련되는 규정들에 비추어 평가되어야 하는지를 확인하고자 한다.

이러한 상황에서 스톡홀름항소행정법원은 소송절차를 중지하고 선결소송으로 유럽연합사법재판소에 다음 사항을 제청하기로 결정했다.

‘(1) 모든 사람, 전자통신의 모든 수단을 대상으로 하는 트래픽 데이터와 범죄와의 싸움을 위하여 어떠한 구별도 제한이나 예외도 없이 모든 트래픽 데이터를 보존할 일반적인 의무는 헌장 제7조 및 제8조와 제52

조 제1항을 고려하여 지침 2002/58 제15조 제1항과 양립할 수 있는가?

(2) (1)에 대한 답변이 부정적이라면, 다음의 경우에 보존이 허용될 수 있는가?

(a) 국가기관의 보존데이터에의 접근이 [제청명령에서 기술]된 바와 같이 결정된 경우

(b) 데이터 보호 및 보안 요건이 [제청명령에서 기술]된 바와 같이 규제되는 경우

(c) 모든 관련데이터가 통신이 종료된 날로부터 계산하여 6개월간 보존되고 이어서 [제청명령에서 기술]된 바와 같이 삭제되는 경우

Case C-698/15

Mr Watson, Mr Brice 및 Mr Lewis는 각각 DRIPA(Data Retention and Investigatory Powers Act 2014) 제1조가 헌장 제7조 및 제8조와 유럽인권협약(ECHR) 제8조와 양립할 수 없다고 주장하며 동 조의 합법성 심사를 각자의 관할법원에 신청하였다.

2015년 7월 17일 판결로 관할법원들은 Digital Rights 판결은 통신데이터의 보존과 그러한 데이터에의 접근에 관한 회원국들의 입법에 적용가능한 'EU법의 의무적 요건'을 규정한 것이라고 판결하였다. 관할법원에 따르면, 유럽연합사법재판소는 동 판결에서 지침 2006/24는 비례의 원칙과 양립할 수 없다고 판결했기 때문에 동 지침과 동일한 규정을 포함하는 국가법도 마찬가지로 동 원칙과 양립할 수 없다. 따라서 Digital Rights 판결 논리의 바탕을 이루는 것으로부터 통신데이터의 보존을 위한 일반적인 법제도를 설정하는 입법은 그 입법이 데이터 접근에 대해 이들 권리를 보호하는 충분한 안전장치를 제공하는 법제도에 의해 보완되지 않으면 헌장 제7조 및 제8조에서 보장된 권리를 위반하는 것이 된다. 따라서 DRIPA 제1조는 보존데이터에의 접근과 그 이용

을 규정하는 명확하고 상세한 규정을 두지 않는 한 그리고 그러한 데이터에의 접근이 법원이나 독립행정기구에 의해 사전 심사되지 않는 한 헌장 제7조 및 제8조와 양립할 수 없다.

내무장관은 1심판결에 대해 항소하였다. 항소법원은 DRIPA 제1조는 그러한 요건이 영국법에서 규정된 목적을 달성하기 위하여 필요하고 비례적이라고 생각하는 경우 내무장관에게 법원이나 독립행정기구로부터의 사전 승인 없이 공공통신 운영자에게 우편업무나 통신업무와 관련되는 모든 데이터를 최장 12개월간 보존할 것을 요구하는 일반 법규정을 채택할 권한을 부여한다고 말한다. 그러한 데이터가 통신 콘텐츠를 포함하고 있지 않는다 하더라도 통신업무 이용자들의 프라이버시에 대해 대단히 간섭하게 될 수 있다.

제청명령에서 제청법원은 데이터 보존에 관한 국가법은 반드시 지침 2002/58 제15조 제1항의 범위에 속하기 때문에 헌장의 요건을 따라야 한다고 생각한다. 그러나 동 지침 제1조 제3항에서 기술되어 있듯이 EU 입법부는 보존데이터와 관련되는 규정을 조화를 이루지 못했다.

본안소송에서 제기된 쟁점에 관한 Digital Rights 판결의 효과와 관련하여, 제청법원은 유럽연합사법재판소는 국가입법의 유효성이 아니라 지침 2006/24의 유효성을 고려하고 있었다고 말한다. 특히 데이터의 보존과 그 데이터에의 접근 사이의 밀접한 관계를 고려할 때, 동 지침은 일련의 안전장치를 통합하여야 하고 동 지침에 의해 확립된 데이터 보존체제의 합법성을 검토할 때 그러한 데이터에의 접근과 관련되는 규정을 분석하여야 하는 것은 필수적이었다. 따라서 유럽연합사법재판소는 동 판결에서 EU법을 이행하지 않는 데이터에의 접근에 관한 국가법에 적용할 수 있는 의무적 요건을 규정할 의도가 없었다. 나아가 사법재판소의 논리는 지침 2006/24가 추구한 목적과 밀접하게 연계되었다. 그러나 국가입법은 그러한 입법과 콘텍스트가 추구하는 목적에 비추어 평가되어야 한다.

사법재판소에 선결소송으로 제청할 필요성과 관련하여, 제청법원은 제청명령이 발부되었을 때 다른 회원국들의 6개 법원이 Digital Rights 판결을 근거로 국가법을 무효라고 선언하였다는 사실에 주목한다. 따라서 대답은 법원에 제기된 사건에 대한 판결을 내릴 것이 요구되지만 제청사항에 대한 답변은 명백하지 않다.

이러한 상황에서 제청법원은 소송절차를 중단하고 선결소송으로 다음 사항들에 대해 유럽연합사법재판소에 제청하기로 결정했다.

'(1) Digital Rights 판결은 헌장 제7조 및 제8조를 준수하기 위하여 국가입법에 따라서 보존된 데이터에의 접근을 규율하는 회원국의 국내법제에 적용할 수 있는 EU법의 의무적 요건을 규정하는가?
(2) Digital Rights 판결은 유럽인권재판소 판례에서 확립된 유럽인권협약 제8조의 범위를 넘어서 헌장 제7조 및/또는 제8조의 범위를 확대하는가?'

판결 주문

이상의 이유에 따라, EU사법재판소(대법정)는 다음과 같이 판결한다.

1. 지침 2009/136에 의해 개정된 지침 2002/58 제15조 제1항은 EU기본권헌장 제7조, 제8조 및 제11조와 제52조 제1항에 비추어 해석될 때 범죄와 싸우기 위하여 전자통신의 모든 수단과 관련되는 모든 구독자들과 등록 이용자들의 모든 트래픽 및 위치 데이터의 일반적이고 무차별적인 보존을 규정하는 국가입법을 금지하는 것으로 해석되어야 한다.

2. 지침 2009/136에 의해 개정된 지침 2002/58 제15조 제1항은 EU기본권헌장 제7조, 제8조 및 제11조와 제52조 제1항에 비추어 해석될 때, 그러한 접근이 추구하는 목적이 범죄와의 싸움의 맥락에서 중대 범죄와의 싸움으로만 제한되지 않는 경우,

접근이 법원이나 독립행정기관에 의한 사전심사를 받지 않는 경우, 그리고 관련 데이터가 EU 역내에서 보존되어야 한다는 요건이 없는 경우, 트래픽 및 위치 데이터의 보호 및 보안과 특히 관할 국가기관이 보존데이터에의 접근을 규율하는 국가입법을 금지하는 것으로 해석되어야 한다.

(8) Joined Cases C-141/12 and C-372/12 (17 July 2014)[47)]

사실관계의 개요와 쟁점

본 사건들은 네덜란드 정부에 일정 기간의 체류허가신청을 한 제3국민인 신청자들과 소관부처인 이민난민부 장관 사이의 소송에서 수소법원이 선결소송을 구하여 유럽연합사법재판소에 제청한 것이다(이하 C-141/12 사건을 '제1사건'이라고 하고, C-372/12 사건을 '제2사건'이라고 한다.).

우선 이 사건들에서 문제가 된 관련업무의 대강에 대해서 살펴보면, 체류허가신청을 담당하는 공무원은 자신이 결정권을 가지고 있지 않는 경우에 결정권자가 평가를 할 수 있도록 결정안을 작성하고, 결정안의 이유를 설명하는 서류를 첨부한다. 반면에 담당공무원 자신이 결정권을 가진 경우에 결정안은 내부적으로 결정을 정당화하는 결정절차의 설명서로서 이용된다. 따라서 결정안은 최종결정절차가 아니라 준비절차의 일부일 뿐이다. 그런데, 이 결정안에는 일반적으로 담당공무원의 이름과 전화번호, 청구인과 관련된 데이터(이름, 생년월일, 국적, 성별, 민족, 종교와 언어), 신청인이 제출한 서류 등과 법적 근거, 그리고 마지막으로 법적 근거조항에 의한 이들 데이터의 평가가 포함된다. 법적 근거조항에 의한 이들 데이터의 평가를 '법적 분석(legal analysis)'이라고 부른다. 이러한 법적 분석에는 사건에 따라 아주 간략한 것부터 매우

47) YS and Others[2014], EU:C:2014:2081

상세한 것까지 다양하다.

제1사건에서는 YS(신청인)가 2009년 1월 13일 난민법에 따라서 일정 기간의 체류허가를 신청하였으나, 같은 해 6월 9일 기각되었다. 그 결정은 2010년 4월 9일 철회되었다가, 다시 같은 해 7월 6일 기각결정을 받았다. 2010년 9월 10일 YS는 2010년 7월 6일의 결정과 관련된 결정안을 교부하여 줄 것을 서면으로 청구하였다. 동 청구는 2010년 9월 24일 기각결정되었다. 그러나 그 결정에는 결정안에 포함된 데이터의 대강, 그 데이터의 출처, 그 데이터가 공개된 기구들에 대한 교부가 포함되었다. YS는 결정안 교부 거부처분에 대해 이의신청을 하였으나, 2011년 3월 22일 기각결정되었다. 그리하여, YS는 그 결정안에의 접근이 법률에 의해 거부되지 않는다는 이유로 관할 지방법원에 소를 제기하였다. 동 지방법원은 소송절차를 일시정지하고, 다음과 같은 사항에 대해 선결소송을 구하여 유럽연합사법재판소에 제청하였다.

첫째로, 결정안에 포함된 법적 분석은 지침 95/46 제2조 제a호의 '개인데이터'에 해당하는가?[48)]

둘째로, 만일 개인데이터에 해당한다면, 데이터 프로세서/정부기관은 지침 95/46 제12조와 EU기본권헌장 제8조 제2항에 의하여 그들 개인데이터에의 접근을 허용하여야 하는가?

셋째로, 데이터주체가 결정안에의 접근을 청구할 때, 데이터 프로세서/정부기관은 접근권을 보장하기 위하여 그 자료의 복사본을 제공하여야 하는가?

제2사건에서는 소관부처 장관이 2009년 10월 28일 결정으로 그 이유

48) 제1사건 및 제2사건의 '개인데이터'의 개념에 해당하는지와 관련한 제청에 대한 유럽연합사법재판소의 제청사항 검토요지에 대해서는 전술하였다(134쪽 참조).

를 제시하지 않은 채 신청인(M)의 일정기간 체류허가를 부여하였다. M은 2009년 10월 30일에 네덜란드 개인데이터 보호법에 근거하여 그 결정과 관련된 결정안에의 접근을 청구하였으나, 같은 해 11월 4일 장관은 M의 청구를 기각결정하였다. 그 기각결정에 대한 이의신청이 2010년 12월 3일 기각되었기 때문에, M은 그 결정에 대해 관할 지방법원에 소를 제기하였다. 동 법원은 2011년 6월 16일에 그 결정안에의 접근을 거부하는 근거로 장관이 들고 있는 이익은 네덜란드 개인데이터 보호법상 보호되지 않는 이익이라고 하여, 원고의 청구를 인용하는 판결을 하였다. 이에 장관이 최고행정법원(Council of State)에 상소하였다. 최고행정법원은 동 사건을 일시정지하고, 선결소송을 구하여 유럽연합사법재판소에 다음 사항에 대해 제청하였다.

첫째로, 결정안에 포함되어 있는 법적 분석이 지침 95/46 제2조 제a호의 '개인데이터'로 간주될 수 있는가?

둘째로, 지침 95/46 제12조 제a호 2단[49] 또는 EU기본권헌장 제8조 제2항의 '접근권(right of access)'은 처리되고 있는 개인데이터의 사본을 교부받을 권리를 의미하는 것인가 또는 그 개인데이터의 요약본을 알기 쉬운 형태로 제공하면 충분한 것인가?

셋째로, 지침 95/46 제13조 제1항 제g호가 규정하는 '타인의 권리와 자유의 보호'는 또한 관련 공공기관 내부의 평온한 의견교환의 이익도 포함하는가? 만일 그 답변이 부정적이라면, 그러한 이익은 지침 95/46 제13조 제1항 제d호 또는 제f호[50]에 해당하는가?

---

49) "회원국들은 모든 데이터주체가 데이터 컨트롤러로부터 합리적인 기간마다 제약없이 그리고 과도한 지체나 비용부담없이 처리되고 있는 데이터와 그들 출처에 관한 이용가능한 데이터를 알기 쉬운 형태로 데이터주체가 교부받을 권리를 보장한다."

50) "(d) 범죄 또는 규제받는 직역의 윤리 위반의 예방, 수사, 적발과 기소 ; (f) (c), (d) 및 (e)와 관련된 사안에서 공권력의 행사와 연결된 모니터링, 감사 또는 규제적 기능;"

제청사항의 검토 요지

지침 95/46이 규정하는 데이터주체의 권리와 관련하여, 사생활존중의 기본권의 보호는 특히 그 사람이 자기와 관련되는 개인데이터가 정확하며, 그 개인데이터가 적법하게 처리되고 있다고 믿을 수 있음을 의미한다고 하여야 한다. 동 지침 전문 제41항에 명시되어 있는 바와 같이, 동 지침 제12조 제a호에 의해 데이터주체가 처리되고 있는 자신과 관련되는 데이터에의 접근권을 가지는 것은 필요한 체크를 하기 위한 것이다. 이러한 접근권은 특히 데이터주체가 상황에 따라서 자기 데이터의 정정, 삭제 또는 차단을 데이터 컨트롤러로부터 받을 수 있게 하고, 결과적으로 동 지침 제12조 제b호에서 규정된 권리를 행사할 수 있도록 하기 위하여 필요한 것이다.[51)]

법적 분석의 사실적 근거를 구성하는 신청인의 체류허가 신청과 관련되는 데이터와 달리, 이러한 법적 분석은 그 자체로는 신청인에 의한 정확성의 체크와 지침 95/46 제12조 제b호에 의한 정정의 대상이 아니다. 그러한 상황에서, 신청인의 체류허가 신청에 대한 접근권을 법적 분석으로까지 확대하는 것은 자기의 개인데이터 처리와 관련한 신청인의 프라이버시권의 보호를 보장한다는 동 지침의 목적에 부합하는 것이 아니라, 동 지침이 대상으로 하고 있지 않는 행정문서에의 접근권을 보장하는 것이 될 것이다.

한편, 지침 95/46 제12조 제a호와 EU기본권헌장 제8조 제2항은 체류허가 신청을 한 신청인이 결정안에 포함된 자기와 관련된 데이터에의 접근권을 포함한다고 해석하여야 하는지 여부와 만일 그렇다고 한다면, 이러한 접근권은 관할기관이 그에게 결정안의 사본을 제공하여야

---

51) 동 취지의 판결로, C-553/07, Rijkeboer[2009], EU:C:2009:293, paragraphs 49 and 51.

함을 의미하는지 또는 그들 데이터의 요약본을 알기 쉬운 형태로 제공하면 충분한지와 관련하여 다음과 같이 판단한다.

지침 95/46 제12조 제a호가 신청인에게 결정안에 포함된 모든 개인데이터에의 접근권을 부여하고 있다는 데에는 모든 당사자들이 인정하지만, '개인데이터' 개념의 해석에 따라서 그러한 접근권의 실제 범위에 있어서 차이가 있다. 지침 95/46의 규정들은 기본적 자유, 특히 프라이버시권을 침해하기 쉬운 개인데이터의 처리를 규율하는 한에 있어서 기본권의 관점에서 해석되어야 한다. 그런데, 이는 유럽연합사법재판소의 확립된 판례법에 따르면, 유럽연합사법재판소가 보장하고 있고 EU기본권헌장에서 규정되어 있는 법의 일반원칙의 구성요소를 형성하고 있다.

개인데이터의 보호에 대한 권리를 보장하고 있는 동 헌장 제8조 제2항은 특히 모든 사람이 자기에 관하여 수집된 개인데이터에의 접근권을 가진다고 규정하고 있다. 이러한 요구는 지침 95/46 제12조 제a호에 의하여 실시되고 있다.[52] 동 조항은 회원국들이 모든 데이터주체가 데이터 컨트롤러로부터 합리적인 기간마다 제약 없이 그리고 과도한 지체나 비용부담 없이 처리되고 있는 데이터와 그 출처에 대한 이용 가능한 데이터를 알기 쉬운 형태로 교부받을 권리를 보장하여야 한다고 규정하고 있다.

지침 95/46은 회원국들이 모든 데이터주체가 데이터 컨트롤러에 의해 처리된 그 데이터주체와 관련되는 모든 데이터의 교부를 데이터 컨트롤러로부터 받을 수 있음을 보장할 것을 요구하지만, 그러한 교부의 구체적인 형태는 그것이 '알기 쉬운(intelligible)' 한, 다시 말하자면 그

52) 동 취지의 판결로, C-131/12, Google Spain and Google[2014], EU:C:2014:317, paragraph 69.

데이터주체가 그 데이터를 알게 되고, 그 사람이 동 지침 제12조 제b호와 제c호, 제14조, 제22조 및 제23조에서 부여하고 있는 권리들을 행사하기 위하여, 그것이 정확하며 동 지침에 합치되게 처리되고 있는지 여부를 체크하는 것이 허용되는 한, 회원국들이 결정할 수 있도록 위임하고 있다. 따라서 다른 형태의 교부로 접근권에 의해 추구되는 목적이 완전히 충족될 수 있다면, 데이터주체는 서류의 사본 또는 그 데이터가 나타난 원본파일을 얻을 권리를 동 지침 제12조 제a호 또는 헌장 제8조 제2항으로부터 도출할 수 없다. 자기와 관련된 개인데이터가 아닌 데이터에의 접근을 방지하기 위하여, 데이터주체는 편집된 자료의 사본이나 원본파일을 받을 수도 있다.

본안소송에서와 같은 상황에서, 결정안에 포함된 체류허가 신청을 위한 신청인과 관련되는 데이터만이 그리고 해당되는 경우에 결정안에 포함된 법적 분석에서의 데이터는 지침 95/46 제2조 제a호의 '개인데이터'이다. 그러므로 그 신청인이 동 지침 제12조 제a호와 헌장 제8조 제2항에 근거할 수 있는 접근권은 그들 데이터에 관련한 것만이다. 그러한 접근권이 보장되기 위하여 체류허가신청을 한 신청인이 알기 쉬운 형태로, 다시 말하면 그들 데이터를 알게 되고 그 데이터주체가 동 지침 제12조 제b호 및 제c호, 제14조, 제22조와 제23조에 의해 부여된 권리들을 행사하기 위하여, 그 데이터가 정확하며 동 지침과 합치되게 처리되는지 여부를 체크하는 것이 허용되는 형태로 그 모든 데이터의 요약본을 제공받는 것으로 충분하다.

(9) Case C-131/12 (13 May 2014)[53]

제청사항의 검토 요지

제청법원은 지침 95/46 제12조 제b호와 제14조 제a호는 그 데이터가 자신에게 편파적일 수 있거나 또는 일정한 시간이 경과한 후에 그것이 '잊혀지기를' 원한다는 것을 이유로 하여, 자신의 이름을 기초로 하여 이루어진 검색에 따라서 표시된 결과 목록으로부터 제3자에 의해 합법적으로 공표되고 자기와 관련되는 진정한 데이터를 포함하는 웹 페이지에의 링크를 제거할 것을 데이터주체가 검색엔진 운영자에게 요구할 수 있는 것으로 해석해야 하는지를 묻고 있다.

개인데이터의 처리가 지침과 양립 불가능할 것을 조건으로 하여 지침 95/46 제12조 제b호가 적용되는 바, 그러한 양립 불가능성은 그 데이터가 부정확하다는 사실에서뿐만 아니라, 특히 그 데이터가 처리의 목적과 관련하여 부적절하고, 관련성이 없거나 과도하고, 그 데이터가 최신성을 유지하고 있지 않거나 또는 역사적, 통계적 또는 과학적 목적을 위하여 유지될 것이 요구되지 않는데도 필요 이상의 기간 동안 보존된다는 사실로부터도 생겨날 수 있다.

지침 95/46 제6조 제1항 제c호부터 제e호까지에서 규정된 요건들로부터, 처음에는 정확한 데이터의 적법한 처리라고 할지라도 시간이 지나면서 그들 데이터가 수집되거나 처리된 목적들에 비추어 볼 때 더 이상 필요하지 않는 경우에, 지침과 양립 불가능하게 될 수 있다. 그것은 특히 그 데이터가 목적과 관련하여 그리고 경과한 시간에 비추어 볼

53) Google Spain and Google[2014], EU:C:2014:317 본 판결에 대해서는 나중에 제5장에서 별도로 자세히 다루기 때문에, 여기에서는 데이터주체의 권리와 관련한 유럽연합사법재판소의 제청사항의 검토 요지만을 소개하도록 한다.

때, 부적절하고 관련성이 없거나 또는 더 이상 관련성이 없게 되거나 과도한 것으로 나타나는 경우에 그러하다.

그러므로 지침 95/46 제12조 제b호에 의하여 데이터주체에 의한 청구에 따라서 그의 이름을 기반으로 하여 이루어진 검색 결과로 표시된 목록에 제3자에 의해 적법하게 공표되고 개인적으로 그와 관련되는 진실한 데이터를 포함하는 웹 페이지로의 링크를 포함시키는 것은 사건의 모든 상황을 고려할 때, 그 데이터가 검색엔진 운영자에 의해 수행된 쟁점이 되는 처리의 목적과 관련하여 부적절하고 관련성이 없거나 또는 더 이상 관련성이 없게 되거나 과도한 것으로 나타나기 때문에, 현 시점에서 동 지침 제6조 제1항 제c호부터 제e호까지와 양립할 수 없다는 것이 인정된다면 결과 목록에서 관련 데이터 및 링크는 삭제되어야 한다.

지침 95/46 제7조 제f호에서 규정된 조건들을 준수하지 않은 것으로 추정된 것에 근거하여 동 지침 제12조 제b호에 의한 청구와 동 지침 제14조 제a호에 의한 청구와 관련되는 한, 모든 경우에 개인데이터의 처리에는 그것이 수행되는 전 기간 동안 제7조에 의해 권한이 부여되어야 한다는 점이 지적되어야 한다.

이상에서 살펴본 바에 비추어, 본안소송에서 쟁점이 되는 것과 같은 처리를 반대하기 위하여 이루어진 청구를 평가할 때, 데이터주체가 개인적으로 그와 관련되는 데이터가 현시점에서 그의 이름을 기반으로 하여 이루어진 검색에 따라서 표시된 결과 목록에 의하여 더 이상 그 이름에 링크되지 않을 권리를 가지는지가 특히 검토되어야 한다. 이와 관련하여, 그러한 권리를 인정하기 위하여 검색 목록에 문제의 데이터를 포함시키는 것이 데이터주체에 대한 편견을 초래한다는 것은 필요하지 않다는 점이 지적되어야 한다.

데이터주체는 EU기본권헌장 제7조와 제8조에 의한 기본권에 비추어, 문제의 데이터가 그러한 결과 목록에 포함됨으로써 일반대중에게 더 이상 이용될 수 없도록 청구할 수 있기 때문에, 그들 권리는 일반적으로 검색엔진 운영자의 경제적 이익에 대해서뿐만 아니라 데이터주체의 이름과 관련되는 검색으로 그 데이터를 발견하는 일반대중의 이익에 대해서도 우월하다고 판결되어야 한다. 그러나 데이터주체가 공적 생활에서 한 역할과 같은 특별한 이유로, 그의 기본권에 대한 간섭이 결과 목록에 포함되기 때문에 문제의 데이터에 접근함에 있어서 갖는 일반대중의 우월한 이익에 의해 정당화되는 것으로 나타난다면, 그것은 그렇지 않게 될 것이다.

본안소송에서 쟁점이 되고 있는 것과 같은 상황은 데이터주체의 이름을 기반으로 하는 구글검색에 의한 검색으로써 인터넷이용자가 얻은 결과 목록에서, 데이터주체의 이름을 언급하고 있고 사회보장채무의 회수를 위한 압류절차와 연결된 부동산경매에 관련되는 공고가 게재된 일간지의 온라인 기록보존(아카이브) 페이지로의 링크의 표시와 관련된 것이지만, 그 공고에 포함된 데이터의 데이터주체의 사생활에 대한 민감성과 그 데이터의 최초 공표가 16년 전에 있었다는 사실을 고려할 때, 데이터주체는 그러한 목록에 의해서 자기 이름에 더 이상 링크되지 않을 권리를 확립한다고 판결되어야 한다. 따라서 본 사건에서는 그러한 검색으로 그 데이터에 접근함에 있어서 일반대중의 우월한 이익을 실현시킬 특별한 이유가 있는 것으로 보이지 않기 때문에 - 그러나 그것은 제청법원이 입증해야 할 문제이다 -, 데이터주체는 지침 95/46 제12조 제b호와 제14조 제a호에 의해 그들 링크가 결과 목록으로부터 제거될 것을 요구할 수 있다.

이상의 검토로부터, 지침 95/46 제12조 제b호와 제14조 제a호는 그들 법조항의 적용요건을 평가할 때, 데이터주체는 개인적으로 그와 관련되는 문제의 데이터가 현시점에서 그의 이름을 기초로 하여 이루어진 검색에 따라 표시된 결과 목록에 의하여 그의 이름에 더 이상 링크되어서는 안된다고 하는 권리를 가지는지가 특히 검토되어야 한다. 그리고 그러한 권리를 인정하기 위하여, 그 목록에 문제의 데이터가 포함되는 것이 데이터주체에게 편견을 초래한다는 것은 필요로 하지 않는다. 헌장 제7조와 제8조에 의한 기본권에 비추어, 데이터주체는 문제의 데이터가 그러한 결과 목록에 포함됨으로써 일반대중에게 더 이상 이용될 수 없도록 할 것을 요구할 수 있기 때문에, 그 권리는 일반적으로 검색엔진 운영자의 경제적 이익에 대해서 뿐만 아니라 데이터주체의 이름과 관련되는 검색에서 그 데이터에 접근함으로써 갖는 일반대중의 이익에 대해서도 우월하다. 그러나 데이터주체가 공적 생활에서 맡은 역할과 같은 특별한 이유로 인하여 결과 목록에 포함됨으로써 문제의 데이터에 접근함에 있어서 갖는 일반대중의 우월한 이익이 그의 기본권에 대한 간섭을 정당화시키는 것으로 나타난다면, 그 결론은 다르게 될 것이다.

(10) Joined Cases C-293/12 and C-594/12 (8 April 2014)[54)]

사실관계의 개요와 쟁점

Case C-293/12

원고(Digital Rights Ireland Ltd. 이하 'Digital Rights')는 2006년 8월 11일 아일랜드 관할법원(High Court)에 전자통신과 관련되는 국가의 입법적 및 행정적 조치의 적법성을 다투는 소송을 제기하였다. 특히 Digital Rights는 지침 2006/24[55)]와 전화통신서비스 제공자에게 범죄의

54) Digital Rights Ireland and Seitlinger and Others[2014], EU:C:2014:238

55) DIRECTIVE 2006/24/EC OF THE EUROPEAN PARLIAMENT AND OF THE COUNCIL of 15 March 2006 on the retention of data generated or processed in connection with the provision of publicly available electronic communications services or of public

예방, 적발, 수사 및 기소와 국가안보를 위하여 법률로 정한 일정한 기간 동안 이들 제공자에게 트래픽데이터와 위치데이터를 보존할 것을 요구한 아일랜드의 2005년 형사사법법(테러범죄법) 제7편의 무효를 청구하였다. 관할법원은 먼저 지침 2006/24의 효력이 심판되지 않으면 국가법과 관련하여 제기된 문제들을 해결할 수 없다고 판단하여 소송절차를 정지시키고, 유럽연합사법재판소에 선결소송을 구하여 다음 사항에 대해 제청하기로 결정하였다.

Case C-594/12

지방자치단체를 포함한 다수의 청구인들(1만여 명)은 지침 2006/24를 오스트리아 국가법에 도입하기 위하여 오스트리아의 2003년 전기통신법을 개정하여 신설된 동법 제102a조가 데이터보호기본권을 침해한다고 하여 동조의 무효를 주장하며, 오스트리아 헌법재판소에 소송을 제기하였다. 오스트리아 헌법재판소는 지침 2006/24가 장기간 무제한의 사람들과 관련되는 다양한 데이터의 저장을 허용하는바, 그것이 EU 기본권헌장과 양립 가능한지 여부에 대해 의문을 가지고 있다. 동 헌법재판소는 데이터의 보존이 정당화되지 않는 사람들까지 포함될 수 있고, 그들은 국가기관들이 자기와 관련된 데이터를 조사하여 그 데이터의 내용을 알게 되면 그것들을 여러 가지 목적에 이용하게 될 것이며, 특히 최소한 6개월의 기간 동안 데이터에 접근하여 무수히 많은 사람들의 데이터를 조회할 수 있게 되는 보다 큰 위험에 노출된다고 판단한다. 동 헌법재판소에 따르면, 지침 2006/24는 관련 기본권 침해의 비례성과 동 지침이 추구하는 목적의 달성에 있어서 의문이 있다. 따라서 동 헌법재판소는 소송절차를 정지시키고 유럽연합사법재판소에 선결소송을 구하여 제청하기로 결정하였다.

---

communications networks and amending Directive 2002/58/EC, OJ 2006 L 105, p.54.

유럽연합사법재판소는 위 두 사건의 제청법원은 다수의 사항에 관하여 제청하고 있으나, 두 사건 모두 지침 2006/24가 EU기본권헌장 제7조, 제8조 및 제11조에 위반되는지 여부가 핵심적 제청사항으로서 공통되기 때문에 두 사건을 병합하여 심리하기로 결정하였다. 이하에서는 이 제청사항에 대한 유럽연합사법재판소의 검토를 소개하기로 한다.

제청사항의 검토 요지

지침 2006/24의 효력문제에 관한 헌장 제7조, 8조 및 11조의 관련성

지침 2006/24 제1조 등에 의하면, 동 지침의 주된 목적은 EU기본권헌장 제7조와 제8조에서 규정된 권리를 존중하며 조직범죄와 테러와 같은 중대 범죄의 예방, 수사, 적발 및 기소의 목적으로 데이터를 이용할 수 있음을 보장하기 위하여, 공중전자통신서비스 또는 공공통신망 제공자가 생성하거나 처리한 일정한 데이터의 보존에 관하여 회원국들 규정 간의 조화를 도모하는 것이다. 필요하다면 관할 국가기관이 접근할 수 있도록 하기 위하여 동 지침 제3조에 의하여 공중전자통신서비스 또는 공공통신망 제공자에 대하여 부과된 지침 2006/24 제5조에 열거된 데이터를 보존할 의무는 헌장 제7조에 의한 사생활 및 통신의 존중과 헌장 제8조에 의한 개인데이터의 보호와 헌장 제11조에 의한 표현의 자유의 존중과 관련되는 문제를 제기한다.

그와 관련하여, 지침 2006/24 제3조와 제5조에 따라서 공중전자통신서비스 또는 공공통신망 제공자가 보존해야하는 데이터는 통신의 출처와 그 목적지를 추적하고 식별하며, 통신의 일자, 시간, 기간 및 유형을 식별하고, 이용자의 통신장치를 식별하고, 그리고 이동통신장치의 위치를 식별하기 위하여 필요한 데이터, 즉 가입자 또는 등록된 이용자의 이름 및 주소, 송신자 전화번호, 수신자 전화번호와 인터넷서비스의 IP

주소로 구성된 데이터를 포함한다. 이들 데이터는 특히 가입자나 등록된 이용자가 통신한 사람의 신원과 통신수단을 알 수 있게 하고, 그리고 그 통신이 발생한 장소와 시간을 식별할 수 있게 해준다. 또한 이들 데이터는 일정한 기간 동안 가입자나 등록된 이용자의 특정한 사람들과의 통신의 빈도도 알 수 있게 해준다. 이들 데이터는 대체로 일상생활의 습관, 영구적 또는 일시적 거주지, 매일의 이동, 수행된 활동, 사회적 관계와 빈번하게 이루어진 사회적 환경과 같이, 데이터가 보존된 개인의 사생활에 관하여 대단히 정확한 결론이 도출될 수 있게 해준다.

지침 2006/24 제1조 제2항과 제5조 제2항에서 명백한 것처럼, 동 지침은 통신이나 전자통신망을 사용하여 조회된 데이터의 내용의 보존을 허용하고 있지 않지만, 문제의 데이터의 보존이 동 지침의 대상이 되는 통신수단의 가입자나 등록된 이용자들에 의한 사용과, 따라서 헌장 제11조에 의해 보장된 표현의 자유의 행사에 대해 영향을 미칠 수 있다는 것을 생각 못할 바도 아니다. 지침 2006/24에서 규정되어 있는 바와 같이, 관할 국가기관들에 의한 데이터에의 접근을 위한 데이터의 보존은 직접적이고 구체적으로 사생활과, 따라서 헌장 제7조에 의해 보장된 권리들에 영향을 준다. 나아가, 그러한 데이터의 보존은 헌장 제8조의 개인데이터의 처리를 형성하고, 따라서 동 조에서 발생하는 데이터보호요건을 충족시켜야 하기 때문에 또한 헌장 제8조의 적용대상에 해당된다.[56)]

헌장 제7조 및 제8조에서 규정된 권리에 대한 간섭

지침 2006/24 제5조 제1항에서 열거된 데이터의 보존을 요구하고, 관할 국가기관들에게 그들 데이터에의 접근을 허용함으로써, 동 지침

---

56) Joined cases C-92/09 and C-93/09, Volker und Markus Schecke and Eifert[2010], EU:C:2010:662, paragraph 47

은 지침 95/46과 전자통신 분야에서의 개인데이터의 처리에 관한 지침 2002/58에 의해 정립된 프라이버시권 보호제도의 적용특례를 인정하고 있다. 이들 지침은 통신과 트래픽데이터의 비밀을 규정하고 있을 뿐만 아니라, 이들 데이터가 더 이상 통신의 전송을 위하여 필요하지 않는 경우에 요금청구 목적과 그를 위해 필요한 기간이 아니라면, 이들 데이터를 삭제하거나 익명처리할 의무도 규정하고 있다.

프라이버시권에의 간섭의 존재를 입증하기 위하여, 관련 사생활에 관한 데이터가 민감한지 여부 또는 관계인들이 불편을 느끼는지 여부는 중요하지 않다.[57] 결과적으로, 지침 2006/24 제3조와 제6조에 의하여 공중전자통신서비스 또는 공공통신망 제공자들에게 부과된, 동 지침 제5조에서 규정된 것들과 같은 사생활 및 통신과 관련되는 데이터를 일정기간 동안 보존할 의무는 그 자체로 헌장 제7조에 의해 보장된 권리들에 대한 간섭을 형성한다. 나아가, 관할 국가기관의 데이터에의 접근은 그 기본권에의 간섭을 형성한다. 따라서 관할 국가기관들의 그 데이터에의 접근에 관한 규정인 동 지침 제4조 및 제8조는 헌장 제7조에 의해 보장된 권리들에의 간섭을 형성한다. 마찬가지로, 동 지침은 개인데이터의 처리를 규정하고 있기 때문에 헌장 제8조에 의해 보장된 개인데이터 보호의 기본권에의 간섭을 형성한다.

지침 2006/24에 의해 야기된 헌장 제7조 및 제8조에서 규정된 기본권들에의 간섭은 광범위하게 걸쳐있다고 하여야 하고, 그리고 그것은 현저하게 심각하다고 간주되어야 한다. 나아가 데이터가 보존되고, 이후에 가입자나 등록된 이용자에게 통지되지 않고서 사용된다는 사실은 관계인들의 마음에 자신들의 사생활이 끊임없는 감시의 대상이라는 느낌을 낳게 한다.

---

57) Joined cases C-465/00, C-138/01 and C-139/01, Österreichischer Rundfunk and Others[2003], EU:C:2003:294, paragraph 75

헌장 제7조 및 제8조에 의해 보장된 권리들에의 간섭의 정당화

EU기본권헌장 제52조 제1항은 동 헌장에서 규정된 권리와 자유의 행사에 대한 제한이 법률에 의해 규정되어야 하고, 그 본질을 존중하여야 하며, 그리고 비례의 원칙에 따라서 그러한 제한이 필요한 경우에, 그리고 EU에 의하여 인정된 일반 공익의 목적 또는 타인의 권리와 자유를 보호할 필요를 순수하게 충족하는 경우에만, 그들 권리와 자유에 대해 제한이 이루어질 수 있다. 프라이버시권의 본질과 헌장 제7조에서 규정된 다른 권리들과 관련되는 한, 지침 2006/24에 의해 요구된 데이터의 보존이 그들 권리에의 특별히 심각한 간섭을 형성한다고 할지라도 동 지침 제1조 제2항으로부터 동 지침이 전자통신의 내용 그 자체에 대해 알게 되는 것을 허용하지 않는다면, 그것은 그들 권리의 본질에 악영향을 미치는 것은 아니다. 또한 데이터의 보존이 헌장 제8조에서 보장된 개인데이터 보호의 기본권의 본질에 악영향을 미치는 것도 아니다. 왜냐하면 동 지침 제7조는 데이터 보호 및 데이터 보안과 관련하여, 일정한 원칙들이 공중전자통신서비스 또는 공공통신망 제공자들에 의해 존중되어야 한다고 규정하고 있기 때문이다. 이들 원칙에 따라서 회원국들은 우연적이거나 불법적인 파기, 데이터의 우발적인 소실이나 변경에 대비해 적절한 기술적 및 조직적 조치가 채택될 것을 보장하여야 한다.

그러한 간섭이 일반 공익의 목적을 충족하는지의 문제와 관련하여, 지침 2006/24는 사업자들이 생성하거나 처리한 일정한 데이터의 보존에 대해 이들 제공자의 의무에 관한 회원국들의 규정을 조화시키는 것이 그 목적이지만, 동 지침 제1조 제1항에서 규정하고 있는 바와 같이, 동 지침의 중요한 목적은 중대 범죄의 수사, 적발 및 기소를 위하여 데이터가 사용될 수 있는 것을 보장하는 것이다. 따라서 동 지침의 중요한 목적은 중대 범죄에 대한 싸움에서, 그리하여 궁극적으로는 공공의 안전에 대해 기여하는 것이다. 국제 평화와 안전을 유지하기 위하여 국제테러에 대한 싸움이 일반 공익의 목적을 형성한다는 것은 유럽연합사법재판소의 판례법으로부터 명백하다.[58] 공공의 안전을 확보하기 위하여 중대 범죄에 대한 싸움에 대해서도 마찬가지이다.[59] 나아가 이러한 점에서 헌장 제6조가 자유에 대한 권리뿐만 아니라 안전에 대한 권리도 규정하고 있다는 점을 주목하여야 한다. 이와 관련하여서는 동 지침 전문(recital) 제7항으로부터도 전자통신의 이용과 관련되는 데이터가 특히 중요하며, 따라서 범죄의 예방과 특히 조직범죄에 대한 싸움에서 중요한 도구라고 하는 점은 명백하다. 따라서 관할 국가기관들이 이들 데이터에 접근하는 것을 허용하기 위한 데이터의 보존은 일반 공익의 목적을 충족한다고 판단하여야 한다.

이어서 간섭의 비례성을 입증할 필요가 있다. 그와 관련하여, 유럽연합사법재판소의 확립된 판례법에 따라서 비례의 원칙은 EU기관들의 행위가 당해 입법에 의해 추구된 정당한 목적을 달성하기 위하여 적절할 것과 필요한 한계를 초과하지 않을 것을 요구한다.[60] 이들 조건의 준수에 대한 사법심사와 관련하여, 기본권 간섭이 문제가 되는 경우에 EU입법기관의 재량의 범위는 특히 관련 영역, 헌장에 의해 보장된 당해 권리의 성질, 간섭의 성질 및 심각성과 간섭에 의해 추구된 목적을 포함하는 다수의 요인에 따라서 제한적으로 될 수 있다.

58) Joined cases C-402/05 P and C-415/05 P, Kadi and Al Barakaat International Foundation v Council and Commission[2008], EU:C:2008:461, paragraph 363, and Joined cases C-539/10 P and C-550/10 P, Al-Aqsa v Council[2012], EU:C:2012:711, paragraph 130

59) Case C-145/09, Tsakouridis[2010], EU:C:2010:708, paragraphs 46 and 47

60) Case C-343/09, Afton Chemical[2010], EU:C:2010:419, paragraph 45; Joined cases C-92/09 and C-93/09, Volker und Markus Schecke and Eifert[2010], EU:C:2010:662, paragraph 74; Joined cases C-581/10 and C-629/10, Nelson and Others[2012], EU:C:2012:657, paragraph 71; Case C-283/11, Sky Österreich[2013], EU:C:2013:28, paragraph 50; and Case C-101/12, Schaible[2013], EU:C:2013:661, paragraph 29

본 사건에서 사생활 존중의 기본권과 지침 2006/24가 야기한 권리에의 간섭의 범위와 심각성의 측면에서 개인데이터의 보호가 하는 중요한 역할의 관점에서 EU 입법기관의 재량은 감소되었다. 개인데이터의 보존은 지침 2006/24가 추구한 목적을 달성하기 위하여 적절한지 여부의 문제와 관련하여, 전자통신 수단의 중요성이 증가하고 있는 것을 고려하고, 동 지침에 따라서 보존되어야 하는 데이터가 형사소추를 담당하는 국가기관들이 중대 범죄를 조명할 추가적인 기회를 가질 수 있도록 허용하기 때문에, 이러한 점에서 범죄 수사의 중요한 도구이다. 따라서 그러한 데이터의 보존은 동 지침에 의해 추구된 목적을 달성하기 위하여 적절한 것으로 간주될 수 있다.

지침 2006/24에 의해 요구된 데이터의 보존에 대한 필요성과 관련하여, 중대 범죄, 특히 조직범죄 및 테러에 대한 싸움은 공공의 안전을 확보하기 위하여 사실 가장 중요하고, 그 효율성은 현대 수사기술의 이용에 크게 달려 있다고 하여야 한다. 그러나 일반 공익의 그러한 목적은 그것이 아무리 기본적이라고 할지라도, 그러한 싸움을 위해 필요하다고 간주되는 지침 2006/24에 의해 수립된 보관조치 그 자체를 정당화하지 않는다. 사생활존중권과 관련되는 한, 그러한 기본권의 보호는 유럽연합사법재판소의 확립된 판례법에 따라서 어떠한 경우에도 개인데이터의 보호와 관련하여 적용특례와 제한은 엄격히 필요한 경우에만 적용되어야 할 것을 요구한다.[61] 그와 관련하여, 헌장 제8조 제1항에서 규정된 명시적인 의무에서 기인하는 개인데이터의 보호는 헌장 제7조에서 보장된 사생활존중권을 위해서 특히 중요하다.

그러므로, 문제의 EU입법은 그 데이터가 보존된 사람들이 남용의 위험과 그 데이터의 불법적인 접근과 이용에 대비하여, 그들의 개인데이터를 효과적으로 보호할 충분한 안전장치를 갖추기 위하여 당해 조치

61) Case C-473/12, IPI[2013], EU:C:2013:715, paragraph 39

의 범위 및 적용을 규율하고, 최소한의 보호조치를 부과하는 명백하고 정확한 법규범을 규정하여야 한다. 이러한 안전장치의 필요성은 지침 2006/24에 규정된 바와 같이 개인데이터가 자동처리되는 경우, 그리고 그러한 데이터에의 불법적인 접근의 중대한 위험이 존재하는 경우에 더욱 커진다.

지침 2006/24에 의해 야기된 간섭이 필요한 것으로 엄격하게 제한될 것인지의 문제에 대해서는 동 지침 제5조 제1항과 더불어 제3조에 의해서, 동 지침은 유선전화, 이동전화, 인터넷 접속, 인터넷 e-mail과 인터넷전화에 관한 모든 트래픽데이터의 보존을 요구한다고 하여야 한다. 따라서 그것은 이용이 대단히 광범위하고 일상생활에서 그 중요성이 증대하고 있는 모든 전자통신 수단에 적용된다. 나아가 동 지침 제3조에 따라서 동 지침은 모든 가입자와 등록된 이용자들을 그 대상으로 한다. 그러므로 그것은 실질적으로 모든 유럽시민들의 기본권에의 간섭을 초래한다.

이와 관련하여, 첫째로, 지침 2006/24는 중대 범죄와의 싸움이라는 목적에서 이루어지는 모든 트래픽데이터뿐만 아니라 모든 사람과 모든 전자통신 수단도 무차별적이며 무제한적으로 예외 없이 그 대상으로 한다. 동 지침은 전자통신서비스를 이용하는 모든 사람들에게 광범위하게 영향을 준다. 따라서 그것은 증거는 없지만 간접적이거나 대단히 우회적인 것이라고 할지라도, 그 행동이 중대 범죄와의 관련성이 있다고 추정할 수 있는 사람들에게도 적용된다. 나아가 예외규정이 없기 때문에 결과적으로 국가법규정에 따라서 그 통신이 직업상의 비밀의무의 대상이 되는 사람들에게까지도 적용된다. 더구나, 동 지침은 중대 범죄와의 싸움에 기여하고자 하면서도, 그 보존이 규정된 데이터와 공공의 안전에 대한 위협 사이의 관련성을 요구하지 않으며, 다음과 관련된 보존으로 제한되지도 않는다. 즉, ①중대 범죄에 어떠한 방식으로든 관련된 것으로 추정되는 특정한 시간, 그리고/또는 특정한 지역, 그리고/또는 특정한 사람들의 범위와 관련되는 데이터, ②데이터의 보존에 의하여 중대한 법규 위반의 예방, 적발 또는 기소에 기여할 수 있는 사람들.

둘째로, 지침 2006/24에는 한계가 일반적으로 부재할 뿐만 아니라, 동 지침은 관할 국가기관들의 데이터에의 접근과 헌장 제7조 및 제8조에서 규정된 기본권에의 간섭의 범위와 심각성의 관점에서, 그러한 간섭을 정당화하기에 충분히 심각한 것으로 간주될 수 있는 위법행위에 대해 예방, 적발 또는 형사기소의 목적으로 그 데이터의 계속적인 이용의 한계를 결정하는 객관적인 기준을 규정하고 있지 않다. 오히려, 동 지침은 각 회원국들이 국가법에서 규정하고 있는 것처럼, 제1조 제1항에서 일반적인 방식으로 중대 범죄에 대해 언급하고 있을 뿐이다. 나아가, 동 지침은 관할 국가기관들의 데이터에의 접근과 그 데이터의 후속적인 이용과 관련되는 실체적 및 절차적 요건들을 포함하고 있지 않다. 동 지침 제4조는 이들 국가기관의 보존된 데이터에의 접근을 규율하고 있지만, 당해 데이터에의 접근과 후속적인 이용이 자세히 규정된 중대범죄의 예방과 적발 또는 그와 관련되는 형사기소의 목적으로 엄격하게 제한되어야 한다는 것을 명시적으로 규정하고 있지 않다. 동 지침은 각 회원국이 필요성과 비례성 요건에 의하여 따라야 할 절차와 보존된 데이터에의 접근을 얻기 위하여 갖춰야할 요건을 규정하여야 한다고 규정할 뿐이다. 특히 동 지침은 보존된 데이터에의 접근과 후속적인 이용을 할 수 있는 권한을 가진 사람들의 숫자가 추구된 목적의 관점에서 필요한 것으로 엄격하게 제한되는 객관적인 기준을 규정하고 있지 않다. 무엇보다 관할 국가기관들의 보존된 데이터에의 접근은 법원 또는 독립 행정기관에 의한 사전심사에 따라서 이루어지고 있지 않다. 또한, 동 지침은 그러한 한계를 수립하고자 하는 회원국들에 대해 특정한 의무를 규정하고 있지도 않다.

셋째로, 데이터 보존기간과 관련하여, 지침 2006/24 제6조는 추구된 목적을 위하여 또는 관계인에 따라서 그들의 유용성에 근거하여, 동 지침 제5조에서 규정된 데이터 사이에 구별 없이 그들 데이터는 적어도 6개월의 기간 동안 보존될 것을 요구한다. 나아가, 그 기간은 최소 6개월과 최대 24개월 사이로 결정되지만, 보존기간의 결정은 필요한 것으로 엄격하게 제한되어야 할 것을 보장하기 위하여 객관적인 기준에 기초되어야 한다는 것이 기술되어 있지 않다.

이상으로부터 동 지침은 헌장 제7조와 제8조에서 보장된 기본권에의 간섭의 범위를 규율하는 명백하고 상세한 규정을 두고 있지 않다고 할 수 있다. 더구나, 공중전자통신서비스 또는 공공통신망 제공자들에 의하여 보관된 데이터의 보안 및 보호와 관련되는 규정들에 관한 한, 지침 2006/24는 헌장 제8조가 요구하는 바와 같이 남용의 위험과 그 데이터의 불법적인 접근과 이용에 대해 보존 데이터의 효과적인 보호를 보장하는 충분한 안전장치를 규정하고 있지 않다.

첫째로, 동 지침 제7조는 ①동 지침에 의해 보존이 요구된 데이터의 방대한 양, ②그 데이터의 민감성, 그리고 ③그 데이터에의 불법적인 접근의 위험에 특유하고 적합한 규정들, 즉 특히 그 데이터의 완결성과 비밀성을 확보하기 위하여 명백하고도 엄격한 방식으로 당해 데이터의 보호와 보안을 규율하는 규정들을 두고 있지 않다. 나아가 회원국들에게 그러한 규정을 제정할 구체적인 의무도 규정되고 있지 않다. 지침 2002/58 제4조 제1항과 지침 95/46 제17조 제1항 2단과 함께 해석할 때, 지침 2006/24 제7조는 기술적 및 조직적 조치에 의하여 이들 제공자가 특별히 높은 수준의 보호와 보안을 적용할 것을 보장하고 있지 않으며, 이들 제공자가 적용할 보안수준을 결정할 때 보안조치의 실행비용에 대하여 특히 경제적 고려를 하도록 허용하고 있다. 특히 동 지침은 데이터 보존기간이 종료할 때, 그 데이터의 복구 불가능한 파기를 보장하고 있지도 않다.

둘째로, 지침 2006/24는 그 데이터가 EU 역내에서 보존될 것을 요구하고 있지도 않고, 그 결과로 EU기본권헌장 제8조 제3항에 의하여 명시적으로 요구되는, 독립기관에 의한 보호와 보안 요건의 준수의 통제가 완전히 확보된다고 주장할 수도 없다. EU법에 근거하여 이루어진 이러한 통제는 개인데이터의 처리와 관련하여 개인의 보호의 필수적 구성요소이다.

이상의 모든 검토를 고려할 때, EU 입법기관은 지침 2006/24를 채택함으로써 헌장 제7조, 제8조 및 제52조 제1항에 비추어, 비례의 원칙의 준수에 의해 부과된 한계를 초과하였다고 주장되어야 한다. 따라서 헌장 제11조의 관점에서 동 지침의 유효성을 심사할 필요성은 없다. 제청사항에 대한 답변은 지침 2006/24는 무효라는 것이다.

(11) Case C-486/12 (12 December 2013)[62)]

사실관계의 개요와 쟁점

X는 교통법규 위반을 이유로 한 과태료의 부과처분을 다투는 소송에서, 처분 통지가 잘못된 주소로 발송되어 통지를 받은 바가 없다는 것을 입증하기 위하여 지방자치단체에 2008년과 2009년의 개인데이터의 공개청구를 하였다. 지방자치단체는 네덜란드 관련법률("지방자치단체가 보유한 개인데이터에 관한 법률", 이하 '개인데이터법')에 근거하여 발급한 개인데이터의 공인인증서(certified transcript)를 제공하였으며, 그 수수료로 12.80유로를 청구하였다.

X는 수수료 지급청구를 다투는 소송을 제기하였으나 패소하였다. X는 항소를 하면서, 자신은 공인인증서를 청구한 것이 아니라 관련법률

62) X[2013], EU:C:2013:836

(오픈정부법)에 근거하여 개인데이터를 얻기를 원했으며, 동법에 의하면 수수료는 부과되지 않는다고 주장하였다. 그에 대하여, 지방자치단체는 개인데이터법에 따라서 공인인증서의 형태로밖에 제공될 수 없다고 주장한다. 개인에게 제공되는 인증서는 그 개인의 사적 이익의 충족과 관련되기 때문에 지방자치법에 의하여 수수료의 지급이 청구될 수 있다고 한다.

이에 대해, 항소법원은 지방자치단체의 파일로부터 개인데이터를 제공하는 것은 국가법의 법적 근거 유무와 관계없이 지침 95/46의 적용범위에 속한다고 판단한다. 그런데, 동 법원에 의하면 지침 95/46 제12조 제a호는 모든 데이터주체에게 합리적인 기간마다 제약 없이 그리고 과도한 지체나 비용부담 없이 처리되고 있는 데이터와 그 출처에 관한 이용 가능한 데이터를 알기 쉬운 형태로 교부받을 권리를 보장하고 있다. 동 법원은 지침 95/46 제12조 제a호는 두 가지 해석방법이 있다고 본다. 즉 첫째로, 개인데이터의 교부는 과도한 지체나 과도한 비용부담 없이 하여야 한다(the communication of personal data must take place without excessive delay or excessive expense)와 둘째로, 개인데이터의 교부는 과도한 지체 없이 그리고 비용부담 없이 하여야 한다(the communication of personal data must take place without excessive delay and without expense)가 그것이다. 전자는 그것이 과도하지 않는 한 수수료의 부과는 허용될 수 있지만, 후자는 수수료의 부과는 금지된다. 이에 항소법원은 다음과 같은 사항에 대하여 선결소송을 구하여 유럽연합사법재판소에 제청하였다.

첫째로, 지침 95/46 제12조 제a호는 지방자치단체의 데이터베이스로부터 공인인증서의 형태로 개인데이터의 교부를 하는 경우에도 수수료의 부과가 금지되는가?

둘째로, 위의 질문에 대한 답변이 부정적이라면, 동 지침 제12조 제a

호에 비추어 현행 수수료는 과도한 것인가?

제청사항의 검토 요지

첫 번째 제청사항과 관련하여

네덜란드어판 지침 95/46 제12조 제a호는 'bovenmatige vertraging of kosten'으로 되어 있어서 'bovenmatige'('excessive')가 'vertraging' ('delays')에만 연결되는 것으로 생각될 수 있고, 따라서 동 규정에 의해 데이터를 교부받을 권리는 수수료의 부과대상이 아니라고 해석될 수 있다. 그러나 동 규정의 해석은 네덜란드어판에 의해서만 하여서는 안된다. 유럽연합사법재판소의 정착된 판례법에 의하면, 입법자의 진정한 의사와 입법목적에 근거하여 특히 모든 언어판에 비추어 해석될 것이 요구된다. 비네덜란드어판의 지침 95/46 제12조 제a호에 의하면 데이터의 교부를 무료로 할 것으로 규정하고 있는 것으로 해석되는 것은 없다. 동 규정의 다른 언어판은 예컨대, 스페인어판('sin retrasos ni gastos excesivos'), 덴마크어판('uden større ventetid eller større udgifter'), 독일어판('ohne unzumutbare Verzögerung oder übermäßiger Kosten'), 프랑스어판('sans délais ou frais excessifs'), 포르투칼어판('sem demora ou custos excessivos') 및 핀란드어판('aiheetonta viivyvtystä tai aiheettomia kustannuksia')은 회원국들이 과도한 수수료 부담 없이 데이터를 교부할 것이 요구된다고 규정하고 있다. 몇몇 언어판－예컨대, 영어판('without excessive delay or expense')과 스웨덴어판('större tidsutdräkt eller kostnader')－은 네덜란드어판과 같이 형용사 '과도한(excessive)'이 '비용(expense)'이라는 단어를 수식하는지가 애매모호한 경우도 있는 것이 사실이다. 그러나 동 규정의 어떠한 언어판도 명백하게 교부를 무료로 하여야 한다고 기술하고 있는 것은 없다. 따라서 동 규정은 개인데이터 접근권이 행사되는 경우에 회원국들이 수수료를 부과할 것을 요구하지 않고, 그러나 또한 과도하지 않는 한 수수료의 부과를 금지하지도 않는다고 해석하는 것이 지침 95/46 제12조 제a호의 문언으로부터 명백하다. 그러므로 지침 95/46 제12조 제a호는 개인데이터를 교부하는 경우에 공공기관에 의한 수수료의 부과를 금지하고 있지 않은 것으로 해석되어야 한다.

두 번째 제청사항과 관련하여

제청법원은 개인데이터 접근권이 행사되는 경우에 부과되는 수수료가 지침 95/46 제12조 제a호의 목적을 위하여 과도하지 않다는 것을 보장할 수 있는 기준을 알고 싶어 한다. 동 조항에 의하면, 회원국들은 자기와 관련되는 개인데이터와 그러한 데이터의 수취인과 자동처리에서의 로직에 관한 데이터에의 접근권을 부여하여야 한다. 위에서 판시한 바와 같이, 동 조항은 제약 없이, 과도한 지체 없이, 그리고 과도한 비용부담 없이 접근권의 행사를 할 수 있도록 회원국들이 보장하는 것으로 해석되어야 한다. 따라서 회원국들이 동 조항에서 규정된 데이터의 교부가 수수료의 지불을 발생시키는지를 결정하고, 만일 그렇다고 한다면 과도하지 않는 수준에서 수수료를 설정하여야 한다.

그러나 지침 95/46 제12조 제a호는 접근권이 행사될 때, 회원국들에 의해 부과된 수수료가 과도한 것으로 간주될 수 있는지를 평가하는 기준에 대해서는 규정하고 있지 않다. 그러한 기준을 설정하기 위해서, 동 조항은 지침 95/46의 목적과 관련하여 해석되어야 한다. 그리하여, 동 조항에 규정된 데이터에의 접근권을 행사하는 개인으로부터 수수료의 지불을 청구하는 회원국들이, 그 수수료가 한편으로는 프라이버시의 보호에서의 데이터주체의 이익, 특히 알기 쉬운 형태로 데이터를 교부받을 권리를 통하여 만일 필요하다면 데이터의 정정, 삭제 및 차단할 권리를 행사할 수 있고(데이터의 처리가 지침과 합치되지 않는 경우에), 그의 반대권과 법적 소송을 제기할 권리와, 다른 한편으로는 그러한 데이터를 교부할 의무가 데이터 컨트롤러에게 주는 부담 사이에 공정한 균형을 형성하는 수준에서 결정하여야 한다. 유럽연합사법재판소의 판례법에서 강조되고 EU기본권헌장 제8조에서 규정되고 있는 프라이버시 보호의 중요성을 고려해 볼 때, 동 조항에 의해 부과될 수 있는 수수료는 동 조항에 의해 보장된 접근권의 행사에 장애가 되는 수준에서 결정되어서는 안된다. 동 조항의 적용을 위하여 국가 공공기관이 자기와 관련되는 개인데이터에의 접근권을 행사하는 개인에 대해 수수료를 부과하는 경우에, 그 수수료의 수준은 데이터의 교부비용을 초과하여서는 안된다. 그 상한선은 회원국들이 모든 개인이 개인데이터에의 효과적인 접근권을 보장하기 위하여 보다 낮은 수준으로 수수료를 결정하는 것을 금지하지 않는다.

따라서 개인데이터에의 접근권이 행사되는 경우에 부과되는 수수료가 동 조항의 목적에 비해 과도하지 않을 것을 보장하기 위하여, 그들 수수료의 수준은 개인데이터의 교부비용을 초과하여서는 안 된다. 사안의 정황을 참조하여 국가법원이 필요한 입증을 하여야 한다.

(12) Case C-473/12 (7 November 2013)[63]

사실관계의 개요와 쟁점

IPI(벨기에 부동산중개인협회)는 부동산중개인의 이용조건과 직무의 적정한 이행을 보장하는 업무를 담당하고 있다. 그를 위해 IPI는 법적 소송의 일방 당사자가 될 수 있고, 법률 위반을 사법당국에 보고할 수 있다. IPI는 그 임무를 수행하기 위하여 사설탐정의 서비스를 이용할

63) IPI[2013], EU:C:2013:715

수 있는 권한을 위임받았다. IPI는 상사법원(Commercial Court)에 A와 B가 위법행위를 하였음을 선언하고, 부동산중개업무의 중지명령을 내릴 것을 청구하였다. IPI는 사설탐정이 수집한 사실관계에 기초하여 그 소송을 제기하였다.

상사법원은 개인데이터의 처리와 관련하여 개인의 보호의 법정요건을 존중하지 않고서 지침 95/46을 국가법화한 벨기에 개인데이터 보호법에 위반하여 취득했을 가능성이 있다면서, 사설탐정이 제공한 증거의 증명력에 대해 문제를 제기하였다. IPI에 따르면, 벨기에 개인데이터 보호법은 사설탐정의 조사를 사전에 또는 제3자로부터 데이터를 수집하는 경우에는 문제의 데이터를 기록할 때 데이터주체에게 통지할 것을 요구하고 있고, 따라서 동법의 시행은 사설탐정이 그 업무수행을 불가능하게 만든다고 하였다. 동 법원은 공익에 종사하는 다른 직역에 적용되는 그러한 통지의무의 예외를 사설탐정업으로 확대하지 않음으로써 동법의 규정이 헌법에 반하여 불평등대우를 야기한 것이 아닌지 의문을 가졌다. 따라서 동 법원은 벨기에 헌법재판소에 그 문제를 제청하기로 결정하였다.

헌법재판소는 지침 95/46 제13조 제1항이 회원국들에게 예외를 채택할지 여부에 대해 자유를 부여한 것처럼 보이지만, 동 지침에 의해 얻고자 하는 법률의 완전한 조화라는 측면에서 여전히 의문이 남는다고 한다. 따라서 헌법재판소는 소송절차를 정지시키고, 다음 사항에 대해 선결소송을 구하여 유럽연합사법재판소에 제청하였다.

첫째로, 지침 95/46 제13조 제1항 제g호는 만일 타인의 권리와 자유를 보호하기 위하여 필요하다면, 동 지침 제11조 제1항에서 규정된 즉각적인 통지의무를 규정할지 여부를 회원국들에게 선택할 자유를 주는 것으로 해석되어야 하는가? 또는 회원국들은 이러한 방식의 제한을 받아야 하는가?

둘째로, 국가법의 규율을 받고 전문자격을 보호하며 전문업을 체계화하는 규정의 위반을 사법당국에 보고할 권한이 위임된 기관의 서비스를 수행하고 있는 사설탐정의 직무활동은 경우에 따라서 지침 95/46 제13조 제1항 제d호 및 제g호에서 규정된 예외의 범위 내에 속하는가?

제청사항의 검토 요지

제청법원은 지침 95/46 제11조에서 규정한 데이터주체에의 즉각적인 통지의무를 언급하고 있지만, 동 조는 데이터주체로부터 얻지 않은 데이터에 관한 것으로서, 그 경우에는 데이터를 획득한 때가 아니라 나중에 데이터주체에게 통지하도록 규정하고 있다. 그에 비해, 동 지침 제10조는 데이터주체로부터 데이터를 수집하는 경우로서, 그 경우에는 데이터가 수집되는 때에 데이터주체에게 통지하도록 규정하고 있다. 따라서 데이터주체에의 즉각적인 통지는 동 지침 제11조가 아니라 제10조에 의해서 규정되고 있다. 그런데, 본 사안에서 사설탐정의 조사는 데이터주체로부터 직접적으로 또는 제3자로부터 간접적으로 수집할 필요가 있을 것이므로, 동 지침 제10조와 제11조가 모두 관련된다고 본다.

먼저, 사설탐정에 의해 수집된 데이터는 부동산중개인으로 활동하는 사람들과 관련된 것으로 식별되거나 식별가능한 자연인에 관한 데이터로서, 지침 95/46 제2조 제a호의 '개인데이터'에 해당한다. 따라서 IPI나 사설탐정에 의한 수집, 저장 및 전송은 동 지침 제2조 제b호의 '개인데이터의 처리'에 해당한다. 그러므로 우선, 동 지침 제13조 제1항에 따라서 개인데이터의 처리를 데이터주체에게 통지할 의무에 대해 회원국들이 동조가 열거하는 예외를 규정할 재량을 가지는지 여부 또는 예외를 규정하여야 할 의무를 지는지 여부가 검토되어야 한다.

EU 입법기관이 회원국들의 국가법화에 의하여 개인데이터의 자유로운 이동을 촉진하며, 개인의 기본권 특히 프라이버시권을 보장하고,

EU에서의 높은 수준의 보호를 확보하고자 하였던 것은 지침 95/46 전문 제3항, 제8항 및 제10항으로부터도 명백하다. 그를 위해 동 지침은 제10조와 제11조에서 데이터주체에게 개인데이터의 처리를 통지할 의무를 포함하고 있으며, 제13조 제1항에서 회원국들이 제13조 제1항 제a호에서 제g호까지에서 규정된 목적들을 위하여 그러한 조치가 필요한 경우에, 그들 의무의 범위를 제한하는 입법적 조치를 채택할 수 있다고 규정하고 있다.

제청법원은 동 지침 전문 제8항에서 기술된 것처럼, 개인데이터의 처리와 관련하여 개인의 권리와 자유의 보호 수준은 모든 회원국들에서 동등함을 보장하는 것을 목적으로 하는 조화(harmonisation)라는 입법기관의 목적의 관점에서 회원국들이 가지는 재량문제를 제기한다. 이와 관련하여서는 유럽연합사법재판소가 이전에 지침 95/46은 일반적으로 완전한 조화에 이를 것을 판시하였지만,[64] 또한 동 지침이 대단히 다양한 상황에 적용되고 상당히 탄력적인 규정을 포함하고 있으며, 많은 경우에 회원국들에게 구체적인 사항을 결정하고 옵션 간의 선택의 여지를 남겨놓기 때문에 상대적으로 일반적이라고도 판시하였다.[65]

지침 95/46 제13조 제1항과 관련하여 살펴보면, 동 조항은 회원국들에게 동 지침 제13조 제1항 제a호부터 제g호까지 열거된 목적을 위하여 국가법에 예외를 규정할 것을 의무지우는 것이 아니라, 그와 반대로 입법기관은 회원국들이 데이터주체에의 통지의무의 범위를 제한할 목적으로 하는 입법적 조치를 취하기를 원하는지 여부, 그리고 만일 그러하다면 무슨 목적으로 하는지를 결정할 자유를 부여하고자 하는 것이었다는 것은 동 조항의 문언, 특히 'Member States may'라는 단어들을 사용하고 있는 점으로부터도 명백하다. 나아가, 회원국들은 필요할 때

64) Case C-101/01, Lindqvist[2003], EU:C:2003:596, paragraphs 95 and 96, and C-524/06, Huber[2008], EU:C:2008:724, paragraphs 50 and 51

65) Lindqvist[2003], paragraph 83

에만 그러한 조치를 규정할 수 있다는 것은 동 지침 제13조 제1항의 문언으로부터 또한 명백하다. 따라서 조치가 '필요할 것(necessary)'의 요건은 제13조 제1항이 회원국들에게 부여한 옵션 적용의 선결조건이며, 그러한 조건이 충족되는 모든 경우에 쟁점이 되는 예외들을 채택할 것이 요구되는 것을 의미하지 않는다.

그러한 해석은 첫째로, 정보권(rights of information)에 대한 제한은 회원국들이 그들 목적을 '보장할 필요가 있는 한 회원국들에 의해 부과될 수 있다'고 하는 지침 95/46 전문 제43항의 문언으로부터 확인된다. 그러한 해석은 다음으로, 동 지침 제13조 제1항의 문언과 동 지침 제9조 및 전문 제37항의 비교에 의해서도 확인된다. 즉, 후자는 프라이버시권과 표현의 자유를 규율하는 법규를 조화시킬 필요가 있는 한, 보도목적 또는 예술이나 문학적 표현 목적을 위해서만 수행된 개인데이터의 처리에 대한 적용면제와 적용특례를 회원국들이 규정할 의무를 부과하고 있는 것이 명백하다.

그러한 해석은 또한 유럽연합사법재판소판례[66]에서의 지침 2002/58 제15조 제1항의 분석에서도 확인되며, 지침 95/46 제13조 제1항에서도 동 조항과 유사한 규정을 두고 있으며, 나아가 명시적으로 지침 95/46 제13조 제1항을 언급하고 있다. 유럽연합사법재판소는 첫째로, 제15조 제1항은 회원국들에게 개인데이터의 비밀을 보장할 원칙의 의무에 대한 예외를 규정할 가능성을 주고 있다. 그러나 그들 예외 중의 하나에 관하여, 제15조 제1항은 동 조가 규정하는 상황에서 회원국들에게 공개의무의 규정을 강제하는 것으로 해석될 수 없다. 그러므로 지침 95/46 제13조 제1항은 회원국들에게 하나 또는 그 이상의 예외를 규정할 옵션을 부여하지만, 그렇게 하여야 할 것을 강제하지는 않는다고 간주되어야 한다.

---

66) Case C-275/06, Promusicae[2008], EU:C:2008:54

따라서 두 번째로, IPI와 같은 기관을 위하여 하는 사설탐정의 활동이 지침 95/46 제13조 제1항 제d호와 제g호에서 규정된 예외의 범위 내에 속하는지가 검토되어야 한다. 확립된 판례법에 의하면, 프라이버시 기본권의 보호는 개인데이터의 보호와 관련한 적용특례와 제한이 필요한 경우에만 엄격하게 적용하여야 할 것을 요구한다.[67] 지침 95/46 제13조 제1항 제d호와 제g호에서 규정된 예외에 대하여, 전자는 특히 구체적으로 규정된 상황, 다시 말하면 규제받는 직업의 윤리 위반의 예방, 수사, 적발 및 기소에 관한 것이며, 후자는 타인의 권리와 자유의 보호에 관한 것으로 전자와는 대조적으로 구체적으로 규정하고 있지 않다.

먼저, 동 지침 제13조 제1항 제d호에서 규정된 예외를 조사하고, IPI와 같은 기구를 위하여 하는 사설탐정의 활동에 적용되는지 여부를 확인할 필요가 있다. 제청법원에 의하면, 부동산중개업은 벨기에에서 규제받는 직업이며, IPI는 조사를 통하여 관련법령의 준수를 확보하고 그들 법령의 위반을 보고하는 것을 그 관할로 하는 전문직 단체이다. IPI와 같은 기구의 활동은 동 지침 제13조 제1항 제d호의 예외에 의하여 규정된 상황에 일치하며, 따라서 그러한 예외에 해당될 수 있다. 지침 95/46은 법규 위반의 조사와 수사가 이루어지는 방식을 특정하고 있지 않기 때문에, 동 지침은 IPI와 같은 전문직 단체가 그 임무를 수행하기 위하여 그러한 조사를 담당할 사설탐정과 같은 전문직 조사자들에게 의지하는 것을 금지하고 있지 않다고 해석되어야 한다. 따라서 회원국들이 동 지침 제13조 제1항에서 규정된 예외를 실시하기로 선택하였다면, 관련 전문직 단체와 그를 위해 활동하는 사설탐정은 동 조항에 근거할 수 있으며, 동 지침 제10조와 제11조에서 규정된 데이터주체에게

67) Case C-73/07, Satakunnan Markkinapörssi and Satamedia[2008], EU:C:2008:727, paragraph 56, and Joined Cases C-92/09 and C-93/09, Volker und Markus Schecke and Eifert[2010], EU:C:2010:662, paragraphs 77 and 86

통지할 의무의 대상이 되지 않는다. 다른 한편으로, 만일 회원국들이 그러한 예외를 규정하지 않았다면, 데이터주체들에게는 제10조와 제11조에 따라서 개인데이터의 처리가 통지되어야 한다.

예외의 범위에 대하여, 다음으로 '윤리 위반(breaches of ethics)' 개념이 정의되어야 한다. 그와 관련하여, 규율되는 전문직에의 접근에 관한 법규는 전문직 윤리규범의 일부를 형성한다고 하여야 한다. 따라서 부동산중개인으로서 행세함으로써 이들 규범을 위반한 사람들의 행위에 관한 조사는 동 지침 제13조 제1항 제d호의 예외의 적용을 받게 된다. 그러므로 동 지침에 의하여, 회원국들은 IPI와 같은 규제받는 전문직 단체가 홀로 또는 사설탐정의 조력으로 윤리규범의 위반을 조사할 수 있고, 그러한 예외에 해당된다는 것을 규정할 수 있다.

이상으로부터 제청사항에 대한 답변은 다음과 같다.

- 지침 95/46 제13조 제1항은 회원국들이 데이터주체에게 개인데이터의 처리를 통지할 의무에 대해 동 조항이 규정하는 예외를 국가법화할 의무는 없지만 선택은 할 수 있음을 의미하는 것으로 해석되어야 한다.
- 규제되는 전문직, 본 사안의 경우에는 부동산중개인의 윤리 위반을 조사하기 위하여 전문직 단체를 위해서 하는 사설탐정의 활동은 지침 95/46 제13조 제1항 제d호의 예외에 해당된다.

(13) Case C-291/12 (17 October 2013)[68]

사실관계의 개요와 쟁점

본안소송의 원고(Mr Schwarz)는 보쿰시(Stadt Bochum)에 여권을 신청하였는데, 그때 지문을 찍는 것을 거부하였다. 보쿰시가 자신의 여권 신

68) Schwarz[2013], EU:C:2013:670

청을 거부하자, Mr Schwarz는 지문을 찍지 않고 여권을 발행하라는 명령을 구하는 소송을 관할 행정법원(Verwaltungsgericht Gelsenkirchen)에 제기하였다. 그는 동 소송에서 여권을 신청하는 사람들의 지문을 채취할 의무를 설정한 2004년 이사회규칙[69]의 효력을 다퉜다. 그는 동 규칙이 적절한 법적 근거가 없으며, 절차적 하자를 이유로 무효라는 의견을 제출하였다. 또한 동 규칙 제1조 제2항[70]은 EU기본권헌장 제8조에서 명시적으로 규정하고 있는 사생활존중권과 관련있는 동 헌장 제7조에서 규정된 개인데이터보호권을 침해한다고 주장한다.

따라서 동 행정법원은 소송절차를 정지시키고, 2004년 이사회규칙 제1조 제2항이 무효로 간주되는지 여부에 대해 선결소송을 구하여 유럽연합사법재판소에 제청하였다.

제청사항의 검토 요지

2004년 이사회규칙 제1조 제2항이 EU기본권헌장 제8조에서 명시적으로 규정하고 있는 사생활존중권과 관련있는 동 헌장 제7조에서 규정된 개인데이터보호권을 침해하는지 여부에 대해서는 먼저, 동 규칙 제1조 제2항에서 규정된 지문을 채취하여 여권에 저장하는 것이 사생활존중 및 개인데이터 보호의 권리에 대해 위협이 되는지 여부와, 다음으로 만일 그러한다면 그러한 위협은 정당화될 수 있는지 여부를 확인하여야 한다.

---

69) COUNCIL REGULATION (EC) No 2252/2004 of 13 December 2004 on standards for security features and biometrics in passports and travel documents issued by Member States, OJ 2004 L 385, p.1.

70) "Passports and travel documents shall include a highly secure storage medium which shall contain a facial image. Member States shall also include two fingerprints taken flat in interoperable formats. The data shall be secured and the storage medium shall have sufficient capacity and capability to guarantee the integrity, the authenticity and the confidentiality of the data."

먼저, 그러한 위협이 존재하는지 여부에 대하여 검토하면, 헌장 제7조는 모든 사람은 사생활존중권을 가진다고 하고, 제8조 제1항은 모든 사람은 자기와 관련된 개인데이터보호권을 가진다고 규정하고 있다. 이들 규정들을 종합적으로 해석하면, 제3자에 의한 개인데이터의 처리는 그들 권리에 대한 위협을 형성할 수 있다고 본다. 개인데이터의 처리와 관련하여, 사생활존중권은 식별된 또는 식별될 수 있는 개인과 관련되는 데이터가 그 대상이 된다는 것을 상기할 필요가 있다.[71] 지문은 개인들이 자세하게 식별될 수 있게 하는 개인에 관한 특유한 데이터를 객관적으로 포함하기 때문에 개인데이터를 형성한다.[72] 또한 지침 95/46 제2조 제b호에서 알 수 있는 것처럼, 개인데이터의 처리는 그들 데이터의 수집, 기록, 저장, 조회 또는 이용과 같이 제3자에 의한 그들 데이터에 대해 수행된 작용을 의미한다. 2004년 이사회규칙 제1조 제2항을 적용한다는 것은 국가기관들이 사람의 지문을 채취할 수 있으며, 그들 지문은 그 사람의 여권에 저장되어 보관될 수 있다는 것을 의미한다. 따라서 그러한 조치는 개인데이터의 처리로 간주되어야 한다.

이상에서 검토한 바와 같이, 2004년 이사회규칙 제1조 제2항에 의해 규율되는 국가기관에 의한 지문의 채취와 저장은 사생활 존중 및 개인데이터 보호의 권리에 대한 위협을 형성한다. 그렇다면, 그러한 이중의 위협이 정당화되는지를 검토하여야 한다.

다음으로, 국가기관의 지문의 채취와 저장으로 인한 사생활 존중 및 개인데이터 보호의 권리에 대한 위협이 정당화되는지를 검토하면, 우선 헌장 제8조 제2항은 관계인의 동의에 근거하거나 법률에 규정된 다른 적법한 근거가 없으면 개인데이터가 처리될 수 없다고 규정한다. 일

71) Volker und Markus Schecke and Eifert[2010], paragraph 52, and ASNEF and FECEMD[2011], paragraph 42

72) S. and Marper v. United Kingdom, §§ 68 and 84, ECHR 2008

반적으로 예컨대 EU시민들이 비회원국에 여행을 하기 위하여서는 여권을 소유해야 하며, 2004년 이사회지침 제1조 제2항에 따라서 지문을 포함하여야 하는 것은 필수적이다. 그러므로 그러한 여행을 하고자 하는 연합시민들은 자신들의 지문의 처리에 대해 자유롭게 거부할 수 없다. 이러한 경우에, 여권을 신청한 사람들이 그러한 지문의 처리에 동의하였다고 간주될 수 없다.

그 다음으로, 지문의 처리가 법률이 규정한 다른 적법한 근거에 따라서 정당화될 수 있는지 여부에 대하여 헌장 제7조와 제8조에 의해 인정된 권리들은 절대적인 권리가 아니며, 사회에서의 그 기능과 관련하여 생각되어야 한다.[73] 사실, 헌장 제52조 제1항은 그들 제한이 법률에 의해 규정되며, 그들 권리의 본질을 존중하고 비례의 원칙에 의하여 필요성이 있고 유럽연합에 의하여 인정된 일반적 이익의 목적이나 또는 다른 사람들의 권리와 자유를 보호할 필요성을 충족하는 한, 그들 권리의 행사의 제한을 허용한다.

첫째로, 본 사건에서 여권을 발행할 때, 지문의 채취와 저장으로 발생하는 제한은 2004년 이사회규칙 제1조 제2항에 의하여 규정되어 있기 때문에, 헌장 제52조 제1항의 목적을 위하여 법률에 의해 규정된 것으로 간주되어야 한다.

둘째로, 그러한 제한에 근거하는 일반적 이익의 목적과 관련하여, 2004년 이사회규칙 제1조 제2항은 두 가지의 특정한 목적, 즉 하나는 여권의 변조를 방지한다는 것, 다른 하나는 여권의 부정사용, 즉 여권의 진정한 소유자가 아닌 다른 사람에 의한 사용을 방지한다는 것이다. 따라서 동 조항은 유럽연합에 의해 인정된 일반적 이익의 목적을 추구하는 것이라고 하여야 한다.

---

73) Volker und Markus Schecke and Eifert[2010], paragraph 48, and Deutsche Telekom [2011], paragraph 51

셋째로, 본 사건에서 헌장 제7조와 제8조에 의해 인정된 권리들의 행사에 대해 부과된 제한이 그들 권리의 본질을 존중하지 않는다는 것은 유럽연합사법재판소가 이용할 수 있는 증거로부터는 명백하지 않다.

넷째로, 유럽연합사법재판소는 그들 권리에 부과된 제한이 2004년 이사회규칙에 의해 추구된 목적과 EU에의 불법적 입국을 방지한다고 하는 목적에 대해 비례적인지를 입증하여야 한다. 따라서 동 규칙에 의해 실시된 수단들이 그들 목적 달성에 비례적인지, 그리고 그것들을 달성하기 위하여 필요한 정도를 일탈하지는 않았는지 여부를 확인하여야 한다.

2004년 이사회규칙 제1조 제2항이 여권의 변조를 방지한다는 목적의 달성에 비례적인지 여부에 대하여, 동 조항에 의하여 규정된 대단히 안정적인 저장장치 상에서의 지문의 저장은 고도의 기술을 요구한다는 것이 일반적인 인식이다. 그러므로 그러한 저장은 여권의 변조의 위험을 감소시키고, EU국경에서의 여권의 신빙성을 체크하는 임무를 담당하는 기관들의 업무를 촉진하게 된다.

Mr Schwarz는 지문을 사용하는 신원확인방법은 실제 사용할 때 실수가 자주 있기 때문에, 여권의 부정사용을 방지하는 목적의 달성에 비례적이 아니라는 의견을 제출한다. 그러나 그와 관련하여, 그 방법이 전적으로는 신뢰할 수 없다는 사실이 결정적인 것은 아니라고 하여야 한다. 비록 그러한 방법이 모든 불법적인 사람들을 수용하지 못하도록 방지할 수 없다고 할지라도, 그러한 방법이 사용되지 않았더라면 존재할 수도 있을 그러한 수용의 가능성을 현저하게 감소시킨다. 지문을 신원확인방법으로 사용하는 것이 정당한 사람들을 실수로 거부되게 할 수 있다는 것이 사실이라고 할지라도, 여권소유자의 지문과 그 서류안의 데이터 간의 불일치는 관계인이 자동적으로 EU에의 입국이 거부되는 것을 의미하지는 않는다. 그러한 불일치는 단지 관계인에 대해 관할기관들의 관심을 끌게 될 뿐이고, 그 신원을 확인하기 위하여 그 사람을 보다 자세히 체크하게 될 것이다.

이상에서 검토한 바와 같이, 2004년 이사회규칙 제1조 제2항에서 규정된 지문의 채취와 저장은 동 규칙에 의해 추구된 목적들, 나아가 EU로의 불법적인 입국을 방지한다는 목적의 달성에 대해 비례적이다.

다음으로, 그러한 처리가 필요한지 여부를 평가할 때, 입법기관은 특히 헌장 제7조와 제8조에 따라서 인정된 권리를 보다 덜 간섭하고, 문제의 EU법규의 목적에 효과적으로 기여하게 되는 수단들을 예상할 수 있는지 여부를 검토하여야 한다.

여권의 부정사용을 방지한다는 목적과 관련하여, 먼저 지문의 채취 수단에 의해 제기된 위협은 그 목적을 달성하기 위하여 필요한 정도를 넘지 않는지 여부를 판단하여야 한다. 이와 관련하여서는 한편으로 그러한 행위가 일반적으로 다른 사람들에 의해 보여질 수 있는 두 손가락의 지문의 채취만을 포함하며, 이는 사사로운 성격의 작용이 아니라는 점을 상기하여야 한다. 또한 그것은 그 사람의 얼굴을 찍을 때보다도 그 사람에게 신체적·정신적 불편을 야기하지도 않는다. 이러한 점에서, 유럽연합사법재판소는 지문사용방법보다 여권의 부정사용으로부터의 보호라는 목적을 충분히 효과적으로 달성하면서도 헌장 제7조와 제8조에 의해 인정된 권리들에 대해 보다 적은 위협이 되는 수단을 알지 못한다.

이상에서 검토한 바와 같이, 2004년 이사회규칙 제1조 제2항은 여권의 부정사용으로부터의 보호라는 목적을 달성하기 위하여 필요한 정도를 일탈하는 지문의 처리를 의미하지 않는다고 하여야 한다. 따라서 제청사항에 대한 답변은 이상의 검토의 결과 2004년 이사회규칙 제1조 제2항의 유효성에 영향을 미칠 수 있는 것은 아무 것도 드러난 바 없다는 것이다.

(14) Case C-461/10 (19 April 2012)[74)]

사실관계의 개요와 쟁점

본안소송의 청구인들은 오디오북의 형태로 27편의 작품들의 재발간, 출판 및 배포에 대한 독점적 권리를 보유하고 있는 출판사들이다. 그들은 인터넷에 연결된 컴퓨터 간의 파일 공유와 데이터 전송을 허용하는 FTP(file transfer protocol)서버에 의해 자신들의 동의 없이 27편의 작품들이 배포되어 자신들의 독점적 권리가 침해되었다고 주장한다. 불법적인 파일 교환이 발생한 인터넷서비스 제공자는 ePhone이다. 본안소송의 청구인들은 2009년 4월 1일 03:28과 05:45 사이의 시간 동안 문제의 파일들이 발송된 것으로 추정되는 IP 주소를 사용하는 사람들의 이름과 주소를 교부받기 위하여 데이터공개명령을 관할지방법원에 청구하였다. 인터넷서비스 제공자인 ePhone은 청구된 금지명령(injunction)이 지침 2006/24에 반한다고 주장하여 동 청구를 다퉜다.

관할지방법원은 데이터공개명령청구를 인용하였으며, ePhone이 그에 대해 항소하였다. ePhone은 또한 지침 2006/24가 IP 주소가 할당된 가입자와 관련된 데이터를 지침에서 규정하고 있는 기관이 아닌 사람들에게 공개하는 것을 금지하고 있는지 여부를 명확히 하기 위하여 유럽연합사법재판소에 제청할 것을 신청하였다. 항소법원은 민사분쟁의 일방 당사자가 공공기관이 아닌 사람들에게 가입자데이터를 공개할 것을 명령받는 것을 금지하는 규정이 지침 2006/24에는 없다고 판결하면서, 유럽연합사법재판소에의 제청신청을 기각하였다. 항소법원은 또한 오디오북 출판사들이 지식재산권의 침해가 있었음을 증명하는 명백한 증거를 제출하지 않았다고 하면서, 지방법원에 의한 데이터공개명령을

74) Bonnier Audio and Others[2012], EU:C:2012:219

기각하였다.

그래서, 본안소송의 청구인들이 대법원에 상고하였다. 대법원은 지침 2006/24를 근거로 하지 않으면 스웨덴 관련법률의 적용이 금지되는지에 대해 의문이 있다고 판단하여, 소송절차를 정지시키고 유럽연합사법재판소에 선결소송을 구하여 다음 사항에 대하여 제청하였다.

즉, 지침 2006/24 제3조부터 제5조까지 및 제11조는 지침 2004/48[75] 제8조에 근거하고 있으며, 또한 특정한 가입자의 신원을 밝히기 위하여 침해에 사용된 특정한 IP 주소를 가진 가입자에 대한 데이터를 인터넷서비스 제공자가 저작권자에게 제공하는 것을 허용하는 국가법의 적용을 금지하는가?

제청사항의 검토 요지

선결문제로서 첫째로, 본안소송에서 다퉈지고 있는 데이터가 지침 2002/58 제15조 제1항에서 규정된 조건들과 합치된 국가법을 준수하여 보관되고 있다 - 이는 국가법원이 확인하여야 할 문제이다 - 는 전제에서, 유럽연합사법재판소는 시작하고 있다는 점을 주의하여야 한다. 둘째로, 지침 2006/24 제1조 제1항은 "각 회원국의 국가법에서 규정되고 있는 바와 같이, 중대 범죄의 수사, 적발 및 기소의 목적으로 데이터가 이용될 수 있음을 보장하기 위하여 공중전자통신서비스 제공자 또는 공공통신망 제공자에 의해 생성되거나 처리된 일정한 데이터의 보존과 관련하여, 그들의 의무에 관한 회원국들의 법규정을 조화시키는 것을 그 목적으로 한다"는 것이다. 나아가, 지침 2006/24 제4조에 의하

75) DIRECTIVE 2004/48/EC OF THE EUROPEAN PARLIAMENT AND OF THE COUNCIL of 29 April 2004 on the enforcement of intellectual property rights, OJ 2004 L 195, p.16.

여, 동 지침에 따라서 보존된 데이터는 특정한 사안에서 관할 국가기관에게만 그리고 관련 국가법에 따라서만 제공되어야 한다는 것이다. 그리하여, 지침 2006/24는 중대 범죄의 수사, 적발 및 기소의 목적으로 공중전자통신서비스 또는 공공통신망 제공자들에 의해 생성되거나 처리된 데이터의 취급 및 보관과 그들의 관할 국가기관과의 연락(communication)만을 다루고 있다는 점이다. 지침 2006/24의 물적 범위는 제11조에서 규정되고 있는 바, 동 조는 그러한 데이터가 동 지침 제1조 제1항을 위하여 특정하여 보관된다면 지침 2002/58 제15조 제1항은 그들 데이터에는 적용되지 않는다고 규정한다.

그러나 지침 2002/58 제15조 제1항은 지침 2006/24 제1조 제1항에서 명시적으로 규정된 목적들과 다른 목적을 위해 보존된 데이터에는 계속해서 적용된다. 그리하여 지침 2006/24는 특별하고 제한적인 법규를 형성하고 있으며, 적용범위에 있어서 일반적으로 그리고 지침 2002/58 제15조 제1항의 적용특례를 이루며 대체하고 있다는 것은 지침 2006/24 제11조와 전문 제12항으로부터 알 수 있다. 본안소송과 관련하여, 문제의 입법은 지침 2006/24와 다른 목적을 추구하고 있다는 점을 주목하여야 한다. 이는 민사소송에서 지식재산권의 침해가 있었다는 것의 선언을 얻기 위하여 청구한 데이터의 교부와 관련된 것이다. 따라서 동 법은 지침 2006/24의 물적 범위에 속하지 않는다. 그러므로 관련 회원국이 그 기한이 도과하였음에도 지침 2006/24를 국가법화하지 않았다는 것은 본안소송과 관련이 없다. 그럼에도 불구하고, 본안소송에서의 사실들은 관련 EU법규범과 관련된다는 점을 주목하여야 한다.

먼저, 본안소송의 청구인들이 신원확인을 위하여 보호받고 있는 작품들을 포함하는 파일들의 불법적인 교환이 있었던 것으로 추정되는 IP 주소를 사용하는 인터넷 가입자 또는 이용자들의 이름과 주소의 교부를 청구한다는 것을 상기할 필요가 있다. 본안소송의 청구인들이 청구한 데이터의 교부는 지침 95/46 제2조 제b호와 함께 해석할 때, 지침 2002/58 제2조의 '개인데이터의 처리'를 형성한다고 판단하여야 한다. 따라서 그러한 교부는 지침 2002/58의 적용범위에 속한다. 또한 본안소송에서 그들 데이터의 교부는 저작권 소유자 또는 그 승계인의 이익을 위하여 민사소송에서 요구되는 것이지 관할 국가기관의 이익을 위한 것이 아니라는 점을 주목하여야 한다.

그와 관련하여, 먼저 저작권의 효과적인 보호를 확보하기 위하여 개인데이터의 교부 청구는 지침 2004/48의 범위 내에 속한다고 말하여야 한다. 유럽연합사법재판소는 지침 2004/48 제8조 제3항은 지침 2002/58 제15조 제1항과 함께 해석할 때, 저작권 침해에 대한 민사소송을 제기할 수 있도록 개인데이터의 공개의무를 회원국들이 사인들에게 부과하는 것을 금지하지 않으며, 또한 회원국들이 그러한 의무를 규정할 것을 요구하지도 않는다고 이미 판결한 바 있다.[76] 그러나 유럽연합사법재판소는 회원국들이 지침 2002/58과 지침 2004/48을 국가법화할 때, EU법질서에 의해 보호되는 여러 가지 기본권 간의 공정한 형량이 이루어질 수 있도록 그들 지침을 해석할 것을 지적한 바 있다. 나아가 그들 지침을 국가법화하는 조치를 실시할 때, 회원국들의 기관과 법원은 그들 지침과 합치하는 방식으로 국가법을 해석해야 할뿐만 아니라, 또한 그들 기본권이나 비례의 원칙과 같은 EU법의 일반원칙과 충돌되는 해석을 하여서는 안된다.

본 사건에서 관련 회원국은 민사소송에서 개인데이터를 사인들에게 교부할 의무를 규정하여 이용할 수 있도록 하였다. 관련 국가법에 의하면, 관련 데이터의 공개명령에 대해 지식재산권의 침해의 명백한 증거를 요구하고 저작권의 침해 또는 손상에 대한 조사를 촉진하는 것으로

76) Promusicae[2008], paragraphs 54 and 55, and order in LSG-Gesellschaft zur Wahrnehmung von Leistungsschutzrechten, paragraph 29

간주될 수 있고, 그리고 그러한 조치의 이유가 그로 인해 영향을 받는 사람이나 다른 충돌되는 이익에 대해 그 조치가 야기하는 피해(harm)나 생활방해(nuisance)에 우월하여야 한다. 그리하여, 그러한 국가법에 의하여 국가법원은 적법한 권한을 가진 사람이 한 개인데이터의 공개명령청구를 받고서, 각 사건의 사실관계에 기초하여 충돌하는 관련이익들을 형량하고 비례원칙의 요건을 적정하게 고려할 수 있게 된다. 따라서 그러한 국가법은 원칙적으로 저작권 소유자가 가지는 지식재산권의 보호와 인터넷 가입자나 이용자가 가지는 개인데이터의 보호 사이에 공정한 형량을 보장하는 것으로 간주되어야 한다.

판결 주문

이상의 이유에 따라, 유럽연합사법재판소(제3법정)는 다음과 같이 판결한다.

- 지침 2006/24는 지침 2004/48에 근거하여, 인터넷 가입자나 이용자의 신원을 식별하기 위하여 저작권 침해에 사용된 것으로 추정되는 IP 주소를 제공한 인터넷 서비스 제공자에게 민사소송에서 가입자에 관한 데이터를 저작권자에게 줄 것을 명령하는 것을 허용하는 국가법의 적용을 금지하지 않는 것으로 해석되어야 한다. 왜냐하면 그러한 국가법은 지침 2006/24의 물적 적용범위 내에 속하지 않기 때문이다.
- 지침 2002/58과 지침 2004/48은 그러한 국가법에 의하여 정당한 권리를 가진 사람이 한 개인데이터 공개명령청구를 받은 국가법원이 각 사건의 사실관계에 기초하여 충돌하는 관련이익을 형량하고 비례원칙의 요건을 고려할 수 있도록 하는 한, 본안소송에서 쟁점이 되고 있는 국가법을 금지하지 않는 것으로 해석되어야 한다.

(15) Case C-360/10 (16 February 2012)[77]

사실관계의 개요와 쟁점

SABAM은 작사자, 작곡자와 음악작품 출판사를 대표하는 매니지먼트회사로서, 그들의 저작권이 보호된 작품들의 제3자에 의한 이용권을 부여하는 업무를 책임지고 있다. Netlog은 온라인 소셜 네트워크 플랫폼을 운영하는 회사로서, 등록한 사람들은 모두 이용할 수 있는 '프로필'로 알려진 개인적인 공간을 획득하게 된다. 매일 수천만 명의 개인들이 이용하는 이 플랫폼의 가장 중요한 기능은 그들 개인들이 서로 연락하고, 그럼으로써 우정을 발전시켜나가는 가상 커뮤니티를 구축하는 것이다. 각자의 프로필에 이용자들은 특히 일기를 쓰고 자신들의 취미와 관심을 나타내며, 자기의 친구들이 누구인지를 드러내며 개인적인 사진들을 전시하거나 동영상을 올릴 수도 한다.

그러나 SABAM은 Netlog의 소셜 네트워크가 또한 모든 이용자들에게 자신들의 프로필을 이용해서 SABAM의 레퍼토리의 음악작품이나 오디오비쥬얼작품들을 이용할 기회를 제공하며, 그 네트워크의 다른 이용자들이 SABAM의 동의없이 그리고 Netlog가 SABAM에게 아무런 대가도 지불하지 않고 그 작품들에 접근할 수 있게 함으로써 그들 작품이 일반대중에게 이용할 수 있도록 만들었다고 주장하였다.

2009년 2월 SABAM은 SABAM 레퍼토리의 이용에 대해 Netlog의 대가지불에 관한 계약을 맺기 위하여 Netlog와 접촉하였다. 2009년 6월 2일자의 서신으로 SABAM은 필요한 권원 없이 SABAM 레퍼토리의 음악작품들을 일반대중들에게 이용하게 하는 것을 금지시켜야 한다는 것을 Netlog에게 통지하였다. 동년 6월 23일 SABAM은 저작권 및 관련 권

77) SABAM[2012], EU:C:2012:85

리에 관한 법률에 의하여 Netlog에게 SABAM 레퍼토리의 음악작품들을 불법적으로 이용하게 하는 것을 즉각 중지하게 할 것과 그 명령을 이행하지 아니한 경우에 1일 1,000유로의 벌금을 지불하게 할 것의 명령을 구하는 금지명령을 신청하였다.

그와 관련하여, Netlog는 SABAM의 금지명령 신청을 인용하는 것은 EU의 지침 2000/31을 국가법화한 벨기에의 관련 법률에 의해 금지된 일반적인 모니터링의무를 Netlog에게 부과하는 것과 같다는 의견을 제출하였다. 게다가 Netlog는 그러한 금지명령의 인용이 모든 고객들에 대해 일반적이며 예방적 조치로서 자신의 비용으로 무제한의 기간 동안 SABAM이 권리를 가지고 있다고 주장하는 음악작품 등을 포함하는 전자파일을 식별하기 위하여 서버 상에 저장된 대부분의 데이터에 대한 필터링제도를 도입하고, 이어서 그러한 파일의 교환을 차단하라는 명령의 부과와 같은 결과를 낳을 수 있다고 주장하였다.

그러한 필터링제도를 도입하는 것은 개인데이터의 보호와 통신의 비밀성과 관련되는 EU법규정을 충족해야 한다는 것을 의미할 수 있다. 따라서 브뤼셀의 제1심법원은 소송절차를 정지시키고, 유럽연합사법재판소에 선결소송을 구하여 다음 사항에 대하여 제청하였다.

지침 2001/29[78]과 지침 2004/48[79]은 지침 95/46, 지침 2000/31[80]과

78) Directive 2001/29/EC of the European Parliament and of the Council of 22 May 2001 on the harmonisation of certain aspects of copyright and related rights in the information society, OJ L 167, 22.6.2001, p.10-19.

79) DIRECTIVE 2004/48/EC OF THE EUROPEAN PARLIAMENT AND OF THE COUNCIL of 29 April 2004 on the enforcement of intellectual property rights, OJ L 157, 30.4.2004, p.45-86.

80) Directive 2000/31/EC of the European Parliament and of the Council of 8 June 2000 on certain legal aspects of information society services, in particular electronic commerce, in the Internal Market ('Directive on electronic commerce'), OJ L 178, 17.7.2000, p.1-16.

지침 2002/58과 더불어 특히 유럽인권협약 제8조 및 제10조의 관점에서 해석될 때, 회원국들은 실체적 소송이 제기되기 전에 그리고 "국가법원은 또한 제3자에 의해 저작권이나 관련 권리들을 침해하는데 이용된 서비스의 중개자에 대해 금지명령을 발령할 수 있다"고 규정하는 실정법규정만에 근거하여 법원이 호스팅서비스 제공자에게 모든 고객들에 대해 일반적이며 예방적 조치로서 자신의 비용으로 무제한의 기간 동안 SABAM이 권리를 가지고 있다고 주장하는 음악작품 등을 포함하는 전자파일을 식별하기 위하여 서버 상에 저장된 대부분의 데이터에 대한 필터링제도를 도입하고, 이어서 그러한 파일의 교환을 차단하라고 명령할 권한을 허용하고 있는가?

제청사항의 검토 요지

제청법원은 관련 기본권의 보호로부터 발생하는 요건에 비추어 함께 해석할 때, 지침 2000/31, 지침 2001/29, 지침 2004/48, 지침 95/46과 지침 2002/58은 예방적 조치로서 전적으로 그 사업자의 비용으로 그리고 무기한으로 모든 이용자들에게 무차별적으로 적용되는, 서비스 이용자들에 의해 서버에 저장된 데이터들을 필터링하는 시스템을 설치할 것을 요구하는 금지명령을 국가법원이 호스팅서비스 제공자에 대해 발하는 것을 금지하는 것으로 해석되어야 하는지를 묻는다.

그와 관련하여, 먼저 Netlog와 같은 온라인 소셜 네트워크 플랫폼 소유자는 그들의 '프로필'과 관련하여 서버 상에 그 플랫폼 이용자들에 의해 제공된 데이터를 저장하며, 따라서 그것은 지침 2000/31 제14조의 호스팅서비스 제공자라고 하는 데에는 다툼이 없다.

다음으로, 지침 2001/29 제8조 제3항과 지침 2004/48 제11조에 따르면, 지식재산권 소유자들은 그들 서비스가 플랫폼 이용자들에 의해 지식재산권이 침해될 수 있다면, 동 조항들이 규정하는 중개자로서 행동하는 Netlog와 같은 온라인 소셜 네트워크 플랫폼 운영자들에 대해 금지명령을 청구할 수 있다는 것을 명심하여야 한다. 게다가 그들 조항에 의하여 국가법원에 부여된 재판권은 국가법원이 그들 정보사회서비스를 이용하는 권리에 대해 이미 저지른 침해를 종결시킬 뿐만 아니라 추가적인 침해를 방지하기 위한 조치를 취하도록 그들 중개자들에게 명령하는 것이 허용되어야 하는 것은 유럽연합사법재판소의 판례법에 의해 확인된다.[81]

마지막으로, 지침 2001/29 제8조 제3항과 지침 2004/48 제11조 3문에 의해 충족되어야 하는 요건과 따라야 할 절차에 관련되는 금지명령의 활용을 위한 규정들은 국가법문제라는 것이 위 동일 판례법에 의해 확인된다.[82] 그럼에도 불구하고, 회원국들에 의해 만들어진 규정들과 국가법원에 의한 적용은 지침 2001/29와 지침 2004/48이 규정하는 법원(sources of law)에서 생기는 한계를 준수하여야 한다.[83] 따라서 지침 2001/29 전문 제16항과 지침 2004/48 제2조 제3항 제a호에 의해, 그들 국가법규정은 지침 2000/31 제12조에서 제15조까지의 규정들에 영향을 미칠 수 없다.

그러므로 그들 규정은 호스팅서비스 제공자가 저장하는 데이터의 일반적인 모니터링을 수행할 것을 동 제공자에게 요구하는 조치들을 국가기관들이 채택하는 것을 금지하는 지침 2000/31 제15조 제1항을 특히 존중하여야 한다. 그와 관련하여, 그러한 금지는 호스팅서비스 제공자와 같은 중개자가 지식재산권의 장래 침해를 방지하기 위하여 모든 고객들을 적극적으로 모니터링할 것을 요구하는 국가조치에 특히 적용된다고 유럽연합사법재판소는 이미 판결한 바가 있다. 나아가, 그러한

81) Case C-70/10, Scarlet Extended[2011], EU:C:2011:771, paragraph 31

82) Scarlet Extended[2011], paragraph 32

83) Scarlet Extended[2011], paragraph 33

일반적인 모니터링의무는 지침 2004/48에서 규정된 조치들이 공정하고 비례적이어야 하며, 과도하게 비용이 드는 것이 아니어야 한다고 규정하는 동 지침 제3조와 양립 불가능할 수 있다.[84)]

따라서 호스팅서비스 제공자에게 필터링제도의 도입을 요구하는 본안소송의 금지명령은 그 제도의 일부로서 그 제공자가 지식재산권의 장래 침해를 예방하기 위하여 그 서비스 이용자들의 모든 데이터를 적극적으로 모니터링할 의무를 부과하는지 여부를 심사할 필요가 있다. 그와 관련하여서는 그러한 필터링제도의 실시는 다음 사항을 요구한다는 것이 공통점이다.

- 첫째로, 호스팅서비스 제공자가 지식재산권 소유자들이 권리를 소유하고 있다고 주장하는 관점에서 그들 작품을 포함하는 파일을 모든 서비스 이용자들에 의해 서버 상에 저장된 모든 파일 중에서 식별할 것;
- 다음으로, 그들 파일 중에 어느 것이 저장되고 있고, 일반대중에게 불법적으로 이용될 수 있는 지를 호스팅서비스 제공자가 결정할 것;
- 마지막으로, 호스팅서비스 제공자가 불법적이라고 간주하는 파일들이 이용되지 못하도록 금지할 것.

따라서 이러한 예방적 모니터링은 이용자들에 의해 저장된 파일들에 대해 호스팅서비스 제공자에 의한 적극적인 관찰을 요구할 것이며, 그렇게 저장된 거의 모든 데이터와 그 제공자의 모든 서비스 이용자들을 포함하게 될 것이다.[85)]

이상에서 살펴본 바와 같이, 호스팅서비스 제공자에게 필터링제도의 설치를 요구하는 금지명령을 부과하는 것은 그 제공자에게 지식재산권의 장래 침해를 예방하기 위하여 모든 서비스 이용자들과 관련되는 거

---

84) Scarlet Extended[2011], paragraph 36

85) Scarlet Extended[2011], paragraph 39

의 모든 데이터를 그 제공자가 적극적으로 모니터링할 것을 명령하는 것이라고 판시하여야 한다. 따라서 그러한 금지명령은 호스팅서비스 제공자에게 지침 2000/31 제15조 제1항에 의해 금지된 것과 같은 일반적인 모니터링을 수행할 것을 요구하는 것이 된다.

그러한 금지명령이 EU법과 일치하는지를 평가하기 위하여, 또한 제청법원에 의해 언급된 것과 같은 적용 가능한 기본권들의 보호로부터 발생하는 요건도 고려하여야 한다. 그와 관련하여, 본안소송의 금지명령은 호스팅서비스 제공자에 의해 제공되는 서비스에 의해 저장되고 일반대중에게 이용될 수 있는 일정한 데이터의 성질과 내용에 의해 침해될 수 있는 지식재산권인 저작권의 보호를 확보한다는 목적을 추구한다는 것을 명심하여야 한다. 지식재산권의 보호는 사실 헌장 제17조 제2항에 의해 보장되고 있다. 그러나 그 조항의 문언이나 또는 유럽연합사법재판소의 판례법에서도 그 권리가 불가침이며 절대적으로 보호되어야 한다고는 하지 않는다. 유럽연합사법재판소 판례법이 명확히 밝히고 있는 바와 같이,[86] 지식재산권과 연결된 권리를 포함하는 재산권의 보호는 다른 기본권의 보호와 관련하여 형량이 이루어져야 한다. 즉, 국가기관과 법원은 저작권의 보호와 개인의 다른 기본권의 보호와의 사이에서 정당한 형량을 하여야 한다. 따라서 국가기관과 법원은 저작권 소유자들이 향유하는 지식재산권의 보호와 헌장 제16조에 따라서 호스팅서비스 제공자들과 같은 운영자들이 향유하는 사업을 영위할 자유의 보호 사이에 정당한 형량을 하여야 한다.

본안소송에서 필터링제도의 설치를 요구하는 금지명령은 저작권 소유자들의 이익을 위해 관련 호스팅서비스 제공자에 의해 저장된 거의 모든 데이터의 모니터링을 포함한다. 더구나, 그러한 모니터링은 시간

86) Promusicae[2008], paragraphs 62 to 68

의 제한도 없으며 장래의 모든 침해에 향해 있고, 현존하는 작품뿐만 아니라 그 제도가 도입된 때에는 아직 창조되지 않은 작품까지도 보호할 의도이다. 따라서 그러한 금지명령은 호스팅서비스 제공자의 사업을 운영할 자유의 심각한 침해를 가져온다. 왜냐하면 금지명령은 호스팅서비스 제공자에게 복잡하고 비용이 많이 들며, 영구적인 컴퓨터시스템을 그의 비용으로 설치할 것을 요구하기 때문이다. 이는 지식재산권의 존중을 보장하는 조치들이 반드시 복잡하거나 고비용이어서는 안 된다는 것을 요구하는 지침 2004/48 제3조 제1항에서 규정된 조건들에 반한다.87)

그러므로 제청사항에 대한 답변은 지침 2000/31, 지침 2001/29 및 지침 2004/48은 적용 가능한 기본권들의 보호로부터 생기는 요건들의 관점에서 함께 검토할 때, 호스팅서비스 제공자에게 필터링제도의 설치를 요구하는 금지명령을 그 제공자에게 발하는 것은 금지되는 것으로 해석되어야 한다는 것이다.

(16) Case C-70/10 (24 November 2011)88)

본 사건은 Scarlet과 SABAM 간의 본안소송절차에서 저작권을 침해하는 파일공유를 금지하기 위하여 파일공유소프트웨어(peer-to-peer)를 사용하는 전자통신필터링제도의 설치를 Scarlet이 거부한 것과 관련하여 선결소송이 제청된 것이다.

사실관계의 개요와 쟁점

SABAM은 작가, 작곡자와 음악작품의 편집자들을 대표하여, 저작권

87) Scarlet Extended[2011], paragraph 48

88) Scarlet Extended[2011], EU:C:2011:771

에 의해 보호받는 작품들을 제3자에게 사용할 권리를 부여하는 매니지먼트회사이다. Scarlet은 다운로드나 파일공유와 같은 서비스는 제공하지 않고, 고객들에게 인터넷에의 접근을 제공하는 인터넷서비스 제공자(ISP)이다.

SABAM은 Scarlet의 서비스를 이용하고 있는 인터넷 이용자들이 peer-to-peer 네트워크에 의해 아무런 권원 없이 그리고 로열티도 지불하지 않고 인터넷으로부터 SABAM의 카탈로그에 있는 작품들을 다운로드하고 있다고 결론을 내렸다. 따라서 2004년 6월 24일에 SABAM은 Scarlet이 ISP로서 그 고객들에 의한 저작권 침해를 종결시킬 조치를 취할 가장 적임자라고 주장하며, Scarlet을 상대로 중간소송(interlocutory proceedings)을 제기하였다.

첫째로, SABAM은 peer-to-peer 소프트웨어에 의하여 전자음악파일의 불법적인 공유로 인하여 자신의 레퍼토리에 포함된 음악작품들의 저작권이 침해되었으며, 그러한 침해는 Scarlet의 서비스를 이용하여 이루어졌다는 것의 선언을 청구하였다.

다음으로, SABAM은 차단을 하거나 또는 권리자의 허락 없이 peer-to-peer 소프트웨어를 사용하여 음악작품을 포함하는 파일들을 보내거나 받을 수 없도록 함으로써, 그러한 권리 침해를 종결시키도록 요구하는 명령을 청구하였다.

2004년 11월 26일 판결에서 제1심법원은 SABAM에 의해 주장된 권리가 침해되었다고 판결하였다. 그러나 동 법원은 중지신청에 대한 결정에 앞서, SABAM이 제안한 기술적 해법이 기술적으로 가능한지, 그러한 기술이 불법적인 파일공유만을 걸러낼 수 있는지, peer-to-peer 소프트웨어를 모니터링할 다른 방법이 있는지 여부를 조사하고, 예상되는 조치들의 비용을 결정하기 위하여 전문가를 지명하였다. 지명된 전문가는 그 보고서에서 수많은 기술적 장애에도 불구하고, 전자파일의 불법적인 공유를 필터링하고 차단할 가능성이 완전히 배제될 수는 없다고 하였다.

2007년 6월 29일의 판결에서 제1심법원은 Scarlet의 고객들이 peer-to-peer 소프트웨어에 의해 SABAM의 레퍼토리의 음악작품을 포함하는 파일을 보내거나 받을 수 없게 함으로써 2004년 11월 26일 판결에서 결정된 저작권 침해를 종결시킬 것과 이를 이행하지 아니한 경우의 정기적인 이행강제금의 부과를 명령하였다.

이러한 결정에 대하여, Scarlet은 필터링 및 블로킹시스템의 효과성과 지속성이 입증된 바 없기 때문에 그러한 금지명령을 준수하는 것은 불가능하며, 그렇게 하기 위한 장비의 설치에는 수많은 실질적인 장애, 예컨대 네트워크 용량과 네트워크에 대한 영향과 같은 문제에 직면하게 된다고 주장하며, 제청법원인 항소법원에 항소하였다. 더구나 관련 파일을 차단하고자 하는 시도는 제3자가 그 내용을 체크하는 것이 불가능하게 만드는 여러 가지의 peer-to-peer 소프트웨어가 있기 때문에 곧바로 실패할 수밖에 없다고 Scarlet은 주장하였다.

또한 Scarlet은 그러한 금지명령은 지침 2000/31 제15조를 국가법화한 국가법조항에도 반한다고 주장하였다. 왜냐하면, 국가법조항은 peer-to-peer 트래픽을 차단하거나 필터링하는 제도는 반드시 그 네트워크를 통과하는 모든 통신의 일반적인 감시를 요구하고 있기 때문에 Scarlet 네트워크상의 통신을 모니터링할 일반적인 의무를 Scarlet에 부과하고 있기 때문이다.

마지막으로, Scarlet은 그러한 필터링은 개인데이터인 IP 주소의 처리를 포함하기 때문에 필터링제도의 설치는 개인데이터의 보호에 관한 EU법조항과 통신의 비밀을 위반한다고 생각하였다.

항소법원은 peer-to-peer 파일을 필터링하고 차단하는 메커니즘이 존재하는지 그리고 효과적일 수 있는지 여부를 확인하기 전에, Scarlet에 부과되는 의무가 EU법에 합치하는지가 충족되어야 한다고 판단하였다. 따라서 동 법원은 소송절차를 정지시키고, 다음 사항에 대하여 선결소송을 구하여 유럽연합사법재판소에 제청하였다.

'(1) 지침 95/46, 지침 2000/31, 지침 2002/58과 함께 특히 유럽인권협약 제8조와 제10조의 관점에서 해석할 때, 지침 2001/29와 지침 2004/48은 실체소송이 제기되기 전에 그리고 관련법규정[89]만을 근거로 하여, 회원국들은 국가법원에게 원고가 권리를 보유하고 있는 것과, 따라서 그러한 파일의 전송을 차단할 것을 주장하는 관점에서 음악작품들을 포함하는 전자파일의 이동을 그 네트워크상에서 식별하기 위하여 모든 고객들에 대하여 추상적이며 예방적 조치로서 그리고 전적으로 ISP의 비용으로 또한 무기한으로, 특히 peer-to-peer 소프트웨어의 사용을 포함하는 그 서비스를 통과하는 수신과 송신 모두의 전자통신 필터링제도의 설치를 ISP에게 명령할 권한을 부여하는 것을 허용하고 있는가?
(2) 위의 질문에 대한 답변이 긍정적이라면, 이들 지침은 그 서비스가 제3자에 의해 저작권의 침해에 사용되고 있는 중개자에 대한 금지명령 신청에 대한 결정이 요구되는 국가법원에게 청구된 조치의 효과성과 억지적 효과에 대해 결정할 때 비례의 원칙을 적용할 것을 요구하는가?

제청사항의 검토 요지

제청법원은 지침 2000/31, 지침 2001/29, 지침 2004/48, 지침 95/46과 지침 2002/58을 적용 가능한 기본권의 보호에서 발생하는 요건의 관점에서 종합적으로 해석할 때, 전적으로 ISP의 비용부담으로 그리고 무기한으로 예방적 조치로서 모든 고객들에게 무차별적으로 적용하는 서비스, 특히 peer-to-peer 소프트웨어의 사용을 포함하는 서비스들을 통

89) "They [the national courts] may also issue an injunction against intermediaries whose services are used by a third party to infringe a copyright or related right."

과하는 모든 전자통신을 필터링하는 제도를 도입하라는 ISP에게 부과되는 금지명령을 배제하는 것으로 해석되어야 하는지를 묻는다.

그와 관련하여, 우선 지침 2001/29 제8조 제3항[90]과 지침 2004/48 제11조 3문단[91]에 의하여, 지식재산권의 보유자는 그 서비스가 제3자에 의하여 그들 권리를 침해하는데 사용되고 있는 ISP와 같은 중개자들에 대해 금지명령을 청구할 수 있다는 것을 기억하여야 한다.

다음으로, 유럽연합사법재판소의 확립된 판례법[92]에 의하면, 위의 조항들에 따라서 국가법원에 부여된 재판권에 근거하여, 국가법원들은 중개자들의 정보사회서비스를 이용하여 지식재산권에 대해 이미 야기한 침해를 종결시키는 것뿐만 아니라 추가적인 침해를 방지하기 위한 조치를 중개자들에게 명령하여야 한다.

마지막으로, 동일한 판례법[93]에 의하여, 지침 2001/29 제8조 제3항과 지침 2004/48 제11조 3문단에 의하여 규정하여야 하는 금지명령의 기능을 위한 규정들, 예컨대 충족해야 할 요건들과 따라야 할 절차는 국가법문제이다.

그렇다면, 국가법규정들은 그들 법규정의 국가법원에 의한 적용과 마찬가지로 지침 2001/29와 지침 2004/48, 그리고 그들 지침이 규정하는 법원들(sources of law)로부터 발생하는 제한을 준수하여야 한다. 따라서 지침 2001/29 전문 제16항과 지침 2004/48 제2조 제3항 제a호에 의하여, 회원국들이 제정한 이들 법규정은 지침 2000/31, 보다 구체적

90) "Member States shall ensure that rightholders are in a position to apply for an injunction against intermediaries whose services are used by a third party to infringe a copyright or related right."

91) "Member States shall also ensure that rightholders are in a position to apply for an injunction against intermediaries whose services are used by a third party to infringe an intellectual property right, without prejudice to Article 8(3) of Directive 2001/29/EC."

92) Case C-324/09, L'Oréal and Others[2011], EU:C:2011:474, paragraph 131

93) L'Oréal and Others[2011], paragraph 135

으로는 동 지침 제12조부터 제15조까지에 영향을 미칠 수 없다.

그러므로, 이들 법규정은 ISP의 네트워크상에서 전송되는 데이터의 일반적인 모니터링을 ISP가 수행할 것을 요구하는 조치들의 채택을 금지하는 지침 2000/31 제15조 제1항[94]을 특히 존중하여야 한다. 그와 관련하여, 유럽연합사법재판소는 이미 그러한 금지는 특히 지식재산권의 장래 침해를 방지하기 위하여 ISP와 같은 중개자가 그 고객들의 모든 데이터를 적극적으로 모니터링할 것을 요구하는 국가조치에 적용된다고 판결하였다. 나아가 그러한 일반적 모니터링의무는 동 지침에 의해 규정된 조치들은 공정하고 비례적이며 과도하게 비용부담이 되어서는 안된다고 규정하는 지침 2004/48 제3조와 양립할 수 없다.

따라서 ISP에게 필터링제도의 설치를 요구하는 본안소송에서 쟁점이 되는 금지명령이 지식재산권의 장래 침해를 금지하기 위하여 그러한 제도의 일부로서 그 고객 각자의 모든 데이터를 적극적으로 모니터링할 것을 ISP에게 강제하는지 여부를 검토할 필요가 있다.

그와 관련하여, 그러한 필터링제도의 시행은 첫째로, ISP가 모든 고객들의 모든 전자통신 내에서 peer-to-peer 트래픽과 관련되는 파일을 식별할 것, 둘째로, ISP가 그러한 트래픽 내에서 지식재산권소유자들이 권리를 소유하고 있다고 주장하는 작품들을 포함하는 파일들을 식별할 것, 셋째로, ISP가 그들 파일이 불법적으로 공유되고 있다는 것을 결정할 것, 넷째로, ISP가 불법적이라고 간주하는 파일공유를 차단할 것을 요구한다는 것이 일반적인 인식이다.

따라서 이러한 예방적 모니터링은 관련 ISP의 네트워크상에서 수행되는 모든 전자통신의 적극적인 관찰이 요구되며, 결과적으로 전송되

94) "Member States shall not impose a general obligation on providers, when providing the services covered by Articles 12, 13 and 14, to monitor the information which they transmit or store, nor a general obligation actively to seek facts or circumstances indicating illegal activity."

는 모든 데이터와 그러한 네트워크를 사용하는 모든 고객들을 포함하게 될 것이다.

이상에서 검토한 바와 같이, 관련 ISP에게 필터링제도의 설치를 요구하는 금지명령은 지식재산권의 장래 침해를 방지하기 위하여 그 고객 각자와 관련되는 모든 데이터를 적극적으로 모니터링할 것을 강제하는 것이라고 하여야 한다. 따라서 그러한 금지명령은 지침 2000/31 제15조 제1항에 의하여 금지되고 있는 일반적 모니터링을 ISP에게 요구하고 있는 것이다. 그러한 금지명령이 EU법과 일치하는지 여부를 평가하기 위하여, 제청법원이 언급하고 있는 것과 같은 적용 가능한 기본권의 보호로부터 생기는 요건들이 고려되어야 한다.

그와 관련하여, 본안소송에서 쟁점이 되고 있는 금지명령은 관련 ISP의 네트워크를 통하여 수행되는 전자통신의 성질과 내용에 의하여 침해될 수 있는 지식재산권인 저작권의 보호를 보장하는 목적을 추구하고 있다는 점이 상기되어야 한다. 지식재산권의 보호는 사실 EU기본권헌장 제17조 제2항[95]에서 보장되고 있다. 그러나 동 규정의 문언에서나 또는 유럽연합사법재판소의 판례법에서도 동 권리가 불가침이고 따라서 절대적으로 보호되어야 한다는 것을 시사하는 것은 전혀 없다. 유럽연합사법재판소의 판례법[96]이 명백히 밝히고 있는 바와 같이, 지식재산권을 포함하는 재산권의 보호는 다른 기본권의 보호와 형량되어야 한다. 보다 구체적으로 살펴보면, 국가기관과 법원은 저작권의 보호와 그러한 조치에 의해 영향을 받는 개인들의 기본권의 보호 사이에서 정당한 형량을 하여야 한다.

따라서 본안소송의 경우에, 국가기관과 법원은 저작권 소유자들이 향유하는 지식재산권의 보호와 헌장 제16조에 따라서 ISP와 같은 운영

95) "Intellectual property shall be protected."

96) Promusicae[2008], paragraphs 62 to 68

자들이 향유하는 사업을 영위할 자유의 보호 사이에서 특히 정당한 형량을 하여야 한다. 본 사안의 경우, 필터링제도의 설치를 요구하는 금지명령은 저작권소유자들의 이익을 위하여 관련 ISP의 네트워크를 통하여 이루어진 모든 전자통신의 모니터링을 포함한다. 더구나, 그러한 모니터링은 시간의 제한이 없으며 모든 장래의 침해에 향해 있고, 현존하는 작품뿐만 아니라 그 제도가 도입될 때에는 아직 창작되지 않은 장래 작품도 보호하고자 한다. 그러한 금지명령은 결국 관련 ISP의 사업을 영위할 자유에 대한 중대한 침해를 야기할 것이다. 왜냐하면 이는 그러한 ISP에게 그의 비용부담으로 복잡하며 고비용적이고 영구적인 컴퓨터시스템의 설치를 요구하는 것이며, 이는 지침 2004/48 제3조 제1항[97]에서 규정된 조건들과 반하기 때문이다.

따라서 필터링제도를 설치하라는 금지명령은 한편으로 저작권 소유자가 향유하는 지식재산권의 보호와, 다른 한편으로 ISP와 같은 운영자들이 향유하는 사업을 영위할 자유의 보호 사이에서 정당한 형량이 이루어져야 한다는 요건을 존중하지 않는 것으로 간주되어야 한다. 더구나 그러한 금지명령의 효과는 필터링제도가 또한 ISP 고객들의 기본권, 다시 말하자면 헌장 제8조와 제11조에 의하여 보장되는 권리들인 그들의 개인데이터보호권과 데이터를 발신하고 수신할 자유를 또한 침해할 수 있기 때문에 관련 ISP에 한정되지 않을 것이다.

이상에서 검토한 바와 같이, 제청사항에 대한 답변은 지침 2000/31, 지침 2001/29, 지침 2004/48, 지침 95/46과 지침 2002/58은 적용 가능

97) "Member States shall provide for the measures, procedures and remedies necessary to ensure the enforcement of the intellectual property rights covered by this Directive. Those measures, procedures and remedies shall be fair and equitable and shall not be unnecessarily complicated or costly, or entail unreasonable time-limits or unwarranted delays."

한 기본권의 보호에서 발생하는 요건의 관점에서 종합 해석할 때, ISP에게 필터링제도의 설치를 요구하는 금지명령을 금지하는 것으로 해석되어야 한다는 것이다.

(17) Joined Cases C-92/09 and C-93/09 (9 November 2010)[98)]

본 사건은 공공기관으로부터 농업지원기금을 지원받은 수혜자들의 개인데이터를 관할 연방기관(연방농업식량청)의 인터넷 사이트에 게재하는 것과 관련하여 제기된 Markus Schecke GbR(Case C-92/09) 및 Mr Eifert(Case C-93/09)와 독일 헤센주(Land Hessen)와의 사이의 소송에서 제청법원이 선결소송을 구하여 유럽연합사법재판소에 제청한 것이다.

사실관계의 개요와 쟁점

본안소송의 원고들은 독일 헤센주에 주소를 두고 있는 조합(Volker und Markus Schecke GbR; Case C-92/09)과 전업농민(Hartmut Eifert; Case C-93/09)이다. 그들은 2008 회계년도에 EAGF(European Agricultural Guarantee Fund)와 EAFRD(European Agricultural Fund for Rural Development)의 농업지원기금을 관할 지방자치단체(헤센주)에 신청하여, 2008년 12월 5일(Case C-93/09)과 동년 12월 31일(Case C-92/09)에 각각 지원대상자로 결정되었다. 그런데, 신청서에는 다음과 같은 문구가 포함되었다.

"나는 규칙 1290/2005(Regulation 1290/2005) 제44a조가 EAGF와 EAFRD의 기금수혜자들에 관한 데이터와 각 수혜자들이 수령한 금액의 공개를 요구하고 있다는 사실을 알고 있습니다. 그러한 공개는 관련

98) Volker und Markus Schecke and Eifert[2010], EU:C:2010:662

법률에서 요구되는 모든 신청서에 공통으로 적용됩니다."

관할 연방농업식량청은 웹 사이트에 EAGF와 EAFRD의 기금수혜자들의 이름, 주소, 우편번호 및 연간지원금을 게시하고 있다.

2008년 9월 26일(Case C-92/09)과 동년 12월 18일(Case C-93/09)에 원고들은 자신들과 관련되는 데이터의 공개를 금지하는 소송을 제기하였다. 그들은 EAGF와 EAFRD로부터 지원받는 금액의 공개는 우월한 공익의 관점에서 정당화되지 않는다고 주장한다. 더구나 유럽사회기금을 규율하는 법규는 수혜자들이 이름에 의해 식별되는 것을 규정하고 있지 않다. 원고들은 EAGF와 EAFRD로부터 지원받는 금액에 관한 데이터의 일반적인 공개를 위하여 헤센주가 그들 데이터의 전송 또는 공개를 금지하는 명령을 청구하였다.

이에 대해, 헤센주는 원고들과 관련되는 데이터를 공개할 의무는 EU 규칙들(Regulations No1290/2005 and No259/2008)에 의하는 것이라는 입장을 취하고 있으면서도, 원고들이 EAGF와 EAFRD로부터 지원받는 금액에 관한 데이터는 공개하지 않기로 하였다.

제청법원은 규칙 1290/2005 제44a조에 의한 공개의무는 개인데이터 보호의 기본권에 대한 부당한 간섭을 형성한다고 믿는다. 또한 유럽기금 사용의 투명성의 증대라는 목적을 추구하는 동 조항은 그러한 목적을 위하여 광범위한 통제제도가 존재하기 때문에 부정행위의 예방을 향상시키지도 않는다고 판단한다. 유럽연합사법재판소의 판례법[99]을 근거로 하여, 제청법원은 그러한 공개의무는 추구되는 목적과 비례적이지 않다는 견해를 취한다. 더구나 그 견해에 의하면, 동 규칙 제42조 제8b호는 EC위원회에 공개될 데이터와 공개의 수단의 결정과 관련하여 지나치게 광범위한 재량을 부여하고 있으며, 따라서 EC조약 제202

99) Joined Cases C-465/00, C-138/01 and C-139/01, Österreichischer Rundfunk and Others[2003], EU:C:2003:294

조 2단과 동 조약 제211조 4단과 양립할 수 없다.

규칙 1290/2005 제42조 제8b호와 제44a조의 효력과 관계없이, 제청법원은 EAGF와 EAFRD로부터 지원받는 수혜자에 관한 데이터를 인터넷상으로만 공개할 것을 규정하는 규칙 259/2008[100]은 개인데이터의 보호에 관한 기본권을 침해하는 것이라고 판단한다. 또한 규칙 259/2008은 관련 인터넷 사이트에의 접근을 EU에 소재한 IP 주소에 한정하고 있지 않다고 지적한다. 나아가 규칙 259/2008 제3조 제3항에서 규정된 2년간의 소멸시효기간 이후에 인터넷으로부터 그 데이터를 제거할 수도 없다.

만일 유럽연합사법재판소가 위의 규정들이 무효가 아니라고 판단한다면, 제청법원은 지침 95/46의 여러 규정의 해석을 요청한다. 제청법원의 판단에 의하면, 개인데이터의 공개는 동 지침 제18조 제2항 2문에서 규정된 조치들이 취해질 경우에만 일어날 수 있다. 그런데 헤센주 입법기관은 동 조항에 의하여 그러한 가능성을 이용하였다. 그러나 제청법원에 의하면, 헤센주 소관부처의 개인데이터보호관에 대한 통지는 불완전하였다.

더구나 제청법원에 따르면 농업기금의 수혜자들과 관련되는 데이터의 공개는 지침 95/46 제20조에서 규정된 사전체크가 선행되었어야 했다. 그러나 본 건에서는 사전체크는 중앙감독기관이 아니라 불완전한 통지에 근거하여 회사의 데이터 보호책임자에 의하여 이루어졌다.

마지막으로, 제청법원은 지침 95/46 제7조 제e호의 관점으로부터 EAGF와 EAFRD의 기금수혜자들과 관련되는 데이터를 연방농업식량

100) COMMISSION REGULATION (EC) No 259/2008 of 18 March 2008 laying down detailed rules for the application of Council Regulation (EC) No 1290/2005 as regards the publication of information on the beneficiaries of funds deriving from the European Agricultural Guarantee Fund (EAGF) and the European Agricultural Fund for Rural Development (EAFRD)

청의 웹 사이트에서 조회하는 이용자들의 IP 주소의 등록의 적법성에 대해 의문을 가지고 있다.

따라서 관할법원(Verwaltungsgericht Wiesbaden)은 소송절차를 정지시키고, 다음 사항에 대하여 선결소송을 구하여 유럽연합사법재판소에 제청하였다.

첫째로, 규칙 1290/2005 제42조 제8b호와 제44a조는 무효인가?

둘째로, 지침 95/46 제18조 제2항 2문은 규칙 259/2008에 의한 공개가 지침 95/46에 의해 설치된-감독기관에의 통지를 대신하여- 절차의 시행에 따라서만 유효하다는 의미로 해석되어야 하는가? 동 지침 제20조는 규칙 259/2008에 의한 공개가 국가법에 의해 요구된 사전체크의 실시를 따를 때에만 유효하다는 의미로 해석되어야 하는가? 동 지침 제7조 제e호는 이용자들의 명시적인 동의 없이도 홈페이지의 이용자들의 IP 주소를 저장하는 것을 금지하는 것으로 해석되어야 하는가?

제청사항의 검토 요지

EU기본권헌장 제7조와 제8조에 의해 인정된 개인데이터의 처리에 관한 사생활존중권은 식별된 또는 식별가능한 개인과 관련되는 데이터와 관계된다. 따라서 법인은 법인의 공식명칭이 자연인을 식별하는 경우에만 헌장 제7조와 제8조의 보호를 주장할 수 있다. 본 건은 조합의 공식명칭이 직접적으로 그 조합원인 자연인들을 식별하는 경우에 해당한다.

EU기본권헌장 제52조 제1항은 그러한 제한이 법률에 의해 규정되고 그들 권리와 자유를 존중하며, 그리고 비례의 원칙에 따라서 필요하고 EU에 의해 인정된 일반적 이익의 목적이나 또는 다른 사람의 권리와 자유를 보호할 필요성을 충족하는 한, 헌장 제7조와 제8조에서 규정된 것과 같은 권리의 행사에 대해 제한이 부과될 수 있음을 인정하고 있다. 개인데이터보호권에 적법하게 부과될 수 있는 제한은 유럽인권협약 제8조와 관련하여 허용된 것들과 합치한다.

규칙 1437/2007에 의해 개정된 공통농업정책의 금융에 관한 규칙 1290/2005 제42조 제8b조와 제44a조, 그리고 EAGF와 EAFRD의 기금수혜자들의 데이터의 공개에 관하여 규칙 1290/2005의 적용세칙을 규정하는 규칙 259/2008은 EAGF와 EAFRD의 기금수혜자들인 자연인들과 관련하여, 그들 규정이 그 수혜자들이 기금을 받은 기간, 기금의 횟수 또는 기금의 성격과 금액과 같은 관련기준에 근거한 구별을 하지 않고, 각 수혜자와 관련되는 개인데이터를 공개할 의무를 부과한다면 무효이다.

수혜자들이 EAGF와 EAFRD로부터 받은 금액은 그들 수입의 일부를 나타내고, 그 데이터는 제3자가 이용할 수 있게 되기 때문에, 그들 수혜자의 이름과 그들이 수령한 정확한 금액을 나타내는 웹 사이트 상에서의 데이터의 공개는 헌장 제7조의 사생활에 대한 간섭을 형성한다. 이러한 점에서 공개된 데이터가 전문적인 활동과 관련된다는 것은 부당하다. 더구나 규칙 1290/2005 제44a조와 규칙 259/2008에 의해 요구된 공개는 헌장 제8조 제2항에 속하는 개인데이터의 처리를 형성한다. 더구나 수혜자들은 그들과 관련되는 데이터의 의무적 공개를 통지 받았다는 사실이 사생활에 대한 간섭의 존재에 의문이 생기지 않는 것은 아니다. 왜냐하면 규칙 1290/2005 제42조 제8a항과 규칙 259/2008 제4조 제1항은 단지 기금수혜자들이 자기와 관련된 데이터가 공개될 것이라는 사실을 미리 통지받는다고 규정하고 있을 뿐이고, 관계 수혜자들의 동의에 기해 동 조항이 규정하는 개인데이터 처리의 기초로 하고자 하는 것이 아니기 때문이다.

EU기본권헌장 제52조 제1항을 고려할 때, 그러한 간섭은 정당화되지 않는다. 민주사회에서 납세자들은 공적 기금의 사용에 대해 알 권리를 가지고 있는 것은 사실이지만, 그러한 사실은 여러 관련 이익 간의 정당한 형량에 의하여 관련 기관들이 동 조항들을 채택하기 전에 기금 수혜자들의 이름과 수령한 금액에 관한 데이터의 각 회원국의 웹 사이트에 의한 공개는 그러한 공개로 야기되는 헌장 제7조와 제8조에 의해 보장된 권리에 대한 간섭을 고려할 때, 추구된 정당한 목적을 위해 필요한 정도를 일탈하지는 않았는지 여부의 확인이 필요하였다는 문제를 남긴다. 이와 관련하여, 중요한 경제적 이익이 관련되어 있다고 하더라도 개인데이터보호권에 대한 투명성 목적의 우월성이 자동적으로 부여될 수 있는 것은 아니다.

기관들이 규칙 1290/2005 제44a조 및 규칙 259/2008의 목적과 자연인들이 헌장 제7조와 제8조에 의해 가지는 것으로 인정된 권리들 사이에서 정당한 형량을 하였다고는 보이지 않기 때문에, 이사회와 EC위원회는 EAGF와 EAFRD의 수혜자들인 모든 자연인들의 이름과 그들이 수령한 정확한 금액의 공개를 요구함으로써 비례의 원칙의 준수가 부과하는 한계를 일탈하였다.

이와는 대조적으로 EAGF와 EAFRD 기금을 수령한 법인들과 관련하여, 법인들이 헌장 제7조와 제8조에 의하여 부여된 권리들을 행사하려는 경우에는 규칙 1290/2005 제42조 제8b항 및 제44a조와 규칙 259/2008에서 나오는 공개의무는 비례의 원칙의 준수에 의해 부과된 한계를 일탈하지 않는다는 견해를 취하여야 한다. 개인데이터보호권의 침해의 심각성은 법인과 자연인에 있어서 다르게 나타난다. 법인들은 그와 관련되는 데이터의 공개라는 측면에서 보다 엄중한 의무의 부과 대상이 된다. 나아가 문제의 데이터가 공개되기 전에 EAGF와 EAFRD 기금의 수혜자인 각 법인에 대해 그 법인의 이름이 자연인을 식별하는 것인지 여부를 심사할 의무를 국가기관에 부과하는 것은 그 국가기관들에게 지나친 행정적 부담을 부과하는 것이 될 것이다.

지침 95/46 제18조 제2항 2문은 규칙 1290/2005 제42조 제8b항 및 제44a조와 규칙 259/2008에서 발생하는 것과 같은 개인데이터의 처리 작용 전에 동 조항에 의해 규정된 명부를 보존할 의무를 개인데이터 보호책임자에게 부과하지 않는 것으로 해석되어야 한다.

지침 95/46 제20조는 동 지침 제20조가 규정하는 사전체크에 의하여 회원국들에게 규칙 1290/2005 제42조 제8b항 및 제44a조와 규칙 259/2008에서 발생하는 것과 같은 의무를 부과하지 않는 것으로 해석되어야 한다.

(18) Case C-28/08 P (29 June 2010)[101]

본 사건은 영국의 주류수입회사인 The Bavarian Lager Co. Ltd (1심 소송의 원고; 이하 'Bavarian Lager')가 EC위원회(본 사건의 원고)의 회의록의 공개를 청구한 것에 대해 동 위원회가 거부처분을 하자, 동 위원회를 상대로 그 거부처분의 취소를 구하여 제1심재판소[102](Court of First Instance)에 제기된 취소소송에서 원고의 청구를 인용한 판결[103]에 대하여, EC위원회가 제1심재판소 판결의 취소를 구하여 상소한 취소소송이다.

사실관계의 개요와 쟁점

Bavarian Lager는 1992년에 설립되었으며, 독일 맥주를 수입하여 주로 영국 북부에 소재하는 술집에 공급하는 주류수입회사이다. 동 회사는 영국의 술집주인들이 특정한 주류회사들의 맥주를 공급받도록 의무된

101) Commission v Bavarian Lager[2010], EU:C:2010:378

102) 제1심재판소는 리스본조약의 발효로 2009년 12월부터 일반재판소(General Court)로 명칭이 변경되었다.

103) Case T-194/04, Bavarian Lager v Commission[2007], EU:T:2007:334

독점적 구매계약에 묶여 있기 때문에 자신의 수입맥주를 판매할 수 없었다. 1989년의 맥주공급명령[104]의 규정에 의해, 2,000개 이상의 술집에 대해 권리를 가지고 있는 영국주류회사들은 캐스크통에 들어 있는 알콜농도 1.2% 이상의 주류에 대하여 다른 회사의 맥주를 구매할 수 있도록 되었다. 동 조항은 일반적으로 "Guest Beer Provision" (이하 'GBP')이라고 부른다. 그러나 영국 국외에서 제조된 대부분의 맥주는 GBP가 요구하는 "캐스크통에 들어있는 맥주(cask-conditioned beers)"의 요건을 충족하지 못해 동 조항의 적용대상에서 제외된다.

Bavarian Lager는 GBP가 수입에 대한 양적 제한과 동등한 효과를 가지는 규범이며, 이는 EC조약 제30조와 양립할 수 없다고 하여 1993년 4월 3일에 EC위원회에 심판을 청구하였다. EC위원회는 조사를 거쳐, EC조약 제169조에 의해 영국을 상대로 소송을 제기하기로 결정하였다. EC위원회는 위의 조사와 1995년 9월 15일 영국에게 공식통지서(letter of formal notice)를 송부하였다는 사실을 동년 9월 28일에 청구인에게 통지하였다. EC위원회는 1996년 6월 26일 이유제시 의견을 영국에 송부하기로 결정하였으며, 동년 8월 5일 그러한 결정을 공지하는 보도자료를 냈다. 1996년 10월 11일 EC의 역내시장금융서비스국(Directorate-General for the Internal Market and Financial Services)의 간부들, 영국 정부의 무역산업부(Department of Trade and Industry)의 간부들 및 공동시장주류연합회(CBMC)의 대표들이 참석하는 회의를 개최하였다. Bavarian Lager는 동년 8월 27일자 서신에서 위 회의에 참석할 권리를 요청하였으나, EC위원회는 참석허가를 거부하였다.

1997년 3월 15일에 영국의 무역산업부는 캐스크통맥주(cask-conditioned beer)뿐만 아니라 병맥주(bottle-conditioned beer)도 판매할 수 있도록 하는 GBP 개정안을 공표하였다. EC위원회는 두 차례(1997년 3월 19일과

104) Supply of Beer (Tied Estate) Order 1989 SI 1989/2390

동년 6월 26일)에 걸쳐 영국 정부에 대한 이유제시 의견의 발부결정을 보류한 다음에, 담당부서의 장이 1997년 4월 21일 서신으로 GBP 개정안을 고려하여 EC조약 제169조의 절차는 중지되었으며, 영국 정부에 대한 이유제시 의견도 발부하지 않기로 하였음을 Bavarian Lager에게 통지하였다. 그는 GBP 개정안이 시행되면 동 절차는 완전히 종료될 것이라고 말하였다. GBP 개정안이 1997년 8월 22일 시행되자 이유제시 의견은 영국에 송부되지 않았으며, EC위원회는 동년 12월 10일에 더 이상의 조치를 취하지 않기로 최종결정하였다.

Bavarian Lager는 1997년 3월 21일 팩스로 (이사회 및 위원회 문서의 일반대중의 접근에 관한) 행동규범에 의하여 역내시장금융서비스국의 국장에게 '이유제시 의견'의 사본을 청구하였다. 그 청구는 거듭 되었으나 거부되었다. 1997년 9월 18일 결정으로 EC위원회 부위원장은 역내시장금융서비스국에 제기된 청구의 거부를 확정하였다.

Bavarian Lager는 1997년 9월 18일 결정에 대해 제1심재판소에 소송을 제기하였으나, 동 재판소는 기각판결을 하였다.[105)]

1998년 5월 4일 Bavarian Lager는 행동규범에 의하여 자기의 1993년 4월의 심판청구에 의해 제출된 모든 문서에의 접근을 EC위원회에 청구하였다. 이에 대해, EC위원회는 행동규범은 EC위원회가 작성한 문서에 대해서만 적용되는데, 청구한 문서는 EC위원회가 작성한 것이 아니라는 이유로 거부하였다.

1998년 7월 8일 Bavarian Lager는 1996년 10월 11일 회의에 참석한 CBMC 대표들의 이름과 자기의 1993년 심판청구와 관련된 문서에 포함된 사람과 회사들의 이름의 공개를 유럽옴부즈맨(European Ombudsman)에게 청구하였다. 유럽옴부즈맨과 EC위원회 사이에 서신 교환이 이루어진 후, EC위원회는 1999년 10월과 11월 Bavarian Lager에게 신원의 공

105) Case T-309/97, Bavarian Lager v Commission[1999], EU:T:1999:257

개를 동의하는지 여부를 묻는 45통의 서신중에서 20통의 답신을 받았으며, 그 중 14통은 긍정적이었고 6통은 부정적이었다는 사실을 유럽옴부즈맨에게 통지하였다. EC위원회는 긍정적으로 답변한 자들의 이름과 주소를 제공하였다. Bavarian Lager는 유럽옴부즈맨에게 EC위원회가 제공한 데이터는 아직 불완전하다고 말하였다.

2003년 12월 5일의 e-mail로 Bavarian Lager는 규칙 1049/2001 (Regulation No 1049/2001)에 의하여 위에서 자신이 청구한 문서에의 접근을 EC위원회에 청구하였다. EC위원회는 그 청구에 대하여 2004년 1월 27일 1996년 10월 11일 회의의 일정한 문서들은 공개될 수 있다고 답변하였으나, 다만 참석자들 중 5명의 이름에 대해서는 2명이 공개를 거부하고 3명은 연락이 되지 않는다는 이유로 제외되었다.

2004년 2월 9일의 e-mail로 Bavarian Lager는 규칙 1049/2001 제7조 제2항에 따라 참석자들의 모든 이름을 포함하여, 1996년 10월 11일 회의의 모든 문서의 공개를 청구하였다. 2004년 3월 18일 EC위원회는 규칙 45/2001은 다른 참석자들의 이름의 공개청구에 적용된다는 것을 확인하며, Bavarian Lager의 청구를 거부하였다. Bavarian Lager는 그러한 공개의 명시적이고 정당한 목적 또는 필요성을 입증하지 않았기 때문에 규칙 45/2001 제8조가 규정한 요건이 충족되지 않았으며, 규칙 1049/2001 제4조 제1항 제b호에서 규정된 예외가 적용되었다. EC위원회는 개인데이터의 보호에 관한 규정들이 적용되지 않는다고 하더라도 규칙 1049/2001 관련규정(제4조 제2항 셋째단락)에 의하여 다른 이름의 공개를 거부하지 않을 수 없었다고 덧붙였다.

이에 2004년 5월 27일 Bavarian Lager는 동년 3월 18일자의 EC위원회의 거부처분의 취소를 구하는 소송을 제1심재판소에 제기하였다. 2007년 11월 8일 판결에서 제1심재판소는 원고의 청구를 인용하였다. 이에 대해, 2008년 1월 23일에 유럽위원회가 동 판결의 파기를 청구하여 유럽연합사법재판소에 상소하였다.

제청사항의 검토 요지

유럽위원회는 일반재판소(제1심재판소)가 그 판결에서 규칙 1049/2001 제4조 제1항 제b호의 예외의 법적용을 잘못함으로써, 규칙 45/2001의 일부 규정들의 효력을 상실하게 만들었다고 주장한다. 유럽위원회는 공개가 개인의 프라이버시의 보호, 특히 개인데이터의 보호에 관한 공동체법을 저해하는 경우에, EU기관들은 문서에의 접근을 거부하여야 한다고 규정하는 규칙 1049/2001 제4조 제1항 제b호 둘째 단락을 고려하지 않고 판결하였다고 생각한다. 즉 일반재판소는 유럽인권협약 제8조와 그와 관련된 판례법의 관점에서만 규칙 1049/2001 제4조 제1항 제b호의 예외에 관한 규정을 해석하였다는 것이다. 규칙 1049/2001 제4조 제1항 제b호의 예외에 관한 규정을 잘못 해석함으로써, 규칙 45/2001의 일부 규정들, 특히 제8조 제b호와 제18조 제a호가 그 효력을 상실하게 만들었다는 것이다. 좀 더 구체적으로 말하면, 일반인의 문서에의 접근청구에서 청구인은 청구이유를 적시할 의무가 없다고 규정하는 규칙 1049/2001 제6조 제1항에 우위성을 부여함으로써, 일반재판소는 개인데이터의 이전의 수취인에게 그 공개의 필요성을 제시할 것을 요구하는 규칙 45/2001 제8조 제b호가 그 효력을 발휘하지 못하게 만들었다고 유럽위원회는 주장한다. 규칙 45/2001 제8조 제b호에 포함되는, 정당한 목적이 추구되고 있다고 하는 것의 개인데이터의 이전의 수취인에 대한 제시의무는 데이터 보호에 관한 전체 EU입법 중에서도 핵심규정 중의 하나라고 하는 의견을 유럽위원회는 제출한다. 따라서 기관이 보유하는 문서 가운데에 나타나는 개인데이터의 교부는 규칙 1049/2001에 의하여 일반인의 문서에의 접근뿐만 아니라 규칙 45/2001에 의하여 개인데이터의 처리에도 해당하는데, 일반재판소는 이를 고려하지 않았다고 한다. 일반재판소가 어떠한 개인데이터의 요청도 규칙 45/2001 제5조 제b호의 접근권에서 발생하는 법적 의무를 준수하여야 한다고 판결하여, 데이터주체에게 언제든지 자기의 특별한 상황과 관련하는 정당한 이유에 근거하여 자기와 관련되는 데이터의 처리를 반대할 권리를 부여하고 있는 규칙 45/2001 제18조 제a호를 목적이 없는 것으로 만든다고 유럽위원회는 덧붙인다.

일반재판소는 판결이유 중 중요한 부분을 규칙 45/2001과 규칙 1049/2001의 관계에 할당하고, 그로부터 추론된 기준을 본 건에 적용하였다는 점을 주목하여야 한다. 일반재판소가 적절하게 판시하고 있는 바와 같이, 규칙 1049/2001 제4조 제1항 제b호에 의한 예외규정을 본 건에 적용하기 위하여 규칙 45/2001과 규칙 1049/2001의 관계를 검토할 때, 이들 규칙이 서로 다른 목적을 가지고 있음을 명심하여야 한다. 규칙 1049/2001은 공공기관들의 정책결정의 최대한의 투명성과 이들 기관이 그러한 결정에 근거하는 데이터를 확보하고자 하는 것이다. 그리하여, 가능한 한 문서에의 접근권을 촉진하고 좋은 행정관행을 장려하고자 하는 것이다. 규칙 45/2001은 개인데이터를 취급할 때, 개인의 자유와 기본권들 특히 사생활의 보호를 보장하고자 하는 것이다. 규칙 45/2001 전문 제2항에서 기술되어 있듯이, EU 입법기관은 개인데이터 보호의 '완벽한 제도'를 수립하고자 하여, 동 규칙 제12항의 문언에 의하면, 전체의 공동체에서 "개인데이터의 처리에 관한 개인의 기본권과 자유의 보호를 위한 규정들의 일관성 있고 동질적인 적용"을 보장하는 것이 필요하다고 판단하였다. 동 규칙 제12항에 의하여, 개인데이터의 처리와 관련하여 그들의 보호를 위하여 데이터주체에게 부여된 권리들은 기본권과 자유의 보호를 위한 원칙들을 형성한다. 개인데이터의 처리에 관한 EU입법은 기본적 권리와 자유를 보호하는데 기여한다. 규칙 45/2001 전문 제7항과 제14항에 의하면, 쟁점이 되는 규정들은 '모든 공동체 기관들과 기구들에 의하여 모든 개인데이터의 처리'에 적용되는 '구속적 규정들(binding measures)'이다.

동 규칙 전문 제1항에서 적시되어 있는 것처럼, 규칙 1049/2001은

EU기관들의 결정이 EU시민들에게 가능한 한 개방적이고 친밀하게 이루어지게 유럽시민들에게 보다 친밀한 연합을 창설하고자 하는 과정에서 새로운 단계를 기록하기 위한 EU조약 제1조 제2항에서 명문으로 규정된 의도의 일부를 형성하는 것이다. 동 규칙 전문 제2항에 따르면, 개방성은 시민들이 정책결정과정에서 보다 친밀하게 참여할 수 있게 하고, 행정이 보다 정당성을 누리고 보다 효율적이 되며 민주제도에서 시민들에게 보다 책임을 가지게 되는 것을 보장한다. 규칙 1049/2001은 일반원칙으로서 일반인은 기관들의 문서에 접근할 수 있지만, 일정한 공익 및 사익을 이유로 예외를 규정하고 있다. 특히, 동 규칙 전문 제11항은 "예외를 평가할 때, 기관들은 모든 EU 활동영역에서 개인데이터의 보호에 관한 공동체입법의 원칙을 고려하여야 한다"고 기술하고 있다.

규칙 45/2001과 규칙 1049/2001은 일자 상으로 서로 대단히 근접하게 채택되었다. 이들 규칙은 어느 한 규칙의 다른 규칙에 대한 우위성을 부여하는 규정을 두고 있지 않다. 원칙적으로 이들 규칙의 완전한 적용이 보장되어야 한다. 양 규칙 간에 유일한 명시적인 연계는 규칙 1049/2001 제4조 제1항 제b호에서 설정되어 있는데, 동 조항은 특히 개인데이터의 보호에 관한 공동체입법에 의하여 개인의 프라이버시의 보호를 침해하는 경우에 문서에의 접근에 대한 예외를 규정하고 있다.

본 건에서 일반재판소는 규칙 1049/2001 제4조 제1항 제b호에 의한 예외의 적용을 개인데이터의 보호에 관한 EU입법, 특히 규칙 45/2001을 고려하지 않고 개인의 프라이버시가 유럽인권협약 제8조와 유럽인권재판소의 판례법의 목적을 위하여 침해되는 상황으로 한정한다. 그래서 일반재판소는 개인의 프라이버시의 침해는 항상 개인데이터의 보호에 관한 EU입법, 특히 규칙 45/2001에 따라서 심사되고 평가되어야 할 것을 요구하는 규칙 1049/2001 제4조 제1항 제b호의 문언을 소홀히 하고 있다. 동 조항은 그 개인데이터가 일반인에게 교부될 수 있는 특정하고 강화된 개인의 보호제도를 설정하고 있다.

규칙 45/2001 제1조 제1항에 의하면, 동 규칙의 목적은 "자연인의 기본적 권리와 자유, 특히 개인데이터의 처리와 관련하여 프라이버시권을 보호하는 것"이다. 동 조항은 개인데이터의 처리의 경우를 두 가지 범주로 분리하는 것을 허용하지 않고 있다. 즉, 하나는 그러한 취급이 단지 유럽인권협약 제8조와 동 조와 관련되는 유럽인권재판소의 판례법을 근거로 하여서만 심리되는 것이고, 또 하나는 규칙 45/2001 규정들에 따라서 그러한 처리가 이루어져야 한다는 것이다. EU입법이 EU조약 제6조와 유럽인권협약 제8조를 적용할 필요성에 대해 지적한 것은 규칙 45/2001 전문 제15항 1문으로부터 명백하다.

한편 규칙 1049/2001에 근거한 청구가 개인데이터를 포함하는 문서에의 접근을 얻고자 하는 경우, 규칙 45/2001의 규정들은 동 규칙 제8조와 제18조를 포함하여 완전하게 적용할 수 있게 된다. 규칙 1049/2001 제4조 제1항 제b호에서 개인데이터 보호에 관한 EU입법, 즉 규칙 45/2001의 참조를 고려하지 않음으로써, 일반재판소는 동 판결 제107항에서 규칙 45/2001 제8조 제b호의 적용을, 또한 동 판결 제109항에서 규칙 45/2001 제18조의 적용을 기각하였다. 그러나 이들 규정은 규칙 45/2001에 의하여 설정된 보호제도의 본질적 조항을 형성한다.

그러므로 일반재판소가 규칙 1049/2001 제4조 제1항 제b호에 대해한 특별하고 제한적인 해석은 EU입법기관이 위의 두 규칙들 간에 수립하려고 했던 균형과 합치하지 않는다. 본 사건에서 Bavarian Lager의 1998년 5월 4일, 2003년 12월 5일과 2004년 2월 9일의 청구에 따라서 유럽위원회는 Bavarian Lager에게 5명의 이름을 제외하고, 1996년 10월 11일 회의의 회의록을 포함하는 문서를 송부하였다는 것은 사건자료로부터 명백하다. 이들 5명의 이름 가운데 3명은 연락이 되지 않고, 나머지 2명은 명시적으로 신원의 공개를 거부하였다. 이들 문서에의 완전한 접근을 거부할 때, 유럽위원회는 그 이유를 규칙 1049/2001 제4조 제1항 제b호와 규칙 45/2001 제8조에 근거하였다. 일반재판소는 규칙

45/2001 제2조 제a호, 즉 '개인데이터'의 개념의 정의를 검토할 때, 성과 이름이 개인데이터로 간주될 수 있다고 판단한 것은 정당하였다. 또한, 동 규칙 제2조 제b호, 즉 '개인데이터의 처리' 개념의 정의를 검토할 때, 그러한 데이터의 교부가 동 규칙의 목적을 위하여 '처리'의 개념 범위 내에 속한다고 판단한 것도 정당하였다. 따라서 일반재판소가 1996년 10월 11일 회의의 참석자들의 명단은 동 회의에 참석한 사람들이 식별될 수 있기 때문에 규칙 45/2001 제2조 제a호의 목적을 위하여 개인데이터를 포함한다고 결론을 내린 것은 정당하였다. 결정적인 문제는 유럽위원회가 규칙 1049/2001 제4조 제1항 제b호와 규칙 45/2001에 따라서 1996년 10월 11일 회의 참석자들 5명의 이름을 포함하는 문서에의 접근을 부여할 수 있는지 여부이다.

우선, Bavarian Lager는 1996년 10월 11일 회의에 관한 모든 데이터에 접근할 수 있었다는 것이 주목되어야 한다. 유럽위원회는 1998년 5월 4일자의 첫 번째 청구 시에 1996년 10월 11일 회의의 참석자들에게 그들 이름의 공개의 합의를 청구하였다. 유럽위원회가 2003년 3월 18일 결정에서 지적하고 있듯이, 그 절차는 그 당시 시행중인 지침 95/46의 요건에 따른 것이었다. Bavarian Lager의 1996년 10월 11일 회의의 모든 회의록에 대한 2003년 12월 5일의 새로운 청구에 따라서 유럽위원회는 2004년 1월 27일 Bavarian Lager에게 규칙 45/2001과 규칙 1049/2001의 시행을 고려하여, 이들 규칙의 특정한 제도, 특히 규칙 45/2001 제8조 제b호에 의하여 그러한 청구를 취급하여야 함을 통지하였다. 지침 95/46의 제도에 의하는지 또는 규칙 45/2001과 규칙 1049/2001의 제도에 의하는지, 유럽위원회는 데이터주체가 자기에 관한 개인데이터의 공개에 대한 동의를 하였는지를 올바르게 입증하였다.

유럽연합사법재판소는 유럽위원회가 5명의 이름을 삭제한 회의록을 공개함으로써 유럽위원회는 규칙 1049/2001의 규정을 침해하지 않았으며, 공개의무를 충분히 준수하였다고 판결한다. Bavarian Lager은 5명의 이름의 공개의 필요성을 제시하기 위하여 명시적이고 정당하며 설득력있는 주장을 하지 않았기 때문에, 유럽위원회는 관련당사자들에 대한 여러 이익을 형량할 수 없었다. 또한, 규칙 45/2001 제8조 제b호에 의하여 요구된 바와 같이, 데이터주체의 정당한 이익이 편파적이었다고 추측할 이유가 있는지 여부를 입증할 수도 없었다. 따라서 유럽위원회가 1996년 10월 11일 회의의 전 회의록에 대한 접근청구를 기각한 것은 정당하였다. 그러므로 Bavarian Lager가 유럽위원회의 결정에 대하여 청구한 취소소송은 기각되어야 한다.

(19) Case C-553/07 (7 May 2009)[106]

사실관계의 개요와 쟁점

본안소송의 원고(Rijkeboer)는 2005년 10월 26일 자기가 거주하는 로테르담의 시집행위원회(Board of Aldermen of Rotterdam)에 지방자치단체 개인기록부로부터 2년 동안 자기에 관한 데이터가 제3자에게 공개된 사례를 모두 통지해 줄 것을 서면으로 요구하였다. 그는 그 사람들의 신원과 그들에게 공개된 데이터, 특히 자기의 주소가 누구에게 공개되었는지를 알고 싶어 했다. 2005년 10월 27일과 11월 29일의 결정으로, 시집행위원회는 관련 국가법의 적용에 의해 1년간의 데이터만을 통지함으로써 그 요청을 부분적으로만 수용하였다. 원고는 자기가 요청한 나머지 1년 동안 공개된 자기에 관한 데이터의 수취인에 관한 데이터의 제공을 거부한 것에 대해 시집행위원회를 상대로 심판을 제기하였다. 그 심판이 2006년 2월 13일의 결정에 의해 기각되자, 원고는 로테르담지방법원(Rechtbank Rotterdam)에 소송을 제기하였다. 동 법원

---

106) Rijkeboer[2009], EU:C:2009:293

은 원고의 주장을 지지하여, 관련 국가법에서 규정된 바와 같이 요청 전 연도에 대한 데이터의 제공에 관한 데이터의 권리에 대한 제한은 데이터 접근권을 규정하고 있는 지침 95/46 제12조와 모순된다는 견해를 취하였다. 시집행위원회는 그 판결에 불복하여 최고행정법원(Raad van State ; Council of State)에 상소하였다.

최고행정법원은 소송절차를 정지시키고, '지방자치단체 개인기록부에 관해 네덜란드 국가법에서 규정된, 청구 전 1년 동안으로 데이터의 교부를 제한한 것이 지침 95/46 제12조 제a호와 양립할 수 있는지, 동 지침 제6조 제1항 제e호와 비례의 원칙과의 관련에서 어떻게 해석되는지'에 관하여 선결소송을 구하여 유럽연합사법재판소에 제청하였다.

제청사항의 검토 요지

지침 95/46 제6조 제1항 제e호는 그 데이터가 수집되거나 또는 처리된 목적을 위해 필요한 이상의 기간 보존되어서는 안된다는 것을, 제12조 제a호는 데이터주체가 기한의 설정 없이 자기의 개인데이터와 그 데이터의 수취인에 대한 데이터 접근권을 보장받을 것을 규정하고 있다. 접근권은 데이터주체가 동 지침 제12조 제b호와 제c호에서 규정된 권리, 즉 그 데이터의 처리가 지침의 규정을 준수하지 않는 경우에 데이터 컨트롤러에게 그 데이터를 정정하고 삭제하거나 차단하게 하는 권리(제b호), 또는 만일 이것이 불가능하거나 또는 비례적이지 않는 노력을 포함하지 않는다면, 그 데이터가 공개된 제3자에게 그 정정, 삭제 또는 차단을 통지할 권리(제c호)를 행사할 수 있도록 하는 데 필요하다. 또한 접근권은 데이터주체가 동 지침 제14조에 규정된 자기의 데이터가 처리되고 있는 것을 반대할 권리 또는 손해를 입은 경우 동 지침 제22조와 제23조에서 규정된 소제기권을 행사하기 위하여 필요하다.

데이터 접근권과 관련하여, 지침 95/46은 그 데이터가 과거의 일정기간과 관련되는지 여부를 명백히 하고 있지 않다. 그런데, 접근권의 실질적인 효과를 확보하기 위하여, 그 권리는 반드시 과거와 관련되어야 한다. 만일 그렇지 않다면, 데이터주체는 데이터가 불법적이거나 부정확하게 정정되고 삭제되거나 차단된 것으로 추정하게 하거나 법적 소송을 제기하여 손해배상을 받을 자기의 권리를 효과적으로 행사할 수 없게 될 것이다.

문제는 과거의 권리의 범위(기간)이다. 이와 관련하여, 유럽연합사법재판소는 지침 95/46은 다수의 매우 다른 상황에 적용되어야 하기 때문에 동 지침은 어느 정도 탄력적인 규정을 포함하고 있어서, 다수의 경우에 회원국들이 세부사항을 결정하거나 선택사항(옵션)간에 선택할 수 있는 여지를 남겨놓는다고 판시한 바 있다.[107] 지침 95/46의 적용범위는 대단히 광범위하며, 동 지침의 대상이 되는 개인데이터는 다양하다. 따라서 이러한 데이터가 저장되어야 할 기간은 그 데이터가 수집되고 처리되는 목적에 따라서 동 지침 제6조 제1항 제e호에서 규정된 바와 같이 다를 수 있다. 기본데이터가 저장되어야 할 기간이 대단히 장기인 경우에, 관련 수취인이 다수이거나 또는 보다 제한된 수취인에게 공개가 빈번히 이루어진다면, 개인데이터의 수취인과 그와 같이 장기간 동안 공개된 데이터의 내용에 관한 데이터를 보존할 의무는 데이터 컨트롤러에게 과도한 부담이 될 수 있다. 따라서 동 지침 제12조 제c호는 데이터가 공개된 제3자에게 정정, 삭제 또는 차단을 통지할 데이터 컨트롤러의 의무에 대한 예외로서, 그것이 불가능함이 입증되거나 비례적이지 않는 노력을 요하는 경우를 명시적으로 규정하고 있다.

따라서 다수의 변수, 특히 제소기간, 기본데이터의 민감성, 그들 데이터가 저장되어야 할 기간 및 수취인의 숫자 등이 고려될 수 있다. 그리하여, 회원국들은 개인데이터의 수취인과 공개된 데이터의 내용에

107) Lindqvist[2003], paragraphs 83 and 84

관한 데이터의 저장기간을 정함에 있어서, 한편으로는 데이터의 처리가 지침을 준수하지 않는 경우에 그 데이터의 정정권, 삭제권, 차단권과 반대권 및 소제기권에 의하여 프라이버시를 보호하는 데이터주체의 이익과, 다른 한편으로는 그 데이터의 저장의무가 데이터 컨트롤러에게 주는 부담 사이에 공정한 균형을 이룰 수 있도록 그 데이터 접근권을 규정하여야 한다.

본 건에서 개인데이터의 수취인과 공개된 데이터의 내용에 대한 데이터의 저장을 1년간으로 제한하고, 그에 상응하게 그 데이터에의 접근을 제한하는 규범들은 비록 기본데이터가 보다 장기간 저장되지만, 그 데이터의 보다 장기간의 저장이 데이터 컨트롤러에게 초과부담을 형성할 것이라는 것이 입증될 수 없다면, 쟁점이 되는 이익과 의무 간의 정당한 형량이 이루어지지 않는 것이 된다. 그러나 국가법원은 상기 고려의 관점에서 결정할 것을 필요로 한다.

이상에서 살펴본 바와 같이, 제청사항에 대하여는 다음과 같이 답변한다.

- 지침 95/46 제12조 제a호는 회원국들에게 개인데이터의 수취인과 현재의 관점에서 뿐만 아니라 과거의 관점에서도 공개된 데이터의 내용에 관한 데이터 접근권을 보장할 것을 요구한다. 회원국들은 그 데이터의 저장기간을 정하고, 한편으로 특히 반대하고 법적 소송을 제기할 권리에 의하여 프라이버시를 보호하는 데이터주체의 이익과, 다른 한편으로 그 데이터를 저장할 의무가 데이터 컨트롤러에게 주는 부담 사이에 공정한 균형을 이룰 수 있도록 데이터 접근권을 규정하여야 한다.
- 개인데이터의 수취인과 공개된 데이터의 내용에 관한 데이터의 저장을 1년의 기간으로 제한하고, 그에 상응하여 그 데이터에의 접근을 제한하는 법규범들은 기본데이터들이 보다 장기간 저장되지만,

만일 그 데이터의 보다 장기간의 저장이 데이터 컨트롤러에게 과도한 부담을 형성하는 것이 입증될 수 없다면, 쟁점이 되는 이익과 의무의 정당한 형량을 형성하지 않는다. 그러나 이를 결정을 하는 것은 국가법원이다.

(20) Case C-73/07 (16 December 2008)108)

사실관계의 개요와 쟁점

핀란드의 한 데이터제공회사(Markkinapöorssi)는 핀란드 조세관청으로부터 공공데이터를 수집하여 수년 동안 매년 지역신문(Veropöorssi)에 그 내용을 게재해왔다. 발간된 기사에 포함된 데이터는 약 100유로까지의 소득액과 소득이 일정한 기준을 초과한 약 120만 명의 성명과 그들에게 부과된 부유세(wealth tax)와 관련된 사항으로 되어 있다. 그 데이터는 알파벳순으로 지역과 소득을 기준으로 편집되었다. 제청명령(order for reference)에 의하면, Veropöorssi는 데이터주체의 요청에 따라 비용부담 없이 공개된 개인데이터를 제거할 수 있도록 하고 있다. 동 신문은 기사, 요약과 광고도 포함하지만, 그 주목적은 개인세금데이터를 발행하는 것이다.

Markkinapöorssi는 Veropöorssi가 게재한 개인데이터를 문자 메시지로 배포할 목적으로 CD-ROM 형태로 동일한 주주가 소유하고 있는 Satamedia에 전송하였다. 그런데, 이들 회사는 이동통신사와 계약을 맺고, 이동전화 이용자들이 약 2유로의 비용으로 전화로 Veropöorssi가 게재한 데이터를 문자 메시지 서비스로 받아볼 수 있게 하였다. 이들 개인데이터는 데이터주체의 요청에 따라 그 서비스에서 제외될 수 있다.

108) Satakunnan Markkinapörssi and Satamedia[2008], EU:C:2008:727

데이터보호를 관할하는 데이터보호옴부즈맨(Tietosuojavaltuutettu)과 데이터보호위원회(the Tietosuojalautakunta)는 개인데이터의 처리를 감독하며, 개인데이터 보호법에서 규정된 규제권한을 가지고 있다. 2004년 3월 10일 프라이버시권의 침해라고 주장하는 개인들의 심판청구에 의해서, Markkinapöorssi와 Satamedia의 활동을 조사할 책무를 가지고 있는 데이터보호옴부즈맨은 데이터보호위원회에 대해 문제가 되고 있는 Markkinapöorssi와 Satamedia의 개인데이터 처리활동을 금지할 것을 요청하였다.

그러나 그 요청이 데이터보호위원회에 의해 거부되자 데이터보호옴부즈맨은 헬싱키행정법원에 소를 제기하였고, 행정법원은 그 청구를 기각하였다. 그래서 동 옴부즈맨은 최고행정법원에 상고하였다. 핀란드 최고행정법원은 데이터보호옴부즈맨이 제기한 상고는 핀란드 국가기관에 의한 데이터의 이전과 관련이 없으며, 또한 문제의 조세데이터의 공적 성격이 논점이 아니라고 보지만, 다른 한편으로, 그들 데이터의 후속적인 처리와 관련하여 우려를 가지고 있다. 따라서 최고행정법원은 소송을 정지시키고, 다음과 같은 사항에 대해 유럽연합사법재판소에 선결소송을 구하여 제청하였다.

'(1) 자연인의 근로 및 비근로 소득과 자산에 관련된 데이터가:

(a) 과세관청이 보유하고 있는 공적 영역의 자료로부터 수집되고 발행을 위해 처리되며,

(b) 소득기준에 따라 활자화된 형태로 알파벳순에 따라 광범위한 리스트의 형식으로 지역별로 발행되며,

(c) 나아가 상업적 목적으로 이용하기 위하여 CD-ROM으로 전송하고,

(d) 이동전화 이용자들이 개인의 이름과 거주지의 세부사항을 포함하는 문자 메시지를 주어진 번호로 보내면, 그 사람의 근로 및 비근로 소득과 자산에 관한 데이터를 회신하여 주는 문자 메시지 서비스의 목

적으로 처리되는,

이들 활동은 지침 95/46 제3조 제1항의 개인데이터의 처리로 간주될 수 있는가?

(2) 지침 95/46은 위의 (1)(a)에서 (d)까지 열거된 여러 가지 활동이 1백만 명 이상의 납세자 데이터가 데이터에 대한 공적 접근권에 근거하여, 국가법에 의해 공적 영역에 속하는 데이터로부터 수집되었다는 사실과 관련하여, 동 지침 제9조에 속하는 언론 목적만을 위해 수행된 개인데이터의 처리로 간주될 수 있다는 의미로 해석될 수 있는가? 그러한 데이터의 발행이 활동의 주된 목적이라는 사실은 이 사건의 평가에서 어떠한 영향을 가지는가?

(3) 동 지침 제17조는 지침의 원칙 및 목적과 관련하여, 언론 목적으로 수집된 데이터의 발행과 나아가 그 데이터의 영리 목적에 의한 이전을 금지하는 것으로 해석하여야 하는가?

(4) 동 지침은 유일하게 그리고 변경되지 않은 형태로 이미 미디어에서 발행이 된 자료를 포함하는 개인데이터파일은 모두 그 범위에서 제외된다는 의미로 해석되어야 하는가?

제청사항의 검토 요지

첫 번째 제청사항

이 질문과 관련 있는 데이터는 지침 95/46 제2조 제a호의 '개인데이터'를 형성한다고 하여야 한다. 왜냐하면, 그것들은 '식별된 또는 식별가능한 자연인과 관련된 데이터'에 해당하기 때문이다.[109] 다음으로, 위의 활동들이 동 지침이 규정하는 '개인데이터의 처리'에 해당한다는

109) Österreichischer Rundfunk and Others[2003], paragraph 64

것은 동 지침 제2조 제b호에서 규정된 '개인데이터의 처리' 개념의 문언 그 자체로부터 명백하다고 판단하기에 충분하다.

그러므로 첫 번째 제청사항에 대한 답변은 동 지침 제3조 제1항은 자연인의 근로 및 비근로소득과 자산에 관한 데이터가:

- 과세관청에 의해 보유된 공적 영역의 자료로부터 수집되고 발행을 위해 처리되고,
- 소득기준에 의해 활자화된 형태로 알파벳순에 따라서 광범위한 리스트의 형식으로 지역별로 발행되며,
- 나아가 영리 목적으로 이용하기 위하여 CD-ROM으로 전송되며,
- 이동전화 이용자들이 개인의 이름과 주거지를 포함하는 문자 메시지를 정해진 번호로 보내면 그 사람의 근로 및 비근로소득과 자산에 관한 데이터가 회신될 수 있는 문자 메시지 서비스의 목적을 위하여 처리되는,

활동은 동 규정의 '개인데이터의 처리'로서 간주된다고 해석되어야 한다.

네 번째 제청사항

지침 95/46 제3조 제2항에 의하여, 동 지침은 두 가지 경우에 개인데이터의 처리에 적용되지 않는다.

첫 번째 경우는 EU조약(TEU) 제5편과 제6편에 의해 규정된 공동체법의 적용범위 밖의 활동 중에 이루어진 개인데이터의 처리이다. 즉, 공공의 안전, 방위, 국가안전보장(그 처리작용이 국가안전보장문제와 관련되는 때에는 국가의 경제적 복리를 포함한다.)과 형사법영역에서의 국가의 활동에 관한 작용을 처리하는 것을 말한다. 예컨대, 동 지침 제3조 제2항의 첫 번째 단락에서 언급된 활동들은 국가의 활동이나 또는 개인의 활동영역과 무관한 국가기관의 활동들이다. 이들은 적용제

외의 범위를 규정하려는 것이며, 그 결과 적용제외는 거기에 명시적으로 열거된 또는 동일한 범주(동종제한해석 ejusdem generis)로 분류될 수 있는 활동들에 대해서만 적용된다.[110)]

첫 번째 제청사항의 (c)와 (d)에서 언급한 종류의 개인데이터의 처리를 포함하는 활동들은 사기업들의 활동과 관련된다. 그들 활동은 어쨌든 공공의 안전과 관련된, 공적 기관에 의해 정립된 구조의 범위 내에 속하지 않는다. 그러므로 그러한 활동들은 동 지침 제3조 제2항이 대상으로 하는 활동들과 동일시할 수는 없다.[111)]

동 조항의 둘째단락이 대상으로 하는 두 번째 상황과 관련하여, 그 적용제외와 관련되는 동 지침 전문 제12항은 순수하게 사적 또는 가사적 활동 중에 자연인에 의해 수행된 데이터 처리의 예로서 교신과 주소기록의 보유를 언급한다. 따라서 후자의 적용제외는 사적 또는 개인의 가정생활 중에 수행된 활동에만 관련되는 것으로 해석되어야 한다.[112)] 그것은 제한되지 않는 사람들이 수집된 데이터에 접근 가능하게 하는 것이 그 목적인 Markkinapöorssi와 Satamedia의 활동들에는 적용되지 않는다는 것은 명백하다.

그러므로 첫 번째 제청사항의 (c)와 (d)에서 언급한 종류의 개인데이터의 처리를 포함하는 활동들은 동 지침 제3조 제2항에서 언급된 상황들의 대상이 되지 않는다고 판단되어야 한다. 더구나 동 지침은 적용범위의 한계에 대하여 더 이상의 규정을 하고 있지 않는 점을 지적하여야 한다.

마지막으로, 공표된 데이터의 측면에서 동 지침의 일반적인 적용특례는 동 지침의 취지를 박탈하는 것이라는 점이 판단되어야 한다. 그들 데이터가 동 지침에 의해 규정되고 있는 보호를 향유할 수 없도록 하기

110) Lindqvist[2003], paragraphs 43 and 44

111) Joined Cases C-317/04 and C-318/04, Parliament v Council[2006], paragraph 58

112) Lindqvist[2003], paragraph 47

위해서는 회원국들이 데이터를 공표하는 것으로 충분할 것이다. 그러므로 네 번째 제청사항에 대한 답변은 첫 번째 질문의 (c)와 (d)에서 언급된 것들과 같은 개인데이터의 처리를 포함하고, 미디어에서 이미 공표한 자료를 오로지 그리고 변경되지 않는 형태로 포함하는 개인데이터파일과 관련되는 활동들은 동 지침의 적용범위에 속한다고 하여야 한다.

두 번째 제청사항

유럽연합사법재판소의 확립된 판례법에 의하면, 지침 95/46의 조항은 동 지침에 의해 추구된 목적과 지침에 의해 정립된 제도의 관점에서 해석되어야 한다.[113] 이와 관련하여, 동 지침 제1조에서 명백하듯이 동 지침의 목적은 회원국들이 개인데이터의 자유로운 유통을 허용하지만, 자연인의 기본적인 권리와 자유, 그리고 특히 개인데이터의 처리와 관련하여 프라이버시권을 보호하여야 하는 것이라는 점은 이론이 없다. 그러나 그 목적은 이들 기본적 권리가 어느 정도로 표현의 자유에 대한 기본적 권리와 조화하여야 한다는 사실을 유념하지 않고서는 추구될 수 없다.

동 지침 제9조는 그러한 조화와 관련하여 규정하고 있다. 특히 동 지침 전문 제37항에서 명백한 바와 같이, 제9조의 대상은 프라이버시의 보호와 표현의 자유라고 하는 두 개의 기본적 권리를 조화시키는 것이다. 동 지침의 이러한 목적을 위한 이들 두 개의 '기본적 권리'를 조화시키기 위하여 회원국들은 데이터의 보호와 관련하여, 그리고 동 지침 제2장, 제4장 및 제6장에서 규정된 기본적인 프라이버시권과 관련하여, 다수의 적용특례 또는 제한을 규정할 것이 요구된다. 이들 적용특례는

113) Case C-265/07, Caffaro[2008], EU:C:2008:496, paragraph 14

오로지 언론 목적 또는 예술이나 문학적 표현 목적을 위하여 만들어져야 한다. 이들 목적은 프라이버시권과 표현의 자유를 규율하는 법규범을 조화시키기 위하여 명백히 필요로 하는 한 기본적 표현의 자유권의 범위에 속하는 것이다.

모든 민주사회에서 표현의 자유권의 중요성을 고려하기 위하여서는 첫째로, 예컨대 언론의 자유와 관련된 관념들을 넓게 해석할 필요가 있다. 둘째로, 위 두 개의 기본적 권리 사이에 균형을 이루기 위하여 기본적인 프라이버시권의 보호는 위에서 언급한 지침의 장들에서 규정된 데이터의 보호와 관련된 적용특례와 제한들이 필요한 경우에 한하여서만 엄격하게 적용되어야 한다. 이러한 맥락에서 다음 사항들이 타당하다.

첫째로, 동 지침의 입법적 연혁에서 명백한 것처럼 동 지침 제9조에서 규정된 적용면제와 적용특례는 미디어기업에 대해서뿐만 아니라 언론에 종사하는 모든 사람들에게도 적용된다.

둘째로, 공적 영역 내의 데이터의 공표가 영리 목적을 위하여 이루어진다는 사실이 분명하게 그러한 공표가 '오로지 언론 목적을 위하여' 수행된 활동으로 간주되는 것을 방해하는 것은 아니다. 모든 기업은 그 활동에서 이익을 창출하고자 할 것이며, 어느 정도의 상업적 성공은 직업적 언론활동에 필수적일 수도 있다.

셋째로, 통신수단의 발달 및 보급과 데이터의 확산이 고려되어야 한다. 특히, 처리된 데이터를 전송하는 데 사용되는 미디어가 그것이 그 성질상 종이나 라디오 전파와 같은 고전적인 것이든 또는 인터넷과 같이 전자적인 것이든, 어떠한 활동이 '오로지 언론 목적을 위하여' 수행되는 것인지에 대하여 결정적인 요인은 아니다.

따라서 이상으로부터 본안소송에 관련되는 활동들은 국가법에 의하여 공공영역에 속하는 자료로부터 나온 데이터와 관련하여, 만일 그 목적이 그것들을 전송하기 위하여 사용되는 미디어와 무관하게 일반대중에 대한 데이터, 의견 또는 사상의 공개인 한, '언론활동'으로 분류될 수 있다. 그것들은 미디어기업에 한정되지 않으며 수익창출 목적을 위하여 수행될 수 있다.

그러므로 두 번째 제청사항에 대한 대답은 지침 95/46 제9조는 첫 번째 제청사항의 (a)부터 (d)까지 언급된 활동들이 국가법에 의하여 공공영역에 속하는 자료로부터 나온 데이터와 관련하여, 만일 그들 활동의 유일한 목적이 일반대중에 대한 데이터, 의견 또는 사상의 공개라고 한다면, '오로지 언론 목적을 위하여' 수행된 개인데이터의 처리를 포함하는 활동으로서 간주되어야 한다. 그것이 본 건에 해당하는지 여부는 국가법원이 결정할 문제이다.

세 번째 제청사항

두 번째 제청사항에 대한 답변과 관련하여, 이 질문에 대한 답변을 할 필요가 없다.

판결 주문

이상의 이유에 따라, 유럽연합사법재판소(대법정)는 다음과 같이 판결한다.

1. 지침 95/46 제3조 제1항은 자연인의 근로 및 비근로소득과 자산에 대한 데이터는
- 과세관청이 보유한 공공영역의 자료로부터 수집되어 발행을 목적으로 처리되고,
- 소득기준에 따라서 활자화된 형태로 알파벳순으로 광범위한 리스트의 형태로 지역별로 분류되어 공표되고,
- 나아가 영리목적으로 이용되기 위하여 CD-ROM으로 전송되며, 그리고
- 이동전화 이용자들이 개인의 이름과 거주지를 주어진 번호로 보냄으로써 그 사람의 근로 및 비근로소득과 자산에 관한 데이터를 받아볼 수 있는 문자 메시지 서비스 목적으로 처리되는

활동들은 그 조항의 의미 내에서 '개인데이터의 처리'로서 간주되어야 한다는 의미로 해석되어야 한다.

2. 지침 95/46 제9조는 첫 번째 제청사항의 (a)에서 (d)까지에서 언급된 활동들이 국가법에 의하여 공공영역에 속하는 자료로부터 나온 데이터와 관련하여, 만일 그 활동들의 유일한 목적이 일반대중에 대한 데이터, 의견 또는 사상의 공개라고 한다면, '오로지 언론 목적을 위하여' 수행된 개인데이터의 처리를 포함하는 활동들로 간주되어야 한다는 의미로 해석되어야 한다. 본 건이 그러한 경우에 속하는지 여부는 국가법원이 결정할 문제이다.

3. 첫 번째 제청사항의 (c)와 (d)에서 언급된 것과 같은 개인데이터의 처리를 포함하고, 이미 미디어에서 발행된 자료를 그것만을 변경하지 않은 형태로 포함하는 개인데이터파일과 관련된 활동들은 지침 95/46의 적용범위 내에 속한다.

(21) Case C-275/06 (29 January 2008)[114)]

사실관계의 개요와 쟁점

Promusicae는 스페인의 음악관련 비영리조직이며, Telefónica는 인터넷서비스 제공자(ISP)이다. Promusicae는 2005년 11월 28일 마드리드 상사법원에 Telefónica의 인터넷 이용자들 중 그 IP 주소와 접속일시가 알려진 이용자들의 신원과 주소의 공개명령을 청구하는 가처분신청을 하였다.

Promusicae에 따르면, 이들 이용자는 파일공유 프로그램(peer-to-peer or P2P)을 이용하여 Promusicae 멤버들이 보유하는 사용권(exploitation rights)에 접근할 수 있게 하였다는 것이다. Promusicae는 파일공유 이용자들이 부당경쟁에 참여하고 있으며 지식재산권을 침해하고 있다고 법

114) Promusicae[2008], EU:C:2008:54

원에서 주장하였다. 그러므로 관계인들에 대해 민사소송을 제기하기 위하여 위의 데이터의 공개를 청구한다는 것이다.

상사법원은 2005년 12월 21일 Promusicae가 신청한 가처분을 인용하였다. 이에 대해, Telefónica는 스페인 국가법에 의하여 Promusicae가 청구한 데이터의 교부는 민사소송이나 그와 관련되는 가구제를 위하여서가 아니라, 범죄수사나 또는 공공의 안전과 국가안보를 보장하기 위하여서만 부여되는 것이라고 주장하며 항고하였다. Promusicae는 스페인 국가법규정은 지침 2000/31, 지침 2001/29와 지침 2004/48, 그리고 EU기본권헌장 제17조 제2항 및 제47조에 따라서 해석되어야 하며, 이들 EU법규정은 회원국들이 국가법규정이 명시적으로 규정한 목적만으로 문제의 데이터를 교부할 의무를 제한하는 것을 허용하지 않고 있다고 주장하였다.

이에 상사법원은 소송절차를 정지시키고, 다음 사항을 유럽연합사법재판소에 선결소송을 구하여 제청하기로 결정하였다.

'공동체법, 특히 지침 2000/31 제15조 제2항과 제18조, 지침 2001/29 제8조 제1항 및 제2항, 지침 2004/48 제8조와 헌장 제17조 제2항 및 제47조는 회원국들이 범죄수사 또는 공공의 안전과 국가방위의 보장으로 제한하고, 그리하여 민사소송을 배제하고 전자통신네트워크 및 서비스제공자, 전기통신네트워크 제공자와 데이터저장서비스 제공자가 그들 서비스를 통한 통신에 의해 생성된 접속 및 트래픽데이터의 보존 및 이용제공의무를 배제하는가?'

제청사항의 검토 요지

제청법원은 공동체법, 특히 지침 2000/31, 지침 2001/29 및 지침 2004/48을 EU기본권헌장 제17조 및 제47조와 함께 해석할 때, 동 규정들은 저작권의 효율적인 보호를 보장하기 위하여 회원국들에게 민사소송에서 개인데이터를 교부할 의무를 규정할 것을 요구한다고 해석되어야 할 것인지를 제청한다.

선결문제(Preliminary observations)

제청법원은 제청사항에서 지침 2000/31, 지침 2001/29 및 지침 2004/48과 EU기본권헌장의 해석으로 한정하고 있지만, 그것이 유럽연합사법재판소가 선결소송에 도움이 되는 관련 EU법의 해석을 금지하는 것은 아니다.[115] 따라서 제청사항에서 언급된 EU법규정들의 취지는 회원국들이 Promusicae가 본안소송에서 주장하는 산업재산권, 특히 저작권의 효과적인 보호를 보장하여야 하는 것이라는 데에서부터 시작하여야 한다. 그러나 제청법원은 그러한 보호에 의해서 요구된 EU법상의 의무는 오스트리아 관련 국가법조항에 의해 차단될 수 있다는 전제에서 논의를 진행하고 있다.

지침 2000/31의 규정들은 2002년 오스트리아 국가법으로 도입되었지만, 관련 국가법조항은 지침 95/46과 지침 2002/58에 따라서 EU법에 의해 요구되는 사생활의 보호규정들을 시행하고자하는 것이라는 것이 일반적인 인식이다. 그런데 지침 2002/58은 본안소송에서 쟁점분야인 전자통신 분야에서의 개인데이터의 처리와 프라이버시의 보호와 관련이 있다.

Promusicae가 청구한 파일공유 프로그램의 이용자들의 이름과 주소는 개인데이터, 즉 지침 95/46 제2조 제a호의 개념에 의하여 식별된 또는 식별가능한 자연인과 관련되는 데이터의 이용 제공을 포함한다는 것은 다툼이 없다. Promusicae가 주장하고 Telefónica가 다투고 있지 않

115) Case C-392/05, Alevizos[2007], EU:C:2007:251, paragraph 64

은 것처럼, Telefónica에 의해 저장된 데이터의 교부는 지침 95/46 제2조 제b호와 함께 해석할 때 지침 2002/58 제2조 1문에서의 '개인데이터의 처리'를 형성한다. 따라서 데이터 저장 그 자체의 지침 2002/58 준수가 본안소송의 쟁점은 아니지만, 그러한 데이터의 교부는 지침 2002/58의 적용범위 내에 속한다고 하여야 한다.

그러므로 먼저, 지침 2002/58은 자작권의 효과적인 보호를 위하여 회원국들에게 저작권 소유자가 저작권의 존재에 근거한 민사소송을 제기할 수 있도록 개인데이터를 교부할 의무를 규정하는 것을 금지하는지 여부를 확인하여야 한다. 금지하지 않는다면, 다시 제청법원이 명시적으로 언급한 세 지침으로부터 직접적으로 회원국들은 그러한 의무를 규정할 것이 요구되는지 여부를 확인하여야 한다. 마지막으로, 요구되지 않는다면 제청법원이 언급한 EU기본권헌장에서부터 시작하여, 다른 EU법규정들이 위의 세 지침의 다른 해석을 요구하는지 여부를 검토하여야 한다.

지침 2002/58

지침 2002/58 제5조 제1항은 회원국들이 공공통신망과 공중전자통신서비스에 의한 통신과 관련 트래픽데이터의 비밀을 보장하고, 관련 이용자들의 동의 없이 이용자가 아닌 사람들에 의한 그러한 데이터의 저장을 금지하여야 한다고 규정하고 있다. 동 지침 제15조 제1항에 의해 적법하게 권한이 부여된 사람과 통신의 전달에 필요한 기술적 저장과 관련된 경우에만 유일한 예외가 인정된다. 게다가 트래픽데이터에 관하여 지침 2002/58 제6조 제1항은 저장된 트래픽데이터는 동 조 제2항, 제3항 및 제5항과 제15조 제1항을 침해하지 않고서 통신의 전송을 위하여 더 이상 필요하지 않을 때, 삭제되거나 익명처리되어야 한다고 규정하고 있다.

첫째로, 요금청구 및 마케팅서비스의 요건과 부가 가치 서비스의 제공에 따른 트래픽데이터의 처리와 관련되는 지침 2002/58 제6조 제2항, 제3항 및 제5항은 공공통신망과 공중전자통신서비스 제공자들의 허가에 따라 행위하는 사람들 이외의 사람들에게 그 데이터를 교부하는 것과 관련된 것이 아니다. 동 지침 제6조 제6항은 동 조의 다른 규정들에서 언급된 활동들과 연결하여 데이터 저장의 근거에 관하여 제공자와 이용자 사이의 분쟁 이외의 분쟁들과 관련된 것이 아니다. 따라서 제6조 제6항은 본안소송에서의 Promusicae의 상황과 관련되지 않는다는 것이 명백하기 때문에 그러한 상황을 평가할 때, 동 조항은 고려의 대상이 될 수 없다.

둘째로, 지침 2002/58 제15조 제1항과 관련하여, 동 조항에 의하여 회원국들은 일정한 경우에 트래픽데이터의 비밀을 보장할 의무의 범위를 제한하는 입법적 조치를 채택할 수 있다는 것이 상기되어야 한다. 그러한 경우로서는 지침 95/46 제13조 제1항에서 규정된 것과 같이, 그러한 제한이 국가안보, 방위, 공공의 안전과 범죄 또는 전자통신시스템의 부정이용의 예방, 수사, 적발 및 기소를 보장하는 필요하고 적절하며 비례적인 조치를 형성하는 경우를 말한다. 따라서 동 지침 제15조 제1항은 회원국들에게 동 지침 제5조에 의하여 부과된 개인데이터의 비밀을 보장할 의무에 대한 예외를 규정할 가능성을 부여하고 있다.

그러나 이러한 예외는 민사소송의 제기를 위해 요청되는 상황과는 관련이 없다. 이들 예외는 첫째로, 개인들의 활동영역과 관련이 없는 국가 또는 국가기관들의 활동을 형성하는 국가안보, 방위와 공공의 안전과 그리고 둘째로, 범죄의 기소와 관련된다. 전자통신시스템의 부정이용과 관련되는 예외는 지침 2002/58 제5조 제1항에서 규정된 경우와 같이 관련 이용자들의 동의 없이 통신의 도청 또는 감시와 같은 시스템의 완결성이나 보안에 의문을 제기하는 이용과 관련되는 것으로 보인다. 동조에 의하여, 회원국들이 간섭하는 것을 필요로 하는 그러한 이용은 민사소송을 제기하는 상황과 관련되지 않는다.

그러나 지침 2002/58 제15조 제1항은 지침 95/46 제13조 제1항을 명시적으로 인용하여 위의 예외의 리스트를 종결시키고 있는 것은 명백하다. 동 조항은 또한 회원국들에게 그러한 제한이 특히 타인의 권리와 자유의 보호를 위하여 필요한 경우에 개인데이터의 비밀의 의무를 제한하는 입법적 조치를 채택하도록 권한을 부여하고 있다. 동 조항들은 관련 권리와 자유를 특정하지 않기 때문에, 지침 2002/58 제15조 제1항은 작가들이 민사소송으로 그 보호를 얻고자 하는 재산권이나 상황의 보호를 그 보호범위로부터 배제하지 않는 EU입법기관의 의도를 표현한 것으로 해석되어야 한다.

그러므로 결론은 지침 2002/58은 회원국들이 민사소송에서 개인데이터를 공개할 의무를 규정할 가능성을 배제하지 않는다는 것이다. 그러나 동 지침 제15조 제1항의 문언은 동 조가 규정하고 있는 상황에서 회원국들에게 그러한 의무를 규정하도록 강제하는 것으로 해석될 수 없다. 따라서 제청법원이 언급한 세 지침이 저작권의 효과적인 보호를 위하여 회원국들에게 그러한 의무를 규정하도록 요구하는 것인지 여부를 확인하여야 한다.

제청법원이 언급한 세 지침

먼저, 위의 세 지침들의 목적은 회원국들이 산업재산권, 특히 저작권의 효과적인 보호를 보장하는 것이라는 점이 지적되어야 한다. 그러나 그러한 보호가 개인데이터의 보호의 요건에 영향을 줄 수 없다는 것은 지침 2000/31 제1조 제5항 제b호, 지침 2001/29 제9조와 지침 2004/48 제8조 제3항 제e호로부터 알 수 있다.

지침 2004/48 제8조 제1항은 회원국들에게 지식재산권의 침해에 관한 소송에서 그리고 청구인의 정당화되고 비례적인 청구에 대응하여 관할 사법기관들이 지식재산권을 침해하는 원래 및 분배 네트워크에 대한 데이터가 제공될 것을 명령할 수 있다는 것을 보장하도록 요구하고 있다는 것이 일반적으로 인정되고 있다. 그러나 동 조가 회원국들에게 저작권의 효과적인 보호를 위하여 민사소송에서 개인데이터를 교부할 의무를 규정할 것을 요구한다는 것이 동조 제3항 제e호와 연계하여 해석되어야 하는 동 규정들로부터 나오는 것은 아니다.

또한 지침 2000/31 제15조 제2항과 제18조 또는 지침 2001/29 제8조 제1항 및 제2항의 문언은 회원국들이 그러한 의무를 규정할 것을 요구하지도 않는다. Promusicae가 근거로 하고 있는 무역관련 지식재산권에 관한 협정인 TRIPs Agreement 제41조, 제42조 및 제47조와 관련하여, EU법이 동 협정이 적용되는 분야를 규율하는 경우에 EU법은 가능한 한 이들 조항의 관점에서 해석되어야 한다.[116] 그러나 이들 조항들은 지식재산권의 효과적인 보호와 지식재산권의 보호의 이행을 위한 효과적인 구제의 설치를 요구하지만, 회원국들에게 민사소송에서 개인데이터를 교부할 의무를 규정할 것을 강제하는 것으로 해석되는 규정들을 포함하고 있지 않다.

기본권들

제청법원은 EU기본권헌장 제17조 및 제47조에 대해 언급하고 있는데, 전자는 지식재산권을 포함하는 재산권의 보호와 관련이 있고, 후자는 효과적인 구제의 권리와 관련이 있다. 따라서 제청법원은 회원국들이 저작권의 효과적인 보호를 위하여 민사소송에서 개인데이터를 교부할 의무를 규정하도록 강제되지 않는다는 취지로 그들 지침을 해석하

116) Joined Cases C-300/98 and C-392/98, Dior and Others[2000], EU:C:2000:688, paragraph 47, and Case C-431/05, Merck Genéricos-Produtos Farmacêuticos [2007], EU:C:2007:496, paragraph 35

는 것이 재산권과 효과적인 사법적 보호에 대한 기본권을 침해하게 되는지 여부를 알고자 하는 것으로 간주되어야 한다.

저작권과 같은 지식재산권을 포함하는 재산권과 효과적인 사법적 보호에 대한 기본권은 EU법의 일반원칙을 형성한다.[117] 그러나 제청법원이 제청하고 있는 상황은 위의 두 가지 권리에 더하여, 추가적으로 다른 기본권, 즉 개인데이터 또는 사생활의 보호를 보장하는 권리를 포함한다. 지침 2002/58 전문 제2항에 따라서 동 지침은 기본권을 존중하는 것을 추구하고 EU기본권헌장에 의해 인정된 원칙들을 준수한다. 특히 동 지침은 헌장 제7조와 제8조에서 규정된 권리들의 완전한 존중을 보장할 것을 추구한다. 그리고 헌장 제7조는 사생활존중권을 보장하는 1950년 로마에서 서명된 유럽인권협약 제8조를 받아들인 것이며, 헌장 제8조는 명시적으로 개인데이터의 보호에 대한 권리를 선언하고 있다.

따라서 본 제청사건은 서로 다른 기본권들, 다시 말하자면 한편으로 사생활존중권과 다른 한편으로 재산권 및 효과적인 구제권의 보호요건을 조정할 필요성의 문제를 제기한다. 이들 서로 다른 권리와 이익을 형량할 것을 허용하는 메커니즘은 첫째로, 지침 2002/58 그 자체에 포함되어 있다. 동 지침은 개인데이터의 처리가 어떠한 상황에서 어느 정도로 적법하며 그를 위해 어떠한 안전장치가 제공되어야 하는지를 결정하고, 그리고 제청법원이 언급한 세 지침에서 그것들이 규율하는 권리를 보호하기 위하여 채택된 조치들이 개인데이터의 보호에 영향을 미치는 조항들을 규정하고 있다. 둘째로, 그것은 그들 지침을 국가법화한 회원국들에 의한 국가법조항의 채택과 국가기관들에 의한 그들 국가법조항의 적용으로부터 생겨난다.

그 지침규정들은 다수의 회원국들에서 발생하는 대단히 다양한 상황

117) Joined Cases C-154/04 and C-155/04, Alliance for Natural Health and Others [2005], EU:C:2005:449, paragraph 126, and Case C-432/05, Unibet[2007], EU:C:2007:163, paragraph 37

에 적용되어야 하기 때문에 상대적으로 일반적이다. 따라서 그들 지침 규정은 가능한 여러 상황에 적용될 수 있는 국가법화 조치를 규정하는데 필요한 재량을 회원국들에 부여하는 규정들을 포함하고 있다. 그래서 회원국들은 위에서 언급한 지침들을 국가법화할 때, EU법질서에 의해 보호된 다양한 기본권들 사이에서 정당한 형량이 이뤄지는 것을 허용한 지침들의 해석에 의하도록 유의하여야 한다. 나아가 그들 지침을 국가법화하는 조치를 실시할 때, 회원국들의 기관과 법원은 그들 지침과 일관성 있게 국가법을 해석해야 할뿐만 아니라, 그들 기본권이나 비례원칙과 같은 EU법의 일반원칙과도 충돌되는 해석에 의하지 않도록 유의하여야 한다. 더구나 EU입법기관은 지침 2002/58 제15조 제1항에 의하여, 회원국들은 EU조약 제6조 제1항과 제2항에서 언급된 것들을 포함하여 EU법의 일반원칙에 따라서 동 조항에서 규정된 조치들을 채택하여야 한다는 것을 명시적으로 요구하고 있음을 상기하여야 한다.

이상에서 검토한 바와 같이, 제청사항에 대한 답변은 지침 2000/31, 지침 2001/29, 지침 2004/48과 지침 2002/58은 회원국들에게 본안소송에서와 같은 상황에서 민사소송으로 저작권의 효과적인 보호를 보장하기 위하여 개인데이터를 교부할 의무를 규정할 것을 요구하지 않는다는 것이다. 그러나 그들 지침을 국가법화할 때, 회원국들이 EU법질서에 의해 보호된 여러 기본권들 사이에 정당한 형량이 이루어질 수 있는 해석에 의하여야 하도록 유의할 것을 EU법은 요구한다. 나아가 그들 지침을 국가법화하는 조치들을 실시할 때, 회원국들의 국가기관과 법원은 그들 지침과 일관성 있게 국가법을 해석해야할 뿐만 아니라, 그들 기본권과 또는 비례의 원칙과 같은 EU법의 일반원칙과 충돌되는 해석에 의하여서는 안된다는 것을 명심하여야 한다.

(22) Joined Cases C-465/00, C-138/01 and C-139/01 (20 May 2003)[118)]

사실관계의 개요와 쟁점

Case C-465/00

1998년과 1999년 지급된 급여 및 연금과 관련하여 「공무원의 급여의 제한에 대한 오스트리아 연방헌법」(BezBegrBVG) 제8조의 해석을 둘러싸고, 회계검사원(Rechnungshof)과 그 통제 아래에 있는 다수의 조직 간에 견해의 차이가 발생했다. 본안소송의 피고들에는 지방 및 지역자치단체(란트와 두 개의 지방자치단체), 공기업이 포함되어 있는데, 그들 중에는 회계검사원의 통제대상이 아닌 외국기업들과 경쟁관계에 있는 것과 제정법상의 전문기구도 있다. 그런데 그들은 문제가 된 피고용자들의 수입에 관한 데이터를 보고하지 않았거나 익명처리된 형태로 보고하였다. 그들은 관련 자료에의 접근을 거부하였거나, 회계검사원이 수락하지 않은 조건에 따라 접근하였다. 그러므로 회계검사원은 연방헌법(Bundes-Verfassungsgesetz) 제126a조에 따라서 헌법재판소에 소송을 제기하였다. 동 조항은 회계검사원의 관할권을 규율하는 제정법 조항의 해석에 관한 견해의 차이에 대한 재판관할권을 연방헌법재판소에 부여하고 있다.

회계검사원은 BezBegrBVG 제8조에 의해 당사자의 이름과 연간 수입을 공개할 의무가 있다고 해석한다. 그러나 본안소송의 피고들은 수입과 관련한 개인데이터, 즉 당사자의 이름이나 직위, 이들이 받은 보수를 보고할 의무가 없다고 생각한다. 그들은 주로 지침 95/46과 사생활의 존중을 보장하는 유럽인권협약 제8조에 근거하며, 또한 EC조약

118) Österreichischer Rundfunk and Others[2003], EU:C:2003:294

(TEC) 제39조와 달리 공개의무가 노동자의 이동에 대한 장애를 만든다고 주장한다.

따라서 오스트리아 연방헌법재판소(Verfassungsgerichtshof)는 BezBegrBVG 제8조가 EC법과 양립 가능한지 여부를 알고 싶어 한다. 이와 관련하여, 동 헌법재판소는 지침 95/46의 여러 조항들, 특히 제6조 제1항 제b호, 제c호와 제7조 제c호, 제e호는 유럽인권협약 제8조의 관점에서 해석되어야 한다고 지적한다. 회계검사원의 통제대상인 조직의 피고용자들의 연간보수가 일정한 기준을 초과하는 수입과 관련하여, 공공을 위한 포괄적인 데이터는 사생활의 간섭으로 간주되어야 한다. 그러한 사생활의 간섭은 유럽인권협약 제8조에 의하면, 그 데이터가 국가의 경제적 복지(economic well-being of the country)에 기여하는 경우에만 정당화될 수 있다. 기본권에 대한 간섭은 '데이터의 공익'의 존재만으로 정당화될 수 없다. 해당 재판소는 개인적 수입에 관한 데이터의 보고서에 의한 공개가 '국가의 경제적 복지'를 촉진할 것인지는 의문이며, 그것은 사생활에 대한 비례적이지 않는 간섭을 형성한다고 본다. 회계검사원에 의한 검사는 의심할 바 없이 공적 자금의 적정한 사용을 담보하기에 충분하다. 국가법원은 EC법의 적용범위가 그 피고용자의 개인적 수입의 공개에 기여할 것을 요구하는 조직의 성질에 따라 차이가 있는지 여부에 대해서도 의문을 가지고 있다. 따라서 연방헌법재판소는 소송절차를 정지하고, 다음의 두 가지 제청사항에 대해 선결소송을 구하여 유럽연합사법재판소에 제청하기로 결정하였다.

'1. 공동체법조항, 특히 데이터 보호에 관한 것들은 회원국이 다음과 같은 조직의 피고용자의 이름과 수입을 공표할 목적으로 수입에 관한 데이터를 수집하고 전송할 것을 요구하는 국가법을 금지하는 것으로 해석할 수 있을 것인가?

(a) 지역 또는 지방자치단체

(b) 공법에 의해 통제되는 방송조직

(c) 국가중앙은행

(d) 제정법상의 대표기구

(e) 부분적으로 국가의 통제를 받는 영리 목적으로 활동하는 기업

2. 만일에 위의 제청사항에 대한 답변이 부분적으로라도 긍정적이라면, 공표의무를 부담하는 사람들은 그에 반하는 국가법조항의 적용의 금지를 청구할 수 있다는 의미에서 국가입법을 금지하는 공동체법조항들은 직접 적용 가능할 것인가?'

Cases C-138/01 and C-139/01

Ms Neukomm과 Mr Lauermann은 회계검사원의 통제대상인 오스트리아 공영방송사(ÖRF)의 직원인데 ÖRF가 데이터를 보고하라는 회계검사원의 요구에 응하는 것을 금지하는 명령을 구하는 소송을 관할법원들에 제기하였다.

금지명령 신청은 제1심에서 기각되었다. 노동사회법원(C-138/01)은 회계검사원에의 데이터의 전송과 그 데이터의 보고서에의 게재를 구별하여, 회계검사원에의 데이터의 전송은 이름을 포함한다고 할지라도 유럽인권협약 제8조나 지침 95/46을 위반하지 않지만, 보고서는 익명으로 하여야 한다고 판단하였다. 다른 한편으로, 지방법원(C-139/01)은 익명처리된 보고서는 회계검사원으로 하여금 적절한 통제를 할 수 없도록 하기 때문에 보고서에 이름 데이터가 포함되는 것도 적법하다고 판시하였다.

위의 원고들이 결정에 불복하여 고등법원에 항고하였다. 고등법원은 제1심법원들이 한 금지명령 신청의 기각을 지지하였다. Case C-138/01과 관련하여서는 문제의 데이터를 보고하는 것은 고용자가 법률에 의해 부과된 임무를 수행할 뿐인 것으로 회계검사원에 의한 데이터의 후

속 처리는 고용자의 통제 하에서 이루어지는 것이 아니라고 판시한 반면, Case C-139/01에 대해서는 관련 당사자의 이름데이터를 보고서에 포함하는 경우에도 기본권 및 지침 95/46과 합치한다고 판시하였다.

따라서 이들이 대법원에 재항고를 신청하였다. Case C-465/00에서 연방헌법재판소가 제청한 선결소송을 제청한 것과 동 사건에서 제기한 법적 쟁점을 채택하여, 대법원은 Cases C-138/01 및 C-139/01에서도 소송을 정지하고, 다음 두 가지 제청사항에 대해 선결소송을 구하여 유럽연합사법재판소에 제청하기로 결정하였다.

'1. 공동체법조항, 특히 데이터보호에 관한 것들(유럽조약 제6조와 유럽인권협약 제8조와의 관련에서 지침 95/46 제1조, 제2조, 제6조, 제7조 및 제22조)은 공법에 의해 통제되는 방송사의 직원의 이름 및 수입을 공표할 목적으로 법적 기구로서 공영방송사가 보고할 것과 국가기구가 수입에 관한 데이터를 수집하고 전송할 것을 요구하는 국가입법을 금지하는 것으로 해석하여야 할 것인가?

2. 유럽연합사법재판소가 위의 제청사항에 긍정적으로 답변한다면, 상기 국가입법을 금지하는 공동체법조항들은 직접 적용 가능할 것인가? 공표의무를 부담하는 조직은 이들 조항에 근거하여 그와 반대되는 국가입법의 적용을 금지할 수 있으며, 국가법이 관련 직원에게 부과한 공표의무에 근거하지 않아도 되는 것인가?'

제청사항의 검토 요지

첫 번째 제청사항

제청법원들은 지침 95/46이 본안소송에서 문제가 되고 있는 것과 같은 국가입법을 금지하고 있는 것으로 해석하여야 할 것인지를 질문하고 있다. 그런데, 국가입법은 국가통제기구에게 수입이 일정한 기준을 초과하는 경우에 그 통제대상인 기구들의 피고용자들의 수입에 관한 데이터를 공표할 목적으로 수집하고 보고할 것을 요구하고 있다.

우선, 일정한 조직으로부터 받은 돈과 수령자들이 관련된 본안소송에서 문제가 되는 데이터는 지침 95/46 제2조 제a호, 즉 '식별되거나 식별가능한 자연인에 관한 데이터'인 '개인데이터'에 해당한다는 점을 주목하여야 한다. 관련기구에 의한 기록과 사용, 그리고 회계검사원에의 전송과 다양한 정치기관에 보고되고 널리 배포될 예정인 개인데이터가 회계검사원에 의해 보고서에 포함되는 것은 동 지침 제2조 제b호의 '개인데이터의 처리'에 해당한다.

한편, 지침 95/46은 제13조에서 허용되는 예외에 따라서 개인데이터의 모든 처리는 첫째로, 동 지침 제6조에서 규정된 '데이터의 품질과 관련된 원칙'을 준수하여야 하고, 둘째로, 제7조에서 규정된 '데이터 처리의 적법성 기준'의 하나를 준수하여야 한다. 보다 구체적으로 말하자면, 데이터는 '구체적이고 명확하며 정당한 목적을 위하여 수집되어야' 하고(동 지침 제6조 제1항 제b호), '적정하고 타당하며 과도하지 않아야' 한다(제c호). 게다가 제7조 제c호 및 제e호에서는 개인데이터의 처리는 '데이터 컨트롤러가 따라야 할 법적 의무를 준수하기 위하여 필요'하거나 또는 '공익을 수행하는 임무의 이행을 위하거나 데이터가 공개되는 데이터 컨트롤러에 부여된 공권력의 행사에 필요'한 경우에만 허용될 수 있다.

그러나 동 지침 제13조 제e호 및 제f호에 따라, 회원국들은 이것이 각각 '회원국이나 EU의 중요한 경제적 또는 재정적 이익(여기에는 통화, 예산 및 조세문제를 포함한다)' 또는 '공권력의 행사와 관련된 모니터링, 조사 또는 규제기능'을 보호하기 위하여 필요한 경우에 특히 제6조 제1항의 적용을 제외할 수 있다.

지침 95/46의 규정들은 기본적 자유, 특히 프라이버시권을 침해하기 쉬운 개인데이터의 처리를 규율하는 한 반드시 기본권의 관점에서 해석되어야 한다는 점이 또한 주목되어야 한다. 그런데 이것은 확립된 판례법에 의해 유럽연합사법재판소가 그 준수를 담보하는 일반 법원칙의 구성요소를 형성하고 있다. 이들 법원칙은 EU조약 제6조 제2항에서 "EU는 유럽인권협약에 의하여 보장되고, 공동체의 일반 법원칙에 따라 회원국들에 공통된 헌법적 관습에서 기인하는 바와 같이, 기본권을 존중하여야 한다."고 명백히 규정되어 있다.

지침 95/46 자체는 그 주된 목적으로서 개인데이터의 자유로운 이동을 보장하여야 하지만, 동 지침 제1조 제1항에서 '회원국들은 자연인의 기본적 권리와 자유, 특히 개인데이터의 처리와 관련하여 프라이버시권을 보호하여야 한다.'고 규정하고 있다. 동 지침 전문 제10항과 제11항도 또한 그러한 요건을 명시하고 있다.

이러한 점에서, 유럽인권협약 제8조가 제1항에서 공공기관은 사생활존중권을 방해하여서는 안된다는 원칙을 규정하고 있지만, 제2항에서는 그러한 간섭이 일정한 경우에 가능함을 인정하고 있다는 점을 주목하여야 한다. 간섭이 가능한 경우로서는 "법과 일치하고, 무질서나 범죄의 예방, 건강이나 도덕의 보호, 또는 다른 사람의 권리와 자유의 보호를 위하여 민주사회에서 국가안보, 공공의 안전 또는 국가의 경제적 복지에 필요한 경우"를 말한다.

그래서 지침 95/46, 특히 제6조 제1항 제c호, 제7조 제c호 및 제e호, 그리고 제13조를 적용하기 위하여 첫째로, 본안소송에서 문제가 되고 있는 것과 같은 국가입법이 사생활 간섭을 규정하고 있는지 여부, 그리고 만일 그렇다고 한다면 그러한 간섭은 유럽인권협약 제8조의 관점에서 정당화될 것인지 여부가 확인되어야 한다.

사생활 간섭의 존재

먼저, 제3자에게 보고할 목적으로 개인의 직업적 수입과 관련되는 이름 데이터의 수집은 유럽인권협약 제8조의 적용범위에 해당한다. 유럽인권재판소는 이와 관련하여 '사생활'이라는 표현은 제한적으로 해석되어서는 안되고, '직업적 성질의 활동으로부터 사생활 관념의 배제를 정당화시킬 이유는 없다'고 판결하였다.[119)]

따라서 고용자가 그 피고용자에게 지급한 보수와 관련한 이름 데이터의 단순한 기록은 사생활 간섭에 해당할 수 없지만, 그 데이터를 제3자, 본 건에서는 공공기관에게 보고하는 것은 그렇게 해서 보고된 데이터의 사용이 어떻든 간에 관련 당사자의 사생활존중권을 침해하며, 유럽인권협약 제8조의 간섭에 해당한다. 이러한 간섭의 존재를 입증하기 위하여 보고된 데이터가 민감데이터인지 또는 관련 당사자가 불편을 받고 있는지 여부는 중요하지 않다.[120)] 피고용자나 연금자가 받는 보수와 관련된 데이터가 고용자에 의하여 제3자에게 보고되었다는 사실을 인정하는 것으로도 충분하다.

간섭의 정당화

위의 간섭은 그것이 '법률과 합치'되고, 유럽인권협약 제8조 제2항에서 구체화된 하나 이상의 정당한 목적을 추구하고, 그리고 그 목적을 달성하기 위하여 '민주사회에서 필요한' 것이지 않으면 유럽인권협약 제8조를 위반한다.

본안소송에서 문제가 되는 간섭이 BezBegrBVG 제8조에 합치된다는

---

119) Amami v. Switzerland [GC], no. 27798/95, § 65, ECHR 2000-11 and Rotam v. Romania [GC], no. 28341/95, § 43, ECHR 2000-V

120) Amann v. Switzerland, § 70

것이 공통된 인식이다. 그러나 문제는 동 조항이 시민들이 그에 따라서 자신의 행위를 조정할 수 있을 정도로 정밀하게 형성되었는지, 그래서 유럽인권재판소의 판례법121)에서 축적된 예견가능성의 요건을 충족할 수 있는지 여부이다.

이러한 점에서 BezBegrBVG의 제8조 제3항은 회계검사원이 작성한 보고서에 받은 수입과 관련하여 관련 당사자의 이름이 공개될 것을 명백히 요구하지 않고 '제1항에서 기재한 금액을 초과하여 조직으로부터 연간 보수나 연금을 받은 모든 사람을 포함한다'고 되어 있다. 제청법원들은 BezBegrBVG 제8조 제3항이 관련 당사자의 받은 수입과 관련하여 이름의 공개를 요구하는 취지로 해석하는 것이 예견가능성의 요건에 합치하는지를 확인하고자 한다.

Case C-465/00 제청결정에서 살피건대, BezBegrBVG 제8조의 목적은 관련 공공기관에 압력을 가하여 합리적인 범위로 급여를 제한하고자 하는 것이다. 동 조항이 규정하는 간섭은 행정에 의한 공적 자금을 절약하고 적정하게 사용하는 것을 확보하고자 하는 것이다. 그러한 목적은 '국가의 경제적 복지'를 언급하는 유럽인권협약 제8조 제2항과 '구체적이고 명백하며 정당한 목적'이라고 규정하는 지침 95/46 제6조 제1항 제b호에서의 정당한 목적을 형성한다.

다음으로, 문제가 되는 간섭이 추구한 정당한 목적을 달성하기 위하여 민주사회에서 필요한 것인지를 확인하여야 한다. 유럽인권재판소에 의하면, 유럽인권협약 제8조 제2항의 형용사 '필요한'은 '긴급한 사회적 필요'가 포함되며, 사용된 수단은 '추구된 정당한 목적과 비례적'일 것을 의미한다.122) 국가기관도 또한 평가의 경계, 즉 '추구된 정당한 목적의 성질뿐만 아니라 해당 간섭의 특별한 성질에도 의존하는 그것의 적

121) Rekvényi v. Hungary [GC], no. 25390/94, § 34, ECHR 1999-III

122) the Gillow v. the United Kingdom judgment of 24 November 1986, Series A no. 109, § 55

용범위[123]'를 누린다. 공적 자금의 최선의 사용을 확보하고, 특히 합리적인 범위 내로 급여를 제한하고자 하는 오스트리아의 이익은 간섭의 심각성과 관련 당사자의 사생활존중권을 형량하여야 한다.

다른 한편으로, 공적 자금의 적정한 사용을 감시하기 위하여 회계검사원과 여러 의회기구는 의심할 바 없이 여러 공적 기구들의 인건비의 금액을 알 필요가 있다. 게다가 민주사회에서 납세자와 여론은 일반적으로 공적 수입의 사용, 특히 인건비에 관하여 알 권리가 있다. 보고서의 형태로 모이는 그러한 데이터는 일반적 이익의 문제에 대한 공적 토론에 기여하고, 그리하여 공익에 기여할 수 있다. 그럼에도 불구하고, 받은 수입과 관련하여 당사자의 이름들을 말하는 것이 추구되는 정당한 목적에 비례적인지, 그리고 그러한 공표를 정당화하기 위하여 법원에 호소하는 이유가 타당하고 충분한 것으로 보이는지 여부라는 문제가 발생한다.

제청법원들이 채택한 해석에 의하면, BezBegrBVG 제8조는 공표된 액수상의 급여를 받은 직위를 채우는 사람들뿐만 아니라 회계검사원의 통제대상인 조직으로부터 보수를 받은 모든 사람들에 대해 일정한 수준 이상의 수입과 관련하여, 관계 당사자의 이름의 공표를 요구한다는 것이 분명하다. 더구나 그러한 데이터는 회계검사원과 그것을 통하여 다양한 의회기구들에 보고될 뿐만 아니라 일반대중에도 널리 이용된다. 제청법원들은 그러한 공표가 급여를 합리적인 범위내로 제한하는 목적에 필요하고 비례적인지 여부를 확인하고, 특히 그러한 목적이 이름에 관한 데이터를 감시기구에만 전송함으로써 동등하게 효과적으로 달성될 수는 없었는지 여부를 심사하는 것이 필요하다.

다른 한편으로, 관계 당사자가 사생활을 존중할 권리에 대한 간섭의 심각성과 관련하여 그들이 고용으로부터 얻는 수입에 대한 공표의 부

123) the Leander v. Sweden judgment of 26 March 1987, Series A no. 116, § 59

정적 효과의 결과로서, 특히 오스트리아든 다른 국가든 회계검사원의 통제를 받지 않는 기업들에 의해 고용될 전망에 대해 손상을 입을 수 있다는 것은 있을 수 있다.

본안소송에서 문제가 되는 것과 같은 국가법의 적용으로 인한 간섭은 회계검사원의 통제대상인 조직에 고용된 사람들의 일정한 기준 이상의 연간 수입액뿐만 아니라, 그 수입의 수령자의 이름의 광범위한 공표는 급여를 합리적인 범위내로 제한하고자 하는 목적을 위하여 필요하고 비례적인 경우에만(그것은 국가법원들이 심사해야할 문제이다) 유럽인권협약 제8조 제2항에 의해 정당화될 수 있다고 결론을 내려야 한다.

지침 95/46 규정들에 관한 영향

제청법원들이 문제가 되는 국가입법은 유럽인권협약 제8조와 양립할 수 없다는 결론을 내린다면, 지침 95/46 제6조 제1항 제c호와 제7조 제c호 또는 제e호의 비례성 요건도 충족할 수 없게 된다. 그것은 또한 동 지침 제13조에서 규정하고 있는 예외에도 해당하지 않게 되며, 마찬가지로 추구되고 있는 공익 목적과 관련하여 비례성 요건의 준수를 요구한다. 어떠한 경우에도 동 조항은 유럽인권협약 제8조에 반하는 사생활존중권에 대한 침해에 대해 정당성을 부여하는 것으로 해석될 수 없다.

다른 한편으로, 제청법원들은 BezBegrBVG 제8조가 추구하는 공익 목적에 필요하고도 적정하다고 간주한다면, 받은 수입과 관련하여 관계 당사자의 이름의 공표를 명시적으로 규정하지 않음으로써 BezBegrBVG 제8조가 예측가능성의 요건과 합치하는지를 확인하여야 한다.

마지막으로, 위의 고려에서는 후자에 의해 추구되는 결과를 얻고, 그럼으로써 EC조약 제249조의 3문과 합치되도록 하기 위하여 적용가능한 지침의 문언과 목적의 관점에서 가능한 한 제청법원이 또한 국가법 조항을 해석하여야 한다는 점을 주목하여야 한다.

이상에서 검토한 바와 같이, 첫 번째 제청사항에 대한 답변은 지침 95/46 제6조 제1항 제c호와 제7조 제c호 및 제e호가 본안소송에서 문제가 되는 것과 같은 국가입법을 금지하지 않는다는 것이어야 한다. 단, 회계검사원의 통제대상인 조직의 피고용자들의 일정한 기준 이상의 연간 수입뿐만 아니라, 그 수입의 수령자들의 이름의 광범위한 공표는 입법기관에 의해 추구된 공적 자금의 적절한 관리라는 목적에 필요하고 적절한 것이라는 점이 입증된다는 조건에서이다. 그것은 제청법원들이 확인하여야 한다.

두 번째 제청사항

두 번째 제청사항으로 제청법원들은 본안소송에서 문제가 되는 것과 같은 국가입법을 금지하는 지침 95/46 조항들이 직접 적용 가능한 것인지를 묻는다.

첫 번째 제청사항의 답변을 고려하여, 두 번째 제청사항은 그러한 특성이 지침 95/46 제6조 제1항 제c호에 기인한 것인지 여부를 알고자 하는 것이다. 그런데 동 조항은 '개인데이터는 수집되거나 후속적으로 처리되는 목적과 관련하여, 적당하고 관련성이 있으며 과도하지 않아야 한다.'와 제7조 제c호 또는 제e호가 '처리는 데이터 컨트롤러가 준수하여야 할 법적 의무의 준수에 필요하거나' 또는 '공익관련 임무의 수행이나 그 데이터가 공개되는 데이터 컨트롤러에게 부여되는 공권력의 행사에 있어서 필요한' 경우에만 개인데이터는 처리될 수 있다고 규정하고 있다.

그들 조항은 개인들이 의지하기에 그리고 국가법원들이 적용하기에 충분히 정밀하다. 더구나 지침 95/46은 의심할 바 없이 회원국들에게 그 조항들의 실행에 있어서 다소간의 재량을 부여하지만, 동 지침 제6조 제1항 제c호와 제7조 제c호 또는 제e호는 무조건적 의무를 규정하고 있다. 그러므로 두 번째 제청사항에 대한 답변은 지침 95/46 제6조 제1항 제c호와 제7조 제c호 및 제e호가 직접적으로 적용 가능한 것이어야 한다는 것이다. 개인은 그들 조항에 반대되는 국가법규정의 적용을 배제하기 위하여 국가법원에 의존할 수 있다.

판결 주문

이상의 이유에 따라, 유럽연합사법재판소는 2000년 12월 12일 명령으로 오스트리아 연방헌법재판소와 2001년 2월 14일 및 28일 명령으로 오스트리아 대법원이 제청한 사항에 답하여 다음과 같이 판결한다.

1. 지침 95/46 제6조 제1항 제c호와 제7조 제c호 및 제e호는 본안소송에서 문제가 되는 것과 같은 국가입법을 금지하는 것은 아니다. 다만, 회계검사원의 통제대상인 조직의 피고용자들의 일정한 기준 이상의 연간 수입금액과 그 수입의 수령자들 이름의 광범위한 공개는 입법에 의해 추구된 공적 자금의 적정한 운영이라는 목적에 필요하고 적절한 경우에 그러하다. 그것은 국가법원들이 확인하여야 한다.

2. 지침 95/46 제6조 제1항 제c호와 제7조 제c호 및 제e호는 이들 조항에 반대되는 국가법규정의 적용을 배제하기 위하여 개인들이 국가법원에 청구할 수 있다는 점에서 직접 적용 가능하다.

4. (개인)데이터의 처리

(1) Case C-180/21 (8 December 2022)[124)]

사실관계의 개요와 쟁점

2013년 불가리아 페트리치지방검찰청은 N술집에서 발생한 사건의 맥락에서 형법 제325조 제1항에 규정된 범죄를 저지른 성명불상의 사람에 대해 No. 252/2013의 예비재판절차를 열었다. 본안소송의 청구인 VS는 해당 형사범죄의 피해자로 절차에 참여했다.

2016년 특히 VS에 대한 여러 민원이 제기되자 페트리치지방검찰청은 그 사람과 관련된 정보가 담긴 파일을 다수 작성했지만, 형사 범죄를 저질렀다는 증거가 없어서 예비재판절차를 열지 않았다.

2018년 공판 전 예비재판절차 No. 252/2013의 맥락에서, 검사는 VS를 포함한 해당 절차에서 문제가 된 사건에 참여한 모든 사람들에 대해 공식으로 기소했다.

민사소송에서 VS는 불가리아 검찰청을 상대로 예비재판절차 No. 252/2013의 과도한 기간으로 인한 손해에 대해 손해배상청구소송을 불가리아 지방법원에 제기했다. 2018년 10월 15일 심리에서, 페트리치지방검찰청의 검사는 해당 검찰청을 변호하기 위하여 2016년 해당 검찰청에 의해 공개된 이 판결 제28항에서 언급된 파일들을 그 소송의 맥락에서 생성할 것을 요청했다. 따라서 그 검사는 청구인이 본안소송에서 주장한 건강문제는 그가 주장한 것처럼 예비재판절차에 기인한 것이 아니라 그들 파일과 관련하여 경찰과 페트리치지방검찰청이 수행한 수사에 의해 야기되었다는 것을 입증하려는 의도가 있었다는 것은 제청

124) VS[2022], EU:C:2022:967

명령(order for reference)에서 명백하다. 같은 심리에서 지방법원은 검찰청에 문제의 파일에 있는 문서의 인증된 사본을 생성하라고 명령했고, 그 후 해당 검찰청의 검사가 그렇게 했다.

2020년 3월 12일 VS는 페트리치지방검찰청이 개인데이터 보호와 관련된 조항을 위반했다고 주장하며 IVSS(불가리아 최고사법위원회 감찰관)에 심판을 제기했다. 그의 첫 번째 주장에 따르면, 그는 검찰청이 형사범죄의 피해자로 간주될 때 수집되었던 자신의 개인데이터를 동일한 소송절차에서 동일한 행위에 대해 기소하기 위해 불법적으로 사용했다고 진술했다. 그는 두 번째 주장으로 불가리아 검찰청에 대한 손해배상청구소송의 맥락에서 이 판결 제28항에서 언급된 파일에서 수집된 개인데이터의 처리와 관련하여 검찰청이 불법적으로 행위했다고 주장하였다. 2020년 6월 22일 IVSS는 그 심판청구를 기각했다.

2020년 7월 31일 VS는 첫째로 예비재판절차에서 자신의 개인데이터를 처리하는 것이 특히 지침 2016/680의 원칙에 반하며, 둘째로 검찰청이 예비재판절차의 개시를 거부한 이후, 이 판결의 제28항에서 언급된 파일에서 수집된 데이터를 처리한 것은 GDPR의 원칙을 위반한다고 주장하며, 그 결정에 대해 제청법원에 소를 제기하였다.

본안소송에서의 분쟁이 GDPR 및 지침 2016/680의 적용범위에 속하는 활동의 맥락에서 개인데이터의 처리와 관련된 것이라는 유럽연합사법재판소의 판례법에 비추어 볼 때, 제청법원은 처음에 형사범죄의 수사 및 적발을 목적으로 컨트롤러가 수집한 개인데이터의 후속 처리에 관한 EU법이 규정한 한계에 대해 의문을 가지고 있다.

특히, 첫째로 제청법원은 불가리아 검찰청이 지침 2016/680 제3조 제7항 제a호의 의미에 속하는 '관할기관'으로서, 그리고 같은 지침 제3조 제8항의 의미에 속하는 '컨트롤러'로서 그 수집 당시에 피해자로 간주되던 사람에 관한 개인데이터를 형사범죄의 수사 및 적발을 위하여 수집한 경우에, 그 사람의 기소를 위해 동일한 기관에 의한 그 데이터의 후속 처리는 해당 지침의 적용범위 내의 목적에 해당하는지 해당 지침 제4조 제2항의 의미 내에서 문제의 데이터가 수집된 것 이외의 목적에 해당하는지에 대해 의문을 가진다.

둘째로, 제청법원은 VS가 제기한 손해배상청구소송의 맥락에서 2016년 페트리치지방검찰청이 공개한 파일에 포함된 그 사람과 관련된 정보를 조회하는 것은 그 정보를 수집한 목적과 다른 목적에 해당하며, 해당 소송의 맥락에서 검찰청은 피고로서 형사범죄의 예방, 수사, 적발 또는 기소 목적으로 행동하지 않는다고 기술한다. 그러나 제청법원은 이들 파일이 VS에 관한 것임을 관할 민사법원에 표시하고 그 정보의 전부 또는 일부를 민사법원에 이전하였다는 사실만으로도 GDPR 제2조 제1항에 따라서 그 적용범위에 속하며 동 규칙 제4조 제1항 및 제2항의 의미 내에서의 '개인정보'의 '처리'에 해당하는지에 대해 의문을 가지고 있다.

또한 제청법원은 이들 데이터가 지침 2016/680 제3조 제8항의 의미 내에서, 특히 해당 컨트롤러가 추구한 정당한 이익을 위하여 처리의 필요성과 관련되는 GDPR 제6조 제1항 제f호의 관점에서 그 당사자가 능력 내에서 컨트롤러로서 수집한 경우에 본안소송의 분쟁이 개인데이터의 보호와 사법절차에 대한 당사자의 권리를 조정하는 문제를 제기한다고 생각한다.

제청법원은 GDPR의 적용범위 내에서 제6조 제1항에 명시된 개인데이터 처리의 적법성에 대한 다른 근거는 본안소송의 분쟁과 관련이 없다고 생각한다. 제청법원에 따르면, 특히 민사소송에서 변호하기 위해 검찰이 공개한 범죄 파일과 관련된 정보를 관할법원에 제공하는 것은 공익상 업무의 수행을 위해 필요한 것이 아니며, GDPR 제6조 제1항 제e호의 의미 내에서의 공권력의 행사에 포함되지 않는다.

이러한 상황에서 관할 행정법원은 재판을 중단하고 다음과 같은 사항을 선결소송으로 유럽연합사법재판소에 제청하기로 결정하였다.

'(1) 지침 2016/680 제1조 제1항은 그 지침의 목적을 기술할 때 "범죄의 예방, 수사, 적발 또는 기소[또는 형사처벌의 집행]"이라는 용어를 일반적인 목적의 측면으로 열거함을 의미하는 것으로 해석되는가?

(2)(a) 형사범죄의 혐의를 확인하기 위해 그 사람과 관련하여 공개된 수사파일에서, 지침 2016/680 제3조 제8호에 따른 '컨트롤러'의 자격에서 검찰청이 수집한 사람에 관한 정보는 민사소송의 당사자로서 검찰청의 사법적 방어의 맥락에서 사용되었다는 사실의 관점에서, 즉 그 파일이 공개되었다는 사실 또는 그 파일의 내용이 공개되었다는 사실에 의해 불가리아 검찰청에 GDPR의 규정이 적용되는가?

(b) 만약 그 질문이 긍정적으로 대답된다면 : GDPR 제6조 제1항 제f호의 "정당한 이익"이라는 표현은 그 공개가 민사소송의 당사자로서의 컨트롤러의 방어를 위하여 이루지는 경우에 형사범죄의 예방, 수사, 적발 또는 기소를 위하여 그 사람과 관련하여 공개된 검찰수사파일에서 수집된 사람에 관한 전체적 또는 부분적 공개를 포함하는 것으로 해석되어야 하는가? 그리고 그 표현은 데이터주체의 동의를 배제하는 것인가?

제청사항의 검토 요지

첫 번째 제청사항

제청법원은 (i) 제4조 제2항 및 제6조와 함께, 지침 2016/680 제1조 제1항이 개인데이터의 처리가 형사범죄의 적발 및 수사를 목적으로 데이터가 수집되었고 데이터주체는 그 수집 당시 피해자로 간주되었지만, 그 처리는 문제의 범죄 수사의 결론에 따라 그 사람을 기소할 목적으로 수행되는 경우에 그들 데이터가 수집된 목적 외의 다른 목적을 수행한다는 것을 의미하는 것으로 해석되어야 하는지 여부를 확인하려고 하며, 그리고 (ii) 경우에 따라 그러한 처리가 허용되는지 여부를 확인하고자 한다.

확립된 판례법에 따르면, EU법 조항의 해석을 위해서는 법문뿐만 아니라 맥락과 그것이 속한 규정이 추구하는 목적도 고려할 필요가 있다. EU법 조항의 기원은 또한 그 해석과 관련된 정보를 제공할 수 있다.125)

우선, 그 지침의 소송물과 관련된 지침 2016/680 제1조 제1항의 법문은 관련 개인데이터의 처리가 그 목적으로 하는 다양한 범주의 활동을 명시적으로 구분한다는 점에 주목해야 한다. 이와 관련하여, 해당 조항의 다양한 언어 버전, 특히 불가리아어, 스페인어, 독일어, 그리스어, 영어 및 이탈리아어 버전에서, 지침 제1조 제1항에서 언급된 다른 목적이 '공공의 안전의 위협에 대한 보호'와 그러한 위협의 '예방'을 포함하여 형사범죄의 '예방', '적발', '수사' 및 '기소'와 '형벌의 집행'에 해당한다는 것은 명백하다.

다음으로, 동 지침 제4조 제2항의 법문은 그 조항이 규정한 요건을 준수하여 '개인데이터를 수집하는 목적 이외의 제1조 제1항에서 정한 목적'으로 처리하는 것이 허용된다고 명시하고, 제1조 제1항에서 열거한 용어들, 즉, '예방', '수사', '적발', '기소', '형벌의 집행', '공공의 안전에 대한 위협의 예방'은 그 지침의 범위 내에 있는 개인데이터 처리의 몇 가지 개별 목적과 관련된 것이다.

따라서 개인데이터가 형사범죄의 '적발' 및 '수사'를 목적으로 수집되고 이어서 '기소'를 목적으로 처리된 경우에, 그 수집 및 처리는 서로 다른 목적에 해당한다는 것은 제4조 제2항과 함께 지침 2016/680 제1조 제1항의 법문으로부터 추론될 수 있다.

125) see, to that effect, judgment of 1 October 2019, Planet49, C-673/17, EU:C:2019:801, paragraph 48 and the case-law cited.

마지막으로, 지침 제6조에 따른 회원국에 해당되는 경우 그리고 가능한 한 컨트롤러에게 특히 동 조항 제a, b 및 c호에서 언급된 것과 같은 서로 다른 범주의 데이터주체들, 즉 범죄를 저질렀거나 저지르려고 한다는 것을 믿을 중대한 이유가 있는 사람들, 형사범죄로 유죄판결을 받은 사람들, 그리고 형사범죄의 피해자 또는 형사범죄의 피해자일 수 있다고 믿을 이유가 일정한 사실의 발생과 관련된 사람들의 개인데이터를 명확하게 구별하도록 규정할 의무가 있다고 말해야 한다.

따라서 형사 기소를 목적으로 개인데이터가 처리되는 자는 지침 2016/680 제6조 제a호의 의미에서 형사범죄를 저질렀다고 믿을 만한 중대한 근거와 관련된 사람들의 범주에 해당하는 것으로 보아야 한다. 첫 번째 제청사항에서 언급된 상황에서, 만약 그 사람이 처음에 지침 제6조 제c호의 의미 내에서 형사범죄의 피해자로 간주되었다면, 그 처리는 서로 다른 범주의 사람들의 데이터를 명확히 구별하기 위해 그 조항에서 규정된 요건에 따라서 컨트롤러가 고려해야 하는 그 사람의 범주의 변화를 반영한다는 것이 된다.

둘째로, 쟁점 법률의 맥락과 관련하여 지침 2016/680 제4조 제1항 제b호 및 제c호는 첫째, 개인데이터가 구체적이고 명시적이며 합법적인 목적을 위해 수집되어야 하고 그들 목적과 양립할 수 없는 방식으로 처리되어서는 안 되며, 둘째, 그러한 데이터는 처리되는 목적과 관련하여 적절하고 관련성이 있으며 과도하지 않아야 한다고 규정하고 있다는 점에 유의해야 한다. 이들 두 가지 요건은 본질적으로 GDPR 제5조 제1항 제b호 및 제c호에서 동일한 용어로 규정되어 있으며, 이들은 각각 목적 제한 및 데이터 최소화의 원칙에 해당한다고 규정되어 있다.

즉, 지침 제4조 제2항은 전문 제29항에 비추어, 그러한 목적이 지침 제1조 제1항에서 규정된 목적에 해당하고 그러한 처리가 제4조 제2항 제a호 및 제b호에서 규정된 두 가지 요건을 충족하는 경우에 그러한 데이터가 수집된 목적 이외의 목적을 위해 개인데이터의 후속 처리를 허용한다고 하여야 한다. 첫째, 컨트롤러는 EU법 또는 회원국법에 따라 그러한 목적을 위해 해당 개인데이터를 처리할 수 있는 권한이 있어야 한다. 둘째, 처리는 반드시 필요하고 그 다른 목적에 비례해야 한다.

특히 형사범죄의 '예방' 및 '적발' 또는 '수사'의 목적으로 수집된 개인데이터는 형사범죄가 확인되고 그에 따른 법집행 행위가 요청되는 경우에 '기소' 또는 '형벌의 집행'을 목적으로 다른 관할기관에 의해 후속 처리될 수 있다.

그러나 형사범죄의 '적발' 및 '수사'를 목적으로 개인데이터를 수집하는 맥락에서 관할기관은 아직 범죄행위가 규명되지 않은 단계에서 문제의 형사범죄행위의 결정과 관련될 가능성이 있는 데이터를 수집해야 한다. 이와 달리 '기소'를 목적으로 개인데이터를 처리하는 맥락에서 이들 데이터는 피고인에게 귀속되는 행위가 충분한 증거 가치를 가지며 형법상 행위의 분류가 정확함을 입증하여, 관할법원이 판결을 내릴 수 있도록 하는 것을 목적으로 한다.

따라서 첫째, 형사범죄의 '적발' 및 '수사' 목적으로 필요한 개인데이터는 '기소' 목적으로는 체계적으로 필요하지 않을 것이다. 둘째, 데이터주체에 대한 개인데이터 처리의 결과는 특히 그 데이터보호권에 대한 침해의 정도와 그러한 처리가 해당 형사소송에서 그들의 법적 상황에 미치는 영향과 관련하여 상당히 다를 수 있다.

셋째, 쟁점 법률의 목적과 관련하여 지침 2016/680 전문 제10항과 제11항에서 분명히 알 수 있듯이, EU 입법부는 해당 지침이 다루는 분야의 특성을 고려하는 규정들을 채택하려고 노력했다는 점에 주목해야 한다.

그런 점에서 전문 제12항은 경찰이나 다른 법집행기관이 수행하는 활동이 주로 형사범죄의 예방, 수사, 적발 또는 기소에 초점이 맞춰져 있으며, 여기에는 사건이 형사범죄인지 아닌지에 대한 사전 지식이 없는 경찰활동도 포함된다고 밝히고 있다.

이를 통해 EU 입법부는 해당 지침이 규율하는 분야에서 관할기관이 수행하는 활동들을 특징짓는 특정 기능에 해당하는 규정들을 채택하는 한편, 그들에게 특유한 목적을 가지는 별개의 활동을 구성한다는 사실을 고려한다.

전술한 모든 사항에 비추어 볼 때, 첫 번째 제청사항에 대한 답변은 제4조 제2항 및 제6조와 함께 지침 2016/680 제1조 제1항은 (i) 그 사람이 개인데이터의 수집 당시에 피해자로 보였다는 사실과 관계없이 그 데이터가 형사범죄의 적발 및 수사의 목적으로 수집되었으나 문제의 범죄수사의 결론에 따라서 그 사람을 기소할 목적으로 그 처리가 이루어진 경우에, 개인데이터의 처리가 그 데이터가 수집된 목적 이외의 목적을 수행하며, 그리고 (ii) 그 조항에서 규정된 요건을 충족하는 경우에 해당 지침 제4조 제2항에 따라서 그러한 처리는 허용된다는 것을 의미하는 것으로 해석되어야 한다.

위의 모든 사항에 비추어 볼 때, 두 번째 제청사항에 대한 답변은 다음과 같다.

- 첫째, 검찰청이 관할법원에 지침 2016/680 제1조 제1항에서 규정된 목적을 위하여 그 소송의 당사자인 자연인과 관련되는 파일의 공개를 알리고, 둘째, 그 파일들을 해당 법원에 전송하는 경우에 지침 2016/680 제3조 제8항과 제9조 제1항 및 제2항, GDPR 제2조 제1항 및 제2항은 회원국 검찰청이 국가에 대한 손해배상청구소송에서 방어권을 행사할 목적으로 개인데이터를 처리하는 것에 대하여 GDPR이 적용된다는 의미로 해석되어야 한다.
- GDPR 제6조 제1항은 국가에 대한 손해배상청구소송이 형사사건에 관한 직무수행에서 검찰청의 위법행위에 근거하는 경우에 그러한 개인데이터의 처리가 GDPR이 규정한 모든 적용요건을 준수한다면 그 소송에서 검찰청에 속하는 국가의 법적 재정적 이익을 방어하기

위하여 GDPR 제6조 제1항 제e호의 의미 내에서 공익상의 직무수행을 위하여 필요한 경우에는 그러한 개인데이터의 처리를 적법한 것으로 볼 수 있다는 의미로 해석되어야 한다.

판결 주문

이상의 이유에 따라, 유럽연합사법재판소(제5법정)는 다음과 같이 판결한다.

1. 지침 2016/680 제1조 제1항은 제4조 제2항 및 제6조와 함께 (i) 그 사람이 개인데이터의 수집 당시에 피해자로 보였다는 사실과 관계없이 그 데이터가 형사범죄의 적발 및 수사의 목적으로 수집되었으나 문제의 범죄수사의 결론에 따라서 그 사람을 기소할 목적으로 그 처리가 이루어진 경우에, 개인데이터의 처리는 그 데이터가 수집된 목적 이외의 목적을 수행하며, 그리고 (ii) 그 조항에서 규정된 요건을 충족한다면 동 지침 제4조 제2항에 따라서 그러한 처리는 허용됨을 의미하는 것으로 해석되어야 한다.

2. 첫째, 검찰청이 관할법원에 지침 2016/680 제1조 제1항에서 규정된 목적을 위하여 그 소송의 당사자인 자연인과 관련되는 파일의 공개를 알리고, 둘째, 그 파일들을 해당 법원에 전송하는 경우에 지침 2016/680 제3조 제8항과 제9조 제1항 및 제2항, GDPR 제2조 제1항 및 제2항은 회원국 검찰청이 국가에 대한 손해배상청구소송에서 방어권을 행사할 목적으로 개인데이터를 처리하는 것에 대하여 GDPR이 적용된다는 의미로 해석되어야 한다.

3. GDPR 제6조 제1항은 국가에 대한 손해배상청구소송이 형사사건에서의 직무수행에서 검찰청의 위법행위에 근거하는 경우에 그러한 개인데이터의 처리는 GDPR이 규정한 모든 적용요건을 준수한다면 그 소송에서 검찰청에 속하는 국가의 법적 재정적 이익을 방어하기 위하여 GDPR 제6조 제1항 제e호의 의미 내에서 공익상의 직무수행을 위하여 필요한 경우에는 그러한 개인데이터의 처리를 적법한 것으로 볼 수 있다는 의미로 해석되어야 한다.

(2) Case C-534/20 (22 June 2022)[126)]

사실관계의 개요와 쟁점

라이스트리츠(Leistritz AG)는 독일법에 따라 데이터 보호책임자를 지정해야 하는 사법의 적용을 받는 기업이다. LH는 2018년 1월 15일부터 해당 기업 내 '법무책임자'의 직무를 수행하고, 2018년 2월 1일부터 데이터 보호책임자의 직무를 수행했다.

2018년 7월 13일 라이스트리츠는 LH의 고용계약을 2018년 8월 15일자로 종료하고 내부 법률고문의 활동과 데이터 보호서비스를 아웃소싱하는 회사의 구조조정 조치를 발동했다.

LH의 계약 해지 효력에 대한 소제기를 받은 수소법원은 그 실체에 대해 독일연방데이터보호법(BDSG) 제38조 제2항과 제6조 제4항 2문에 따라서 데이터 보호책임자로서의 지위 때문에 정당한 이유가 있는 경우에만 극히 예외적으로 LH의 계약 해지가 가능하기 때문에 그 해지는 무효라고 판시했다. 법원은 라이스트리츠가 설명한 구조조정 조치가 그러한 정당한 이유를 구성하지 않는다고 판결했다.

라이스트리츠가 법적 쟁점에 대해 항소를 제기한 제청법원은 독일법에 따라 LH의 계약 해지가 민법 제134항에 따라 무효라고 보고 있다. 그럼에도 불구하고, BDSG 제38조 제2항과 BDSG 제6조 제4항 2문의 적용 가능성은 EU법, 특히 GDPR 제38조 제3항 2문이 회원국의 입법이 데이터 보호책임자의 고용계약 해지를 EU법이 규정한 것보다 더 엄격하게 적용하도록 허용하는지 여부에 달려 있다고 지적한다. 만약 그렇지 않다면, 제청법원은 법적 쟁점에 대한 항소를 지지해야 할 것이다.

제청법원은 특히 국내 법률문헌에 차이가 있다는 점에서 의문이 생

126) Leistritz AG[2022], EU:C:2022:495

긴다고 밝히고 있다. 한편으로는 BDSG 제38조 제2항과 제6조 제4항 2문의 결합된 조항에 의해 규정된 해고에 대한 특별한 보호가 유럽연합이 입법권을 갖지 않는 고용법의 실체적 규정을 구성하며, 결과적으로 그러한 조항들은 GDPR 제38조 제3항 2문에 반하지 않는다고 다수 견해는 생각한다. 다른 한편으로, 소수 견해의 지지자들에 따르면, 그러한 보호와 데이터 보호책임자의 지위 사이의 연관성은 EU법과 상충되며 일단 지정되면 데이터 보호책임자를 장기적으로 유지해야 한다는 경제적 압력을 야기한다.

이러한 상황에서 독일 연방노동법원은 소송절차를 중단하고 선결소송으로 다음과 같은 사항을 유럽연합사법재판소에 제청하기로 결정했다.

'(1) GDPR 제38조 제3항 2문은 자신의 업무수행을 위한 계약 종료 여부와 관계없이 고용주인 데이터 컨트롤러에 의한 데이터 보호책임자의 고용계약의 통상적 종료를 선언하는 BDSG 제6조 제4항 2문과 관련하여 제38조 제1항 및 제2항과 같은 국내법상의 조항을 허용할 수 없다고 배제한 것으로 해석되어야 하는가?
만일 첫 번째 제청사항에 대한 답변이 긍정적이라면 :
(2) GDPR 제38조 제3항 2문은 데이터 보호책임자의 지명이 GDPR 제37조 제1항에 따라서 의무적이 아니지만 회원국법에 따라서만 의무적인 경우에 회원국법상의 그러한 조항을 또한 금지하는가?
만일 첫 번째 제청사항에 대한 답변이 긍정적이라면 :
(3) GDPR 제38조 제3항 2문은 특히 데이터 컨트롤러와의 고용계약의 당사자인 데이터 보호책임자를 포함하는 한 충분한 수권조항에 기초하고 있는가?'

제청사항의 검토 요지

첫 번째 제청사항

첫 번째 제청사항으로, 제청법원은 계약 종료가 해당 직원의 업무수행과 관련이 없는 경우라도 GDPR 제38조 제3항 2문이 컨트롤러 또는 프로세서가 정당한 이유만으로 그의 직원인 데이터 보호책임자의 고용계약을 종료할 수 있도록 규정하는 국가법을 배제하는 것으로 해석되어야 하는지를 묻는다.

정립된 판례법에서 명백한 바와 같이, EU법조항을 해석할 때 일상 언어에서의 후자의 통상적 의미를 고려함으로써 그 문언을 고려할 뿐만 아니라 그 조항이 작용하는 문맥과 그 규정이 추구하는 목적도 또한 고려하여야 한다.127)

첫째로, 쟁점이 되는 조항의 문언에 관하여 GDPR 제38조 제3항은 그 2문에서 "그 또는 그녀는 업무수행을 이유로 컨트롤러나 프로세서에게 해고되거나 벌칙이 부과되지 않는다"고 규정하고 있는 것이 주목되어야 한다.

먼저, GDPR이 제38조 제3항 2문에서 규정하고 있는 'dismissed', 'penalised'와 'for performing his[or her] tasks'라는 용어들을 정의하고 있지 않은 점을 주목하여야 한다.

그런 까닭에, 첫째, 그들 단어가 일상 언어에서 가지는 의미에 따라서 컨트롤러 또는 프로세서에 의한 데이터 보호책임자의 해고 금지 또는 컨트롤러 또는 프로세서에 의한 벌칙의 부과 금지는 재판연구관이 그 의견 24번과 26번에서 기술한 바와 같이 그 책임자는 불리한 상태에

127) judgment of 22 February 2022, Stichting Rookpreventie Jeugd and Others, C-160/20, EU:C:2022:101, paragraph 29 and the case-law cited

놓이거나 벌칙을 구성하는 결정에 대해서 보호되어야 한다는 것을 의미한다.

그와 관련하여, 고용주가 취한 데이터 보호책임자의 고용계약을 종료시키거나 책임자와 고용주 사이에 존재하는 고용관계를 종료시키고 따라서 또한 관련 기업에서의 데이터 보호책임자의 기능을 종료시키는 조치는 그러한 결정을 구성할 수 있다.

둘째, GDPR 제38조 제3항 2문은 컨트롤러나 프로세서의 직원인 데이터 보호책임자와 GDPR 제37조 제6항에 따라서 후자와 체결된 서비스계약에 근거하여 임무를 완수하는 사람에게 모두 차별없이 적용되는 것은 명확하다.

따라서 GDPR 제38조 제3항 2문은 그 컨트롤러와 후자 사이의 고용관계의 성격과 관계없이 데이터 보호책임자와 컨트롤러 또는 프로세서 사이의 관계에 적용될 것이다.

셋째, 해당 조항은 재판연구관이 그 의견 29번에서 기술한 바와 같이 특히 GDPR 제39조 제1항 제b호에 따라서 EU 또는 회원국 법조항의 준수와 컨트롤러 또는 프로세서의 개인데이터 보호와 관련한 정책의 준수를 모니터링하는 것을 포함하는 업무의 수행과 관련된다는 이유로 데이터 보호책임자의 고용계약의 종료를 금지한다는 한계를 부과하고 있는 점을 주목하여야 한다.

둘째로, GDPR 제38조 제3항 2문이 추구하는 목적과 관련하여, GDPR 전문 제97항은 데이터 보호책임자는 컨트롤러의 직원인지 여부와 관계없이 독립적인 방식으로 그 직무를 수행할 지위에 있어야 한다고 기술하고 있다는 점이 첫째 지적되어야 한다. 그와 관련하여, 그러한 독립성을 가지고 데이터 보호책임자들은 특히 GDPR 전문 제10항에서 명백한 바와 같이 EU 역내의 자연인들의 높은 수준의 보호를 보장하고 그를 위해 EU 전역에서의 개인데이터의 처리와 관련하여 그러한 자연인들의 기본적 권리 및 자유의 보호를 위한 규정의 일관되고 균질적인 적용을 보장하고자 하는 GDPR의 목적에 따라서 그 업무를 수행할 수 있어야 한다.[128] 둘째, 데이터 보호책임자의 기능상 독립성을 보장한다는 목적은 GDPR 제38조 제3항 2문에서와 같이 동 조항 1문 및 3문으로 부터서도 명백하다. 즉, 동 조항은 해당 책임자가 그 업무의 수행과 관련하여 어떠한 지시도 받지 않고 컨트롤러 또는 프로세서의 최고경영진에 직접 보고할 것을 요구하며, 제38조 제5항에서 그러한 업무수행과 관련하여 해당 책임자는 비밀 또는 비밀준수의무를 부담한다고 규정하고 있다. 그리하여, GDPR 제38조 제3항 2문은 그 직무를 종료시키고 불리하게 하거나 벌칙을 구성하는 결정에 대해 데이터 보호책임자를 보호함으로써, 그러한 결정이 그 업무의 수행과 관련된 경우에 데이터 보호책임자의 기능상 독립성을 유지하고자 하여 GDPR 조항들이 시행중임을 보장하고자 하는 것으로 간주되어야 한다. 반면에 해당 조항은 컨트롤러나 프로세서와 그들 목적의 달성을 위해 필요한 정도로만 우연히 영향을 받는 직원들 사이의 모든 고용관계를 규율하고자 하는 것은 아니다.

셋째로, 그러한 해석은 그 조항의 맥락에 의해, 특히 EU 입법부가 GDPR을 채택한 법적 근거에 의해서도 지지된다. GDPR 전문(recital)으로부터서도 명백한 바와 같이, GDPR은 TFEU 제16조에 근거하여 채택되었으며, 동 조 제2항은 특히 유럽의회와 EU이사회는 첫째, EU기관, 기구, 청 또는 에이전시와 EU법 범위 내에 속하는 활동들을 수행할 때 회원국들에 의한 개인데이터의 처리에 관한 자연인의 보호와, 둘째, 그러한 데이터의 자유로운 이동과 관련되는 규정을 입법하기 위해서는 일반입법절차에 따라 규칙에 의해 행위할 것을 규정하고 있다.

반면에, GDPR 제38조 제3항 2문에서 규정된 데이터 보호책임자의

128) judgment of 6 October 2020, La Quadrature du Net and Others, C-511/18, C-512/18 and C-520/18, EU:C:2020:791, paragraph 207 and the case-law cited

특별한 보호 이외에, 컨트롤러나 프로세서에 의해 고용된 데이터 보호책임자의 고용계약의 종료에 대한 보호규정의 설치는 개인데이터의 처리에 관한 자연인의 보호의 범위 내 또는 그러한 데이터의 자유로운 이동의 범위 내에 속하지 않고 사회정책분야에 속한다.

그와 관련하여, 첫째, TFEU 제4조 제2항 제b호에 따라 EU와 회원국들은 사회정책분야에서 TFEU에서 규정된 측면을 위해 동 조약 제2조 제2항의 목적으로 관할권을 공유하고 있다는 점을 명심하여야 한다. 둘째, TFEU 제153조 제1항 제d호에서 규정된 바와 같이 EU는 그들의 고용계약이 종료되는 경우에 근로자 보호의 영역에서 회원국들의 활동을 지원하고 보완하여야 한다. 그래서 TFEU 제153조 제2항 제b호에서 명백한 바와 같이 그러한 최소한의 요건은 유럽연합사법재판소의 판례법에 따를 때 TFEU 제153조 제4항에 비추어 회원국이 TFEU와 양립 가능한 보다 엄격한 보호조치를 유지하거나 도입하는 것을 금지할 수 없기 때문에 의회와 이사회가 그와 관련하여 그러한 최소한의 요건을 규정할 수 있는 것은 지침에 의한다.

재판연구관이 그 의견 44번에서 기술한 바와 같이 각 회원국들은 그들 조항이 EU법, 특히 GDPR 제38조 제3항 2문과 양립 가능하는 한 보유한 권한을 행사하여 자유롭게 데이터 보호책임자의 고용계약의 종료에 대해 보다 보호적인 특별조항을 입법할 수 있다.

특히 재판연구관이 그 의견 50번과 51번에서 언급한 바와 같이, 그러한 강화된 보호는 GDPR의 목적 달성을 저해할 수 없다. 이는 각 회원국이 업무수행에 요구되는 전문적 능력을 더 이상 가지고 있지 않거나 GDPR 조항에 따라서 그 업무를 완수하지 않는 데이터 보호책임자의 고용계약을 컨트롤러나 프로세서가 종료시키는 것을 금지하는 경우에도 마찬가지이다.

이상의 검토에 비추어, 첫 번째 제청사항에 대한 답변은 GDPR 제38조 제3항 2문은 계약종료가 그 책임자의 업무의 수행과 관련되지 않는다 할지라도 그러한 입법이 GDPR의 목적 달성을 저해하지 않는 한 컨트롤러나 프로세서가 그의 직원인 데이터 보호책임자의 고용계약을 정당한 이유에 의해서만 종료시킬 수 있다고 규정하는 회원국 입법을 금지하지 않는 것으로 해석되어야 한다.

두 번째 및 세 번째 제청사항

첫 번째 제청사항에 대한 답변에 비추어 두 번째 및 세 번째 제청사항에 대한 답변은 필요하지 않다.

판결 주문

이상의 이유에 따라, 유럽연합사법재판소(제1법정)는 다음과 같이 판결한다.

GDPR 제38조 제3항 2문은 계약종료가 그 책임자의 업무의 수행과 관련되지 않는다 할지라도 그러한 입법이 GDPR의 목적 달성을 저해하지 않는 한 컨트롤러나 프로세서가 그의 직원인 데이터 보호책임자의 고용계약을 정당한 이유에 의해서만 종료시킬 수 있다고 규정하는 회원국 입법을 금지하지 않는 것으로 해석되어야 한다.

(3) Case C-311/18 (16 July 2020)[129] (Schrems II Case)

사실관계의 개요와 쟁점

오스트리아에서 거주하고 있는 오스트리아 국민인 Mr Schrems는 2008년부터 Facebook 이용자이다.

---

129) Maximillian Schrems[2020], EU:C:2020:559

Facebook을 이용하고자 하는 EU에 거주하는 사람들은 가입 시에 미국에 설립된 Facebook Inc.의 자회사인 Facebook Ireland Ltd와 계약을 체결할 것이 요구된다. EU에 거주하는 Facebook Ireland의 이용자들의 개인데이터의 일부 또는 전부는 미국에 소재하는 Facebook Inc. 소유의 서버에 이전되어, 거기서 처리가 이루어진다.

2013년 6월 25일 Mr Schrems는 미국에서 시행되는 법률 및 실무가 공공기관이 관여한 감시활동에 대하여 미국에서 보유된 개인데이터의 적정한 보호를 보장하지 않았다는 이유로 Facebook Ireland는 자신의 개인데이터를 미국으로 이전하는 것이 금지되어야 한다고 청구하는 심판을 커미셔너에게 청구하였다. 이 심판청구는 특히 유럽위원회가 결정 2000/520[130]에서 미국이 적정한 보호수준을 보장한다는 것을 인정하였다는 이유로 기각되었다.

Mr Schrems가 자신의 심판을 기각한 것에 대해 소송을 제기받은 아일랜드의 하이코트(High Court)는 결정 2000/520의 해석 및 효력에 대한 선결소송을 구하여 유럽연합사법재판소에 제청하였다. 2015년 10월 6일 판결 Schrems(C-362/14, EU:C:2015:650)에서 유럽연합사법재판소는 그 결정의 무효를 선언하였다.

이 판결에 따라서 제청법원은 Mr Schrems의 심판의 기각을 취소하고 그 결정을 커미셔너에게 환송하였다. 커미셔너의 조사에서 Facebook Ireland는 대부분의 개인데이터는 SCC결정 부속서에서 규정된 표준데이터보호조항에 따라서 Facebook Inc.으로 이전되었다고 설명했다. 그에 근거하여 커미셔너는 Mr Schrems에게 심판을 새로 청구할 것을 요청하였다.

---

130) Commission Decision of 26 July 2000 pursuant to Directive 95/46/EC of the European Parliament and of the Council on the adequacy of the protection provided by the safe harbour privacy principles and related frequently asked questions issued by the US Department of Commerce, OJ L 215, 25.8.2000, pp.7-47.

2015년 12월 1일 새로 청구된 심판에서 Mr Schrems는 미국법이 페이스북이 이전받은 개인데이터를 국가보안국(NSA)이나 FBI와 같은 일정한 미국기관이 이용할 수 있도록 할 것을 요구한다고 특히 주장하였다. 그 데이터는 기본권헌장 제7조, 제8조 및 제47조와 양립할 수 없는 방식으로 여러 모니터링 프로그램에서 이용되었기 때문에 SCC결정은 그 데이터를 미국으로 이전하는 것을 정당화할 수 없다고 말하였다. 그러한 상황에서 Mr Schrems는 커미셔너에게 자신의 개인데이터를 Facebook Inc.에 이전하는 것을 금지 또는 중지할 것을 요청하였다.

2016년 5월 24일 커미셔너는 임시적 조사결과를 요약하는 '결정초안'을 공표하였다. 결정초안에서 커미셔너는 미국으로 이전된 EU 시민들의 개인데이터는 헌장 제7조 및 제8조와 양립할 수 없는 방식으로 미국기관에 의해 조회되고 처리되었을 가능성이 있고, 미국법은 기본권헌장 제47조와 양립할 수 있는 법적 권리구제를 EU시민들에게 제공하지 않는다는 임시적 견해를 취하였다. 커미셔너는 SCC결정 부속서의 표준데이터보호조항은 미국기관들을 구속하지 않고 데이터 반출자(data exporter)와 데이터 반입자(data importer)에 대해서 데이터주체의 계약상의 권리만을 부여하기 때문에 그러한 결점을 구제할 수 없다고 판단했다.

커미셔너는 SCC결정의 효력 문제가 생긴다는 견해를 취하여, 하이코트(High Court)가 그 문제에 대해 유럽연합사법재판소에 제청하기 위하여 2015년 10월 6일 판결인 Schrems사건(C-362/14, EU:C:2015:650, paragraph 65)으로 생긴 판례법에 의거하여 2016년 5월 31일 하이코트(High Court)에 소송을 제기하였다. 2018년 5월 4일 명령으로 하이코트(High Court)는 선결소송을 구하여 유럽연합사법재판소에 제청하였다.

제청명령 부속서에서 하이코트(High Court)는 2017년 10월 3일 내린 판결의 사본을 제공하였다. 거기에는 미국 정부가 참가한 국가소송에서 하이코트(High Court)가 한 증거심사결과가 제기되었다.

선결소송의 제청이 여러 차례에 걸쳐 참조하고 있는 그 판결에서, 제청법원은 원칙적으로 법원에 제시된 모든 사실 및 주장을 고려하고 그러한 사실 및 주장에 근거하여 참조가 필요한지 여부를 결정할 권한이 있을 뿐만 아니라 의무가 있다고 진술했다.

하이코트(High Court)는 어떤 경우에도 소송의 개시와 그 소송이 열린 심리 사이에 일어났을 수 있는 모든 개정사항을 고려해야 한다고 생각한다. 법원은 본안소송에서 그 자체 평가는 커미셔너가 제시한 무효사유에만 국한되지 않으며, 그 결과 자체 발의로 다른 근거가 충분한 무효사유가 있다고 판단할 수 있으며, 그러한 근거로 선결소송을 위한 사항을 제청할 수 있다고 진술했다.

그 판결의 사실인정에 따라서 미국으로 이전된 개인데이터에 관한 미국기관의 데이터 활동은 특히 FISA(Foreign Intelligence Surveillance Act) 702조와 E.O. 12333에 근거한다.

제청법원은 그 판결에서 FISA 702조가 FISC(Foreign Intelligence Surveillance Court) 승인에 따라 법무장관과 국가데이터국장이 '외국 기밀데이터(foreign intelligence information)'를 얻기 위해 미국 밖에 거주하는 미국 시민이 아닌 개인에 대한 감시를 공동으로 할 권한을 부여할 수 있도록 허용하고 있으며, 특히 프리즘(PRISM)과 업스트림(UPSTREAM) 감시 프로그램의 근거를 규정한다고 적시한다. 프리즘 프로그램의 맥락에서, 해당 법원의 사실인정에 따르면, 인터넷서비스 제공자들은 NSA에게 '선택자(selector)'와 주고받는 모든 통신을 제공해야 하며, 그 중 일부는 FBI와 CIA에도 전송된다.

업스트림 프로그램과 관련하여, 법원은 그 프로그램의 맥락에서, 즉 케이블, 스위치 및 라우터의 네트워크인 인터넷 '백본(backbone)'을 운용하는 전기통신사업자는 NSA가 실렉터와 연루된 비 미국민과 주고받은 또는 그에 관한 통신을 얻기 위해 인터넷 트래픽 흐름을 복사하고 필터링할 수 있도록 허용해야 한다고 판결했다. 이 프로그램에 따라,

NSA는 해당 법원의 사실인정에 따라 메타 데이터와 관련 통신 내용 모두에 접근한다.

제청법원은 E.O. 12333이 NSA가 대서양 바닥에 있는 해저 케이블에 접근하여 미국에 '전송 중'인 데이터에 접근할 수 있도록 허용하고, 미국에 도착하여 FISA의 적용을 받기 전에 그러한 데이터를 수집하여 보유할 수 있도록 허용한다고 판결했다. 법원은 E.O. 12333에 따라 수행된 활동은 법령에 의해 규율되지 않는다고 덧붙인다.

데이터 활동의 한계와 관련하여, 제청법원은 비 미국인들은 PPD-28에 의해서만 다루어진다는 사실을 강조하는데, 여기에는 데이터 활동이 '가능한 한 맞춤화되어야 한다'고만 명시되어 있을 뿐이다. 이러한 사실인정에 기초하여, 제청법원은 미국이 기본권헌장 제7조 및 제8조에 의해 보장된 것과 본질적으로 동등한 보호수준을 보장하지 않고 개인데이터의 대량 처리를 수행한다고 간주한다.

사법적 보호와 관련해, 제청법원은 미국법에서 미국 헌법 수정 제4조는 불법적인 감시에 대해 다투기 위해 이용할 수 있는 가장 중요한 소송원인을 형성하는 데, 이 조항이 EU 시민들에게 적용되지 않기 때문에 미국 기관의 개인데이터 처리와 관련해 EU 시민들은 미국 시민들과 동일한 권리구제수단을 갖고 있지 않다고 적시하고 있다. 그와 관련하여, 제청법원은 EU 시민에게 개방된 소송원인, 특히 그것을 충족하기가 극도로 어렵다고 간주되는 원고적격과 관련하여 상당한 장애물이 있다는 것을 명시하고 있다. 더구나 제청법원의 사실인정에 따르면, E.O. 12333에 근거한 NSA의 활동은 사법적 감독을 받지 않으며 사법심사의 대상이 될 수 없다. 마지막으로, 제청법원은 프라이버시 실드 옴부즈퍼슨(Privacy Shield Ombudsperson)이 기본권헌장 제47조의 의미에 속하는 심판소(tribunal)가 아닌 한, 미국법은 EU 시민에게 동 조에 포함된 기본권에 의해 보장된 것과 본질적으로 동등한 수준의 보호를 제공하지 않는다고 생각한다.

선결소송의 제청에서, 제청법원은 또한 본안소송의 당사자들이 국가안보 목적으로 처리될 가능성이 높은 개인데이터의 제3국으로의 이전을 위한 EU법의 적용 가능성과 그 국가가 적정한 보호수준을 보장하는지를 평가하기 위하여 고려되어야 할 요인에 대해 특히 의견이 일치하지 않는다고 명시하고 있다. 특히 법원은 Facebook Ireland에 따르면 프라이버시 실드 결정(Privacy Shield Decision)에서 명시된 것과 같이 제3국이 보장하는 보호수준의 적정성에 대한 유럽위원회의 결정은 SCC 결정 부속문서의 표준데이터보호조항에 따라서 개인데이터 이전이라는 맥락에서 감독기관에 대해 구속력을 갖는다는 점에 주목한다.

이러한 표준데이터보호조항과 관련하여 제청법원에 따르면, 해당 조항은 관련된 제3국의 국가기관에게 구속력이 없기 때문에 적절한 보호수준의 결여를 구제할 수 없다는 사실에도 불구하고 SCC 결정이 유효한 것으로 간주될 수 있는지를 제청법원은 질문한다. 이와 관련하여, 제청법원은 집행결정 2016/2297 시행 이전 버전인 결정 2010/87 제4조 제1항 제a호에 의해 회원국의 관할기관에게 부여된, 그들 조항에 포함된 보장과 양립할 수 없는 요건을 데이터 반입자에게 부과하는 제3국으로 개인데이터의 이전을 금지할 수 있는 가능성은 그 제3국의 법률상태가 SCC 결정 부속서의 표준데이터보호조항에 따라서 이루어졌을 때에도 데이터 이전의 금지를 정당화할 수 있으며, 따라서 이러한 요건은 적절한 보호수준을 보장하는데 불충분할 수 있음을 분명히 하는 것을 입증한다고 간주한다. 그러나 제청법원은 재량권이 적절한 보호를 보장하기에 충분할 수 없다는 견해를 가지고 있음에도 불구하고, 그들 조항에 근거한 데이터 이전을 금지할 수 있는 커미셔너의 권한의 범위에 대해 의문을 품고 있다.

이러한 상황에서 하이코트(High Court)는 소송절차를 중단하고, 선결소송을 구하여 다음 사항을 유럽연합사법재판소에 제청하기로 결정했다.

‘(1) SCC 결정에 따라 민간기업이 상업적 목적으로 EU 회원국으로부터 제3국의 민간기업으로 개인데이터를 이전하고, 그 제3국의 국가안보의 목적과 법집행 및 외교문제의 수행을 위하여 그 기관이 제3국에서 추가 처리할 수 있는 상황에서 국가안보에 관한 TEU 제4조 제2항의 규정과 공공의 안전, 방위 및 국가안보와 관련한 지침 95/46 제3조 제2항 1단의 규정에도 불구하고, EU법(기본권헌장 포함)이 데이터의 이전에 적용되는가?

(2) (a) 국가안보 목적으로 데이터가 추가적으로 처리될 수 있는 경우 SCC 결정에 따라 유럽연합에서 제3국으로의 데이터 이전을 통해 개인의 권리를 침해하였는지를 판단하는 데 있어 지침 95/46의 목적의 관련 비교자(comparator)는

(i) 헌장, TEU, TFEU, 지침 95/46, 1950년 11월 4일 로마에서 서명된 유럽인권협약(또는 기타 EU법조항) 또는

(ii) 하나 이상의 회원국의 국가법인가?

(b) 관련 비교자가 (ii)인 경우, 하나 이상의 회원국의 국가안보의 맥락에서의 관행도 비교자에 포함되어야 하는가?

(3) 지침 95/46 제26조의 목적을 위해 해당 국가에 전송되는 개인데이터에 대해 제3국이 EU법에 의해 요구되는 보호수준을 보장하는지 평가할 때, 그 제3국의 보호수준은 다음을 참조하여 평가되어야 하는가?

(a) 국내법 또는 국제약정에 따른 제3국의 적용 가능한 규정과 제3국에서 준수하는 전문적 규정 및 보안조치를 포함하고 이러한 규정의 준수를 보장하기 위해 의도된 관행 ; 또는

(b) 제3국에서 시행 중인 행정, 규제 및 준수 관행, 정책 안전장치, 절차, 프로토콜, 감독 메커니즘 및 비 사법적 구제수단과 함께 (a)에서 언급된 규정

(4) 미국법과 관련하여 하이코트(High Court)가 인정한 사실을 고려할 때, SCC 결정에 따라 유럽연합에서 미국으로 개인데이터가 이전되는

경우, 이는 헌장 제7조 및/또는 제8조에 따른 개인의 권리를 침해하는 것인가?

(5) 미국법과 관련하여 하이코트(High Court)가 인정한 사실을 고려할 때, SCC 결정에 따라 개인데이터가 유럽연합에서 미국으로 이전되는 경우:

(a) 미국이 제공하는 보호수준은 헌장 제47조에 의해 보장된 데이터 프라이버시권을 침해하는 것에 대한 개인의 사법적 구제권의 본질을 존중하는가?

질문 5(a)에 대한 대답이 긍정적일 경우:

(b) 미국법에 의해 미국의 국가안보의 맥락에서 개인의 사법적 구제권에 대해 부과된 제한은 헌장 제52조의 의미 내에서 비례하며, 국가안보를 위해 민주사회에서 필요한 것을 초과하지 않는가?

(6) (a) 지침 95/46의 조항과 특히 헌장의 관점에서 제25조 및 제26조의 조항에 비추어 지침 95/46 제26조 제4항에 의해 채택된 표준계약조항에 따라 제3국으로 이전되는 개인데이터에 대해 제공될 것이 요구되는 보호수준은 어느 정도인가?

(b) SCC 결정에 따라 제3국으로 이전되는 데이터에 대해 제공되는 보호수준이 지침 95/46 및 헌장의 요건을 충족하는지를 평가할 때 고려해야 할 사항은 무엇인가?

(7) 표준계약조항이 데이터 반출자와 데이터 반입자 간에 적용되고, SCC 결정에 규정된 조항에 따라 이전된 개인데이터를 추가 처리하기 위해 데이터 반입자가 해당 보안 서비스에 사용할 수 있도록 요구할 수 있는 제3국의 국가기관을 구속하지 않는다는 사실이 표준계약조항으로 하여금 지침 95/46 제26조제2항이 상정한 적절한 안전장치를 제시하는 것을 방해하는 것인가?

(8) 제3국 데이터 반입자가 데이터보호기관의 관점에서 표준계약조항 또는 지침 95/46 제25조 및 제26조 그리고/또는 헌장과 충돌하는 감시

법의 적용을 받는 경우, 데이터보호기관은 데이터 유통을 중지시키기 위하여 지침 95/46 제28조 제3항에 따른 집행력을 사용할 것이 요구되는가 또는 이러한 권한의 행사는 SCC 결정 전문 제11항에 비추어 볼 때 예외적인 경우만으로 제한되는가 또는 데이터보호기관은 데이터 유통을 중지시키지 않기 위하여 재량권을 사용할 수 있는가?

(9) (a) 지침 95/46 제25조 제6항의 목적상, 프라이버시 실드 결정은 지침 95/46 제25조 제2항의 의미 내에서 미국이 국내법이나 미국이 가입한 국제협약을 이유로 적절한 수준의 보호를 보장한다는 취지로 회원국들의 데이터보호기관 및 법원에 대해 구속력이 있는 일반적 적용의 사실인정을 구성하는가?

(b) 만일 그렇지 않다면, SCC 결정에 따라 미국에 이전된 데이터에 대해 제공된 안전장치의 적정성에 대해 수행한 평가에서 프라이버시 실드 결정은 어떤 관련성을 가지고 있는가?

(10) 미국법과 관련하여 하이코트(High Court)의 사실인정을 고려할 때, 미국의 기존 제도와 연계하여 보면 프라이버시 실드 결정 부속서 A에서 부속서 III에 따른 프라이버시 실드 옴부즈퍼슨의 제공은 미국이 기본권헌장 제47조와 양립할 수 있는 SCC 결정에 따라 개인데이터가 미국으로 이전되는 데이터주체에 대해 권리구제수단을 제공한다는 것을 보증하는가?

(11) SCC 결정은 헌장 제7조, 제8조 및/또는 제47조를 위반하는가?'

제청사항의 검토 요지

선결문제로서 현재의 선결소송 청구는 커미셔너가 장래에 그의 개인데이터를 Facebook Ireland에서 Facebook Inc.으로의 이전을 중지 또는 금지하는 명령을 청구하는 Mr Schrems가 제기한 심판에 따라서 발생한 것임을 명심하여야 한다. 선결소송에서 제청된 질문사항은 지침 95/46

의 조항을 인용하지만, 그 지침이 2018년 5월 25일부터 GDPR에 의해 폐지되고 대체되었을 때 커미셔너가 그 심판청구에 대한 최종 결정을 아직 채택하지 않았다는 것에는 일치하고 있다.

이러한 국가 결정의 부재가 본안소송에서 쟁점이 된 상황과 2019년 9월 24일의 Google사건(C-507/17, EU:C:2019:772)과 2019년 10월 1일의 Planet49사건(C-673/17, EU:C:2019:801)의 판결 - 지침 95/46 폐지 전에 채택된 결정들이 쟁점이 되었다 - 을 낳은 상황을 구별해준다.

따라서 선결소송에 제청된 질문사항들은 지침 95/46 규정이 아닌 GDPR 규정의 관점에서 답변되어야 한다.

첫 번째 제청사항

첫 번째 제청사항으로 제청법원은 GDPR 제2조 제1항 및 제2조 제2호 제a, b 및 d호가 TEU 제4조 제2항과 함께 데이터의 이전 시 또는 그 이후에 공공의 안전, 국방 및 국가안보를 위하여 그 제3국의 기관에 의해 처리 될 책임이 있는 상황에서 회원국에서 설립된 경제 운영자가 제3국에서 설립된 다른 경제 운영자에게로 개인데이터를 이전하는 데 적용된다는 의미로 해석되어야 하는지 여부를 알고자 한다.

이와 관련하여, 유럽연합 내에서 국가안보가 각 회원국의 전적인 책임에 속함에 따라 TEU 제4조 제2항의 규정은 유럽연합의 회원국들과만 관련된다는 점이 처음부터 명확히 되어야 한다. 따라서 GDPR 제2조 제1항과 제2조 제2항 제a호, 제b호 및 제d호를 해석할 목적으로 이 규정은 본 사안과 관련이 없다.

GDPR 제2조 제1항에 따라, 동 규칙은 개인데이터의 전부 또는 일부를 자동화된 방법으로 처리하는 것과 파일링시스템의 일부를 구성하거나 구성할 예정인 개인데이터의 자동화된 수단 이외의 처리에 적용된다. GDPR 제4조 제2항은 '처리'를 '자동화된 수단에 의하는지를 불문하고 개인데이터 또는 개인데이터 세트에 대해 수행되는 모든 작업 또는 작업의 집합'으로 정의하며, 예를 들어 '전송, 보급 또는 기타 이용 가능한 것에 의한 공개'를 언급하지만, 유럽연합 역내에서 이루어지는 작업과 제3국과 연결된 작업을 구분하지 않는다. 또한 GDPR은 개인데이터의 제3국으로의 이전을 '제3국 또는 국제기구로의 개인데이터의 이전'이라는 제목의 제5장의 특별규정에 적용하며, GDPR 제58조 제2항 제j호에 규정된 목적을 위해 감독기관에게 특정 권한을 부여한다.

회원국에서 제3국으로 개인데이터를 이전하는 작업은 그 자체로 회원국에서 수행하는 GDPR 제4조 제2항의 의미 내에서 개인데이터의 처리를 구성하며, 제2조 제1항에 따라 동 규칙의 적용범위에 해당된다.

그러한 운영이 GDPR 제2조 제2항에 따라 GDPR의 적용범위에서 제외되는 것으로 간주될 수 있는지에 대해서는 해당 조항이 GDPR 제2조 제1항에 정의된 대로 GDPR의 적용범위에 대한 예외를 규정하고 있으며, 이는 엄격하게 해석되어야 한다는 점에 유의해야 한다.[131)]

이 사안에서는 본안에서 쟁점이 되고 있는 개인데이터의 이전은 Facebook Ireland에서 Facebook Inc., 즉 두 법인 사이에서 이루어지기 때문에 그 이전은 순수한 사적 또는 가사 활동의 과정에서 자연인이 데이터를 처리하는 것을 가리키는 GDPR 제2조 제2항 제c호에 해당하지 않는다. 또한 이러한 이전은 GDPR 제2조 제2항 제a호, 제b호 및 제d호에서 규정된 예외에도 해당하지 않는다. 예를 들어 거기에서 언급된 활동들은 어떤 경우에도 국가 또는 국가기관의 활동이며 개인들이 활동하는 영역과 관련되지 않기 때문이다.

영리 목적으로 두 경제 운용자 사이에 전송되는 개인데이터가 이전 시점에 또는 그 이후에 그 제3국의 기관에 의해 공공의 안전, 방위 및

---

131) 유추에 의해 지침 95/46 제3조 제2항에 대해 2018년 7월 10일 판결, Jehovan todistajat, C-25/17, EU:C:2018:551, 37항 및 인용된 판례 참조.

국가안보 목적으로 처리될 가능성은 GDPR의 적용범위에서 그러한 이전을 제거할 수 없다.

실제로 위원회가 제3국이 제공하는 보호수준의 적정성을 평가할 때 그러한 입법의 집행뿐만 아니라 '공공의 안전, 국방, 국가안보 및 형법, 공공기관의 개인데이터 접근 등에 관한 것을 포함하여 일반 및 부문별 관련 입법'을 고려할 것을 명시적으로 요구함으로써, 공공의 안전, 국방 및 국가안보를 목적으로 한 제3국의 개인데이터 처리에서 문제의 이전을 GDPR 적용에서 제외하지 않는 것은 GDPR 제45조 제2항 제a호의 법문으로부터 명백하다.

따라서 이러한 이전은 해당 이전 시점에 또는 그 이후 제3국의 기관이 공공의 안전, 국방 및 국가안보를 목적으로 개인데이터를 처리할 수 있다는 이유로 GDPR의 적용범위를 벗어날 수 없다.

그러므로 첫 번째 질문에 대한 답변은 데이터 이전 시 또는 그 이후에 그 데이터가 공공의 안전, 국방 및 국가안보의 목적으로 문제의 제3국의 기관에 의해 처리될 가능성이 있는지 여부와 관계없이 회원국에서 설립된 경제 운영자가 제3국에서 설립된 다른 경제 운영자에게 영리 목적으로 개인데이터를 이전하는 데 GDPR이 적용된다는 의미로 GDPR 제2조 제1항 및 제2항은 해석되어야 한다는 것이다.

두 번째, 세 번째 및 여섯 번째 제청사항

두 번째, 세 번째, 여섯 번째 질문에 의해, 제청법원은 기본적으로 표준데이터보호조항에 기초한 제3국으로의 개인데이터의 이전과 관련하여 GDPR 제46조 제1항 및 제46조 제2항 제c호에서 요구하는 보호수준에 대해 유럽연합사법재판소로부터 명확히 할 것을 구한다. 특히 제청법원은 그러한 이전 상황에서 그 보호수준이 보장되는지 여부를 결정하기 위해 어떤 요소를 고려해야 하는지를 명시할 것을 유럽연합사법재판소에 요청한다.

요구되는 보호수준과 관련하여, 그들 조항을 종합하여 해석하는 경우에 GDPR 제45조 제3항에 따른 적정성 결정이 없는 경우, 컨트롤러나 프로세서가 '적절한 안전장치'를 제공한 경우에만 그리고 '실행 가능한 데이터주체의 권리와 데이터주체를 위한 실효적인 법적 구제수단'이 이용가능하다는 조건으로, 이러한 안전장치들이 특히 유럽위원회가 채택한 표준데이터보호조항에 의해 제공될 수 있는 경우에 컨트롤러나 프로세서는 제3국으로 개인데이터를 이전할 수 있다는 것이 된다.

GDPR 제46조는 '적절한 안전장치', '실행 가능한 권리', '실효적인 법적 구제수단'에 대한 언급에서 나오는 요건의 성격을 명시하지 않지만, GDPR 제5장에 해당 조항이 나타나고, 따라서 '일반적인 이전원칙'이라는 표제가 붙은 GDPR 제44조의 관점에서 해석되어야 한다는 점에 유의해야 한다. 그런데, 이 조항은 '제5장의 모든 조항은 GDPR이 보장하는 자연인의 보호수준이 훼손되지 않는다는 것을 보장하기 위하여 적용되어야 한다'고 규정하고 있다. 따라서 이러한 보호수준은 제3국으로의 개인데이터 이전을 수행하는 것의 근거에 관한 해당 장의 조항과 관계없이 보장되어야 한다.

재판연구관이 그 의견 117번에서 언급했듯이, GDPR 제5장의 규정은 GDPR 전문(recital) 제6항에서 기술한 목적에 따라서 개인데이터가 제3국으로 이전되는 경우, 그러한 높은 보호수준의 연속성을 보장하고자 하는 것이다.

GDPR 제45조 제1항은 제3국으로의 개인데이터의 이전은 그 제3국이 적절한 보호수준을 보장한다는 취지의 유럽위원회 결정에 의해 승인될 수 있다고 규정하고 있다. 이와 관련하여, 제3국이 EU법질서에서 보장한 것과 동일한 수준의 보호를 보장하도록 요구하지는 않지만, '적절한 보호수준'이라는 용어는 GDPR 전문 제104항에 의해 확인되었듯이, 기본권헌장의 관점과 GDPR에 의해 EU 역내에서 보장되는 것과 본질적으로 동등한 기본적 권리 및 자유의 보호수준을 국내법이나 국제협약으로 제3국이 실제로 보장할 것을 요구하는 것으로 이해되어야 한다.

그러한 맥락에서 GDPR 전문 제107항은 '제3국이 더 이상 적절한 데이터 보호수준을 보장하지 않는 경우 적절한 안전장치에 따른 이전과 관련된 GDPR의 요건이 충족되지 않는다면 그 제3국으로의 개인데이터의 이전은 금지되어야 한다'고 명시하고 있다. 이를 위해 GDPR 전문 제108항은 적정성 결정이 없을 경우 GDPR 제46조 제1항에 따라서 컨트롤러나 프로세서가 취해야 할 적절한 안전장치는 'EU 역내의 처리에 적절한 데이터 보호요건과 데이터주체의 권리의 준수를 보장하기' 위하여 '제3국에서의 데이터 보호의 결여에 대해 보상'하여야 한다.

따라서 재판연구관이 그 의견 115번에서 언급한 바와 같이, 표준데이터보호조항에 따라서 그 개인데이터가 제3국으로 이전된 데이터주체는 적정성 결정에 근거한 이전에서와 같이, EU 역내에서 보장된 것과 본질적으로 동등한 보호수준이 제공된다는 것을 그러한 적절한 보장(appropriate guarantees)은 보장할 수 있어야 한다는 것이 된다.

제청법원은 또한 유럽연합 역내에서 보장된 것과 본질적으로 동등한 보호수준은 EU법에 비추어 결정되어야 하는지 여부, 특히 기본권헌장에 의해 보장된 권리 및/또는 유럽인권협약에서 보장된 기본권의 관점에서 또는 회원국의 국내법의 관점에서 결정되어야 하는지 여부를 묻는다.

이와 관련하여 TEU 제6조 제3항이 확인하듯이, 비록 ECHR에서 보장된 기본권은 EU법의 일반원칙을 구성하고 헌장 제52조 제3항은 ECHR이 보장하는 권리에 해당하는, 헌장에 포함된 권리가 ECHR이 규정한 것과 동일한 의미와 범위를 갖는다고 규정하고 있지만, 유럽연합이 그것에 가입하지 않는 한 후자는 공식적으로 EU법으로 통합된 법규범을 구성하지 않는다는 것을 유의해야 한다.[132)]

이러한 상황에서, 유럽연합사법재판소는 EU법의 해석과 EU입법의 적법성 심사는 헌장이 보장하는 기본권의 관점에서 수행되어야 한다고 판결해왔다.[133] 또한 유럽연합사법재판소는 EU법 조항의 효력과 회원국들의 국가법에 대한 명시적인 언급이 없는 경우, 그들 조항의 해석은 국가법, 심지어 헌법적 지위의 국가법, 특히 국가 헌법에서 공식화된 기본권의 관점에서 해석될 수 없다고 일관되게 판결해왔다.[134]

따라서 첫째, 본안소송에서 쟁점이 된 것과 같은, 한 회원국에서 설립된 사업자가 제3국에서 설립된 다른 사업자에게 상업적 목적을 위해 하는 개인데이터의 이전은 첫 번째 질문에 대한 대답에서 알 수 있듯이 GDPR의 적용범위에 포함되며, 둘째, GDPR의 목적은 GDPR 전문 제10항에서 명백하게 알 수 있듯이, 유럽연합 역내의 자연인의 일관되고 높은 수준의 보호를 보장하고, 그를 위해 유럽연합 전체에 걸친 개인데이터의 처리와 관련하여 그러한 자연인의 기본권과 자유를 보호하기 위한 규정의 일관성 있고 균일한 적용을 보장하는 것이기 때문에, GDPR 제46조 제1항에서 요구하는 기본권의 보호수준은 헌장에 보장된 기본권의 관점에서 GDPR 조항에 근거하여 결정되어야 한다는 것이다.

제청법원은 또한 GDPR 제46조 제2항 제c호에 따라 채택된 표준데이터보호조항에 따라서 개인데이터가 제3국으로 이전되는 경우 보호수준의 적정성을 판단하기 위해 어떤 요소를 고려해야 하는지를 확인하고자 한다. 이와 관련하여, 해당 조항은 그러한 이전에서 준수해야

---

132) 2013년 2월 26일 판결, Åkerberg Fransson, C-617/10, EU:2013:105, 44항과 인용된 판례, 그리고 2018년 3월 20일 판결, Menci, C-524/15, EU:C:2018:197, paragraph 22

133) 유추에 의해 2018년 3월 20일 판결, Menci, C-524/15, EU:C:2018:197, paragraph 24 참조

134) 그러한 취지의 1970년 12월 17일 판결, Internationale Handelsgesellschaft, 11/70, EU:C:1970:114, paragraph 3 ; 1979년 12월 13일 판결, Hauer, 44/79, EU:C:1979:290, paragraph 14 ; 2016년 10월 18일 판결, Nikiforidis, C-135/15, EU:C:2016:774, paragraph 28 and the case-law cited

할 보호 수준의 적정성을 평가하기 위해 고려해야 하는 다양한 요소를 열거하지 않지만, GDPR 제46조 제1항은 데이터주체가 적절한 안전장치, 실행 가능한 권리 및 실효적인 법적 구제수단을 제공받아야 한다고 규정하고 있다.

특히 이러한 이전 상황에서 그러한 목적을 위해 요구되는 평가는 유럽연합에서 설립된 컨트롤러 또는 프로세서와 관련 제3국에서 설립된 이전 수취인 사이에 합의된 계약조항과 그 제3국의 공공기관이 이전된 개인데이터에의 접근과 관련하여 그 제3국의 관련 법제도의 측면을 모두 고려해야 한다. 후자와 관련하여, GDPR 제46조의 맥락에서 고려되어야 할 요소들은 GDPR 제45조 제2항에서 비열거적인 방식으로 규정되어 있는 요소들에 해당한다.

따라서 두 번째, 세 번째 및 여섯 번째 질문에 대한 답변은 GDPR 제46조 제1항 및 제46조 제2항 제c호는 해당 조항에서 요구하는 적절한 안전장치, 실행 가능한 권리 및 실효적인 법적 구제수단이 표준데이터보호조항에 따라서 제3국으로 개인데이터가 이전된 데이터주체가 헌장의 관점에서 EU 역내에서 GDPR에 의해 보장된 것과 본질적으로 동등한 보호수준이 제공되는 것을 보장하여야 한다는 것을 의미하는 것으로 해석되어야 한다. 이를 위해, 이러한 이전 상황에서 제공되는 보호수준에 대한 평가는 특히 유럽연합에서 설립된 컨트롤러 또는 프로세서와 관련 제3국에서 설립된 이전 수취인 사이에 합의된 계약조항과 그 제3국의 공공기관이 이전된 개인데이터에의 접근과 관련하여 그 제3국의 관련 법제도의 측면, 특히 GDPR 제45조 제2항에서 비열거적인 방식으로 규정된 것을 모두 고려해야 한다.

여덟 번째 제청사항

제청법원은 여덟 번째 질문으로, GDPR 제58조 제2항 제f호 및 제j호는 그 관할 감독기관의 관점에서 표준데이터보호조항이 그 제3국에서 준수되지 않거나 준수될 수 없고 EU법, 특히 GDPR 제45조 및 제46조와 기본권헌장에 의해 요구되는 이전된 데이터의 보호가 보장될 수 없는 경우에 유럽위원회가 채택한 표준데이터보호조항에 따라서 관할 감독기관이 제3국으로의 개인데이터의 이전을 중지 또는 금지하도록 요구되는 것으로 또는 이들 권한의 행사는 예외적인 경우로 제한된다고 해석되어야 하는지를 알고자 한다.

국가감독기관은 헌장 제8조 제3항과 GDPR 제51조 제1항 및 제57조 제1항 제a호에 따라 개인데이터 처리에 관한 자연인의 보호에 관한 EU법 규정의 준수를 모니터링할 책임이 있다. 따라서 이들 각 기관은 그 자신의 회원국에서 제3국으로의 개인데이터의 이전이 GDPR에서 규정된 요건을 준수하는지 체크할 수 있는 권한을 부여 받는다.

따라서 이들 조항으로부터 감독기관의 주된 책임은 GDPR의 적용을 모니터링하고 그 시행을 보장하는 것이 된다. 그 책임의 이행은 GDPR 전문 제116항에서 명백한 바와 같이 '개인데이터가 EU 역외로 이동할 때에는 자연인이 특히 그 데이터의 불법적인 이용이나 공개로부터 자신을 보호하기 위한 데이터보호권을 행사할 수 있는 것을 더욱 위태롭게 할 수 있기 때문에' 제3국으로 개인데이터가 이전되는 경우에 특히 중요하다. 이러한 경우, 그 전문(recital)에서도 기술된 바와 같이 '감독기관은 국경 밖의 활동과 관련된 심판이나 조사를 수행할 수 없다는 것을 발견할 수 있다'.

또한 GDPR 제57조 제1항 제f호에 따라 각 감독기관은 GDPR 제77조 제1항에 따라 데이터주체가 자신의 개인데이터의 처리가 GDPR을 위반한다고 생각하는 경우 데이터주체가 제기할 자격이 있는 심판을 처리할 것이 요구되며 필요한 경우 그 심판의 본질을 조사할 것이 요구된다. 감독기관은 이러한 심판을 선관주의의무로 처리해야 한다.

GDPR 제78조 제1항 및 제2항은 특히 감독기관이 심판을 처리하지 못하는 경우 각 개인의 실효적인 사법적 구제권을 인정하고 있다. 또한 GDPR 전문 제141항은 감독기관이 '데이터주체의 권리를 보호하기 위해 그러한 조치가 필요한 경우 그 감독기관이 행동하지 않는' 상황에서 '헌장 제47조에 따른 실효적인 사법적 구제권'을 언급한다.

제기된 심판을 처리하기 위하여, GDPR 제58조 제1항은 각 감독기관에 광범위한 조사권을 위임한다. 감독기관이 조사에 따라 개인데이터가 제3국으로 이전된 데이터주체가 해당 국가에서 적절한 수준의 보호를 받지 못한다는 견해를 취하는 경우, EU법에 따라서 그 부적정성의 이유나 본질에 관계없이 부적정성의 결정을 구제하기 위해 적절한 조치를 취해야 한다. 이를 위해 감독기관이 채택할 수 있는 다양한 시정권을 GDPR 제58조 제2항에 열거하고 있다.

감독기관이 적절하고 필요한 조치를 결정하고 그 결정에서 해당 개인데이터의 이전상황을 모두 고려해야 하지만, 감독기관은 그럼에도 불구하고 GDPR이 선량한 컨트롤러의 주의의무로 완전히 시행되도록 보장하는 책임을 수행해야 한다.

이와 관련하여, 재판연구관이 또한 자신의 의견 148번에서 기술한 바와 같이, 이러한 이전의 모든 상황에 비추어 감독기관이 판단할 때 표준데이터보호조항이 그 제3국에서 준수되지 않거나 준수될 수 없으며, 컨트롤러나 프로세서가 스스로 이전을 중지하거나 종료하지 않는 경우 EU법에서 요구된 이전된 데이터의 보호가 다른 수단에 의해 보장될 수 없다면, 감독기관은 GDPR 제58조 제2항 제f호 및 제j호에 따라 개인데이터의 제3국으로의 이전을 중지하거나 금지하여야 한다.

전항(113)의 해석은 집행결정 2016/2297 시행 전 버전인 결정 2010/87 제4조는 해당 결정의 전문 제11항에 비추어 해석할 때 개인데이터의 제3국으로의 이전을 중지시키거나 금지시킬 감독기관의 일정한 예외적 상황으로 제한했다는 커미셔너의 추론에 의해 훼손되지 않는다. 집행결정 2016/2297에 의해 개정된 SCC 결정 제4조는 그 권한의 행사를 예외적인 상황으로 제한하지 않고 현재 GDPR 제58조 제2항 제f호 및 제j호에 따라 그러한 이전을 중지 또는 금지할 감독기관의 권한을 말한다.

아무튼 GDPR 제46조 제2항 제c호가 표준데이터보호조항을 채택할 목적으로 유럽위원회에 부여하는 집행권은 GDPR 제58조 제2항에 근거하여 국가감독기관의 권한을 제한할 수 있는 권한(자격)을 부여하지 않는다. 더욱이 집행결정 2016/2297 전문 제5항에서 명시한 바와 같이, SCC 결정은 '이전이 EU법이나 국가법을 위반하여 이루어졌다고 판단할 때 감독기관이 개인데이터의 이전을 중지하거나 금지할 권한을 포함하여 데이터 유통을 감시할 권한을 방해하지 않는다'.

그러나 관할 감독기관의 권한은 유럽위원회가 관련성이 있는 경우 GDPR 제45조 제1항에 따라 특정 제3국이 적절한 수준의 보호를 보장한다고 판단하는 결정을 완전히 준수하여야 한다는 점을 지적해야 한다. 이 경우, GDPR 전문 제103항과 함께 GDPR 제45조 제1항 2문으로부터 문제의 제3국으로의 개인데이터 이전은 특별한 허가를 요구하지 않고 이루어질 수 있다는 것이 명백하다.

TFEU 제288조 4문에 따라, 유럽위원회의 적정성 결정은 해당 제3국이 적절한 수준의 보호를 보장하고 개인데이터의 그러한 이전을 승인하는 효과가 있다고 판단되는 한, 위원회의 결정이 영향을 미치는 모든 회원국에 구속력을 가지며, 따라서 그 모든 기관에 구속력을 갖는다.

따라서 위원회의 적정성 결정이 유럽연합사법재판소에 의해 무효라고 선언될 때까지는 회원국과 독립 감독기관을 포함하여 그 기관은 적정성 결정이 적용되는 제3국이 적절한 보호수준을 보장하지 않는다는 것을 구속력 있는 효과로 결정하기 위한 행위와 같이 그 결정에 반하는 조치를 채택할 수 없고,[135] 그 결과 제3국으로의 개인데이터의 이전을

---

135) 2015년 10월 6일 판결, Schrems, C-362/14, EU:C:2015:650, paragraph 52 및 인용된 판례

중지하거나 금지하는 조치도 채택할 수 없다.

그러나 GDPR 제45조 제3항에 따라 채택된 유럽위원회의 적정성 결정은 개인데이터가 제3국으로 이전되었거나 이전될 수 있는 자가 제77조 제1항의 의미 내에서 그 데이터의 처리와 관련된 권리 및 자유의 보호에 관하여 국가감독기관에게 심판을 제기하는 것을 막을 수 없다. 마찬가지로, 이러한 성격의 결정은 헌장 제8조 제3항과 GDPR 제51조 제1항 및 제57조 제1항 제a호에 의해 국가감독기관에게 명시적으로 부여된 권한을 제거하거나 축소할 수 없다.

따라서 유럽위원회가 위원회의 적정성 결정을 채택하였더라도, 개인데이터의 처리와 관련된 권리 및 자유의 보호에 관해 심판이 제기되었을 때 그 데이터의 이전이 GDPR이 규정한 요건을 준수하는지 여부를 완전히 독립적으로 심사할 수 있어야 하며, 해당하는 경우 위원회의 적정성 결정의 효력에 대해 감독기관의 의문을 공유한다면 그 효력을 심사할 목적으로 선결소송을 받기 위하여 국가법원에 소를 제기할 수 있어야 한다.[136]

전술한 여러 사항을 고려하여, 여덟 번째 질문에 대한 답변은 GDPR 제58조 제2항 제f호 및 제j호는 유럽위원회의 유효한 적정성 결정이 없는 한, 그러한 감독기관의 관점에서 그리고 그 이전의 모든 상황에 비추어 볼 때 이들 조항이 그 제3국에서 준수되지 않거나 준수될 수 없다면, 그리고 EU법, 특히 GDPR 제45조 및 제46조와 헌장에 의해 요구되는 이전된 데이터의 보호가 컨트롤러나 프로세서가 스스로 이전을 중단하거나 종료하지 않은 경우에 다른 방법으로 보장할 수 없다면, 관할 감독기관은 유럽위원회가 채택한 표준데이터보호조항에 따라 제3국으로의 데이터 이전을 중지하거나 금지하도록 요구하는 것으로 해석해야 한다는 것이다.

---

136) 유추하여 지침 95/46 제25조 제6항 및 제28조에 관해, 2015년 10월 6일 판결, Schrems, C-362/14, EU:C:2015:650, paragraphs 57 및 65

일곱 번째 및 열한 번째 제청사항

함께 검토하는 것이 적절한 일곱 번째와 열한 번째 질문에서 헌장 제7조, 제8조 및 제47조에 비추어 제청법원은 본질적으로 SCC 결정의 타당성에 대해 유럽연합사법재판소가 명확히 해줄 것을 구한다.

특히 일곱 번째 질문의 문구와 선결소송 청구서의 해당 설명에서 명백한 바와 같이, 제청법원은 SCC 결정이 그 결정에서 규정된 표준데이터보호조항이 그들 제3국의 감독기관을 구속하지 않는다면 제3국으로 이전되는 개인데이터에 대한 적절한 수준의 보호를 보장할 수 있는지 여부를 묻는다.

SCC 결정 제1조는 부속서에서 규정된 표준데이터보호조항은 지침 95/46 제26조 제2항의 요건에 따라 개인의 프라이버시 및 기본적 권리 및 자유의 보호에 관한 적절한 안전장치를 제공하는 것으로 간주된다고 규정하고 있다. 후자의 규정은 본질적으로 GDPR 제46조 제1항 및 제46조 제2항 제c호에 재규정되었다.

그러나 이들 조항은 유럽연합에서 설립된 컨트롤러와 해당 조항을 포함하는 계약을 체결한 제3국에서 설립된 개인데이터 이전의 수취인에게 구속력을 가지지만, 이들 조항은 그들이 계약의 당사자가 아니기 때문에 그 제3국의 기관을 구속할 수 없다는 것이 공통적인 견해이다.

따라서 해당 제3국에서 시행 중인 법률과 관행에 따라, 그러한 이전의 수취인이 표준데이터보호조항에 근거해서만 필요한 데이터 보호를 보장할 수 있는 위치에 있는 상황이 있더라도, 그러한 표준조항의 내용이 해당 제3국으로 이전되는 개인데이터의 효과적인 보호를 실무상 보장하는 충분한 수단을 구성하지 않을 수 있는 다른 상황들이 있다. 해당 제3국의 법이 그 데이터와 관련된 데이터주체의 권리를 공공기관이 간섭할 수 있도록 허용하는 경우에는 특히 그러하다.

그리하여 GDPR 제46조 제2항 제c호에 따라 채택된 표준데이터보호조항에 관한 유럽위원회 결정이 개인데이터가 이들 조항에 따라서 이전되거나 될 수 있는 제3국의 공공기관에 대해 집행될 수 있는 보장이 없는 경우에 무효가 되는지에 대한 의문이 제기된다.

GDPR 제46조 제1항은 적정성 결정이 없는 경우 컨트롤러 또는 프로세서가 적절한 안전장치를 제공하고 데이터주체에 대한 실행 가능한 데이터주체의 권리와 실효적인 법적 구제수단을 이용할 수 있는 경우에만 컨트롤러 또는 프로세서는 제3국으로 개인데이터를 이전할 수 있다고 규정하고 있다. GDPR 제46조 제2항 제c호에 따르면, 그러한 안전장치는 유럽위원회가 작성한 표준데이터보호조항에 의해 규정될 수 있다. 그러나 그러한 조항들은 SCC 결정과 같은 유럽위원회 결정에 모든 안전장치가 반드시 규정되어야 한다고 기술하지 않는다.

그와 관련하여 이러한 표준조항 결정은 GDPR 제45조 제3항에 따라서 채택된 적정성 결정과 다르다는 점을 주목하여야 한다. 그런데, 동 조항은 특히 국가안보 및 공공기관의 개인데이터 접근에 관한 제3국 입법의 검토에 따라 제3국이 적절한 수준의 보호를 보장하며, 따라서 그러한 데이터에 대한 제3국의 공공기관의 접근이 그러한 개인데이터의 제3국으로의 이전을 방해하지 않는다는 것을 구속적 효과로 인정하고자 한다. 따라서 이러한 적정성 결정은 해당 분야에서의 제3국의 관련 입법이 실제로 적절한 수준의 보호를 보장한다고 결론지을 수 있는 모든 필요한 보증을 제공한다는 것을 인정한 경우에만 유럽위원회가 채택할 수 있다.

이와는 대조적으로, 유럽위원회의 결정이 SCC 결정과 같은 표준데이터보호조항을 채택하는 경우에 이러한 결정이 제3국에 적용되지 않는 한, 유럽위원회는 그러한 결정을 채택하기 전에 그 조항에 따라서 개인데이터가 이전될 수 있는 제3국이 보장하는 보호수준의 적정성을 평가할 것이 요구된다고 GDPR 제46조 제1항 및 제46조 제2항 제c호로부터 추론될 수 없다.

그와 관련하여, GDPR 제46조 제1항에 따르면 유럽위원회의 적정성 결정이 없는 경우, 유럽연합에서 설립된 컨트롤러나 프로세서는 특히 적절한 안전장치를 제공하는 것이라는 점을 명심해야 한다. GDPR 전문 제108항 및 제114항은 유럽위원회가 제3국에서 데이터 보호수준의 적정성에 대한 결정을 채택하지 않은 경우, 컨트롤러 또는 프로세서는 '데이터주체에 대한 적절한 안전장치에 의하여 제3국에서의 데이터 보호의 결여를 보완할 조치를 취하여야 하고' '그러한 안전장치는 EU나 제3국에서의 실행 가능한 데이터주체의 권리 및 실효적인 법적 구제수단의 활용성을 포함하여 데이터 보호요건의 준수와 EU 역내에서의 처리에 적합한 데이터주체의 권리를 보장하여야 한다'는 것을 확인한다.

본질적인 계약적 성질에 의해 표준데이터보호조항은 제3국의 공공기관을 구속할 수 없고, 헌장 제7조, 제8조 및 제47조에 따라 해석된 GDPR 제44조, 제46조 제1항 및 제46조 제2항 제c호는 GDPR에 의해 보장되는 자연인의 보호수준이 훼손되지 않을 것을 요구하기 때문에, 그러한 표준데이터보호조항에 포함된 보증을 보완할 필요가 있는 것으로 입증될 수 있다. 이와 관련하여 GDPR 전문 제109항은 '컨트롤러가 … 유럽위원회가 채택한 표준데이터보호조항을 사용할 가능성은 … 다른 조항이나 추가적인 안전장치를 부가하는 것을 금지해서는 안 된다'고 명시되어 있으며, 특히 컨트롤러는 '표준데이터보호조항을 보완하는 추가 안전조치를 제공하도록 권장해야 한다'고 명시되어 있다.

따라서 GDPR 제46조 제2항 제c호에 근거하여 유럽위원회가 채택한 표준데이터보호조항은 결과적으로 보호수준과 무관하게 유럽연합에서 설립된 컨트롤러 및 프로세서에 대해 모든 제3국에서 균일하게 적용되는 계약적 보장을 제공하고자 한다는 것을 의미한다. 이러한 표준데이터보호조항이 그 성격과 관련하여 EU법에 따라 요구되는 보호수준의 준수를 보장할 계약상 의무를 넘어서는 보장을 제공할 수 없는 한, 그것들은 특정 제3국에서의 우월적 지위에 따라 그 보호수준의 준수를 보장하기 위하여 컨트롤러에 의한 보완적 조치의 채택을 요구할 수 있다.

이와 관련하여, 재판연구관이 의견 126번에서 언급한 바와 같이, GDPR 제46조 제2항 제c호에서 규정된 계약상 제도는 유럽연합에서 설립된 컨트롤러나 그 하청업자의 책임과 그에 대체하여 관할 감독기관의 책임에 기초한다. 따라서 무엇보다도 컨트롤러나 프로세서가 사례별로 그리고 해당되는 경우 제3국 목적지의 법률이 필요한 경우 그들 조항에 의해 제공된 그에 대한 추가 안전조치를 제공함으로써 표준데이터보호조항에 따라 이전된 개인데이터에 대해 EU법에 따른 적절한 보호를 보장하는지 여부를 데이터 수취인과 협력하여 확인하는 것이다.

유럽연합에 설립된 컨트롤러 또는 프로세서가 그러한 보호를 보장하기 위해 적절한 추가 조치를 취할 수 없는 경우, 컨트롤러나 프로세서 또는 이에 실패한 관할 감독기관은 관련 제3국에 대한 개인데이터의 이전을 중지하거나 종료해야 한다. 특히 제3국의 법이 이들 조항에 반하며, 따라서 그 제3국의 공공기관이 그 데이터에 접근하는 것에 대한 적절한 보호수준의 계약상의 보장에 영향을 미칠 수 있는 유럽연합의 의무로부터 개인데이터의 수취인에게 부과하는 경우에 그러하다.

따라서 SCC 결정의 부속서에 있는 조항과 같이 GDPR 제46조 제2항 제c호에 따라 채택된 유럽위원회 결정의 표준데이터보호조항이 개인데이터가 이전될 수 있는 제3국의 기관을 구속하지 않는다는 사실만으로는 그 결정의 효력에 영향을 미칠 수 없다.

그러나 그러한 효력은 헌장 제7조, 제8조 및 제47조에 비추어 GDPR 제46조 제1항 및 제46조 제2항 제c호의 요건에 따라 그러한 표준조항 결정이 EU법에 의해 요구되는 보호수준의 준수를 보장할 수 있으며, 그러한 결정의 조항에 따른 개인데이터의 이전이 그러한 조항을 위반하거나 또는 이를 준수할 수 없는 경우 중단되거나 금지되는 실효적인 메커니즘을 포함하는지 여부에 달려있다.

SCC 결정 부속문서의 표준데이터보호조항에 포함된 보장에 관하여, 유럽연합에 설립된 데이터 컨트롤러, 개인데이터의 수취인 및 프로세서는 데이터 이전을 포함한 해당 데이터의 처리가 '적용 가능한 데이터 보호법' 즉, 그 결정 제3조 제f호에 명시된 정의에 따라 '데이터 반입자가 설립된 회원국의 데이터 컨트롤러에게 적용가능한 개인데이터의 처리와 관련하여 개인의 기본적 권리 및 자유, 특히 프라이버시권을 보호하는 입법'에 부합하게 수행해왔으며 계속 수행될 것이라는 것은 그 결정 제4조 제a호 및 제b호, 제5조 제a호, 제9조 및 제11조제1항으로부터 명확하다. 헌장에 비추어 볼 때 GDPR의 조항은 그 법률의 일부를 구성한다.

또한 제3국에서 설립된 개인데이터의 수취인은 표준데이터보호조항 제5조 제a호에 따라 유럽연합에서 설립된 컨트롤러에게 체결된 계약에 따른 의무를 이행할 수 없음을 즉시 통지하여야 한다. 특히, 조항 제5조 제b호에 따르면, 수취인은 그의 준거법이 발효된 계약에 따른 의무를 완수하는 것을 막고 그에 대해 통지를 할 때 즉시 SCC결정 부속문서의 표준데이터보호조항이 규정한 보증 및 의무에 대해 상당히 역효과를 가질 그에게 적용되는 국가입법의 변경사항에 대해 데이터 컨트롤러에게 통지할 의무가 있음을 믿을 이유가 없다는 것을 인증한다. 더욱이 제5(d)(i)조는 법집행 조사의 기밀성을 유지할 목적의 형법상의 금지와 같이 입법이 수취인이 그렇게 하는 것을 금지하는 경우 개인데이터의 수취인은 유럽연합에서 설립된 컨트롤러에게 법집행기관에 의한 법적 구속력 있는 개인데이터 공개청구를 통지하지 않을 수 있도록 허용하고 있지만, 수취인은 SCC 결정 부속문서의 조항 제5조 제a호에 따라, 컨트롤러에게 표준데이터보호조항을 준수할 수 없음을 통지해야 한다.

조항 제5조 제a호 및 제b호는 두 경우 모두 유럽연합에서 설립된 컨트롤러에 대해 데이터 이전을 중지하고/하거나 계약을 종료할 권리를 부여한다. 헌장 제7조 및 제8조에 비추어 해석하는 GDPR 제46조 제1항 및 제2항 제c호의 요건에 비추어, 컨트롤러는 수취인이 표준데이터보호조항을 준수할 수 없거나 또는 더 이상 준수할 수 없는 경우 데이터의 이전을 중지하고/하거나 계약을 종료하여야 한다. 컨트롤러가 그렇게 하지 않는다면, GDPR과 헌장에 비추어 해석되는 SCC 결정 부속문서의 조항 제4조 제a호에 따른 의무를 위반하게 될 것이다.

따라서 이 부속문서의 조항 제4조 제a호와 조항 제5조 제a호 및 제b호는 목적지의 제3국 법률이 수취인에게 그 제3국으로 개인데이터를 이전하기 전에 SCC 결정 부속문서의 표준데이터보호조항을 준수할 수 있는 것을 유럽연합에 설립된 컨트롤러와 개인데이터의 수취인에게 스스로 충족할 것을 의무화하는 것이 된다. 검증과 관련하여, 조항 제5조의 전문에는 민주사회에서 특히 국가안보, 방위 및 공공의 안전을 위해 필요한 것을 초과하지 않는 그 법률의 의무적 요건이 표준데이터보호조항과 모순되지 않는다고 명시되어 있다. 이와 반대로, 재판연구관이 그의 의견 131번에서 기술한 바와 같이, 그들 목적을 위해 필요한 것을 넘는 목적지 제3국의 법에 의해 규정된 의무의 준수는 그들 조항의 위반으로 취급되어야 한다. 그러한 의무의 필요성에 대한 운영자의 평가는 관련성이 있을 경우 GDPR 제45조 제3항에 따라 채택된 유럽위원회 적정성 결정에서 제3국이 보장하는 보호수준이 적절하다는 인정을 고려해야 한다.

따라서 유럽연합에서 설립된 컨트롤러와 개인데이터의 수취인은 이전하기 전에 EU법이 요구하는 보호수준이 해당 제3국에서 존중되는지 여부를 확인해야 한다. 수취인은 해당하는 경우 조항 제5조 제b호에 따라 컨트롤러에게 해당 조항을 준수할 수 없음을 통지해야 할 의무를 지며, 컨트롤러는 데이터 이전을 중지해야 하며/하거나 계약을 종료해야 하는 것이 된다.

제3국에 대한 개인데이터의 수취인은 SCC 결정 부속문서의 제5조 제b호에 따라 해당 제3국의 법률이 그 부속문서의 표준데이터보호조항을 준수하는 것을 허용하지 않는다는 것을 컨트롤러에게 통보한 경우, 이 부속문서 조항 제12조로부터 해당 제3국으로 이미 이전된 데이터와 그 사본은 전체를 반환하거나 파기해야 하는 것이 된다. 어떤 경우에도 이 부속문서 조항 제6조에 따라, 이들 표준조항을 위반하면 해당 당사자가 입은 손해에 대한 보상을 받을 권리가 생길 것이다.

SCC 결정 부속문서의 조항 제4조 제f호에 따라, 유럽연합에서 설립된 컨트롤러는 특별한 범주의 데이터가 적절한 보호를 제공하지 않는 제3국으로 이전될 수 있는 경우 이전 전 또는 이전 후에 가능한 한 빨리 데이터주체에게 통지해야 한다. 이 통지는 해당 부속문서 제3조 제1항에 따라 데이터주체가 컨트롤러에 대한 법적 소송을 취할 수 있는 지위를 갖게 할 수 있어서 컨트롤러는 제안된 이전을 중단하고, 개인데이터의 수취인과 체결한 계약을 종료하거나 해당되는 경우 수취인에게 이전받은 데이터를 반환하거나 파기하도록 요구한다.

마지막으로, 이 부속문서의 조항 제4조 제g호에 따라 유럽연합에서 설립된 컨트롤러는 표준계약조항에 의해 제공된 보증 및 의무에 대해 상당한 역효과가 미칠 것 같은 관련 법률이 변경된 경우 조항 제5조 제b호에 따라서 개인데이터 수취인이 컨트롤러에게 통지할 때 유럽연합에서 설립된 컨트롤러는 그러한 통지에도 불구하고 이전을 계속하거나 중지를 해제하기로 결정한 경우 관할 감독기관에게 통지를 하여야 한다. 그러한 통지를 해당 감독기관에 전달하고 해당 부속문서의 제8조 제2항에 따른 개인데이터의 수취인에 대한 감사를 실시할 수 있는 권리는 감독기관이 적절한 수준의 보호를 보장하기 위해 제안된 이전을 중단 또는 금지해야 하는지 여부를 확인할 수 있게 한다.

그러한 맥락에서, SCC 결정 제4조는 집행결정 2016/2297 전문 제5항에 비추어 해석할 때, SCC 결정이 그 결정 부속문서의 표준데이터보호조항에 따라서 해당되는 경우 개인데이터의 제3국으로의 이전을 중지하거나 금지하는 것을 방해하지 않는다는 견해를 지지한다. 그러한 점에서, 유효한 유럽위원회의 적정성 결정이 없는 한, 여덟 번째 질문에 대한 답변에서 명백하게 볼 수 있듯이, 그 이전의 모든 상황에 비추어 이들 조항은 그 제3국에서 이를 준수하지 않거나 준수할 수 없으며, 컨트롤러 또는 프로세서가 스스로 전송을 중단하거나 종료하지 않은 경우 EU법에 의해 요구되는 이전된 데이터의 보호가 다른 방법으로 보장될 수 없다면, 관할 감독기관은 GDPR 제58조 제2항 제f호 및 제j호에 따라 그러한 이전을 중단하거나 금지해야 한다.

그러한 제3국으로 개인데이터를 이전하는 경우, 다양한 회원국의 감독기관이 다른 결정을 채택하게 될 수 있다는 사실에 근거하여, GDPR 제55조 제1항 및 제57조 제1항 제a호에서 명백한 바와 같이, GDPR을 집행하는 과제는 그 자신의 회원국의 영토상의 각 감독기관에게 부여된다는 점을 추가하여야 한다. 또한, GDPR 제64조 제2항은 제3국으로의 데이터의 이전이 일반적으로 금지되어야 한다고 생각하는 감독기관이 특히 공표된 의견을 따르지 않는 경우 GDPR 제65조 제1항 제c호에 따라서 구속력 있는 결정을 채택할 수 있는 EDPB의 의견을 제청할 수 있다.

따라서 SCC 결정은 이전의 수취인이 이들 조항을 준수하지 않거나 준수할 수 없는 경우 그 결정 부속문서의 표준데이터보호조항에 따라서 개인데이터의 제3국으로의 이전은 중지되거나 금지되는 것을 실무상 보장하는 실효적인 메커니즘을 규정하고 있다는 것이 된다.

전술한 모든 고려사항에 비추어, 일곱 번째 및 열한 번째 질문에 대한 답변은 헌장 제7조, 제8조 및 제47조에 비추어 SCC 결정의 심사는 그 결정의 효력에 영향을 미치는 것이 아무것도 드러나지 않았다는 것이다.

네 번째, 다섯 번째, 아홉 번째 및 열 번째 제청사항

아홉 번째 질문으로, 제청법원은 미국이 적절한 수준의 보호를 보장한다는 취지의 프라이버시 실드 결정의 인정이 회원국의 감독기관에 구속력을 갖는지 여부와 어느 정도까지인지 알고 싶어 한다. 네 번째, 다섯 번째 및 열 번째 질문으로, 해당 법원은 미국법에 대한 자체 조사결과를 볼 때 SCC 결정 부속문서의 표준데이터보호조항에 따라 제3국으로의 개인데이터 이전이 헌장 제7조, 제8조 및 제47조에서 보장된 권리를 침해하는지 여부를 묻고, 특히 프라이버시 실드 결정 부속문서 III에서 언급한 옴부즈퍼슨의 도입이 헌장 제47조와 양립할 수 있는지 여부를 유럽연합사법재판소에 묻는다.

선결문제로서 비록 본안소송에서의 커미셔너의 소송은 SCC 결정에 의문을 제기할 뿐이지만, 당해 소송은 프라이버시 실드 결정을 채택하기 전에 제청법원에 제기되었다는 점에 유의해야 한다. 네 번째와 다섯 번째 질문으로 헌장 제7조, 제8조 및 제47조에 따라 이러한 이전과 관련하여 어떠한 보호가 보장되어야 하는지를 법원이 일반적인 차원에서 묻는 한, 유럽연합사법재판소의 분석에는 뒤이어 프라이버시 실드 결정의 채택으로 초래된 영향을 고려하여야 한다. 헌장 제47조에서 요구하는 보호가 프라이버시 실드 결정이 언급하는 옴부즈퍼슨의 사무실에 의해 보장되는지 여부를 열 번째 질문으로 제청법원이 명시적으로 묻는 경우에 해당된다.

또한 본안소송에서 Facebook Ireland는 프라이버시 실드 결정이 미국에 의해 보장된 보호수준의 적정성에 대한 인정과 SCC결정 부속문서의 표준데이터보호조항에 따른 개인데이터의 제3국으로의 이전의 적법성과 관련하여 커미셔너에게 구속력을 갖는다고 주장하는 것은 제청명령(order for reference)에서 제공된 데이터로부터 명백하다.

위 제59항에서 볼 수 있듯이, 제청명령 부속문서에서 제공된 2017년

10월 3일 판결에서 제청법원은 소송의 개시와 소송의 심리 사이의 간극으로 발생할 수 있는 법률 개정을 고려할 의무가 있다고 명시하였다. 따라서 제청법원은 본안소송의 사건을 처리하기 위해 프라이버시 실드 결정의 채택에 의해 야기된 상황의 변화와 그것이 가질 수 있는 구속력을 고려해야 할 의무가 있는 것으로 보인다.

특히, 미국이 적절한 수준의 보호를 보장한다는 프라이버시 실드 결정의 인정이 구속력이 있는지 여부의 문제는 SCC결정 부속문서의 표준데이터보호조항에 따라서 제3국으로 이전된 개인데이터의 컨트롤러 및 수취인의 상기 제141항 및 제142항에서 언급된 의무와 감독기관이 그러한 이전을 중단하거나 금지할 수 있는 의무 모두를 평가하기 위하여 관련된다.

프라이버시 실드 결정이 구속력을 가지는지에 대해서, 이 결정 제1조 제1항은 GDPR 제45조 제1항의 목적상 '미국은 EU-US 프라이버시 실드에 따라 EU에서 미국 내 조직으로 이전되는 개인데이터에 대해 적절한 수준의 보호를 보장한다'고 규정하고 있다. 이 결정 제1조 제3항에 따라, 개인데이터는 EU로부터 이 결정 부속문서 II에 명시된 원칙 I 및 III 절에 따라 미국 상무부에 의해 유지되고 공개되는 '프라이버시 실드 리스트'에 포함된 미국 내 기관으로 이전된 경우에 EU-US 프라이버시 실드에 따라 이전되는 것으로 간주된다.

위 제117항과 제118항에서 언급한 판례에서 나온 바와 같이, 프라이버시 실드 결정은 미국이 적절한 수준의 보호를 보장하고 따라서 EU-US 프라이버시 실드에 따라 이전되는 개인데이터를 승인하는 효과가 있다고 인정하는 한 감독기관에게 구속력을 갖는다. 따라서 유럽연합사법재판소가 그 결정이 무효라고 선언할 때까지, 관할 감독기관은 유럽위원회가 그 결정에서 내린 인정에 반하여, 프라이버시 실드에 따라 이전된 개인데이터에의 접근과 국가안보, 법집행 및 다른 공익 목적으로 그 제3국의 공공기관에 의한 그러한 데이터의 이용을 규율하는 미국 법률이 적절한 보호수준을 보장하지 않는다고 생각한다는 이유로 프라이버시 실드를 준수한 조직으로의 개인데이터의 이전을 중지시키거나 금지시킬 수 없다.

상기 제119항과 제120항에서 기술한 판례에 따라, 누군가 관할 감독기관에 심판을 제기할 때, 그 기관은 문제의 개인데이터의 이전이 GDPR에 의해 규정된 요건을 준수하는지를 완전한 독립성을 가지고 심사하여야 하고, 그리고 적정성 결정의 효력을 다투기 위하여 그 사람이 제기한 주장이 이유가 있다고 생각한다면, 그 결정의 효력을 심사하기 위하여 선결소송을 유럽연합사법재판소에 제청하기 위하여 국가법원에 소를 제기하여야 한다.

그 개인데이터가 제3국으로 이전되었거나 될 수 있었던 사람이 유럽위원회가 GDPR 제45조 제3항에 따라 채택한 결정에서 인정했음에도 불구하고 그 국가의 법률 및 실무가 적절한 보호수준을 보장하지 않는다고 주장하여 GDPR 제77조 제1항에 따라 제기한 심판은 본질적으로 그 결정이 개인의 프라이버시와 기본적 권리 및 자유의 보호와 양립할 수 있는지의 문제에 관한 것으로 이해되어야 한다.

본 건에서 Mr Schrems는 제3국이 적절한 수준의 보호를 보장하지 않는다는 이유로 Facebook Ireland가 미국에 설립된 Facebook Inc.에 자신의 개인데이터를 이전하는 것을 금지하거나 정지할 것을 청구했다. Mr Schrems의 주장에 대한 조사가 끝난 후 커미셔너는 이 문제를 제청법원에 제소했고, 제청법원은 제시된 증거와 당사자 간의 상충된 주장에 비추어 볼 때 프라이버시 실드 결정에서의 유럽위원회의 후속적인 인정에도 불구하고 Mr Schrems가 그 제3국에서 보장된 보호수준의 적정성에 대한 의문이 충분한 근거가 있는지를 확신할 수 없으며, 그 결과 법원은 선결소송을 위해 네 번째, 다섯 번째, 열 번째 질문을 유럽연합사법재판소에 제청하게 되었다.

따라서 재판연구관이 자신의 의견 175번에서 언급한 바와 같이, 프라이버시 실드 결정에서 미국이 EU에서 미국으로 이전된 개인데이터의 적절한 보호수준을 보장한다는 유럽위원회의 인정에 의문을 제기하며, 따라서 그 결정의 효력에 의문을 제기하는 것으로 간주되어야 한다.

상기 제121항과 제157항부터 제160항까지에 규정한 고려사항에 비추어 그리고 제청법원에 충분한 답변을 주기 위하여, 따라서 프라이버시 실드 결정이 헌장에 비추어 해석한 GDPR에서 비롯된 요건을 준수하는지 검토해야 한다.

유럽위원회가 GDPR 제45조 제3항에 따라 적정성 결정을 채택하기 위해서는 제3국이 국내법이나 국제협정으로 EU법질서에서 보장되는 것과 본질적으로 동등한 수준의 기본권 보호수준을 보장한다는 것을 이유를 적법하게 명시해서 인정하여야 한다.

프라이버시 실드 결정(The Privacy Shield Decision)

유럽위원회는 프라이버시 실드 결정 제1조 제1항에서 미국은 EU-US 프라이버시 실드에 따라서 EU로부터 미국 내 조직으로 이전되는 개인데이터에 대해 적절한 수준의 보호를 보장하고 있으며, 후자는 특히 그 결정 제1조 제2항에 따라서 결정 부속문서 II와 그 결정 부속문서 I과 III부터 VII까지에서 열거된 문서에 포함된 공식 진술서와 협약(representations and commitments)에서 기술된 바와 같이 2016년 7월 7일 미국 상무부가 공표한 원칙을 구성한다고 인정하였다.

그러나 프라이버시 실드 결정은 또한 부속문서 II의 문단 I.5에서 'EU-U.S. 프라이버시 실드 프레임워크 원칙'이라는 제목으로 이러한 원칙을 준수하는 것이 특히 '국가안보, 공익 또는 법집행 요건을 충족하는 데 필요한 범위까지로' 제한될 수 있다고 명시하고 있다. 따라서 결정 2000/520에서와 마찬가지로, 이 결정은 유럽연합으로부터 개인데이터를 수취하는 자가 인증 미국 단체가 해당 원칙과 상충하여 양립할 수 없음이 입증된 경우 제한 없이 원칙을 무시해야 하는 그러한 요건이 우선권을 갖는다고 규정한다.

그 일반적 성격에 비추어 볼 때, 프라이버시 실드 결정의 부속서 II의 I.5에서 명시된 특례는 미국의 국가안보 및 공익 요건 또는 국내법에 근거하여 개인데이터가 EU에서 미국으로 이전된 사람들의 기본권의 간섭을 가능하게 한다. 특히 프라이버시 실드 결정에서 언급했듯이, 이러한 간섭은 FISA(Foreign Intelligence Surveillance Act) 702조와 E.O. 12333에 따른 PRISM과 UPSTREAM 감시 프로그램을 통해 미국 공공기관이 유럽연합으로부터 미국으로 이전되는 개인데이터에 대한 접근과 이용에 의해 발생할 수 있다.

그러한 맥락에서, 프라이버시 실드 결정 전문(recital) 제67항부터 제135항까지에서 유럽위원회는 미국 공공기관이 국가안보, 법집행 및 기타 공익 목적으로 EU-US 프라이버시 실드에 따라 이전되는 개인데이터에 대한 접근과 그 이용과 관련하여 특히 FISA 702조, E.O. 12333 및 PPD-28에 따라 미국법에서 이용할 수 있는 제한과 안전장치를 평가했다.

그러한 평가 후, 유럽위원회는 그 결정 전문 제136항에서 '미국은 유럽연합에서 미국의 자가 인증 단체로 이전되는 개인데이터에 대해 적절한 수준의 보호를 보장한다'고 인정하였고, 결정 전문 제140항에서 이용 가능한 미국법질서에 근거하여 국가안보, 법집행 또는 기타 공익 목적으로 프라이버시 실드 결정에 따라 유럽연합으로부터 미국으로 데이터가 이전되는 사람의 기본권에 대해 미국 공공기관에 의한 간섭과 원칙의 준수와 관련하여 자가 인증한 단체에 대해 부과된 후속적 제약이 문제의 정당한 목적을 달성하는 데 필요한 것으로 엄격히 제한되며 이러한 간섭에 대해 실효적인 법적 보호가 존재한다'고 간주했다.

적절한 보호수준의 인정

프라이버시 실드 결정에서 유럽위원회가 언급한 요인과 본안소송에서 제청법원의 결정에 비추어, 제청법원은 미국법이 헌장 제7조, 제8조 및 제47조에서 보장된 기본권의 관점에서 해석된 GDPR 제45조에 따라 요구되는 적절한 수준의 보호를 실제로 보장하는지 여부에 대해 의문을 가지고 있다. 특히 제청법원은 그 제3국의 법이 그 국가법이 승인한 간섭에 관하여 필요한 제한과 보호를 규정하지 않으며 그러한 간섭에 대해 실효적인 사법적 보호를 보장하지 않는다고 간주한다. 실효적인 사법적 보호에 관한 한, 프라이버시 실드 옴부즈퍼슨의 도입은 헌장 제47조의 의미 내에서 옴부즈퍼슨을 심판소로 간주할 수 없기 때문에 법원의 관점에서는 그러한 결함을 해결할 수 없다고 덧붙인다.

우선, 유럽연합 내에서 요구되는 보호수준에 기여하는 헌장 제7조 및 제8조와 유럽위원회가 GDPR 제45조 제1항에 따른 적정성 결정을 채택하기 전에 반드시 확립해야 하는 이들 조항의 준수에 관하여, 헌장 제7조는 누구나 자신의 사생활 및 가족생활, 가정 및 의사소통을 존중할 권리가 있다고 기술하고 있음을 명심해야 한다. 헌장 제8조 제1항은 자기에 관한 개인데이터보호권을 모든 사람에게 명시적으로 부여한다.

따라서 보유나 이용을 위한 자연인의 개인데이터에 대한 접근은 식별되거나 식별 가능한 개인에 관한 데이터와 관련된 헌장 제7조에 보장된 사생활 존중의 기본권에 영향을 미친다. 이러한 데이터 처리는 또한 헌장 제8조의 적용범위에 속하는데, 이는 개인데이터의 처리가 해당 조항의 의미 내에서 이루어지고 따라서 그 조항에서 규정된 데이터 보호요건을 반드시 충족해야 하기 때문이다.

유럽연합사법재판소는 공공기관과 같은 제3자에게 개인데이터를 전달하는 것은 전달된 데이터의 후속 이용이 무엇이든 헌장 제7조 및 제8조에서 규정된 기본권의 간섭에 해당한다고 판결해 왔다. 사생활과 관련된 문제의 데이터가 민감한지 또는 그 간섭으로 인해 어떤 방식으로든 관계인이 불편을 겪었는지와 관계없이, 공공기관이 이용할 목적으로 개인데이터의 보유와 그 데이터에 접근하는 경우에도 마찬가지이다.

그러나 헌장 제7조 및 제8조에서 보장된 권리는 절대적인 권리는 아니지만, 사회에서의 기능과 관련하여 고려되어야 한다. 이와 관련하여, 헌장 제8조 제2항에 따라 개인데이터는 '특정 목적 및 관계인의 동의 또는 법률에 규정된 그 밖의 정당한 근거에 기초하여' 처리되어야 한다.

또한 헌장 제52조 제1항에 따라 헌장이 인정하는 권리 및 자유의 행사에 대한 모든 제한은 법률로써 규정되어야 하며 그러한 권리 및 자유의 본질을 존중해야 한다. 헌장 제52조제1항의 2단에 따라, 비례의 원칙에 의해 그러한 권리 및 자유는 그것들이 필요하고 EU가 인정하는 일반이익의 목적이나 타인의 권리 및 자유를 보호할 필요를 충족하는 경우에만 제한될 수 있다.

마지막으로, 개인데이터 보호에 대한 특례 및 제한이 엄격히 필요한 경우에만 적용되어야 하는 비례의 요건을 충족시키기 위해, 간섭을 수반하는 해당 법률은 데이터가 이전된 사람이 남용의 위험으로부터 실효적으로 개인데이터를 보호할 수 있는 충분한 보장을 받을 수 있도록 해당 조치의 범위 및 적용을 규율하고 최소한의 안전장치를 부과하는 명확하고 정확한 룰을 규정하여야 한다. 특히, 해당 법률이 이러한 데이터의 처리를 위해 규정하는 조치가 채택될 수 있는 상황과 조건을 명시하여 간섭이 엄격히 필요한 것으로 제한되도록 보장해야 한다. 이러한 안전장치의 필요성은 개인데이터가 자동 처리될 경우 더욱 커진다.

그러한 목적을 위해 GDPR 제45조 제2항 제a호는 유럽위원회가 제3국의 보호수준의 적정성에 대한 평가에서 특히 개인데이터가 이전되는 데이터주체에 대한 '실효적이고 집행 가능한 데이터 주체의 권리'를 고려해야 한다고 규정하고 있다.

본 건에서 미국은 헌장 제7조 및 제8조에 비추어 해석할 때 GDPR이 유럽연합에서 보장하는 것과 본질적으로 동등한 수준의 개인데이터에 대해 적절한 수준의 보호를 보장한다는 프라이버시 실드 결정에서의 유럽위원회의 인정은 특히 FISA 702조와 E.O. 12333에 근거한 감시 프로그램으로 발생하는 간섭이 비례의 원칙에 따라 헌장 제52조 제1항 2단에 의해 보장되는 보호수준과 본질적으로 동등한 수준을 보장하는 요건에 의해 보장되지 않는다는 이유로 의문이 제기되었다. 따라서 이러한 감시 프로그램의 이행이 그러한 요건에 따라야 하는지 검토할 필요가 있으며, 그 제3국이 헌장 제52조 제1항에서 규정한 것과 본질적으로 동등한 조건을 준수했는지를 사전에 확인할 필요는 없다.

그러한 점에서, FISA 702조에 근거한 감시 프로그램과 관련하여, 유럽위원회는 프라이버시 실드 결정 전문 제109항에서 그 조항에 따라서 'FISC(Foreign Intelligence Surveillance Court)는 개별적인 감시 조치를 허가하지 않으며, 오히려 법무장관과 국가데이터국장(DNI)이 작성한 연간 인증에 근거하여 감시 프로그램(프리즘, 업스트림과 같은)을 승인한다'는 것을 인정했다. 이 전문에서 명백하듯이 FISC의 감독 역할은 그러한 감시 프로그램이 외국 기밀데이터 획득의 목적과 관련이 있는지를 검증하기 위해 고안되었지만, '개인이 외국 기밀데이터 획득의 적절한 대상이 되는가'에 대한 문제는 다루지 않는다.

따라서 FISA 702조는 해외 기밀데이터를 목적으로 감시프로그램을 실행하기 위하여 부여하는 권한에 대한 제한이나 또는 그들 프로그램이 잠재적 대상으로 하는 비미국인에 대한 보장의 존재를 명시하지 않는 것은 명백하다. 그러한 상황에서 헌장에 의해 보장되는 것과 본질적으로 동등한 수준의 보호를 보장할 수 없으며, 그에 따라 비례의 원칙의 요건을 충족시키기 위하여 기본권에 대한 간섭을 허용하는 법적 근거는 관련 권리의 행사에 대한 제한의 범위를 그 자체로 규정하여야 하며 문제의 조치의 범위 및 적용을 규율하고 최소한의 안전장치를 부과하는 명백하고 자세한 규정을 두어야 한다.

프라이버시 실드 결정의 인정에 따르면, FISA 702조에 근거한 감시 프로그램의 이행은 실제로 PPD-28의 요건을 따라야 한다. 그러나 유럽위원회는 프라이버시 실드 결정 전문 제69항 및 제77항에서 이러한 요건이 미국 데이터기관에 대해 구속력을 갖는다고 밝혔지만, 미국 정부는 유럽연합사법재판소가 보낸 질문에 대한 답변에서 PPD-28은 미국 기관을 상대로 하는 소송에서 데이터주체에게 실행 가능한 권리를 부여하지 않는다는 점을 인정하였다. 따라서 프라이버시 실드 결정은 문제의 제3국으로 개인데이터가 이전되는 데이터주체가 실효적이며 실행 가능한 권리를 가지는지 여부에 동등성의 인정이 좌우된다는 GDPR 제45조 제2항 제a호의 요건과 달리 헌장에서 발생하는 것과 본질적으로 동등한 수준의 보호를 보장할 수 없다.

E.O. 12333에 근거한 모니터링 프로그램에 관해서, 그 명령이 미국 기관을 상대로 하여 법원에서 집행할 수 있는 권리를 부여하지 않는다는 것은 유럽연합사법재판소에 제기된 소송에서 명백하다.

따라서 그러한 규정에 근거한 감시 프로그램은 엄격히 필요한 것으로 제한되는 것으로 간주될 수 없는 결과, PPD-28과 함께 해석한 FISA 702조나 E.O. 12333 중 어느 것도 EU법에 따른 비례의 원칙에서 비롯되는 최소한의 안전장치와 상관관계가 없다는 것이 된다.

둘째로, 유럽연합에서 요구되는 보호수준에도 기여하는 헌장 제47조에 관하여, 유럽위원회가 GDPR 제45조 제1항에 따라 적정성 결정을 채택하기 전에 반드시 결정해야 하는 동 조항의 준수에 관하여, 제47조 제1항은 EU법이 보장하는 권리 및 자유를 침해당한 모든 사람은 그 조항에서 규정된 조건에 따라서 재판소에서 실효적인 권리구제를 받을 권리를 가져야 한다는 것을 주목하여야 한다. 동 조 제2항에 따르면, 모든 사람은 독립적이고 공정한 재판소의 심리를 받을 권리가 있다.

확립된 판례에 따르면, EU법조항의 준수를 보장하기 위해 고안된 실효적인 사법심사의 존재는 법의 지배의 존재에 내재되어 있다. 따라서 개인이 자신과 관련된 개인데이터에 접근하거나 그러한 데이터의 정정 또는 삭제를 얻기 위해 법적 구제수단을 추구할 가능성을 규정하지 않는 법률은 헌장 제47조에 규정된 바와 같은 실효적인 사법적 보호를 받을 기본권의 본질을 존중하지 않는다.[137)]

그러한 취지에서, GDPR 제45조 제2항 제a호에서는 유럽위원회가 제3국의 보호수준의 적정성을 평가할 때, 특히 '개인데이터가 이전되는 데이터주체에 대한 실효적인 행정적·사법적 구제조치'를 고려하도록 요구하고 있다. GDPR 전문 제104항은 그 점에서 제3국이 '실효적인 독립적 데이터 보호 감독을 보장하고 회원국 데이터 보호기관과의 협력 메커니즘을 규정해야 한다'고 말하고, '데이터주체에게 실효적이고 실행 가능한 권리와 실효적인 행정적·사법적 권리구제를 제공해야 한다'고 덧붙인다.

GDPR 전문 제116항에서 명백한 바와 같이, 데이터주체는 회원국의 행정 및 사법 당국이 그렇게 이전된 데이터의 그 제3국에서의 불법적인 처리로 추정되는 것에 근거한 데이터주체의 심판과 관련하여 실효적인 조치를 취할 불충분한 권한 및 수단을 가지고 있고, 이것이 데이터주체들로 하여금 그 제3국의 국가기관 및 법원에 의존을 강제하게 할 수 있음을 인정하기 때문에, 해당 제3국에 대한 개인데이터의 이전의 맥락에서 이러한 실효적인 권리구제의 존재는 특히 중요하다.

본 건에서, 미국이 헌장 제47조에서 보장된 것과 본질적으로 동등한 수준의 보호를 보장한다는 유럽위원회의 프라이버시 실드 결정에서의 인정은 특히 프라이버시 실드 옴부즈퍼슨의 도입이 개인데이터가 그 제3국으로 이전된 사람들의 사법적 보호와 관련하여 유럽위원회 스스로 인정한 결함을 해결할 수 없다는 이유로 의문이 제기되었다.

---

137) 2015년 10월 6일 판결, Schremes, C-362/14, EU:C:2015:650, paragraph 95 및 인용된 판례

이와 관련하여, 유럽위원회는 프라이버시 실드 결정 전문 제115항에서 'EU 데이터주체를 포함한 개인은 국가안보 목적으로 불법적인 (전자)감시의 대상이 되었을 때 여러 가지 조치를 취할 수 있지만, 적어도 미국 데이터기관이 이용할 수 있는 법적 근거(예: E.O. 12333)가 적용되지 않은 것은 마찬가지로 명백하다고 인정하였다. 따라서 E.O. 12333과 관련하여, 유럽위원회는 전문 제115항에서 어떠한 권리구제 메커니즘의 부재를 강조하였다. 위 제187항에서 제시한 판례에 따라, 그러한 대통령령에 근거한 데이터 프로그램에 대한 간섭에 관하여 사법적 보호에 그러한 결함이 존재한다는 것은 유럽위원회가 프라이버시 실드 결정에서 그랬던 것처럼 미국법이 헌장 제47조에 의해 보장된 것과 본질적으로 동등한 보호수준을 보장한다고 결정할 수 없게 만든다.

더욱이, FISA 702조에 근거한 감시 프로그램과 E.O. 12333에 근거한 감시 프로그램 모두와 관련하여, PPD-28이나 E.O. 12333 중 어느 것도 미국 기관을 상대로 법원에서 데이터주체의 권리를 실행가능하게 하지 않으며 따라서 데이터주체는 실효적인 권리구제권을 갖지 않는 것이 된다는 점이 언급되었다.

그러나 유럽위원회는 그 결정 부속문서 Ⅲ에서 제시한 2016년 7월 7일부터 미국 국무장관이 유럽 법무, 소비자 및 양성평등 위원(커미셔너)에게 보낸 서한에서 설명한 바와 같이 미국 기관이 도입한 옴부즈퍼슨 메커니즘의 결과로 그리고 그 옴부즈퍼슨의 역할, 현재는 '국제 IT 외교를 위한 수석 조정자'의 성격상 미국은 헌장 제47조에 의해 보장된 것과 본질적으로 동등한 수준의 보호를 보장한다고 간주할 수 있다고 프라이버시 실드 결정 전문 제115항 및 제116항에서 인정하였다.

프라이버시 실드 결정의 대상인 옴부즈퍼슨 메커니즘이 실제로 사법보호권에 대한 유럽위원회의 한계를 해결할 수 있는지에 대한 심사는, 헌장 제47조 및 상기 판례에서 나오는 요건에 따라서 데이터주체가 개인데이터에 접근하거나 그러한 데이터의 정정 또는 삭제를 얻기 위해 독립적이고 공정한 법원에 법적 소송을 제기할 가능성을 가져야 한다는 전제에서 출발하여야 한다.

프라이버시 실드 옴부즈퍼슨은 비록 '정보기관으로부터 독립적'이라고 설명되었지만, 옴부즈퍼슨이 그 임무를 객관적이며 제공되는 응답에 대해 영향을 가지는 부적절한 영향으로부터 벗어나서 수행하는 것을 보장할 국무장관에게 직접 '보고하는 것'으로 소개되었다. 더욱이 유럽위원회가 그 결정 전문 제116항에서 인정한 바와 같이, 옴부즈퍼슨은 국무장관에 의해 임명되고 미국 국무부의 필수적인 구성부분이라는 사실 외에도 재판연구관이 의견 337번에서 언급했듯이 옴부즈퍼슨의 임명의 해임이나 철회에 대한 특별한 보장을 적시하는 것이 그 결정에서는 아무 것도 없으며, 이는 옴부즈퍼슨의 집행부로부터의 독립성을 훼손하는 것이다.

이와 유사하게, 재판연구관이 그 의견 338번에서 언급한 바와 같이, 프라이버시 실드 결정의 전문 제120항은 데이터 서비스의 관련 구성요소가 프라이버시 실드 옴부즈퍼슨이 적발한 적용 가능한 규칙의 위반을 시정하도록 요구된다는 미국 정부의 약속을 언급하지만, 그 옴부즈퍼슨이 이들 데이터 서비스에 대해 구속력을 갖는 결정을 채택할 권한을 갖고 있으며 데이터주체가 의존할 수 있는 그 정치적 약속에 수반되는 법적 안전장치에 대해 언급하지 않는다는 것을 적시하는 것이 그 결정에서는 아무 것도 없다.

그러므로 프라이버시 실드 결정이 언급하는 옴부즈퍼슨 메커니즘은 미국으로 데이터를 이전하는 자가 헌장 제47조에 의해 요구되는 것과 본질적으로 동등한 것을 보장하는 기관에게 소송 원인(소인)을 제공하지 않는다.

따라서 프라이버시 실드 결정의 제1조 제1항에서 미국이 EU-US 프라이버시 실드에 따라 EU로부터 그 제3국의 단체로 이전된 개인데이터의 적절한 보호수준을 보장한다는 것을 인정할 때, 유럽위원회는 헌장 제7조, 제8조 및 제47조의 관점에서 해석되는 GDPR 제45조 제1항의 요건을 무시하였다.

따라서 프라이버시 실드 결정의 제1조는 헌장 제7조, 제8조 및 제47조에 비추어 해석할 때 GDPR 제45조 제1항과 양립가능하지 않으므로 무효이다. 프라이버시 실드 결정 제1조는 그 결정 제2조 및 제6조와 부속문서와 분리할 수 없기 때문에, 그 무효화는 결정의 효력 전체에 영향을 미친다. 전술한 모든 고려사항에 비추어 볼 때, 프라이버시 실드 결정이 무효라고 결론지어야 한다.

법적 공백의 발생을 피하기 위한 목적으로 그 결정의 효과를 유지하는 것이 적절한지에 대하여 유럽연합사법재판소는 어떠한 경우에도 GDPR 제49조에 비추어 볼 때, 프라이버시 실드 결정과 같은 적정성 결정의 실효는 그러한 법적 공백을 만드는 경향이 없다. 동 조항은 제3국으로의 개인데이터의 이전이 GDPR 제45조 제3항에 따른 적정성 결정이나 GDPR 제46조에 따른 적절한 안전장치의 부재의 경우에 발생할 수 있는 조건을 상세히 규정하고 있다.

판결 주문

이상의 이유에 따라, EU사법재판소(대법정)는 다음과 같이 판결한다.

1. GDPR 제2조 제1항 및 제2항은 다음과 같은 의미로 해석되어야 한다. 해당 데이터가 그 이전 시나 그 이후에 해당 제3국의 공공기관이 공공의 안전, 방위 및 국가안보 목적으로 처리될 것인지 여부와 관계없이 회원국에서 설립된 사업자가 사업목적으로 제3국에 설립된 다른 사업자에게 한 개인데이터의 이전에 적용된다는 의미로 해석되어야 한다.

2. GDPR 제46조 제1항 및 제46조 제2항 제c호는 이들 조항이 요구하는 적절한 안

전장치, 실행 가능한 권리 및 실효적인 법적 구제수단이 그 개인데이터가 표준데이터보호조항에 따라 제3국으로 이전되는 데이터주체가 EU기본권헌장에 비추어 해석된 GDPR에 의해 EU 역내에서 보장된 것과 본질적으로 동등한 보호수준을 이용 가능하도록 보장해야 함을 의미하는 것으로 해석되어야 한다. 이를 위해, 특히 그러한 이전과 관련하여 제공되는 보호수준의 평가는 유럽연합에서 설립된 컨트롤러 또는 프로세서와 관계 제3국에서 설립된 이전의 수취인 사이에 합의된 계약조항과 그 제3국의 공공기관이 이전된 개인데이터에의 접근에 대해 해당 제3국의 법제도의 관련된 측면, 특히 GDPR 제45조 제2항에 비열거적 방식으로 규정된 관련된 측면을 모두 고려하여야 한다.

3. GDPR 제58조 제2항 제f호 및 제j호는 유효한 유럽위원회의 적정성 결정이 없는 한, 관할 감독기관이 보기에 그리고 그 이전의 모든 상황에 비추어 이들 조항들이 그 제3국에서 준수되지 않거나 될 수 없고, 그 컨트롤러나 프로세서가 그 이전을 스스로 중지하거나 종료하지 않는 경우 EU법, 특히 GDPR 제45조 및 제46조와 기본권헌장에 의해 요구된 이전된 데이터의 보호가 다른 수단에 의해 보장될 수 없다면 관할 감독기관은 유럽위원회가 채택한 표준데이터보호조항에 따른 제3국으로의 데이터의 이전을 중지하거나 금지하여야 한다는 의미로 해석되어야 한다.

4. 지침 95/46에 따라 제3국에서 설립된 프로세서로의 개인데이터의 이전을 위한 표준계약조항에 대한 위원회 결정 2010/87의 심사는 기본권헌장 제7조, 제8조 및 제47조에 비추어 2016년 12월 16일 유럽위원회 집행결정 2016/2297에 의해 개정된 바와 같이 그 결정의 효력에 영향을 미치는 어떤 것도 공개하지 않았다.

5. 지침 95/46에 따라 EU-US 프라이버시 실드가 제공하는 보호의 적정성에 대한 유럽위원회 집행결정 2016/1250은 무효이다.

(4) Case C-673/17 (1 October 2019)[138](Planet49 Case)

사실관계의 개요와 쟁점

2013년 9월 24일 Planet49는 웹 사이트 www.dein-macbook.de에서 홍보 복권을 조직했다. 이러한 복권에 참여하기를 원하는 인터넷 이용자들은 그들의 우편번호를 입력해야 했고, 이어서 그들의 이름과 주소를 입력해야 하는 웹 페이지로 다시 안내되었다. 주소 입력 필드 아래에는 체크박스와 함께 두 개의 설명 텍스트 본문이 있었다. 사전 선택된 체크 표시가 없는 체크박스가 있는 텍스트의 첫 번째 본문('첫 번째 체크박스')은 다음과 같다:

'나는 특정 스폰서 및 협력 파트너가 우편, 전화 또는 이메일/SMS를 통해 각 상업 부문의 제안에 대한 정보를 나에게 제공하는 것에 동의합니다. 여기서 직접 이들을 결정할 수 있습니다. 그렇지 않으면 주최자가 선택합니다. 나는 언제든지 이 동의를 취소할 수 있습니다. 이에 대한 자세한 내용은 *여기(here)*에서 확인할 수 있습니다.'

사전 선택된 체크 표시('두 번째 체크박스')를 포함하는 체크박스가 있는 두 번째 텍스트 본문은 다음과 같다:

'나는 웹 분석 서비스 Remintrex가 나를 위해 사용되는 것에 동의합니다. 이는 복권에 등록한 후, 복권 주최자인 Planet49가 쿠키를 설정하여 나의 서핑을 평가하고 광고 파트너의 웹 사이트에서의 행태를 사용할 수 있게 함으로써 나의 관심사에 기반한 Remintrex의 광고를 가능하게

---

138) Planet49[2019], EU:C:2019:801

하는 결과를 가져옵니다. 나는 언제든지 쿠키를 삭제할 수 있습니다. 당신은 *여기(here)*에서 이에 대한 자세한 내용을 읽을 수 있습니다.'

복권 참여는 최소한 첫 번째 체크박스에 체크를 해야만 가능했다. 첫 번째 체크박스 옆의 '스폰서 및 협력 파트너'와 '여기(here)'라는 단어와 연결된 하이퍼링크는 57개 회사의 리스트, 회사 주소, 광고 대상인 상업 부문 및 광고에 사용되는 커뮤니케이션 방법(이메일, 우편 또는 전화)을 열었다. 각 회사명 뒤에는 '구독 취소(Unsubscribe)'라는 밑줄 친 단어가 포함되어 있으며, 다음 기술이 목록 앞에 있었다.

'"구독 취소" 링크를 클릭하면 나는 해당 파트너/스폰서에게 어떠한 광고 동의의 부여도 허용되지 않음을 결정합니다. 내가 충분한 수의 파트너/스폰서로부터 구독을 취소하지 않은 경우, Planet49는 재량으로 나를 위해 파트너/스폰서를 선택할 것입니다(최대 수 : 30 파트너/스폰서).'

두 번째 체크박스 옆에 있는 '여기'라는 단어와 연결된 하이퍼링크를 클릭하면 다음 정보가 표시되었다:

'ceng_cache, ceng_etag, ceng_png 및 gcr이라는 이름의 쿠키는 귀하가 사용하는 브라우저에 의해 그리고 보다 이용자 친화적이고 효과적인 광고를 가능하게 하는 일정한 정보를 제공함으로써 귀하의 하드 디스크에 할당된 방식으로 저장되는 작은 파일입니다. 쿠키에는 임의로 생성된 특정 번호(ID)가 포함되어 있으며 동시에 귀하의 등록 데이터에 할당됩니다. 그런 다음 Remintrex에 등록된(등록이 있는지 확인하려면 광고 파트너의 데이터보호선언을 참조하십시오) 광고 파트너의 웹 사이트를 방문하면, Remintrex는 귀하(또는 저장된 아이디를 가진 이용자)가 사이트를 방문하여 관심을 보인 상품 및 거래의 체결 여부를 거기에서 통합된 iFrame에 의해 자동으로 기록합니다.

그 후, Planet49는 복권 등록 시 제공된 광고 동의를 근거로 하여 광고 파트너의 웹 사이트에서 표시된 귀하의 관심사를 고려하여 귀하에게 전송되는 광고 이메일을 준비할 수 있습니다. 광고 동의를 철회한 후에는 당연히 더 이상 이메일 광고를 받지 않게 됩니다.

이들 쿠키를 통해 전달되는 정보는 광고 파트너의 제품이 표시되는 광고 목적으로만 사용됩니다. 정보는 각 광고 파트너에 대해 별도로 수집, 저장 및 이용됩니다. 여러 광고 파트너와 관련된 이용자 프로파일은 어떠한 경우에도 생성되지 않습니다. 개별 광고 파트너는 어떠한 개인데이터도 받지 않습니다.

더 이상 쿠키 사용에 관심이 없다면 언제든지 브라우저를 통해 쿠키를 삭제할 수 있습니다. 브라우저의 "도움말(help)" 기능에서 가이드를 찾을 수 있습니다.

쿠키를 통해 프로그램을 실행하거나 바이러스를 전송할 수 없습니다.

물론 귀하는 언제든지 이러한 동의를 철회할 수 있는 선택권을 가지고 있습니다. Planet49 [주소]로 서면으로 철회서를 보내실 수 있습니다. 하지만 고객 서비스 부서[이메일 주소]로 이메일을 보내셔도 됩니다.'

제청명령에 따르면, 쿠키(cookie)는 이용자가 인터넷 탐색이나 또는 거래를 용이하게 하거나 이용자 행태에 대한 정보에 접근하기 위해 이용자가 그 웹 사이트를 추가적으로 방문할 때 웹 사이트 제공자가 다시 접근할 수 있는 웹 사이트 이용자의 컴퓨터에 웹 사이트 제공자가 저장하는 텍스트 파일이다.

소송 전 미답변 서한(unanswered letter)에서, 2001년 11월 26일 소비자법 등에서의 금지명령에 관한 법률('UKlaG') 제4항에 따라 소송을 제기할 자격이 부여되는 단체의 목록에 등록되어 있는 Federation은 Planet49가 첫 번째 및 두 번째 체크박스로 요청한 동의 선언이 2004년

7월 3일 불공정경쟁방지법 제7조 제2항과 함께 BGB 제307조의 요건을 충족하지 못한다고 주장했다.

Federation은 Planet49가 이러한 선언의 사용을 중지할 것 등을 요구하는 금지명령을 구하여 프랑크푸르트지방법원에 소송을 제기하였다. 프랑크푸르트지방법원은 부분 승소판결을 내렸다.

Planet49가 프랑크푸르트고등법원에 항소함에 따라, 해당 법원은 소비자복권약정에 사전 체크된 체크박스를 포함하지 말 것 등을 Planet49에게 명령하는 금지명령을 구하는 Federation의 청구가 첫째, 이용자는 그 체크박스의 체크를 선택 해제할 수 있다는 것을 알고 있으며, 둘째, 텍스트는 인쇄적 관점에서 충분히 명확하게 성립되었으며 수집한 정보에 접근할 수 있는 제3자의 신원을 공개할 필요 없이 쿠키의 이용방법에 대한 정보를 제공했다는 점에서 근거가 없는 것이라고 판결했다.

Federation이 법적 쟁점에 대해 상고를 제기한 독일연방사법재판소는 본안소송의 상고의 승패는 지침 95/46 제2조 제h호와 GDPR 제6조 제1항 제a호와 결합하여 지침 2002/58 제5조 제3항 및 제2조 제f호의 해석에 달려있다고 생각한다.

이들 조항에 비추어 두 번째 체크박스에 의해 웹 사이트 www.dein-macbook.de의 인터넷 이용자로부터 Planet49가 얻은 동의의 효력과 지침 2002/58 제5조 제3항에서 규정된 정보의무의 범위에 대해 의문을 가지고, 독일연방사법재판소는 소송절차를 중단하고 선결소송을 구해 다음 사항을 EU사법재판소에 제청하기로 결정했다:

'(1) (a) 정보의 저장 또는 이용자의 단말장치에 이미 저장된 정보에 대한 접근이 이용자가 그 동의를 거부하기 위해서는 선택 해제해야 하는 사전 체크된 체크박스를 통해 허용되는 경우, 지침 95/46 제2조 제h호와 결합하여 지침 2002/58 제5조 제3항 및 제2조 제f호의 의미 내에서 유효한 동의를 구성하는가?

(b) 지침 95/46 제2조 제h호와 결합하여 지침 2002/58 제5조 제3항 및 제2조 제f호의 적용을 위해, 저장되거나 접근되는 정보가 개인데이터를 구성하는지 여부에 차이가 있는가?

(c) 질문 1(a)에서 언급된 상황에서 GDPR 제6조 제1항 제a호의 의미 내에서 유효한 동의가 존재하는가?

(2) 지침 2002/58 제5조 제3항에 따라 수행되어야 하는 명확하고 포괄적인 정보의 제공범위 내에는 서비스 제공자가 어떤 정보를 이용자에게 제공해야 하는가? 여기에는 쿠키의 작동기간과 제3자에게 쿠키에 대한 접근권한이 부여되는지 여부에 대한 질문이 포함되는가?'

판결 주문

이상의 이유에 따라, 유럽연합사법재판소(대법정)는 다음과 같이 판결한다.

1. 지침 2009/136에 의해 개정된 지침 2002/58 제2조 제f호 및 제5조 제3항은 지침 95/46 제2조 제h호와 GDPR 제4조 제11항 및 제6조 제1항 제a호와 결합하여 이들 조항에서 규정된 동의는 만일 쿠키의 형태로 정보의 제공 또는 웹 사이트 이용자의 단말장치에 이미 저장된 정보에의 접근이 이용자가 그 동의를 거부하기 위해서는 선택 해제를 하여야 하는 사전 체크된 체크박스에 의해 허용된다면 유효하게 구성되지 않는다는 의미로 해석되어야 한다.

2. 지침 2009/136에 의해 개정된 지침 2002/58 제2조 제f호 및 제5조 제3항은 지침 95/46 제2조 제h호와 GDPR 제4조 제11항 및 제6조 제1항 제a호와 결합하여 웹 사이트 이용자의 단말장치에 저장되고 접근된 정보가 지침 95/46 및 GDPR의 의미 내에서 개인데이터인지 여부에 따라서 달리 해석되어서는 안된다.

3. 지침 2009/136에 의해 개정된 지침 2002/58 제5조 제3항은 서비스 제공자가

웹 사이트 이용자에게 제공해야 하는 정보는 쿠키의 작동기간과 제3자가 이들 쿠키에의 접근을 할 수 있는지 여부를 포함한다는 의미로 해석되어야 한다.

(5) Case C-13/16 (4 May 2017)[139)]

사실관계의 개요와 쟁점

2012년 12월 라트비아 리가(Riga)시에서 도로교통사고가 발생하였다. 택시운전사가 노변에 차를 멈춰 세웠는데, 트롤리버스가 택시 옆을 지나갈 때, 택시 뒷좌석에 타고 있던 승객이 문을 열었고, 접촉으로 인하여 트롤리버스를 손상시키는 손해를 냈다. 제재 부과의 행정절차가 시작되었고, 행정벌을 부과하는 보고서가 작성되었다.

택시운전사가 그 사고의 책임이 있는 것으로 처음에 주장되었기 때문에, 트롤리버스회사(Rīgas satiksme)는 그 택시의 소유자이자 합법적인 사용자의 민사책임을 보증하는 보험회사에 배상금을 청구하였다. 그러나 보험회사는 그 사고는 택시운전사가 아니라 그 택시에 타고 있던 승객의 행위로 인해 발생한 것이라는 이유로 트롤리버스회사에 배상을 해줄 수 없다고 통지하였다. 그 통지에는 트롤리버스회사는 그 승객을 상대로 민사소송을 제기할 수 있다고 기술되어 있었다.

그래서, 트롤리버스회사는 국가경찰에 대해 그 사고로 인하여 행정벌이 부과된 사람에 관하여 그 사고의 상황에 관하여 택시운전사와 승객이 한 진술의 사본의 제공과 택시 승객의 성명, 신분증명번호와 주소를 나타내는 데이터의 제공을 청구하였다. 트롤리버스회사는 청구한 데이터로는 민사소송 제기 목적만으로 이용될 것임을 국가경찰에 표시하였다.

---

139) Rīgas satiksme[2017], EU:C:2017:336

국가경찰은 트롤리버스회사의 청구의 일부, 즉 택시 승객의 성명을 제공하였다. 국가경찰은 사고에 관여된 자들이 한 진술은 제공하지 않았다. 국가경찰의 결정은 제재처분으로 인한 행정소송에서의 사건파일 자료는 그 소송당사자들에게만 제공될 수 있다는 사실에 근거한 것이었다. 라트비아 행정위반법에 따르면, 당사자는 그 사건을 조사할 권한이 있는 기구나 공무원에 의한 제재처분으로 인한 행정소송에서 그의 명시적인 청구로 피해자의 지위가 부여될 수 있다. 현재의 사건에서 트롤리버스회사는 그 권리를 행사하지 않았다.

트롤리버스회사는 그 사고에 관련된 승객의 신분증명번호와 주소의 공개를 거부한 국가경찰의 결정에 대해 지방행정법원에 행정소송을 제기하였다. 2014년 5월 16일 판결에서 동 법원은 원고의 청구를 인용하여, 국가경찰에게 그 승객의 신분증명번호 및 주소와 관련한 데이터를 제공할 것을 명령하였다. 국가경찰은 원판결의 파기를 구하여 항소하였다. 항소법원은 라트비아 국가데이터보호기관에 의견을 구하였다. 동 기관은 2015년 10월 13일의 답변에서 라트비아 행정위반법이 국가경찰이 사건과 관련되는 데이터를 공개할 수 있는 것처럼 개인데이터보호법은 본안소송에서 사건의 개인데이터를 제공할 법적 근거로서 이용될 수 없다고 기술하였다. 따라서 국가데이터보호기관에 따르면, 행정제재처분으로 인한 행정소송과 관련되는 개인데이터의 공개는 동법에서 규정된 상황에서 동조 제3항 및 제5항에 의해서만 이루어질 수 있다. 동법 제7조는 데이터 컨트롤러, 이 사건의 경우 국가경찰에게 데이터의 처리를 명령하는 것이 아니라, 단지 그것을 허용하고 있을 뿐이다. 국가데이터보호기관은 또한 트롤리버스회사는 그 데이터를 얻는 다른 2가지 방법이 있다고 지적하였다. 그것은 기록보관청(Civil Registry)에 이유제시 청구를 하든가 또는 트롤리버스회사가 관계인에 대해 소송을 제기할 수 있도록 수소법원이 국가경찰에 개인데이터를 요청하기 위하여 라트비아 민사소송법에 의하여 법원에 청구하는 것이다.

제청법원은 국가데이터보호기관이 언급한 개인데이터의 획득방법의 실효성에 대해 의문을 가지고 있다. 그와 관련하여, 첫째로, 기록보관청에 대한 청구가 택시 승객의 성명만을 언급한다면, 동일한 성명을 가진 사람이 복수일 것이기 때문에 식별될 수 없을 것이라고 말한다. 둘째로, 제청법원은 민사소송을 제기하기 위하여 증거 제출에 관한 국가법의 관점에서 원고는 적어도 피고의 거주지를 알아야 할 것이라는 견해를 취한다. 그와 관련하여, 제청법원은 지침 95/46 제7조 제f호에서 규정된 '필요성'의 개념의 해석에 대하여 의문이 있다는 의견이다.

그러한 상황에서 라트비아 대법원 행정부는 소송절차를 정지시키고, 유럽연합사법재판소에 선결소송으로 다음 사항을 제청하기로 결정하였다.

'(1) 지침 95/46 제7조 제f호에서 '데이터가 공개되는 제3자에 의해 추구된 정당한 목적을 위하여 필요한'이라는 구절은 민사소송이 제기되기 위해 필요한 트롤리버스회사가 청구한 개인데이터를 국가경찰이 공개해야 한다는 의미로 해석되어야 하는가?
(2) 사건파일자료가 나타내는 바와 같이, 트롤리버스회사가 데이터를 청구한 택시 승객이 그 사고 당시에 미성년자였다는 사실이 그 질문에 대한 답변과 관련성이 있는가?'

제청사항의 검토 요지

제청법원은 지침 95/46 제7조 제f호는 민사법원에 관계인이 야기한 손해배상청구를 제기할 수 있도록 개인데이터를 제3자에게 공개할 의무를 부과하고 있는 것으로 해석되어야 하는지 여부와 그 사람이 미성년자인 경우에 동 조항의 해석에 영향을 미치는지 여부를 묻고 있다.

본안소송의 사안에서 트롤리버스회사가 제공을 요청하는 택시 승객의 신분증명번호와 주소는 식별된 또는 식별가능한 자연인에 관한 데이터이며, 따라서 지침 95/46 제2조 제a호의 적용범위 내의 '개인데이터'를 구성한다고 하는 것이 공통된 인식이다. 청구를 받은 국가경찰이 특히 그 연락을 위하여 동 지침 제2조 제d호의 범위 내에서 해당 데이터를 처리할 권한이 있는 것도 또한 공통된 인식이다.

지침 95/46 제5조에 따라서 회원국들은 동 지침의 규정의 범위 내에서 개인데이터의 처리가 적법한 조건을 규정할 수 있다. 그러한 처리의 적법성과 관련되는 원칙을 규정하고 있는 동 지침 제7조는 그와 관련하여 '회원국들은 동 조가 한정적으로 열거하고 있는 상황 중의 하나가 존재하는 경우에만 처리될 수 있다'고 규정한다. 제7조 제f호에 의하여, 그러한 처리는 컨트롤러나 데이터가 공개되는 제3자에 의해 추구되는 정당한 이익을 위하여 필요한 경우에 이루어질 수 있다. 그러나 그러한 경우에도 지침 95/46 제1조 제1항에 의해 보호가 요구되는 데이터주체의 이익이나 기본적 권리 및 자유가 그러한 이익보다 큰 경우에는 제외된다. 따라서 지침 95/46 제7조 제f호는 그 자체로 의무를 규정하고 있는 것이 아니라, 제3자가 추구하는 정당한 이익을 위하여 필요한 데이터의 제3자에의 교부와 같은 데이터 처리의 가능성을 표현하는 것이라는 동 지침의 체계와 동 지침 제7조의 문언으로부터 명백하다.

그러나 지침 95/46 제7조 제f호에서 규정된 조건에 따라서 국가법으로 근거를 두고 있는 경우에 그러한 교부를 배제하는 것은 아니라는 점이 지적되어야 한다. 그와 관련하여, 동 지침 제7조 제f호는 개인데이터의 처리가 적법하기 위한 3가지의 누적적인 조건을 규정하고 있다. 첫째로, 데이터 컨트롤러나 그 데이터가 공개되는 제3자의 정당한 이익의 추구, 둘째로, 추구된 정당한 이익을 위하여 개인데이터를 처리할 필요성, 셋째로, 데이터 보호에 의해 관계된 사람의 기본적 권리와 자유가 우월하지 않을 것이 그것이다.

정당한 이익의 추구와 관련되는 조건에 대하여 재산을 손상시킨 사람에 대한 손해배상청구소송을 제기하기 위하여 그 사람의 개인데이터를 얻는 제3자의 이익이 정당한 이익으로 분류될 수 있다는 것은 의문의 여지가 없다.140) 이러한 분석은 인종이나 정치적 견해와 같은 특정한 유형의 개인데이터의 처리에 대한 금지는 특히 그 처리가 법적 청구권의 설정, 행사 또는 방어를 위하여 필요한 경우에 적용되지 않는다고 규정하는 지침 95/46 제8조 제2항 제e호에 의해 지지된다.

개인데이터 처리의 필요성과 관련되는 조건에 대하여, 개인데이터의 보호와 관련되는 적용특례 및 제한은 엄격하게 필요한 한도에서만 적용되어야 한다는 점을 명심하여야 한다.141) 그와 관련하여, 국가법원이 제공한 데이터에 따르면, 손해를 야기한 사람의 성명만의 제공에 의해서는 그에 대해 소송을 제기할 수 있을 만큼 충분히 상세하게 그 사람을 식별할 수 있게 하지 않는다. 따라서 그러한 목적을 위하여 그 사람의 주소와/또는 신분증명번호를 얻을 것이 필요하다.

마지막으로, 쟁점이 되는 서로 충돌하는 권리와 이익들의 형량의 조건은 개별적인 사건의 특수한 상황에 원칙적으로 의존한다.142) 그와 관련하여, 유럽연합사법재판소는 그러한 처리로 인해 발생하는 데이터주체의 기본권 침해의 심각성은 공적 출처에서 쟁점이 되는 데이터를 접근할 수 있는지에 따라 다를 수 있음을 고려할 수 있다고 판결하였다.143)

선결소송으로 제청한 두 번째 사항에 대하여서는 데이터주체의 나이

---

140) 동 취지의 판결로서, C-275/06, Promusicae[2008], EU:C:2008:54, paragraph 53

141) C-92/09 and C-93/09, Volker und Markus Schecke and Eifert[2010], EU:C:2010:662, paragraph 86; C-473/12, IPI[2013], EU:C:2013:715, paragraph 39; Ryneš[2014], EU:C:2014:2428, paragraph 28.

142) 동 취지의 판결로서, C-468/10 and C-469/10, Asociación Nacional de Establecimientos Financieros de Crédito[2011], EU:C:2011:777, paragraph 40,; C-582/14, Breyer[2016], EU:C:2016:779, paragraph 62.

143) C-468/10 and C-469/10, Asociación Nacional de Establecimientos Financieros de Crédito[2011], EU:C:2011:777, paragraph 44

는 이익형량에서 고려되어야 할 요소들 중의 하나일 수 있다는 점이 지적되어야 한다. 그러나 본안소송에서 쟁점이 되고 있는 것과 같은 상황에서 그 손해를 야기한 사람이 미성년자라는 이유로 친권을 행사하는 사람들에 대해 소송을 제기하기 위해 필요한 개인데이터를 피해 당사자에게 공개하기를 거부하는 것은 정당한 것으로는 보이지 않는다.

이상의 검토로부터, 지침 95/46 제7조 제f호는 그 데이터의 보호에 의해 관련된 사람이 야기한 손해에 대해 민사법원에 손해배상청구소송을 제기할 수 있도록 하기 위하여 제3자에게 개인데이터를 공개할 의무를 부과하지 않는 것으로 해석되어야 한다. 그러나 동 지침 제7조 제f호는 국가법을 근거로 하여 그러한 공개를 배제하는 것은 아니다.

판결 주문

이상의 이유에 따라, 유럽연합사법재판소(제2법정)는 다음과 같이 판결한다.

지침 95/46 제7조 제f호는 해당 데이터의 보호에 의해 관계인에 의해 야기된 손해에 대해 민사법원에 손해배상소송을 제기할 수 있도록 개인데이터를 제3자에게 공개할 의무를 부과하지 않는다고 해석되어야 한다. 그러나 동 지침 제7조 제f호는 국가법에 근거한 공개를 금지하지 않는다.

(6) Case C-362/14 (6 October 2015)144) (Schrems I Case)

사실관계의 개요와 쟁점

오스트리아에서 거주하고 있는 오스트리아 국민인 Mr Schrems는

144) Maximillian Schrems[2015], EU:C:2015:650

2008년부터 Facebook 이용자이다.

Facebook을 이용하고자 하는 EU에서 거주하고 있는 모든 사람은 회원가입 시에 미국에서 설립된 Facebook Inc.의 자회사인 Facebook Ireland와 계약을 체결하여야 한다. EU에 거주하는 Faccbook Ireland의 이용자의 개인데이터의 전부 또는 일부는 미국에 소재하는 Facebook Inc. 소유의 서버로 이전되어 처리된다.

2013년 6월 25일 Mr Schrems는 커미셔너에게 그 실정법상의 권한을 행사하여 자신의 개인데이터가 미국으로 이전되는 것을 금지할 것을 요구하는 심판을 청구하였다. 그는 심판에서 미국에서 시행중인 법 및 실무는 공공기관이 미국에서 취하고 있는 감시활동에 대해 그 영토에서 보유된 개인데이터의 적절한 보호를 보장하지 않는다고 주장하였다. Mr Schrems는 이와 관련하여 미국 정보기관, 특히 국가안보국(NSA)의 활동들에 대하여 에드워드 스노우덴이 한 폭로를 언급하였다.

커미셔너는 Mr Schrems가 심판 청구한 사항을 조사할 것이 요구되지 않는다는 견해를 취하였기 때문에 근거가 없다고 기각하였다. 커미셔너는 Mr Schrems의 개인데이터가 NSA에 의해 접근되었다는 증거가 없다고 생각했다. 그는 미국에서의 데이터 보호의 적정성의 문제는 결정 2000/520에 따라서 결정되어야 하고 유럽위원회는 그 결정에서 미국이 적절한 보호수준을 보장한다고 인정하였기 때문에 Mr Schrems가 심판 청구한 주장은 청구의 이익이 없다고 덧붙였다.

Mr Schrems는 본안소송에서 쟁점이 된 결정을 다투어 하이코트(High Court)에 소송을 제기하였다. High Court는 본안소송의 당사자가 제시한 증거를 검토한 후 EU에서 미국으로 이전된 개인데이터의 전자 감시 및 도청은 공익상 필요하고 불가피한 목적에 봉사한다고 인정하였다. 그러나 High Court는 에드워드 스노우덴이 한 폭로가 NSA 및 기타 연방기관들의 '중요한 권한 일탈(significant over-reach)'을 입증하는 것이라고 덧붙였다.

하이코트에 의하면, EU 시민들은 심리를 받을 실효적인 권리가 없다. 정보기관의 행위에 대한 감독은 일방적이고 비밀의 절차 체계 내에서 이루어진다. 일단 개인데이터가 미국으로 이전되면, NSA와 FBI와 같은 기타 연방기관이 대규모로 이루어지는 무차별적인 감시와 도청 중에 접근할 수 있다.

하이코트는 아일랜드 법은 제3국이 프라이버시와 기본적 권리 및 자유에 대한 적절한 보호수준을 보장하지 않으면 국경 밖으로 개인데이터의 이전을 금지하고 있다고 말했다. 아일랜드 헌법에 의해 보장되고 있는 프라이버시권과 거주의 불가침성의 중요성은 이들 권리에 대한 간섭이 비례적이며 법률에 의할 것을 요구한다.

하이코트는 개인데이터에 대한 대량적이고 무차별적인 접근은 아일랜드 헌법에 의해 보호되는 비례 원칙과 기본적 가치에 명백히 반하는 것이라고 판결했다. 전자통신의 도청이 아일랜드 헌법과 일치하는 것으로 간주되기 위해서는 도청의 목적이 정해져야 하고 사람들의 감시는 국가안보나 범죄의 진압을 위해 객관적으로 정당화되며 적절하고 입증가능한 안전장치가 존재함을 입증하여야 한다. 따라서 하이코트에 따르면, 본안소송이 아일랜드 법에 근거하여 처리된다면 미국이 개인데이터의 적절한 보호수준을 보장하는지 여부에 대해 중대한 의심이 존재하는 경우 커미셔너는 Mr Schrems가 심판에서 청구한 사항을 계속해서 조사하였어야 했고 그 심판을 기각한 것은 잘못이라고 인정되어야 할 것이다.

그러나 하이코트는 본 건은 헌장 제51조에서 언급된 바와 같이 EU법의 집행과 관련된 것이며, 따라서 본안소송에서 쟁점이 되는 결정의 적법성은 EU법에 비추어 평가되어야 한다고 생각한다. 하이코트에 따르면, 결정 2000/520[145]은 헌장 제7조 및 제8조와 유럽연합사법재판

145) Commission Decision of 26 July 2000 pursuant to Directive 95/46/EC of the

소 판결 Digital Rights Ireland and Others(C-293/12 and C-594/12, EU:C:2014:238)에 의해 정립된 원칙 모두를 충족시키지 않는다. 헌장 제7조와 회원국들의 전통에 공통된 핵심가치에 의해 보장된 사생활존중권은 국가기관들이 국가안보나 또는 관계된 개인으로 특정된 범죄 예방의 고려사항에 근거한 객관적인 정당화사유 없이 그리고 이러한 실무가 적절하고 검증가능한 안전장치가 수반되지 않은 채 대충의 일반화된 근거에 따라 전자통신에 접근할 권한이 부여된다면 의미가 없게 될 것이다.

나아가 하이코트는 Mr Schrems가 소송에서 결정 2000/520으로 설정된 세이프 하버체제의 적법성 문제를 현실적으로 제기하고 그 결정을 본안소송에서 쟁점화 한다고 말한다. 따라서 Mr Schrems는 지침 95/46이나 결정 2000/520의 효력을 공식적으로는 다투고 있지 않지만, 하이코트에 따르면 지침 95/46 제25조 제6항에 의해 커미셔너가 미국이 적절한 보호수준을 보장한다는 유럽위원회의 결정 2000/520에서의 인정에 의해 구속되는지 여부 또는 헌장 제8조에 의해 커미셔너가 적절하다면 그러한 인정으로부터 자유롭게 벗어날 권한이 부여되는지 여부에 대한 문제가 제기된다.

이러한 상황에서 하이코트는 소송을 중지하고 선결소송으로 유럽연합사법재판소에 다음의 사항을 제청하기로 결정하였다.

'(1) 그 입법 및 실무가 데이터주체에 대한 적절한 보호를 포함하고 있지 않다고 주장되는 다른 제3국(본 건에서는 미국)으로 개인데이터가 이전되고 있다고 하여 데이터 보호법을 관리하고 집행할 직무가 법령

European Parliament and of the Council on the adequacy of the protection provided by the safe harbour privacy principles and related frequently asked questions issued by the US Department of Commerce, OJ L 215, 25.8.2000, pp.7-47.

에 의해 부여된 독립적 직책 보유자에게 제기된 심판을 결정할 때, 그 직책 보유자는 헌장 제7조, 제8조 및 제47조와 지침 95/46 제25조 제6항의 규정을 참조하여 결정 2000/520에 포함된 유럽위원회 인정에 의해 절대적으로 구속되는가?

(2) 또는 그에 대체하여 그 직책보유자는 유럽위원회 결정이 처음 공표된 이후 그 동안에 사실관계의 발전에 비추어 자신이 그 사항의 조사를 수행할 수 있는가/또는 수행하여야 하는가?'

제청사항의 검토 요지

제청법원은 헌장 제7조, 제8조 및 제47조에 비추어 해석되는 지침 95/46 제25조 제6항이 그 규정에 따라 채택된, 제3국이 적절한 보호수준을 보장한다고 유럽위원회가 인정한 결정 2000/520과 같은 결정으로 인해 동 지침 제28조의 의미 내에서의 회원국의 감독기관은 회원국에서 그 제3국으로 이전된 자기에 관한 개인데이터의 처리와 관련하여 그 사람이 그 제3국에서 시행되는 법률 및 실무가 적절한 보호수준을 보장하지 않는다고 다툴 때 그의 권리 및 자유의 보호에 관한 그 사람의 청구를 심사할 수 없게 되는지 여부와 그 정도를 질문한다.

유럽위원회가 지침 95/46 제25조 제6항에 따라서 결정을 채택했을 때 지침 95/46 제28조의 의미 내에서 국가감독기관의 권한

지침 95/46 규정들은 기본적 자유 특히 사생활존중권을 침해하기 쉬운 개인데이터의 처리를 규율하기 때문에 반드시 헌장이 보장하는 기본권에 비추어 해석되어야 한다는 점이 우선 상기되어야 한다.

지침 95/46이 자연인의 기본적 권리 및 자유, 특히 개인데이터의 처리와 관련하여 사생활 존중의 기본권의 실효적이고 완전한 보호를 보장하려고 한다는 것은 지침 95/46 제1조와 그 전문(recital) 제2항 및 제10항으로부터 명백하다. 더구나, 헌장 제7조에서 보장된 사생활 존중의 기본권과 헌장 제8조에 의해 보장된 개인데이터 보호의 기본권의 중요성은 유럽연합사법재판소의 판례에서도 강조되고 있다.[146)]

개인데이터의 제3국으로의 이전과 관련하여 국가감독기관이 이용할 수 있는 권한에 대하여 지침 95/46 제28조 제1항은 회원국들이 개인데이터의 처리와 관련하여 개인의 보호에 관한 EU 규정의 준수를 완전히 독립성을 가지고 모니터링할 책임이 있는 하나 이상의 공공기관의 설립을 요구하고 있다는 점에 유의하여야 한다. 또한 그 요건은 EU의 제1차법, 특히 헌장 제8조 제3항과 TFEU 제16조 제2항에서 도출된다.

국가감독기관의 독립성의 보장은 개인데이터의 처리와 관련하여 개인의 보호에 관한 규정 준수의 모니터링에 대한 효과성과 신뢰성을 보장하고자 하는 것이며 그 목적에 비추어 해석되어야 한다. 따라서 회원국의 독립적 감독기관의 설립은 지침 95/46 전문 제62항에서 언급하듯이 개인데이터의 처리와 관련하여 개인의 보호의 필수적 구성요소이다. 그러한 보호를 보장하기 위하여 국가감독기관은 특히 한편으로는 프라이버시 기본권과 다른 한편으로는 개인데이터의 자유로운 이동을 요구하는 이익 사이의 공정한 균형을 보장하여야 한다.

국가감독기관은 그 목적을 위해 광범위한 권한을 가지고 있다. 지침 95/46 제28조 제3항에서 예시된 이들 권한은 동 지침 전문 제63항에서 언급하듯이 그 임무를 수행하는 필수적 권한을 형성한다. 따라서 이들 기관은 특히 감독 임무의 수행을 위해 필요한 모든 데이터를 수집할 권한과 같은 조사권, 데이터의 처리에 대해 임시적이거나 종국적 금지를

146) judgments in Rijkeboer, C-553/07, EU:C:2009:293, paragraph 47; Digital Rights Ireland and Others, C-293/12 and C-594/12, EU:C:2014:238, paragraph 53; and Google Spain and Google, C-131/12, EU:C:2014:317, paragraphs, 53, 66, 74 and the case-law cited.

부과할 권한과 같은 실효적인 개입권과 소송에 참가할 권한을 보유한다. 국가감독기관의 권한은 회원국의 영토에서 수행된 개인데이터의 처리와 관련된 것은 제28조 제1항 및 제6장으로부터 명백하며, 따라서 제3국에서 수행된 개인데이터의 처리와 관련하여 제28조에 근거한 권한을 갖지 않는다.

그러나 개인데이터를 회원국에서 제3국으로 이전하게 하는 활동은 그 자체로 지침 95/46 제2조 제b호의 의미 내에서 회원국에서 수행된 개인데이터의 처리를 구성한다. 동 조항은 '개인데이터의 처리'를 자동적 수단에 의하는지 여부에 관계없이 개인데이터에 대해 이루어진 활동으로 정의하고, 사례로서 '전송, 배포 또는 기타 이용하는 것'을 언급한다.

지침 95/46 전문 제60항은 개인데이터의 제3국으로의 이전은 동 지침에 따라 회원국들이 채택한 규정을 완전히 준수하여서만 시행될 수 있다고 기술한다. 그와 관련하여, 지침 제4장은 제25조 및 제26조에서 나타나듯이 회원국들이 개인데이터의 제3국으로의 이전을 감독하는 것을 보장할 의도로 만든 제도였다. 이 제도는 개인데이터 처리의 적법성에 관한 일반규정을 두고 있는 동 지침 제2장에 의해 설정된 일반제도에 대해 상호보완적이다.

헌장 제8조 제3항과 지침 95/46 제28조에 따라서 국가감독기관은 개인데이터의 처리와 관련하여 개인의 보호에 관한 EU법 규정의 준수를 모니터링 할 책임이 있기 때문에 이들 기관은 그들 국가에서 제3국으로의 개인데이터의 이전이 지침 95/46이 규정한 요건을 준수하는지 여부를 체크할 권한이 부여된다.

지침 95/46은 그 전문 제56항에서 회원국들로부터 제3국으로의 개인데이터의 이전은 국제무역의 확대를 위하여 필요함을 인정하면서 제25조 제1항에서 그러한 이전은 제3국이 적절한 보호수준을 보장하는 경우에만 발생할 수 있음을 하나의 원칙으로 규정하고 있다. 나아가 전문 제57항은 적절한 보호수준을 보장하고 있지 않은 제3국으로의 개인데이터의 이전이 금지되어야 한다고 기술한다.

이들 각 국에서 지침에 맞는 보호수준에 따른 개인데이터의 제3국으로의 이전을 통제하기 위하여 지침 95/46 제25조는 회원국 및 유럽위원회에 일련의 의무를 부과한다. 특히 이 조항으로부터 제3국이 적절한 보호수준을 보장한다 또는 하지 않는다는 인정이 회원국들이나 유럽위원회에 의해 이루어질 수 있다는 것은 명백하다.

유럽위원회는 지침 95/46 제25조 제6항에 근거하여 제3국이 적절한 보호수준을 보장한다는 결정의 인정을 채택할 수 있다. 동 규정 제2호에 따라서 이러한 결정은 회원국들에 적용되며, 회원국들은 그 준수에 필요한 조치를 취하여야 한다. TFEU 제288조 제4항에 따라서 회원국들로부터 그것이 적용되는 제3국으로 개인데이터의 이전을 승인하는 효과를 갖는 한 동 조항이 적용되는 모든 회원국들에 대해 구속력을 가지며, 따라서 그 기관들에 대해서도 구속력을 가진다.

따라서 유럽위원회의 결정이 유럽연합사법재판소에 의해 무효라고 선언되기 까지는 회원국들과 그 기관은 독립적 감독기관을 포함하여 그 적용을 받는 제3국이 적절한 보호수준을 보장하지 않는다고 구속력을 가진 행위와 같은 그 결정과 반대되는 조치를 채택할 수 없다는 것이 인정되어 있다. EU 기관들의 조치는 원칙적으로 적법한 것으로 추정되며 따라서 취소소송에서 취소되거나 선결소송 제청이나 위법성의 소송에 따라 무효로 선언될 때까지는 법적 효력을 발생한다.

그러나 지침 95/46 제25조 제6항에 따라서 채택된 결정 2000/520과 같은 유럽위원회 결정은 그 개인데이터가 제3국으로 이전되었거나 될 수 있었던 사람이 동 지침 제28조 제4항의 의미 내에서 그 데이터의 처리와 관련하여 권리 및 자유의 보호에 관한 심판을 국가감독기관에 청구하는 것을 막을 수 없다. 마찬가지로 그러한 성격의 결정은 헌장 제8조 제3항과 지침 제28조에 의해 명시적으로 국가감독기관에 부여된 권한을 제거하거나 축소할 수 없다.

헌장 제8조 제3항이나 지침 95/46 제28조는 지침 95/46 제25조 제6항에 따른 유럽위원회 결정의 대상이 된 제3국으로의 개인데이터의 이전에 대한 감독을 국가감독기관의 권한에서 배제하고 있지 않다.

특히 지침 95/46 제28조 제4항 제1호는 국가감독기관이 그에 따라 개인데이터의 처리와 관련하여 권리 및 자유의 보호에 관해 제기한 심판을 심리하여야 하며, 유럽위원회가 동 지침 제25조 제6항에 따른 결정을 채택한 경우 이와 관련하여 예외를 규정하고 있지 않다.

나아가 제25조 제6항에 따라 채택된 유럽위원회결정이 회원국으로부터 그 결정이 적용되는 제3국으로 이전되었거나 이전될 수 있었던 개인데이터의 처리와 관련하여 국가감독기관이 권리 및 자유의 보호에 관한 심판을 심리하는 것을 막는 효과를 가지는 것은 지침에 의해 설정된 제도와 동 지침 제25조 및 제28조의 목적에 반하는 것이 될 것이다.

반대로 지침 95/46 제28조는 그 성질상 개인데이터의 모든 처리에 적용된다. 따라서 유럽위원회가 동 지침 제25조 제6항에 따른 결정을 채택하였다 하더라도 국가감독기관은 자기와 관련된 개인데이터의 처리와 관련하여 권리 및 자유의 보호에 관하여 제기한 심판을 심리할 때 그러한 데이터의 이전이 지침이 규정한 요건을 준수하는지를 완전한 독립성을 가지고 심리할 수 있어야 한다. 만일 그렇지 않다면, 개인데이터가 관련 제3국으로 이전되었거나 될 수 있었던 사람은 헌장 제8조 제1항 및 제3항에 의해 보장된 기본권 보호를 위해 국가감독기관에 심판을 청구할 권리가 부정되게 될 것이다.

본안소송에서와 같이 개인데이터가 제3국으로 이전되었거나 될 수 있었던 사람이 유럽위원회가 지침95/46 제25조 제6항에 따라 채택된 결정에서 인정하였음에도 불구하고 그 나라의 법률 및 실무가 적절한 보호수준을 보장하지 않는다고 주장하는 심판은 본질적으로 그 결정이 프라이버시의 보호와 개인의 기본적 권리 및 자유의 보호와 양립가능한지와 관련된 것으로 이해되어야 한다.

이와 관련하여 유럽연합사법재판소의 확립된 판례법이 EU는 그 기관의 모든 행위가 특히 조약, 법의 일반원칙 및 기본권과의 양립가능성이 심사받아야 한다는 법의 지배에 근거한 공동체라는 점이 상기되어야 한다. 따라서 지침 95/46 제25조 제6항에 따라 채택된 유럽위원회결정은 이러한 심사를 회피할 수 없다.

즉, 유럽연합사법재판소만이 지침 95/46 제25조 제6항에 따라서 채택된 유럽위원회결정과 같은 EU법령이 무효라고 선언할 관할권을 가지며, 그러한 관할권의 배타성은 EU법이 통일적으로 적용됨을 보장함으로써 법적 확실성을 보장할 목적을 가진 것이다.

국가법원이 지침 95/46 제25조 제6항에 따라서 채택된 유럽위원회결정과 같은 EU법령의 효력을 검토할 자격이 있는 것으로 인정되지만, 그러한 법령을 무효로 선언할 수 있는 권한이 부여되어 있지는 않다. 더구나 국가감독기관이 지침 제25조 제6항에 따라서 채택된 유럽위원회결정이 프라이버시와 개인의 기본적 권리 및 자유의 보호와 양립 가능한지에 대해 동 지침 제28조 제4항의 의미 내에서 심판을 심리할 때, 그 결정을 무효로 스스로 선언할 자격이 없다.

이들 고려사항을 유념하면서 그 개인데이터가 지침 95/46 제25조 제6항에 따른 유럽위원회 결정의 대상인 제3국으로 이전되었거나 될 수 있었던 사람이 그 데이터의 처리와 관련하여 그의 권리 및 자유의 보호에 관한 심판을 국가감독기관에 제기하고 심판에서 본안소송에서와 같이 그 결정이 프라이버시와 개인의 기본적 권리 및 자유의 보호와의 양립가능성을 다투는 경우, 그 심판을 상당한 주의의무로써 심사해야 하는 것은 국가감독기관의 책무이다.

국가감독기관이 그 심판을 옹호하여 제기된 변론이 근거가 없다는 결론에 이르고 따라서 기각되는 상황에서 그 심판을 제기한 사람은 헌장 제47조에 비추어 해석한 지침 95/46 제28조 제3항 제2호에서 명백한 바와 같이 자기에게 불리한 그러한 결정을 국가법원에 제소할 수 있는 사법적 구제수단에 접근하여야 한다. 이들 법원은 당사자가 제기한 또는 경우에 따라서 스스로 제기한 하나 이상의 무효사유가 충분히 있다고 생각하는 경우 소송을 중지시키고 유럽연합사법재판소에 효력에 관한 선결소송을 제청하여야 한다.

국가감독기관이 개인데이터의 처리와 관련하여 자기의 권리 및 자유의 보호에 관한 심판을 제기한 사람이 제시한 반대주장이 타당하다고 생각하는 반대 상황에서는 그 기관은 특히 헌장 제8조 제3항에 비추어 해석한 지침 95/46 제28조 제3항 제1호 3문에 따라서 법정소송에 참가할 수 있어야 한다. 국가감독기관이 유럽위원회 결정의 효력에 대해 의문을 공유한다면 그 결정의 효력의 심사를 위해 선결소송의 제청을 위하여 타당한 근거를 가진다고 생각하는 반대주장을 국가법원에 제기할 수 있게 하는 법적 구제수단을 규정하는 것은 국가입법기관의 책무이다.

상술한 고려사항을 감안하여, 제청사항에 대한 답변은 헌장 제7조, 제8조 및 제47조에 비추어 해석한 지침 95/46 제25조 제6항은 유럽위원회가 제3국이 적절한 보호수준을 보장한다고 인정한 결정 2000/520과 같이 그 규정에 따라 채택된 결정은 회원국의 감독기관이 동 지침 제28조의 의미 내에서 어떤 사람이 그 제3국에서 시행되는 법률 및 실무가 적절한 보호수준을 보장하지 않는다고 주장할 때 회원국에서 그 제3국으로 이전된 자기와 관련된 개인데이터의 처리와 관련하여 자기의 권리 및 자유의 보호에 관하여 그 사람의 주장을 심리하는 것을 막지 않는다는 것이다.

지침 95/46 제25조 제6항에서 근거하는 요건

지침 95/46 제25조 제1항은 적절한 보호수준을 보장하지 않는 제3국으로의 개인데이터의 이전을 금지한다. 그러나 이러한 이전을 감독하기 위하여 지침 95/46 제25조 제6항 제1호는 유럽위원회는 '사생활과 개인의 기본적 자유 및 권리의 보호를 위하여 국내법이나 제3국이 가입한 국제조약을 근거로 제3국이 본 조 제2항의 의미 내에서 적절한 보호수준을 보장하고 있음을 인정할 수 있다'고 규정한다.

지침 95/46 제25조 제2항이나 동 지침 다른 규정들도 적절한 보호수준의 개념정의를 포함하고 있지 않는 것은 사실이다. 특히 제25조 제2항은 제3국이 제공한 보호수준의 적정성은 '데이터 이전 활동을 둘러싼 모든 상황에 비추어 평가되어야 한다'고 기술하고 있을 뿐이며, 이러한 평가를 수행할 때 고려되어야 할 상황을 예시적으로 규정하고 있다.

그러나 첫째로, 지침 95/46 제25조 제6항의 법문에서 명백한 바와 같이 그 조항은 제3국이 국내법이나 국제조약으로 적절한 보호수준을 '보장'할 것을 요구한다. 둘째로, 동 조항에 따르면 제3국이 보장한 보호의 적정성은 '프라이버시와 개인의 기본적 자유 및 권리의 보호에 대하여' 평가된다.

따라서 지침 95/46 제25조 제6항은 개인데이터를 보호하기 위하여 헌장 제8조 제1항에서 규정된 명시적 의무를 시행하는 것이며, 그러한 높은 수준의 보호는 개인데이터가 제3국으로 이전되는 경우에도 계속됨을 보장하고자 하는 것이다.

지침 95/46 제25조 제6항의 '적절한(adequate)' 단어는 제3국이 EU법질서에서 보장된 것과 동일한 보호수준을 보장할 것이 요구될 수 없음을 의미한다고 인정되고 있다. 그러나 '적절한 수준의 보호(adequate level of protection)'라는 용어는 헌장에 비추어 해석된 지침 95/46에 의해 EU 역내에서 보장된 것과 본질적으로 동등한 기본적 권리 및 자유의 보호수준을 그 제3국이 그 국내법이나 국제조약에 의해 사실상 보장할 것을 요구하는 것으로 이해되어야 한다. 나아가 헌장에 비추어 해석된 지침 95/46에 의해 보장된 높은 보호수준은 이들 국가에서 처리되기 위하여 EU에서 제3국으로의 개인데이터의 이전에 의해 손쉽게 회피될 수 있을 것이다.

유럽위원회 결정의 대상이 된 제3국의 법질서가 적절한 수준의 보호를 보장해야 한다는 것은 지침 95/46 제25조 제6항의 명시적 법문으로부터 명백하다. 이와 관련하여 이러한 보호수준을 보장하기 위하여 그 제3국이 의존하고 있는 수단이 헌장에 비추어 해석된 지침 95/46에 근거하는 요건이 준수됨을 보장하기 위하여 EU 역내에서 채용된 것과 다를 수 있다 할지라도 이들 수단은 EU 역내에서 보장된 것과 본질적으로 동등한 보호를 보장하기 위하여 실무상 실효적임을 입증하여야 한다.

따라서 제3국이 제공하는 보호수준을 심사할 때 유럽위원회는 지침 95/46 제25조 제2항에 따라 제3국으로의 개인데이터의 이전을 둘러싼 모든 상황을 고려하여야 하기 때문에 국내법이나 국제조약에 근거한 그 나라의 적용 가능한 법규의 내용과 이들 법규의 준수를 보장하는 실무를 평가하여야 한다.

또한 제3국이 보장하는 보호수준이 변경되기 쉽다는 사실에 비추어 지침 95/46 제25조 제6항에 따라 결정을 채택한 후에도 해당 제3국이 보장하는 보호수준의 적정성과 관련된 인정이 아직 사실상 법률상 정당한지 여부를 정기적으로 체크하는 것이 유럽위원회의 책무이다. 이러한 체크는 그와 관련하여 증거가 의심을 불러일으킬 때 언제라도 요구된다. 더구나 지침 95/46 제25조 제6항에 따라 채택된 유럽위원회 결정의 효력이 심사될 때 그 결정 채택 이후에 발생한 상황이 또한 고려되어야 한다.

이와 관련하여, 첫째로 사생활 존중의 기본권에 비추어 개인데이터의 보호가 한 중요한 역할과, 둘째로 개인데이터가 적절한 보호수준을 보장하지 않는 제3국으로 이전되는 경우 그 기본권이 침해되기 쉬운 사람의 대규모의 숫자에 비추어, 제3국이 보장하는 보호수준의 적정성에 관한 유럽위원회의 재량은 축소되고, 결과적으로 헌장에 비추어 해석된 지침 95/46 제25조에 기초한 요건의 심사는 엄격하게 해석되어야 한다.

결정 2000/520 제1조

부속문서 Ⅱ에 기재된 FAQ 6과 함께 해석한 결정 2000/520 제1조 제2항 및 제3항으로부터 명백한 바와 같이, 조직은 자가인증제도에 근거하여 세이프하버 원칙을 준수한다. 제3국의 자가인증제도에의 의존은 해당 제3국이 '국내법이나 국제조약에 의해' 적절한 보호수준을 보장하여야 한다는 지침 95/46 제25조 제6항에서 규정된 요건과 그 자체로 배치되는 것은 아니지만, 그 요건에 비추어 그러한 제도의 신뢰성은 기본권, 특히 사생활존중권과 개인데이터보호권을 보장하는 규정의 위반이 식별되고 실무상 처벌될 수 있는 실효적인 적발 및 감독체계의 설정에 본질적으로 달려있다.

본 건에서 결정 2000/520 부속문서 I 제2항에 의해 세이프하버 원칙은 '세이프하버에 자격을 부여하여 그것이 만들어내는 "적정성"의 추정을 위하여 EU로부터 개인데이터를 수취하는 미국 조직들에 의해서만 이용될 의도였다'. 따라서 이들 원칙은 EU로부터 개인데이터를 수취하는 자가인증한 미국조직들에 대해서만 적용가능하고 미국 공공기관은 그것을 준수할 것이 요구되지 않는다.

더구나 결정 2000/520은 그 제2조에 따라서 '지침 95/46 제25조 제1항의 요건을 충족하기 위하여 그러나 미국의 국내법이나 국제조약에 의하여 동 지침 제25조 제6항의 의미 내에서 미국이 적절한 보호수준을 보장하는 조치에 관한 충분한 사실인정도 포함하지 않은 채 FAQs에 따라 시행된 세이프하버 원칙에 따라서 미국에서 제공된 보호의 적정성에만 관련된다'.

또한 결정 2000/520은 세이프하버 원칙의 적용가능성이 따라야 하는 한계와 관련하여 부속문서 Ⅳ 파트 B에서 '명확하게 미국법이 상충하는 의무를 부과하는 경우 미국조직은 세이프하버에 포함되는지 여부와 관계없이 법률을 준수하여야 한다'고 기술하고 있다.

따라서 결정 2000/520은 '국가안보, 공익 또는 법집행요건'은 세이프하버 원칙에 대해 우월성, EU로부터 개인데이터를 수취하는 자가인증한 미국조직들이 이들 요건과 충돌하고 따라서 그들과 양립할 수 없다고 입증되는 경우 무제한으로 이들 원칙을 무시하여야 한다는 것에 따른 우월성을 가진다고 규정하고 있다.

결정 2000/520 부속문서 Ⅰ 제4항에서 규정된 특례의 일반적 성질에 비추어 그 결정은 국가안보와 공익요건 또는 미국 국내법에 근거한, EU에서 미국으로 그 개인데이터가 이전되거나 될 수 있는 사람들의 기본권에 대한 간섭을 가능하게 한다. 사생활 존중의 기본권에 대한 간섭의 존재를 규명하기 위하여 사생활과 관련되는 해당 데이터가 민감한 것인지 또는 관계인들이 그러한 간섭으로 인해 불리한 영향을 받았는지는 중요하지 않다. 또한 결정 2000/520은 그 데이터가 EU에서 미국으로 이전된 사람들의 기본권에 대한 간섭, 그 나라의 국가기관들이 국가안보와 같은 정당한 목적을 추구할 때 관여할 권한이 있는 간섭을 제한하는 국가에 의해 채택된 법규의 미국에서의 존재에 대한 어떠한 사실인정도 포함하고 있지 않다.

또한 결정 2000/520은 그러한 종류의 간섭에 대한 실효적인 법적 보호의 존재에 대해서도 언급하고 있지 않다. 연방무역위원회(Federal Trade Commission) – 특히 그 결정 부속문서 Ⅱ에서 기재된 FAQ 11에서 기술된 바와 같이 상업적 분쟁으로 제한된다 – 에서의 절차와 사적 분쟁해결제도는 미국 기업들의 세이프하버 원칙의 준수와 관련되며 국가가 행사하는 조치로 인한 기본권에 대한 간섭의 적법성과 관련되는 분쟁에는 적용될 수 없다.

개인이 자기와 관련된 개인데이터에 접근하고 그러한 데이터의 정정이나 삭제를 얻기 위하여 법적 구제수단을 추구할 수 있는 가능성을 규정하지 않는 입법은 헌장 제47조에 보장된 실효적인 사법보호의 기본권의 본질을 존중하지 않는다. 헌장 제47조 1문은 EU법에 의해 보장된 권리 및 자유가 침해된 모든 사람들이 동 조에서 규정된 조건에 따라서 심판소에서 실효적인 구제권을 가질 것을 요구한다. EU법조항의 준수를 보장하고자 하는 실효적인 사법심사의 존재는 법의 지배의 존재에 내재되어 있다.

유럽위원회가 지침 95/46 제25조 제6항에 따른 결정을 채택하기 위하여서는 해당 제3국이 국내법이나 국제조약으로 EU법질서에서 보장된 것과 본질적으로 동등한 기본권의 보호수준, 특히 본 판결의 이전 항들에서 명백한 수준을 실제로 보장하는 것을 인정하고 적절하게 기술하여야 한다. 그러나 유럽위원회는 결정 2000/520에서 미국이 그 국내법이나 국제조약으로 적절한 보호수준을 사실상 '보장함'을 기술하지 않았다. 그러므로 세이프하버 원칙의 내용을 심리할 필요도 없이 결정 2000/520 제1조는 헌장에 비추어 해석한 지침 95/46 제25조 제6항에서 규정된 요건을 준수하지 못했으며 따라서 무효라고 결정되어야 한다.

결정 2000/520 제3조

특히 헌장 제8조에 비추어 해석된 지침 95/46 제28조에 따라 국가감독기관은 자기와 관계되는 개인데이터의 처리에 대하여 사람의 권리 및 자유의 보호에 관한 심판을 완전한 독립성을 가지고 심사할 수 있어야 한다. 이는 특히 그러한 심판을 제기할 때 그 사람이 지침 제25조 제6항에 따라 채택된 유럽위원회 결정과 프라이버시와 개인의 기본적 권리 및 자유의 보호의 양립가능성에 관한 문제를 제기하는 경우에 그러하다.

그러나 결정 2000/520 제3조 제1항의 1문은 지침 95/46 제25조의 의미 내에서 적절한 보호수준과 관련된 유럽위원회의 사실인정에 비추어 국가감독기관이 이용할 수 있는 권한에 관한 특별 규정을 규정한다. 그 규정에 따라 국가감독기관은 '지침 95/46 제25조 이외의 조항에 따라서 채택된 국가조항의 준수를 보장하기 위한 조치를 취할 권한을 침해받지 않고 높은 간섭요건을 설정하는 제한적 조건 하에서 결정 2000/520 원칙의 준수를 자가인증한 조직으로의 데이터 유통을 보류할 수 있다. 지침 95/46에 따라서 채택한 국가규정의 준수를 보장하기 위한 조치를 취할 이들 기관의 권한을 침해하지 않지만, 다른 한편으로 이들 기관이 동 지침 제25조의 준수를 보장하는 조치를 취할 수 있는 가능성을 배제한다.

따라서 결정 2000/520 제3조 제1항 1문은 어떤 사람이 그 조항에 따라서 심판을 제기할 때 동 지침 제25조 제6항을 근거로 제3국이 적절한 보호수준을 보장한다고 인정한 유럽위원회 결정이 프라이버시와 개인의 기본적 권리 및 자유의 보호와 양립가능한지에 대해 의문을 가질 수 있는 문제를 제기하는 경우 국가감독기관에게 지침 95/46 제28조에서 나오는 권한을 부정하는 것으로 이해되어야 한다.

지침 95/46 제25조 제6항에서 EU입법부에 의해 유럽위원회에 부여된 집행권은 본 판결 이전 항에서 언급된 국가감독기관의 권한을 제약할 수 있는 권능을 유럽위원회에 부여하지 않는다. 그래서 유럽위원회는 결정 2000/520 제3조를 채택할 때 헌장에 비추어 해석한 지침 95/46 제25조 제6항에서 위원회에 부여된 권한을 초과했으며 따라서 결정 제3조는 무효라고 판결되어야 한다.

결정 2000/520 제1조 및 제3조는 그 결정 제2조 및 제4조와 그 부속문서와 불가분이기 때문에 이들 조항의 무효는 결정 전체의 효력에 영향을 미친다. 이상의 모든 고려사항을 고려하여 결정 2000/520은 무효라고 결정되어야 한다.

판결 주문

이들 논거로 유럽연합사법재판소(대법정)는 다음과 같이 판결한다:

1. 헌장 제7조, 제8조 및 제47조에 비추어 해석한 지침 95/46 제25조 제6항은 유럽위원회가 제3국이 적절한 보호수준을 보장한다고 인정한, 세이프하버 프라이버시원칙과 미국 상무부가 발행한 관련 FAQs에 의해 제공된 보호의 적정성에 관한 지침 95/46에 따른 위원회결정 2000/520과 같이 그 조항에 따라 채택된 결정은 회원국의 감독기관이 동 지침 제28조의 의미 내에서 회원국에서 그 제3국으로 이전된 자기와 관련된 개인데이터가 처리와 관련하여 그 사람이 그 제3국에서 시행중인 법률 및 실무가 적절한 보호수준을 보장하지 않는다고 다툴 때 그 사람의 권리 및 자유의 보호에 관한 심판을 심리하는 것을 막지 않음을 의미한다고 해석되어야 한다.

2. 결정 2000/520은 무효이다.

(7) Case C-119/12 (22 November 2012)[147)]

사실관계의 개요와 쟁점

원고(Mr Probst)는 Deutsche Telekom이 제공하는 전화회선의 소유자로서, 그 전화회선을 통하여 컴퓨터가 인터넷에 연결되어 있다. 2009년 6월 28일부터 같은 해 9월 6일까지 그는 인터넷에 수시로 접속하기 위하여 Verizon이 제공한 전화번호를 사용하였다. 그런데, 원고가 통신요금을 납부하지 못하자, 팩토링계약에 따라서 그 채권의 수탁자인 회사(nexnet)가 통신요금의 납부를 청구하였다. Mr Probst에 따르면, 팩토링계약은 특히 독일 전기통신법의 관련규정을 위반하는 한 무효이다. 관

147) Probst[2012], EU:C:2012:748

할 지방법원은 nexnet의 지급청구를 기각하였지만, 항소법원은 인용하였다. 법률적 쟁점에 관한 상고가 독일연방사법재판소(Bundesgerichtshof)에 제기되었다.

독일연방사법재판소는 소송을 정지시키고, 지침 2002/58 제6조 제2항 및 제5항은 서비스 제공자가 통신데이터를 지급청구권의 양수인에게 이전할 수 있고, 양수인은 그 데이터를 처리할 수 있는지 여부와 어떠한 상황에서 이전할 수 있는지 여부에 대하여 선결소송을 구하여 유럽연합사법재판소에 제청하였다.

제청사항의 검토 요지

제청법원은 지침 2002/58 제6조 제2항 및 제5항은 서비스 제공자가 통신데이터를 지급청구권의 양수인에게 이전할 수 있고, 양수인은 그 데이터를 처리할 수 있는지 여부와 어떠한 상황에서 이전할 수 있는지를 묻는다.

첫째로, 지침 2002/58 제6조 제2항에 따라서 가입자 요금청구와 접속료청구 목적에 필요한 통신데이터는 처리될 수 있다. 동 조항은 요금청구 목적을 위하여서뿐만 아니라 채권 추심 목적을 위하여서도 통신데이터의 처리를 인정한다. 통신데이터의 처리를 '요금청구가 적법하게 청구될 수 있거나 지급절차가 추진될 수 있는 기간이 종료할 때까지' 인정함으로써, 동 조항은 요금청구시의 데이터 처리뿐만 아니라 그 지급의 확보에 필요한 처리와도 관련된다.

둘째로, 동 지침 제6조 제5항에 따라서 동 조 제2항에 의해 인정된 통신데이터의 처리는 '요금을 취급하는 공공통신망과 공중전자통신서비스 제공자의 허가 하에 행동하는 사람들에 한정되어야 하고', 그리고 그러한 활동을 위하여 '필요한 것으로 제한되어야 한다'. 동 지침의 이들 규정의 종합적인 해석에 의하면, 서비스 제공자는 지급청구권의 만족을 위하여 그 지급청구권의 양수인에게 통신데이터의 이전이 인정되고, 양수인은 먼저 그 데이터의 처리에 관하여 서비스 제공자의 '허가 하에' 행동하고, 다음으로 그들 청구권의 달성을 위하여 필요한 통신데이터만을 처리한다는 조건으로 그 데이터를 처리할 수 있다.

동 지침도 교섭기록(travaux préeparatoires)과 같은 그 해석에 대해 관련 있는 문서도 '허가 아래'('under the authority')의 개념의 정확한 범위에 대해 명확하게 규정하고 있지는 않다. EU법이 그 개념 정의를 규정하고 있지 않는 용어의 의미와 범위는 일상 언어에서의 그 통상적인 의미를 고려함으로써 결정되어야 하고, 또한 그 용어가 사용되는 문맥과 그것이 속하는 규정들의 목적을 고려해 넣어야 한다.[148] 일상 언어에서의 그 단어들의 통상적인 의미에 관하여, 어떤 사람이 다른 사람의 지시에 따라 그 통제 아래에서 행동하는 경우에, 어떤 사람은 다른 사람의 허가 하에 행동한다고 주장되어야 한다. 동 지침 제6조가 나타내는 문맥과 관련하여서는, 동 지침 제5조 제1항이 회원국들은 공공통신망과 공중전자통신서비스에 의한 통신과 관련 통신데이터의 비밀성을 보장할 것이 요구된다고 규정하고 있음이 상기되어야 한다. 동 지침 제6조 제2항과 제5항은 요금청구서비스의 요건에 따른 통신데이터의 처리를 인정함으로써 동 지침 제5조 제1항에서 규정된 통신의 비밀성에 대한 예외를 담고 있다.[149] 그것이 예외를 형성하기 때문에, 동 지침의 '허락 하에서'라는 단어는 엄격하게 해석되어야 한다.[150] 이러한 해석은 지급청구권의 양수인이 통신데이터의 처리와 관련하여 부여된 조건에 따라

148) Case C-336/03, easyCar[2005], EU:C:2005:150, paragraphs 20 and 21, and Case C-49/11, Content Services[2012], EU:C:2012:419, paragraph 32.

149) Case C-275/06, Promusicae[2008], EU:C:2008:54, paragraph 48.

150) Case C-16/10, The Number(UK) and Conduit Enterprises[2011], EU:C:2011:92, paragraph 31.

서 행동하고 있는지를 서비스 제공자가 결정할 수 있는 실질적인 감독권을 가지고 있을 것을 요구한다. 이러한 해석은 일반적으로는 동 지침 제6조 제5항의 목적에 의해 확인된다. 동 지침 제1조 제1항과 제2항에서도 명백한 바와 같이, 동 지침은 전자통신 분야에서의 개인데이터의 처리와 관련하여 특별히 기본적 권리 및 자유, 특히 프라이버시권의 동등한 수준을 보장하기 위하여 전자통신 분야에서 지침 95/46에 대해 특별법적 지위를 가지며 그것을 보충하고 있다. 따라서 지침 2002/58 제6조 제5항은 지침 95/46의 유사규정의 관점에서 해석되어야 한다. 데이터 컨트롤러는 자기가 임명한 데이터 프로세서에 대해 행사하는 통제의 수준에 대해 규정하는 지침 95/46 제16조 및 제17조에 의하여 그 데이터 프로세서는 데이터 컨트롤러의 지시에 따라서만 행동하고, 데이터 컨트롤러는 불법적인 처리형태에 대하여 개인데이터를 보호하기 위하여 합의된 법규범의 준수를 보장하는 것이 명백하다. 특히 지침 2002/58 제6조 제5항에 의해 추구된 목적에 관하여, 비록 동 조항이 특히 서비스 제공자의 채권 추심과 그가 전자통신서비스의 공급에 집중할 수 있게 할 목적으로 일정한 제3자에 의한 통신데이터의 처리를 인정한다고 하더라도, 동 조항은 통신데이터의 처리가 그 서비스 제공자의 '통제 아래에서' 행동하는 사람들에게로 제한되어야 한다고 규정함으로써, 이용자가 누리는 개인데이터의 보호의 수준에 영향을 미치지 않을 것을 보장하고자 한다는 것이 기술되어야 한다. 채권 추심을 위하여 전기통신요금의 지급과 관련되는 지급청구권의 양수인은 그 활동이 포함되는 통신데이터의 처리를 위하여 서비스 제공자의 지시와 통제에 따라서만 행동하는 경우에, 동 지침 제6조 제5항의 의미 내에서 서비스 제공자의 '허가 하에서' 행동하는 것이다. 특히, 지급청구를 양도하는 서비스 제공자와 그러한 청구권을 양수받는 당사자 간에 체결된 계약은 양수인에 의한 통신데이터의 합법적인 처리를 보장하는 규정을 포함하여야 하고, 서비스 제공자가 항상 그들 규정이 양수인에 의해 준수되고 있다는 것을 보장할 수 있어야 한다. 회원국의 국가법원은 그들 조건들이 본안소송의 사건에서 충족되는지 여부를 결정하여야 한다.

팩토링계약은 데이터의 처리가 반드시 채권 추심에 필요하고, 관련 청구권의 만족을 위하여 더 이상 필요하지 않음을 알게 되는 경우, 곧 그들 데이터를 즉각적이고 복구 불가능하게 삭제하거나 반환할 의무를 그 양수인에게 부과하는 한에서만 지급청구권의 양수인에 의한 통신데이터의 처리를 허용한다. 나아가, 그것은 서비스 제공자에게 간단한 청구에 의해 통신데이터를 삭제하거나 반환할 의무를 지는 양수인측이 보안 및 데이터 보호에 관한 규정을 준수하는지를 체크할 수 있게 한다.

이상에서 살펴본 바와 같이, 제청사항에 대한 답변은 지침 2002/58 제6조 제2항 및 제5항은 서비스 제공자가 통신데이터를 그들 청구권의 만족을 위하여 전기통신서비스의 공급의 측면에서 지급청구권의 양수인에게 이전하는 것과 그리고 그 양수인이 첫째로, 그들 데이터의 처리에 관하여 서비스 제공자의 허가 하에 행동한다는 것과 둘째로, 양수된 청구권의 만족을 위하여 필요한 통신데이터를 처리하는 것으로 한정된다는 조건으로 그 데이터의 처리를 인정하는 것으로 해석되어야 한다.

(8) Joined Cases C-468/10 and C-469/10 (24 November 2011)[151]

사실관계의 개요와 쟁점

본안소송의 원고인 스페인의 전국신용기관연합(ASNEF; C-468/10)과 전자상거래직접마케팅연맹(FECEMD; C-469/10)은 스페인 국가법조항이 지침 95/46 제7조 제f호를 위반하였다고 하여 행정소송을 제기하였

151) ASNEF[2011], EU:C:2011:777

다. 특히, 스페인 국가법이 데이터주체의 동의 없이 데이터 처리에 정당한 이익과 관련되는 조건에서, 동 지침에는 없는 조건인 그 데이터가 공적 출처에서 나타나는 것이어야 한다는 취지의 규정을 추가하였다는 견해를 취한다.

스페인 대법원은 데이터주체의 동의가 없는 경우에, 그리고 데이터 컨트롤러나 제3자 또는 그 데이터가 공개되는 당사자들의 정당한 이익을 추구하는 데 필요한 데이터주체의 개인데이터의 처리를 허용하기 위하여, 스페인 국가법이 데이터주체의 기본적 권리 및 자유가 보호되어야할 뿐만 아니라, 그 데이터가 공적 출처에서 나타날 것을 요구하는 것은 지침 95/46 제7조 제f호의 적용범위를 제한한다는 견해를 취한다. 그러나 스페인 대법원은 그러한 해석이 EU입법자의 의도와 일치하는지를 확신하지 못한다.

따라서 스페인 대법원은 소송을 정지시키고, 지침 95/46 제7조 제f호는 이해당사자의 동의가 없는 경우에 데이터 컨트롤러나 그 데이터가 공개되는 제3자의 정당한 이익을 추구하고자 필요한 개인데이터의 처리를 허용하기 위하여 기본적 권리 및 자유가 침해되어서는 안된다는 것을 요구할 뿐만 아니라, 그 데이터는 공적 출처에서 나타날 것을 요구하는 국가법의 적용을 금지하고 있는 것으로 해석되어야 하는지 여부에 대하여 유럽연합사법재판소에 선결소송을 구하여 제청하였다.

제청사항의 검토 요지

'개인데이터 처리의 적법성에 관한 일반원칙들'이라는 제목이 붙은 지침 95/46 제2장의 조항들에 의하여, 개인데이터의 모든 처리는 제13조에서 허용된 예외에 따라서 첫째로, 동 지침 제6조에서 규정된 데이터의 품질과 관련되는 원칙들과 둘째로, 동 지침 제7조에서 열거된 데이터의 처리를 적법하게 하는 6가지 원칙들 중의 하나와 합치하여야 한다.[152] 동 지침은 특히 전문 제8항에서 기술한 바와 같이, 개인데이터의 처리와 관련하여 개인의 권리 및 자유의 보호수준은 모든 회원국들에서 동일할 것을 보장하고자 하는 것임을 주목하여야 한다. 이 분야에서 적용 가능한 국가법의 제정은 그 법률이 제공하는 보호를 완화하는 결과가 되어서는 안되며, 그와 반대로 EU에서의 높은 보호수준을 보장하고자 하여야 한다고 동 지침 전문 제10항은 덧붙인다. 따라서 이들 국가법의 조화는 최소한의 조화에 한정되지 않고, 일반적으로 완벽한 조화에 이를 것이 주장되어 왔다. 이러한 견해에 따르면, 동 지침은 그러한 데이터와 관련되는 개인들의 권리와 이익의 높은 수준의 보호를 보장하면서, 개인데이터의 자유로운 이동을 확보하고자 하는 것이다.[153]

결과적으로 모든 회원국들의 동일한 보호수준을 확보하고자 하는 목적으로부터, 동 지침 제7조는 개인데이터의 처리가 적법한 것으로 간주될 수 있는 열거적이며 제한적인 사항을 나타내고 있는 것이 된다. 이러한 해석은 '-한 경우에만 처리할 수 있다'('may be processed only if')라는 용어와 동 지침 제7조에 포함된 '또는'('or')으로 병렬되어 있는 것에 의해 확인되며, 그것들은 그 조항에서 나타나는 리스트가 열거적이면서 제한적인 성질임을 보여준다. 따라서 회원국들은 개인데이터의 처리의 적법성과 관련된 새로운 원칙을 동 지침 제7조에 추가하거나 제7조에서 규정된 6가지 원칙들의 하나의 범위를 개정하는 효과를 가지는 추가적인 요건을 부과할 수 없다.

이러한 해석은 동 지침 제5조에 의해 문제가 되지 않는다. 제5조는 단지 동 지침 제2장의 범위 내에서 구체화시킬 권한을 부여할 뿐이고,

---

152) 같은 취지의 유럽연합사법재판소의 판례로서, Joined Cases C-465/00, C-138/01 and C-139/01, Österreichischer Rundfunk and Others[2003], EU:C:2003:294, paragraph 65; Case C-524/06, Huber[2008], EU:C:2008:724, paragraph 48.

153) Lindqvist[2003], paragraph 95, and Huber[2008], paragraph 50.

따라서 제7조에 의해 개인데이터의 처리는 적법하다. 회원국들이 제5조에 의하여 가지는 재량의 여지는 개인데이터의 자유로운 이동과 사생활의 보호 사이의 균형의 유지라는, 동 지침에 의해 추구된 목적에 따라서만이 사용될 수 있다.[154)]

한편, 동 지침은 어느 정도 탄력성을 가진 규범들을 포함하고 있으며, 많은 경우에 회원국들이 구체적인 내용을 결정하거나 옵션 간에 선택할 수 있는 과제를 남긴다. 결과적으로, 한편으로는 동 지침 제7조에서 규정된 원칙의 범위를 개정하는 추가적인 요건을 규정하는 국가법과, 다른 한편으로는 그들 원칙의 하나의 단순한 설명을 규정하는 국가법 간에는 구별이 이루어져야 한다. 국가법의 첫 번째 유형은 금지되어야 한다. 회원국들이 동 지침 제5조에 따라서 재량의 여지를 가지는 것은 국가법의 두 번째 유형이다. 따라서 동 지침 제5조에 의하여 회원국들은 또한 동 지침 제7조에서 열거된 것들이 아닌 개인데이터의 처리의 적법성과 관련된 원칙들을 도입할 수 없고, 또한 추가적인 요건으로 제7조에서 규정된 6개의 원칙들의 범위를 개정할 수도 없다.

본 사건에서 지침 95/46 제7조 제f호는 '제1조 제1항에서 보호를 요구하는 데이터주체의 이익 또는 기본적 권리와 자유가 우월한 경우를 제외하고는 데이터 컨트롤러나 제3자 또는 그 데이터가 공개된 당사자들이 추구하는 정당한 이익을 위하여 필요한' 경우에, 개인데이터의 처리는 적법하다고 규정한다. 제7조 제f호는 개인데이터의 처리가 적법하기 위하여 이루어져야 하는 두 가지 누적적 조건(cumulative conditions)들을 규정하고 있다. 첫째로, 개인데이터의 처리는 데이터 컨트롤러나 제3자 또는 그 데이터가 공개된 당사자들이 추구한 정당한 이익을 위하여 필요하여야 하고, 둘째로, 데이터주체의 기본적 권리와 자유가 그러한 이익들보다 우월한 것이 아니어야 한다. 따라서 개인데이터의 처

154) Lindqvist[2003], paragraph 97.

리와 관련하여, 동 지침 제7조 제f호는 데이터주체의 동의가 없는 경우에 두 가지의 누적적 조건들에 추가하는 요건들을 부과하는 국가법들을 금지한다.

그러나 그들 조건 중 두 번째 것은 원칙적으로 문제가 되는 구체적 사건의 개별적 상황과 관련된 반대되는 권리 및 이익과의 형량을 필요로 하며, 그러한 형량을 하는 사람이나 제도는 EU기본권헌장 제7조 및 제8조로부터 발생하는 데이터주체의 권리의 중요성을 고려하여야 한다. 이와 관련하여, 동 헌장 제8조 제1항이 "모든 사람은 자기에 관한 개인데이터의 보호의 권리를 가진다."고 규정하고 있는 것이 주목되어야 한다. 그 기본적 권리는 동 헌장 제7조에서 규정된 사생활의 존중권과 밀접한 관련을 가진다.155) 유럽연합사법재판소의 판례법에 의하면, 동 헌장 제7조 및 제8조에 의해 인정된 사생활의 존중권은 식별된 또는 식별가능한 개인에 관한 데이터와 관련된다.156) 그러나 동 헌장 제8조 제2항과 제52조 제1항으로부터 일정한 조건하에서는 그 권리에 제한이 부과될 수 있다.

지침 95/46 제7조 제f호에 따라서 필요한 형량과 관련하여, 그 처리로부터 발생하는 데이터주체의 기본적 권리의 침해의 심각성은 문제의 데이터가 이미 공적 출처에서 나타났는지 여부에 따라서 다를 수 있다는 사실을 고려할 수 있다. 공적 출처에서 나타나는 데이터의 처리와 달리, 공적이 아닌 출처에서 나타나는 데이터의 처리는 데이터주체의 사생활과 관련되는 데이터가 그 이후 데이터 컨트롤러와 경우에 따라서는 제3자나 그 데이터가 공개되는 당사자들에 의해 알게 될 것을 반드시 의미한다. 동 헌장 제7조 및 제8조에서 규정된 데이터주체의 권리의 이러한 보다 심각한 침해는 데이터 컨트롤러나 제3자 또는 그 데이

155) Joined Cases C-92/09 and C-93/09, Volker und Markus Schecke and Eifert [2010], EU:C:2010:662, paragraph 47.

156) Volker und Markus Schecke and Eifert[2010], paragraph 52.

터가 공개되는 당사자들이 추구하는 정당한 이익에 대하여 형량함으로써 고려되어야 한다. 결과적으로, 본안소송에서 쟁점이 되지 않은 조항인 동 지침 제7조 제f호는 쟁점이 되는 반대의 권리 및 이익들을 구체적인 사건에서 서로 형량하는 것을 허용하지 않고, 회원국이 일정한 범주의 개인데이터의 처리의 가능성을 배제하고 있다. 그러므로 제청사항에 대한 답변은 다음과 같이 하여야 한다.

지침 95/46 제7조 제f호는 데이터주체의 동의가 없는 경우에, 데이터컨트롤러나 제3자 또는 그 데이터가 공개되는 당사자들의 정당한 이익을 추구하기 위하여 필요한 그 데이터주체의 개인데이터의 처리를 허용하기 위하여 데이터주체의 기본적 권리와 자유가 존중되어야 할 것을 요구할 뿐만 아니라, 그 데이터는 공적 출처에서 나타나야 한다고 함으로써, 일반화된 방식으로 그러한 출처에서 나타나지 않는 데이터의 처리를 배제할 것을 요구하는 국가법을 금지하고 있는 것으로 해석되어야 한다.

(9) Case C-543/09 (5 May 2011)[157]

사실관계의 개요와 쟁점

독일 전기통신망 사업자로서의 자격에서 Deutsche Telekom은 그 가입자들에게 전화번호를 할당하며, 전국적인 전화번호 안내서비스를 운영한다. 또한 자신의 고객들은 물론, 타사 가입자들과 관련되는 데이터를 포함하는 활자 및 전자 전화번호부를 발행한다. Deutsche Telekom은 그러한 목적을 위해 필요한 데이터를 관련 가입자들에게 전화번호를

157) Deutsche Telekom[2011], EU:C:2011:279

할당한 전화서비스 제공자들로부터 획득한다. 이러한 방법으로 Deutsche Telekom은 거의 100개의 기업들과 가입자 데이터의 획득을 위한 계약을 체결하였다.

본안소송의 참가인들인 GoYellow GmbH('GoYellow')와 Telix AG ('Telix')는 인터넷 안내서비스와 전화번호 안내서비스를 각각 운영한다. 이들은 유료로 Deutsche Telekom에 의해 제공되는 데이터를 이용한다. Deutsche Telekom이 GoYellow와 Telix에게 제공할 의무가 있는 데이터의 범위에 대한 합의를 이루지 못함에 따라서 GoYellow와 Telix 회사들은 독일전기통신법에 의하여 연방기관에 문제를 제기하였다.

2006년 9월 11일의 결정으로, 연방기관은 Deutsche Telekom에 대해 Deutsche Telekom 자신의 고객데이터뿐만 아니라 제3자인 전화서비스 제공자들의 가입자들과 관련되는 Deutsche Telekom이 보유하는 데이터도 그들 제공자나 가입자들이 그들 데이터가 Deutsche Telekom에 의해서만 발행되기를 원했다고 할지라도, GoYellow와 Telix에게 이용할 수 있게 하도록 명령하였다.

이에 대해, Deutsche Telekom은 쾰른행정법원에 연방행정기관의 결정에 대해 소를 제기하였다. 동 법원은 2008년 2월 14일 판결로 소를 기각하였다. 그래서 Deutsche Telekom은 법적 쟁점에 대해 특히 외부 데이터를 둘러싼 데이터를 제공할 의무는 2002년 보편적 서비스지침(지침 2002/22)을 위반한다고 주장하여, 연방행정법원에 항소하였다.

연방행정법원은 본안소송의 쟁점은 한편으로 외부 데이터를 GoYellow와 Telix에게 제공할 Deutsche Telekom에게 부과된 의무로 제한되고, 다른 한편으로 가입자나 그 사업자가 Deutsche Telekom에 의해서만 발행되기를 원하는 데이터로 제한된다고 설명한다. 연방행정법원은 국가법에만 근거하여 법적 쟁점에 관한 항소는 기각되어야 한다고 판단하지만, 그 분쟁에 적용 가능한 국가법에 의해 제기된 의무가 EU법에 합치하는지 여부에 대하여 의문을 가지고 있다. 첫째로, 연방행정법원은 2004년의 유럽연합사법재판소의 판례[158]에 의하면, 2002년 보편적서비스지침(지침 2002/22) 제25조 제2항은 전화번호를 그 자신의 가입자들과 관련하는 데이터만을 넘길 것을 전화번호를 할당하는 회사에게 요구하고 있음을 확인한다고 말한다. 둘째로, 연방행정법원에 의하면 특히 경쟁을 촉진시키는 2002년 구조지침(지침 2002/21)의 목적의 관점에서 EU법은 국가입법기관이 외부 데이터를 이용할 수 있도록 그 의무를 확장시키는 것을 허용하고 있다고 해석될 가능성이 배제될 수 없다. 연방행정법원에 의하면, 일방 당사자로부터 데이터를 수집하는 것은 전화번호를 할당하는 각 개별기업으로부터 데이터를 얻는 것과 관련된 중요한 장애물을 제거하는 것과 같다. 그것은 또한 강력한 경쟁구조를 촉진하게 될 것이다. 만일 국가입법기관이 그러한 의무를 부담하는 기업이 보유하는 외부 데이터를 그 대상으로 하기 위하여 데이터를 이용할 수 있는 의무의 범위를 확장하는 것이 정당하다면, 연방행정법원은 지침 2002/58 제12조가 그러한 외부 데이터의 이전을 관련 가입자와 전화서비스 제공자의 동의를 조건으로 하는지 여부에 대해 의문을 가진다. 따라서 연방행정법원은 소송절차를 정지시키고, 다음 사항에 대해 선결소송을 구하여 유럽연합사법재판소에 제청하였다.

첫째로, 2002년 보편적서비스지침(지침 2002/22) 제25조 제2항은 회원국들이 가입자들에게 전화번호를 할당하는 기업들에게 공중디렉토리 문의서비스의 제공을 위하여 당해 기업이 보유하고 있으면 전화번호를 할당하지 않은 가입자관련 데이터를 이용할 수 있도록 할 것을 요구할 수 있다고 해석되어야 하는가?

둘째로, 위의 질문에 대한 답변이 긍정적이라면, 지침 2002/58 제12

158) Case C-109/03, KPN Telecom[2004], EU:C:2004:749

조는 국가기관에 의한 상술한 의무의 부과가 그 데이터의 이전에 대해 다른 전화서비스 제공자 또는 그 가입자들의 동의를 전제로 하는 것으로 해석되어야 하는가?

제청사항의 검토 요지

첫 번째 제청사항

첫 번째 제청사항은 2002년 보편적서비스지침(지침 2002/22) 제25조 제2항이 이용자들에게 전화번호를 할당하는 기업이 공중디렉토리 문의서비스를 제공하는 것을 그 활동으로 하는 기업에게 그 기업이 보유하고 있는 제3자 기업들의 가입자와 관련되는 데이터를 이용할 수 있게 할 의무를 부과하는 국가입법을 금지하는 것으로 해석되어야 하는지 여부의 문제이다.

위 질문에 답변하기 위하여서는 본안소송에서 쟁점이 되고 있는 외부 데이터가 2002년 보편적서비스지침(지침 2002/22) 제25조 제2항의 목적을 위하여 '관련 데이터'인지 여부를 검토하는 것이 필요하다. 그와 관련하여, 2002년 보편적서비스지침(지침 2002/22) 제25조 제2항에 의하여 데이터를 이전할 의무는 '전화번호를 가입자들에게 할당하는 기업들'에 대해서만 부과된다는 것을 주목하여야 한다. 그래서 데이터를 이전할 의무와 전화번호 가입자에의 할당 사이의 관계를 고려할 때, 2002년 보편적서비스지침(지침 2002/22) 제25조 제2항에 의하여 요구되는 '관련 데이터'의 교부는 관계기업들의 가입자들과 관련되는 데이터만이 해당된다고 하여야 한다. 즉, 동 조항은 Deutsche Telekom과 같은 기업에게 부과하는 것이며, 그것은 디렉토리 문의서비스의 제공자로서의 자격에서가 아니라 전화번호를 할당하는 기업으로서의 자격에서 부과되는 것이다. 이러한 해석은 동 지침 제5조 제1항에서 규정된 보편적 서비스의 의무의 준수를 보장하는 2002년 보편적서비스지침(지침 2002/22) 제25조 제2항에 의해서 추구된 목적에 의해서도 확인된다. 전화번호를 할당하는 각 기업들에게 부과되는 그 자신의 가입자들과 관련되는 데이터를 이전할 의무에 의하여, 보편적 서비스를 제공하고자 하는 기업은 제한적인 데이터베이스를 수립할 수 있고, 따라서 동 지침 제5조 제1항에 의한 의무의 준수를 보장할 수 있다.

한편, 2002년 보편적서비스지침(지침 2002/22) 전문 제11항이 "이용자들과 소비자들은 모든 전화번호 가입자와 그들의 번호를 포함하는 포괄적인 디렉토리와 디렉토리 문의서비스를 원하고 있다"고 기술하고 있는 것을 주의하여야 한다. 그러나 그 문언은 동 지침 제5조 제1항에서 규정된 보편적 서비스의무와 함께 해석되어야 한다. 그런데, 동 조항은 회원국들에게 모든 디렉토리와 전화문의서비스는 포괄적일 것을 보장하라고 요구하고 있지 않다. 동 조항에 의하면, 회원국들은 적어도 하나의 포괄적인 디렉토리 또는 하나의 포괄적인 전화디렉토리 문의서비스가 최종이용자들에게 이용할 수 있을 것만을 보장하여야 한다.

또한 경쟁촉진이라는 공통규제체계(common regulatory framework ; CRF)의 일반적 목적도 Deutsche Telekom과 같은 가입자들에게 전화번호를 할당하는 기업이 2002년 보편적서비스지침(지침 2002/22) 제25조 제2항에 의해 그 자신의 가입자들과 관련되는 데이터가 아닌 데이터를 제3자 기업에게 이전할 것이 요구된다는 견해를 지지하는 것도 아니다. 동 조항은 동 지침 제5조 제1항에서 규정된 보편적 서비스의무의 준수를 보장하는 것인 특정한 목적의 관점에서 해석되어야 한다. 더구나, 동 지침 전문 제35항은 디렉토리 문의서비스와 디렉토리의 제공이 이미 경쟁에 열려 있다고 기술하고 있다. 경쟁시장에서 동 지침 제25조 제2항에 의해 전화번호를 할당하는 기업들이 그들의 가입자들과 관련되는 데이터를 이전할 의무는 원칙적으로 당해 기업이 동 지침 제5조 제1항에서 규정된 보편적 서비스의무를 준수할 수 있게 할뿐만 아니라,

모든 전화서비스 제공자가 완전한 데이터베이스를 수립할 수 있게 하고, 전화디렉토리 문의서비스 시장에서 적극적으로 되게 할 수 있다. 그와 관련하여, 관련 사업자가 전화번호를 할당하는 각 기업들에게 그 가입자들의 관련 데이터를 요청하는 것은 충분히 있을 수 있다.

이상으로부터, 2002년 보편적서비스지침(지침 2002/22) 제25조 제2항의 목적을 위한 '관련 데이터'의 교부는 전화번호를 할당하는 기업들의 가입자들과 관련되는 데이터만을 그 대상으로 한다고 하여야 한다.

다음으로, 2002년 보편적서비스지침(지침 2002/22) 제25조 제2항은 동 지침 제5조 제1항에 의하여 회원국들에게 부과된 적어도 하나의 포괄적인 디렉토리 또는 하나의 포괄적인 전화디렉토리 문의서비스가 최종 이용자들에게 이용될 수 있을 것을 보장할 의무의 준수를 확보하는 데 그 목적이 있다는 것을 기억하여야 한다. 그것은 회원국들이 충족하여야 할 최소한의 요건을 나타내기 때문에, 원칙적으로 회원국들은 공중전화 및 디렉토리 서비스시장에 새로운 참가자들의 진입을 촉진하기 위하여 보다 엄격한 조항들을 자유롭게 채택할 수 있다.

이상에서 살펴본 바와 같이, 첫 번째 제청사항에 대한 답변은 2002년 보편적서비스지침(지침 2002/22) 제25조 제2항은 전화번호를 최종 이용자들에게 할당하는 기업들은 그 활동이 공중디렉토리 문의서비스와 디렉토리를 제공하는 데 있는 기업들에게 그 자신의 가입자들에 관련되는 데이터뿐만 아니라 제3자 기업들의 가입자들과 관련되는 데이터도 이용할 수 있게 하는 국가입법을 금지하지 않는 것으로 해석되어야 한다는 것이다.

두 번째 제청사항

두 번째 제청사항은 지침 2002/58 제12조는 그 활동이 공중디렉토리 문의서비스의 제공에 있는 기업에게 전화번호를 할당하는 기업에 의해 제3자 기업의 가입자들과 관련되는 그 기업이 보유하는 데이터의 이전을 그 기업이나 가입자들의 동의를 또는 반대의 부존재를 조건으로 하고 있는지 여부이다.

그와 관련하여, EU기본권헌장 제8조 제1항은 "모든 사람은 자기와 관련되는 개인데이터보호권을 갖는다"고 규정하고 있는 것을 주목하여야 한다. 지침 95/46은 회원국들에게 개인데이터보호권의 준수를 보장하게 하고자 하는 것이다. 동 지침 제1조 제2항에서 명백한 것처럼, 지침 2002/58은 전자통신 분야에서 지침 95/46을 명확히 하고 보충하고자 하는 것이다.

그러나 개인데이터보호권은 절대적인 권리가 아니며, 사회에서의 그 기능과 관련하여 고려되어야 한다.[159] 그래서, 헌장 제8조 제2항은 일정한 요건이 충족되는 경우에 개인데이터의 처리를 규정하고 있다. 동 조항은 개인데이터가 "특정한 목적을 위하여, 그리고 관계인의 동의에 근거하여 또는 법률에 의해 규정된 다른 정당한 근거에 기하여야 한다"고 규정한다. 가입자의 개인데이터를 공중디렉토리 문의서비스를 제공하고자 하는 제3자 기업으로의 이전은 헌장 제8조 제2항의 목적을 위한 개인데이터의 처리를 형성한다. 더구나, 지침 2002/58은 동 지침이 가입자에 관한 개인데이터의 발행을 그들 가입자들의 동의를 조건으로 하도록 하고 있다는 것을 명백히 규정하고 있다. 그리하여, 동 지침 제12조 제2항은 가입자들이 자신들의 개인데이터를 공공디렉토리에 포함시킬 것인지, 만일 포함시킨다고 한다면 어떠한 개인데이터를 포함시킬 것인지를 자유롭게 결정할 수 있다고 규정한다.

다른 한편으로, 지침 2002/58에는 가입자와 관련되는 개인데이터의 발행을 관련 전화번호를 할당하거나 외부데이터를 보유하고 있는 기업

---

159) Volker und Markus Schecke and Eifert[2010], paragraph 48.

의 동의를 조건으로 한다는 규정은 없다. 그러한 기업은 사전 동의권이 없다. 사전 동의권은 가입자들에게만 부여된 것이다.

두 번째 제청사항 중에 연방행정법원은 지침 2002/58 제12조가 그 활동이 공중디렉토리 문의서비스의 제공에 있는 제3자 기업으로의 개인데이터의 이전을 가입자로부터 새로운 동의를 조건으로 하는지를 묻는다. 그와 관련하여서는, 공공디렉토리에 포함되기 전에 가입자들은 특히 전자판 디렉토리의 소프트웨어에 내재된 검색기능을 통하여 디렉토리의 목적을 통지받아야 한다는 것은 동 지침 제12조 제1항으로부터 명백하다는 것을 상기하여야 한다. 그러한 사전통지에 의하여, 관련가입자는 지침 95/46 제2조 제h호와 제7조 제a호의 목적을 위하여 그의 개인데이터를 공공디렉토리에서 발행하는 것에 대한 자유롭고, 특정하며 사전통지를 받은 동의를 할 기회를 갖게 된다. 지침 2002/58 전문 제39항은 동 지침 제12조 제1항에 의하여 가입자들에 대한 사전통지의 의무와 관련하여, 다음과 같이 기술한다. "개인데이터가 하나 또는 그 이상의 제3자에게 이전되는 경우에, 가입자는 이러한 가능성과 수취인에 대해 통지 받아야 한다."

그러나 동 지침 제12조 제1항에서 규정된 통지를 받은 이후에는 제12조 제2항에서 명백한 바와 같이 그 개인데이터는 공공디렉토리에 포함될 수 있는지, 만일 포함된다면 어떠한 개인데이터를 포함할 것인지 여부만을 결정할 수 있다. 따라서 동 지침 제12조 제2항에 의한 동의는 어느 특정한 디렉토리사업자의 정체성과 관련되는 것이 아니라, 개인데이터의 공공디렉토리에서의 발행목적과 관련된다고 하여야 한다.

가입자가 전화번호를 할당한 기업으로부터 자신의 개인데이터가 공공디렉토리에서 발행되기 위하여 Deutsche Telekom과 같은 제3자 기업에게 이전될 수 있다는 가능성에 대해 통지받은 경우에, 그리고 그러한 디렉토리(본 사건의 경우에는 Deutsche Telekom의 디렉토리)에서 그들 데이터의 발행에 동의한 경우에 공공디렉토리를 발행하고자 하는 다른 기업에게 그와 동일한 데이터를 이전하기 위하여 가입자로부터 새로운 동의가 필요하지 않다고 하여야 한다. 공공디렉토리에서 자신의 개인데이터의 발행에 대해 적정하게 통지를 받은 가입자에 의한 동 지침 제12조 제2항에 따른 동의는 그 발행목적과 관련되는 것이며, 따라서 그러한 처리가 동일한 목적을 추구한다면, 공중디렉토리 문의서비스시장에서 활동하는 제3자 기업에 의해 그들 데이터의 후속적인 처리에까지 확대된다. 더구나, 가입자가 그 기업의 공공디렉토리의 발행을 위하여 자신의 개인데이터를 그 기업에 이전할 것을 동의한 경우에, 그 가입자로부터 새로운 동의를 획득하지 않고서도 공공디렉토리를 발행하려고 하는 다른 기업에게 동일한 데이터의 이전은 헌장 제8조에서 인정된 바와 같이, 실체적으로 개인데이터보호권을 손상할 수 없다.

그러므로, 두 번째 제청사항에 대한 답변은 지침 2002/58 제12조는 공공디렉토리를 발행하는 기업이 다른 전화서비스 제공자의 가입자들과 관련되는 기업이 보유하는 개인데이터를 그 활동이 공공디렉토리를 발행하는 데 있는 제3자 기업에게 이전하여야 한다고 하고, 그들 데이터의 이전은 가입자들로부터의 새로운 동의를 조건으로 하지 않는 국가입법을 금지하지 않는 것으로 해석되어야 한다. 다만, 그들 가입자는 공공디렉토리에 최초로 포함되기 전에 그 디렉토리의 목적과 그 개인데이터가 다른 전화서비스 제공자에게 교부될 수 있다는 사실에 대해서 통지받은 것을 조건으로 하며, 그리고 그 개인데이터는 일단 이전되는 경우에 최초의 발행을 위해 수집된 목적과 다른 목적을 위해 사용되지 않을 것이 보장된다는 것을 조건으로 한다.

(10) Case C-301/06 (10 February 2009)[160]

본 건은 아일랜드가 EU 입법기관인 유럽의회(European Parliament)와 EU 이사회(Council of the European Union)를 상대로 하여 제기한 지침 2006/24[161]의 무효소송(ACTION for annulment)이다. 본 소송에서 원고 측에는 슬로바키아공화국이, 피고 측에는 스페인, 네덜란드, EC위원회(Commission of the European Communities)와 유럽데이터보호감독관(European Data Protection Supervisor; EDPS)이 참가인으로 참가하였다.

사실관계의 개요와 쟁점

2004년 4월 28일 프랑스, 아일랜드, 스웨덴 및 영국은 EU조약(TEU) 제31조 제1항 제c호와 제34조 제2항 제b호에 근거하여 채택된 구조결정안(proposal for a framework decision)을 EU이사회에 제출하였다. 동 결정안의 주제는 테러를 포함한 범죄의 예방, 수사, 적발 및 기소를 위하여 공중전자통신서비스와 연계하여 처리되고 저장된 데이터 또는 공공통신망에서의 데이터의 보존이었다.

EC위원회는 동 결정안의 일부와 관련하여, 그 구조결정안에서 사용된 법적 근거를 동의한다고 말하였다. 특히 동 위원회는 TEU 제47조는 그에 근거한 법규가 기존의 EU법(acquis communautaire)-본 건의 경우 지침 95/46과 지침 2002/58-에 영향을 미치는 것을 허용하지 않는다고 지적하였다. 보존된 데이터의 카테고리와 적절한 보존기간의 결정은 EU 입법기관의 권한의 범위에 속한다는 견해를 취하여, 동 위원

160) Ireland v Parliament and Council[2009], EU:C:2009:68

161) Directive 2006/24/EC of the European Parliament and of the Council of 15 March 2006 on the retention of data generated or processed in connection with the provision of publicly available electronic communications services or of public communications networks and amending Directive 2002/58/EC, OJ 2006 L 105, p.54.

회는 지침안을 제출할 권리를 보류하였다.

2005년 9월 21일 동 위원회는 EC조약 제95조에 근거하여, 공중전자통신서비스의 제공과 관련하여 처리된 데이터의 보존과 지침 2002/58의 개정에 관한 유럽의회와 이사회의 지침안을 채택하였다[COM(2005) 438 final]. 2005년 12월 1일과 2일의 회기 동안에 이사회는 구조결정(framework decision)의 채택보다는 EC조약에 근거한 지침(directive)의 채택을 모색하기로 결정하였다. 동년 12월 14일 유럽의회는 EC조약 제251조에 따라 공동결정절차에 의하여 그 의견을 제시하였다. 이사회는 가중다수결(qualified majority)로 지침 2006/24를 채택하였다. 아일랜드와 슬로바키아공화국은 동 지침안의 채택에 반대하는 투표를 하였다.

이에 아일랜드는 동 지침이 적절한 법적 근거에 의하여 채택되지 않았다는 이유로 그 무효를 구하는 소송을 입법기관인 유럽의회와 이사회를 상대로 하여 유럽연합사법재판소에 제기하였다. 그에 대해 유럽의회와 이사회는 주위적으로 소송이 이유 없음을 이유로 기각을, 예비적으로는 동 지침이 무효라고 한다면 새로운 법제도가 시행될 때까지 동 지침의 효력의 존속을 선언할 것을 주장하였다.

당사자의 주장

원고(아일랜드)의 주장

아일랜드는 지침 2006/24의 법적 근거로서 EC조약 제95조를 선택한 것이 기본적인 잘못이라고 주장한다. 아일랜드의 견해로는 EC조약 제95조나 EC조약의 다른 규정 모두 동 지침의 적절한 법적 근거가 될 수 없다. 동 지침의 유일한 또는 주된 목적은 테러를 포함한 범죄의 수사, 적발 및 기소를 촉진시키는 것이기 때문에, 지침 2006/24에 포함될 수 있는 유일한 법적 근거는 TEU 제6편, 특히 제30조, 제31조 제1항 제c

호 및 제34조 제2항 제b호라고 주장한다. 아일랜드는 특히 동 지침 전문 제7항부터 제11항까지 및 제21항과 동 지침에 규정된 기본규정들, 특히 제1조 제1항은 동 지침의 법적 근거로서 EC조약 제95조에 의하는 것이 부적절할 뿐만 아니라 부당하다는 것을 보여준다고 주장한다. 동 지침은 범죄와의 싸움을 위한 것이 명백하다고 주장한다. 아일랜드는 EC조약 제95조에 근거한 조치들은 역내시장의 기능을 향상시키기 위한 국가법들의 조화를 '무게중심(centre of gravity)'으로 해야 한다고 주장한다.[162] 그런데 지침 2006/24의 조항들은 범죄와의 싸움과 관련된 것이며 역내시장의 결함과 관련된 것이 아니다.

아일랜드는 유럽연합사법재판소가 자신들의 주장과 달리, 동 지침이 역내시장에 대한 왜곡 또는 장애물을 방지하고자 하는 것이라고 생각한다면, 동 지침은 범죄와의 싸움이라는 주된 목적에 순수하게 부수적인 것으로 간주되어야 한다고 예비적으로 주장한다.

또한 아일랜드는 지침 2002/58은 다른 지침에 의해 개정될 수 있지만, 동 지침의 규정들에 삽입하기 위하여 EC조약 제95조를 근거로 하여 채택된 개정지침을 사용할 권한이 없으며, 그것은 제1지주에 의해 공동체에 부여된 권한의 범위 밖이라고 덧붙인다. 데이터가 범죄의 수사, 적발 및 기소를 위해 사용할 수 있다는 것을 보장하도록 의도된 의무들은 TEU 제6편에 근거한 조치의 대상이 될 수 있을 뿐인 영역에 속한다. 그러한 법규범의 채택은 TEU 제47조의 의미 내에서 동 지침의 규정들에 영향을 주지 않는다.

피고들(유럽의회와 EU이사회)의 주장

먼저, 유럽의회는 아일랜드가 지침 2006/24의 규정들의 해석에 있어

162) Joined Cases C-317/04 and C-318/04, Parliament v Council and Commission [2006], EU:C:2006:346

서 자의적으로 선택하고 있다는 의견을 제출한다. 동 지침 전문 제25항은 법집행 목적을 위한 보유데이터에의 접근과 이용은 공동체 권한의 범위 밖에 속한다는 것을 확인하지만, 제5항 및 제6항은 동 지침의 주된 목적이 전자통신서비스의 역내시장에 대한 장애물을 제거하는 것임을 명백히 하고 있다.

유럽의회는 뉴욕에서의 2001년 9월 11일, 마드리드에서의 2004년 3월 11일, 그리고 런던에서의 2005년 7월 7일의 테러리스트의 공격에 의해 다수의 회원국들은 데이터의 보존에 관한 다양한 법규범을 채택하였다는 의견을 제출한다. 그러한 차이들은 전자통신서비스의 제공에 장애가 되기 쉽다. 유럽의회는 데이터의 보존은 공중전자통신서비스나 공공통신망 제공자들에게는 중대한 비용요소를 형성하며, 그 분야의 다른 요건의 존재는 역내시장 내에서의 경쟁을 왜곡시킬 수 있다는 견해를 취한다. 또한 지침 2006/24의 주된 목적은 데이터 보존과 관련하여 회원국들이 서비스 제공자에게 부과하는 의무를 조화시키는 것이라고 덧붙인다. 따라서 동 지침의 정확한 법적 근거는 EC조약 제95조라고 한다.

유럽의회는 또한 법적 근거로서 EC조약 제95조에 의하는 것은 범죄와의 싸움에 귀착되는 중요성으로 무효로 되지 않는다고 주장한다. 범죄 예방이 지침 2006/24의 채택에 영향을 미친 것은 명백하지만, 그러한 관련성이 동 지침의 법적 근거로서 EC조약 제95조의 선택을 무효로 하지는 않는다.

나아가 동 지침 제4조는 동 지침 전문 제25항에서 표명된 견해와 합치되게 보존된 데이터에의 접근과 처리의 요건은 연합의 법규정과 국제법, 특히 유럽인권협약에 따라서 회원국들에 의해 규정되어야 한다고 규정한다. 이러한 접근법은 유럽연합사법재판소의 판결[163]의 대상

---

163) Joined Cases C-317/04 and C-318/04, European Parliament v Council of the

인 조치들에 대해 채택된 것과는 다르다. 동 지침은 제1지주와 제3지주 간의 권한 영역의 분리를 존중하고 있다.

유럽의회에 따르면, 개인데이터의 보존은 원칙적으로 유럽인권협약 제8조의 간섭을 형성하지만, 그러한 간섭은 동 조에서 규정된 공공의 안전과 범죄 예방에 의하여 정당화될 수 있다. 그러한 간섭의 정당화문제는 연합의 법제도 내에서 법적 근거의 정확한 선택의 문제와는 구별되어야 하며, 그것은 관련성이 없는 문제이다.

다음으로, 이사회는 지침 2002/58의 채택 이후에 국가법집행기관들은 범죄행위와의 싸움을 위하여 전자통신영역에서의 발전의 이용에 대한 우려가 점점 커져가고 있었다는 의견을 제출한다. 이러한 새로운 우려로 인하여, 회원국들은 그러한 통신과 관련되는 데이터의 삭제를 금지하고, 법집행기관들의 이용을 보장하는 조치들을 채택하도록 하였다. 이사회의 의견에 의하면, 그러한 조치들은 대단히 다양해서 역내시장의 적절한 기능에 영향을 미치기 시작하였다. 그와 관련하여서는 지침 2006/24 전문 제5항과 제6항에 명시되어 있다. 이러한 상황으로 인하여, 공동체 입법기관은 서비스 제공자들이 활동을 영위할 요건과 관련하여 그들에게 부과되는 통일된 법규범을 확보하여야 하였다.

이러한 이유로 2006년에 공동체 입법기관은 지침 2002/58 제5조, 제6조 및 제9조에 의해 부과된 데이터를 삭제할 의무를 종결시키고, 장래 지침 2006/24 제5조에서 규정된 데이터가 일정기간 동안 보존되어야 한다는 것을 규정하는 것이 필요하다고 판단하였다. 동 개정에 의하면, 회원국들은 그러한 데이터를 통신일로부터 최단 6개월간, 최장 2년간 보존할 것을 보장하여야 한다. 동 개정의 목적은 역내시장의 통일을 확

European Union (C-317/04) and Commission of the European Communities (C-318/04)[2006]

보하기 위하여 공동체에서의 공통규칙을 도입함으로써, 지침 2006/24 제5조에서 규정된 개인데이터의 삭제 또는 비삭제의 면에서 서비스 제공자들이 준수하여야 할 정확하고 조화된 요건을 수립하는 것이었다.

이사회는 테러를 포함한 범죄와의 싸움을 할 필요성은 지침 2002/58 제5조, 제6조 및 제9조에서 규정된 권리와 의무의 범위를 개정하는 결정에서 결정적인 요소였지만, 그러한 사정이 지침 2006/24가 EC조약 제95조를 근거로 채택되어야 한다는 것을 방해하지 않는다는 견해를 취한다. TEU 제30조, 제31조 및 제34조와 다른 조항들 모두 서비스 제공자들이 그들 활동을 영위하는 요건을 개정하거나 지침 2002/58에 의해 수립된 제도를 제공자들에게 적용할 수 없게 하는 목적을 가지는 조치의 근거로 작용할 수 없다. 서비스 제공자들에 의해 보관되는 데이터의 범주와 지침 2002/58에 의해 후자에 대해 부과된 의무를 개정하는 데이터의 보존기간과 관련되는 법규정은 TEU 제6편에 근거한 법규범의 대상이 될 수 없다. 그러한 법규범의 채택은 TEU 제47조를 위반하여 동 지침의 조항들에 영향을 줄 것이다.

이사회에 따르면, 유럽인권협약 제8조에 의해 보호된 권리들은 절대적인 것이 아니며, 동 협약 제8조 제2항에서 규정된 조건에 따라서 제한될 수 있다. 지침 2006/24에서 규정된 바와 같이, 데이터의 보존은 동 협약 제8조 제2항에서 인정된 정당한 공익에 기여하며, 그러한 이익을 보호하는 적절한 수단을 형성한다.

제청사항의 검토 요지

EU의 권한영역의 문제는 쟁점이 되는 권한이 이미 넓은 의미에서 EU에 합치되었는지 여부에 따라서 다르게 나타난다는 점을 먼저 주목하여야 한다. 첫 번째로, 그것은 EU 내부의 권한영역의 분배, 특히 EC조약에 근거한 지침(directive)의 방식으로 또는 EU조약(TEU)에 근거한 구조결정(frame decision)의 방식으로 추진하는 것이 타당할지에 대한 결정의 문제이다. 두 번째로, 그와 반대로 연합과 회원국들 간의 권한영역의 분배, 특히 연합이 후자의 권한영역을 침해하였는지에 대한 결정의 문제이다. 본 사건은 위의 두 가지 중에서 첫 번째에 해당한다.

또한 아일랜드가 제기한 소송은 법적 근거의 선택에만 관련된 것이며, 지침 2006/24에 포함된 프라이버시권의 행사의 침해로부터 발생하는 기본권의 침해와는 관련되지 않는다는 점을 지적하여야 한다. 아일랜드는 동 지침은 '무게중심'이 역내시장의 기능과 관련되지 않기 때문에 EC조약 제95조에 근거할 수 없다고 주장한다. 동 지침의 유일한 또는 주된 목적은 범죄의 수사, 적발 및 기소라고 주장한다.

그러나 그러한 주장은 수용될 수 없다. 유럽연합사법재판소의 확립된 판례법에 따르면, 공동체 조치의 법적 근거의 선택은 특히 그 조치의 목적과 내용을 포함하여 사법심사에 따르는 객관적 요소에 의존하여야 한다. 지침 2006/24는 EC조약 제95조에 근거하여 채택되었다. 동 조는 이사회가 회원국들의 법률, 규칙 또는 행정행위에 의해 제정된 규정들의 국가법화를 위하여 역내시장의 설립과 기능을 그 목적으로 가지는 조치를 채택하여야 한다고 규정한다.

공동체 입법기관들은 특히 기본적 자유를 방해하거나 경쟁의 왜곡을 낳는 것과 같은 국가법들 간에 부조화가 존재하고, 따라서 역내시장의 기능에 직접 영향을 미치는 경우에 EC조약 제95조에 의존할 수 있다. 나아가 그 목적이 국가법들의 다양한 발전으로 인해 발생하는 무역에 대한 장래 장애의 출현을 예방하는 것이라면 EC조약 제95조를 법적 근거로서 의존하는 것도 가능하지만, 그러한 장애의 출현은 가능하여야 하고 문제의 조치는 그러한 장애들을 예방하도록 되어야 한다.

지침 2006/24를 채택하게 한 상황이 전술한 조건들을 충족하는지 여부를 확인할 필요가 있다. 동 지침 전문 제5항과 제6항에서 명백한 바와 같이, 공동체 입법기관은 서비스 제공자들에 의한 데이터의 보존을 규율하는 국가법규정들 간의 입법적·기술적 불일치가 있다는 전제로부터 시작되었다. 그와 관련하여, 유럽연합사법재판소에 제출된 증거는 위에 언급된 테러리스트 공격에 이어서 전자통신과 관련되는 데이터가 테러를 포함한 범죄의 적발과 예방을 위한 효과적인 수단을 형성한다는 것을 인식한 여러 회원국들이 그러한 데이터의 보존에 관하여 서비스 제공자들에게 의무를 부과하기 위하여 지침 2002/58 제15조 제1항에 따른 조치를 채택하였다는 것을 확인시켜준다.

또한 데이터 보존과 관련되는 의무는 그것이 실질적인 투자 및 운영비용을 포함한다면, 서비스 제공자들에게 중요한 경제적 의미를 가진다는 것은 파일로부터 명백하다. 더구나 유럽연합사법재판소에 제출된 증거는 지침 2002/58 제15조 제1항에 따라서 2005년까지 채택된 국가조치들이 특히 보존된 데이터의 성질과 데이터 보존기간의 측면에서 크게 달랐다는 것을 보여준다.

마지막으로, 아직 데이터 보존 법령들을 가지고 있지 않은 회원국들이 다수 존재하는 국가조치들 사이의 차이를 더욱 강화시키는 관련법령들을 도입하는 것도 예상 가능한 일이었다. 그러한 증거에 비추어, 전자통신과 관련되는 데이터의 보존과 관련해 채택된 다수의 국가법령들이 역내시장의 기능에 직접적인 영향을 가지기 쉽다는 점과 그러한 영향이 시간의 경과에 따라서 더욱 심각해질 수 있음이 예상 가능하였다는 것은 명백하다. 그러한 상황이 조화로운 법규범의 채택을 통하여 역내시장의 적절한 기능을 보장한다는 목적을 추구하는 데 있어서 공동체 입법기관들을 정당화시켜준다. 더구나, 또한 전자통신과 관련되는 데이터 보존의 조화로운 수준을 규정함으로써, 지침 2006/24는 지침 2002/58의 규정들을 개정하였다는 점을 주목하여야 한다.

한편, 지침 2002/58은 EC조약 제95조에 근거하고 있다. TEU 제47조에 의하여, EC조약의 규정들은 EU조약(TEU)의 규정에 의하여 영향을 받을 수 없다. 이러한 요건은 '형사문제에서의 경찰 및 사법공조에 관한 규정들'이라는 타이틀이 붙은 TEU 제6편을 도입하고 있는 TEU 제29조 제1항에서 나타난다. EU조약은 유럽공동체를 설립하는 조약들 또는 그 후속 조약들과 그들 조약을 수정하거나 보충하는 법령들에 영향을 미칠 수 없다는 것을 규정할 때, TEU 제47조는 TEU 제2조 5단 및 제3조 제1항에 따라서 공동체법(acquis communautaire)에 대해 유지하고 설립하는 것을 목적으로 한다. 일방 당사자에 따라서 TEU 제6편의 적용범위 내에 속하며, 그 성질에 의해 법적 효과를 가질 수 있는 법령들은 EC조약에 의해 공동체에 부여된 권한들을 침해하지 않는다는 것을 보장하는 것은 유럽연합사법재판소의 임무이다. 지침 2006/24에 의해 영향을 받은 지침 2002/58의 개정이 공동체 권력의 범위 내에 속하는 한, 지침 2006/24는 TEU 제47조를 침해하지 않고서는 동 조약의 규정에 근거할 수 없다.

지침 2006/24의 채택을 위해 적절한 법적 근거를 선택했는지 여부를 결정하기 위하여, 동 규정의 실체적 내용을 검토하는 것이 적절하다. 그와 관련하여, 지침 2006/24의 규정들은 서비스 사업자들의 활동으로 제한되는 것이 필수적이며, 회원국들의 경찰 또는 사법기관에 의해 그 사업자들의 데이터에의 접근 또는 이용을 규율하는 것이 아니다. 보다 구체적으로는 지침 2006/24의 규정들은 데이터 보존의무(제3조), 보존되는 데이터의 범주(제5조), 데이터의 보존기간(제6조), 데이터 보호와 데이터 보안(제7조) 그리고 데이터 저장의 조건(제8조)에 관한 국가법을 조화시키도록 되어 있다.

반면에 지침 2006/24에서 규정된 조치들은 그 자체로 회원국들의 경찰 또는 법집행기관들에 의한 간섭을 포함하지 않는다. 그리하여, 특히 동 지침 제3조에서 명백한 것처럼, 서비스 제공자들은 관련 통신서비스의 제공 중에 생성되거나 처리된 데이터만을 보존하여야 한다고 규정되어 있다. 그들 데이터는 서비스 제공자들의 영업활동과 밀접하게 관련된 것들 만이다.

따라서 지침 2006/24는 형사문제에서의 경찰 및 사법공조의 실시와는 독립적인 활동들을 규제한다. 동 지침은 관할 국가법집행기관들에 의한 데이터에의 접근의 문제도 또한 그들 기관 사이의 데이터의 이용 및 교환과 관련되는 문제들도 조화시키지 않는다. 원칙적으로 TEU 제6편에 의해 커버되는 영역 내에 속하는 그들 문제는 동 지침 전문 제25항과 제4조에서 적시하고 있는 바와 같이, 동 지침의 규정들로부터 배제되었다. 따라서 동 지침의 실체적 내용이 TEU 제6편에 속하는 국가활동들의 배제에 대해 역내시장의 관련영역에서의 서비스 제공자들의 활동들에 향하게 되는 것이다. 그러한 실체적 내용에 비추어, 지침 2006/24는 역내시장의 기능과 현저하게 관련된다.

이상에서 검토한 바와 같이, 지침 2006/24는 EC조약 제95조를 법적 근거로 하여 채택되어야 했으므로, 본 소송은 기각되어야 한다.

(11) Case C-524/06 (16 December 2008)[164)]

사실관계의 개요와 쟁점

오스트리아 국민인 본안소송의 원고(Mr Huber)는 자영보험대리업을 운영하기 위하여 1996년 독일로 이주하였다. 그와 관련된 다음 데이터가 독일의 중앙외국인등록부(AZR)에 저장되었다.

- 이름, 성, 생년월일과 출생지, 국적, 결혼 여부, 성별;
- 독일에의 출입국 및 거주신분의 기록;
- 발급된 여권의 세부사항;
- 주소에 관한 이전 진술의 기록;

164) Huber[2008], EU:C:2008:724

- 연방이민청이 발급한 조회번호들, 그 데이터를 공급한 기관의 명세와 그들 기관에 의해 이용된 조회번호들.

그는 AZR에 포함된 자신에 관한 데이터의 처리를 이유로 차별을 받고 있다는 생각을 가지고 있고, 특히 그러한 기록은 독일 국민에 대해서는 존재하지 않음을 이유로 하여, 2000년 7월 22일 이들 데이터의 삭제를 청구하였다. 청구는 당시 AZR을 관할하는 행정청에 의해 기각되었다. Mr Huber는 쾰른행정법원에 소를 제기하였는바, 2002년 12월 19일 동 법원은 원고승소판결을 내렸다. 쾰른행정법원은 AZR에 의하여 독일국민이 아닌 유럽연합시민에 관한 데이터의 일반적 처리는 외국인들의 거주권과 관련되는 사안의 신속한 처리라는 목적에 의해 정당화될 수 없으며, EC조약과 지침 95/46 제6조 제1항 제b호와 제7조 제e호에 반한다는 견해를 취하였다.

독일 정부는 노르트라인베스트팔렌주 고등행정법원에 항소하였는데, 동 법원은 소송절차를 정지시키고 AZR에서의 유럽연합 외국시민들의 개인데이터의 일반적 처리는 지침 95/46 제7조 제e호에 의한 필요성의 요건과 양립가능한지에 대하여 선결소송을 구하여 유럽연합사법재판소에 제청하였다.

제청사항의 검토 요지

지침 95/46 제3조 제2항은 특히 공공의 안전, 방위, 국가안보와 형사법영역에서의 국가의 활동들에 관한 개인데이터의 처리를 그 적용범위로부터 명시적으로 배제시키고 있다. 따라서 거주권과 관련되는 법률의 적용 목적과 통계적 목적을 위한 개인데이터의 처리는 지침 95/46의 적용범위 내에 속하지만, 그러한 데이터의 처리 목적이 범죄와의 싸움과 연결되어 있는 경우에는 입장이 다르다.

중앙외국인등록부(AZR)를 설치해서 거주권과 관련되는 법률의 적용을 관할하는 국가기관에 대한 지원을 그 목적으로 하는, 관련 회원국의 국민들이 아닌 연합시민들과 관련되는 개인데이터의 처리제도는 다음과 같은 조건을 갖추지 않으면 국적을 이유로 하는 차별금지의 관점에서 해석되는 지침 95/46 제7조 제e호에서 규정된 필요성의 요건을 충족하지 않는다.

- AZR이 국가기관들에 의한 그 법률의 적용을 위해 필요한 데이터만을 포함하는 경우와,
- AZR의 중앙집중적 성격으로 인해, 그 법률이 그 회원국의 국민들이 아닌 연합시민들의 거주권에 관하여 보다 효과적으로 적용될 수 있는 경우.

이들 조건들이 충족되는지 여부를 입증하는 것은 국가법원이다.

모든 회원국들에서의 동등한 보호수준을 보장한다는 지침 95/46의 목적을 고려할 때, 동 지침 제7조 제e호에 의해 규정된 필요성 개념은 회원국들 간에서 다양한 의미를 가질 수 없다. 따라서 본 건에서 쟁점이 되는 것은 공동체법에서 그 자신 독립적인 의미를 가지는 개념이다.

거주권과 관련되는 법률의 적용을 위한 AZR의 이용에 관하여, 회원국은 그 영토 내의 거주권이 다른 회원국의 국민과 관련하여 존재하는지 여부를 적용 가능한 공동체법에 의하여 규정된 구조 내에서 확인하기 위하여, 그리고 그 권리에 대한 제한을 정당화시키는 근거가 없는 것을 입증하기 위하여, 관련 명세와 서류를 이용하는 것은 동 지침 제7조 제e호에 의해서도 필요하다. 따라서 거주권과 관련되는 법률의 적용을 관할하는 국가기관들에게 지원을 제공하기 위한 등록부의 이용은 원칙적으로 적법하며, 그 성질을 고려할 때 EC조약 제12조 제1항에 의해 규정된 국적을 이유로 하는 차별의 금지와 양립할 수 있다. 그러나 등록부는 그러한 목적을 위해 필요한 것 이외의 데이터를 포함하여서

는 안된다. 그와 관련하여, 지침 2004/38[165] 제8조 제3항과 제27조 제1항에서 규정된 서류에서 포함된 개인데이터의 처리는 거주권과 관련되는 법률의 적용을 위하여 지침 95/46 제7조 제e호의 의미 내에서 필요한 것으로 간주되어야 한다.

거주권과 관련되는 법률의 적용을 관할하는 국가기관들의 요건을 충족하기 위하여 중앙집중식 등록부가 이용될 수 있다는 필요성과 관련하여, 지역인구등록부와 같은 분권적 등록부가 그 기관들이 자신의 임무를 떠맡는다는 것을 허용하기 위하여 관련성 있는 모든 데이터를 포함하고 있다고 추정이 된다고 할지라도, 그러한 데이터의 중앙집중화는 그것이 그 국민이 아닌 회원국에서 거주하기를 원하는 연합시민들의 거주권에 대하여 그 법률의 보다 효과적인 적용에 기여한다면, 지침 95/46 제7조 제e호에 의해서도 필요할 수 있다.

통계적 목적을 위하여 그러한 등록부에서 개별화된 개인데이터를 포함하는 개인데이터의 저장 및 처리는 어떠한 근거에서도 지침 95/46 제7조 제e호에 의하여 필요한 것으로 간주될 수 없다. 공동체법은 국가기관들이 그 영토에 영향을 미치는 인구의 이동을 완전하게 파악하게 할 수 있는 조치를 채택할 회원국들의 권한을 배제하지 않지만, 그러한 권한의 행사가 개별화된 개인데이터의 수집 및 저장이 필요하다는 것을 의미하지는 않는다. 그러한 목적이 달성되기 위하여 처리될 것이 요구되는 것은 단지 익명처리된 데이터일 뿐이다.

---

165) DIRECTIVE 2004/38/EC OF THE EUROPEAN PARLIAMENT AND OF THE COUNCIL of 29 April 2004 on the right of citizens of the Union and their family members to move and reside freely within the territory of the Member States amending Regulation (EEC) No 1612/68 and repealing Directives 64/221/EEC, 68/360/EEC, 72/194/EEC, 73/148/EEC, 75/34/EEC, 75/35/EEC, 90/364/EEC, 90/365/EEC and 93/96/EEC, OJ 2004 L 158, p.77.

(12) Joined Cases C-317/04 and C-318/04 (30 May 2006)[166)]

본 건은 유럽의회가 이사회(C-317/04)와 EC위원회(C-318/04)를 상대로 하여, 항공사들에 의한 PNR(Passenger Name Record)데이터의 처리와 미국 내무안전부(Department of Homeland Security)와 관세국경보호국(Bureau of Customs and Border Protection)으로의 이전에 관한 유럽공동체(EC)와 미국 간의 협정의 체결에 관한 이사회결정[167)](C-317/04)과 미국 관세국경보호국에 이전된 항공승객의 탑승객이름기록(Passenger Name Record : PNR)에 포함된 개인데이터의 적정한 보호에 관한 EC위원회결정[168)](C-318/04)에 대하여 각각 유럽연합사법재판소에 제기한 무효소송이다.

사실관계의 개요와 쟁점

2001년 9월 11일의 테러리스트의 공격에 대응하여, 미국은 미국으로 입국하거나 미국으로부터 출국하는 또는 미국영토 내를 통과하는 항공편을 운행하는 항공사는 미국 관세청에 '탑승객이름기록'(PNR데이터)으로 불리는 예약 및 출발 자동통제시스템에 포함된 데이터에의 전자적 접근을 제공하여야 한다고 규정하는 법률을 2001년 11월에 통과시켰다.

166) Parliament v Council[2006], EU:C:2006:346

167) Council Decision 2004/496/EC of 17 May 2004 on the conclusion of an Agreement between the European Community and the United States of America on the processing and transfer of PNR data by Air Carriers to the United States Department of Homeland Security, Bureau of Customs and Border Protection, OJ 2004 L 183, p.83, and corrigendum at OJ 2005 L 255, p.168.

168) Commission Decision 2004/535/EC of 14 May 2004 on the adequate protection of personal data contained in the Passenger Name Record of air passengers transferred to the United States Bureau of Customs and Border Protection, OJ 2004 L 235, p.11.

EC위원회는 EU 및 회원국들의 안보이익의 적법성이 위태로울 수 있다는 점을 인식하고, 동 법률규정이 데이터 보호에 관한 공동체 및 회원국법률, 그리고 1999년 2월 8일의 이사회규칙[169]에 의해 개정된 컴퓨터화한 예약시스템 행동규범에 관한 1989년 7월 24일의 이사회규칙[170]과 충돌할 가능성이 있다는 점을 2002년 6월에 미국 정부기관에 통지하였다. 미국 정부기관은 새로운 법률의 시행을 연기하였으나, 2003년 3월 5일 이후 PNR데이터에의 전자적 접근에 관한 법률을 준수하지 않는 항공사에 대한 벌칙 부과권을 포기할 것을 결국 거부하였다. 그 때부터 EU내의 다수의 대형항공사들은 미국 정부기관에 PNR데이터에의 접근을 허용하였다.

EC위원회는 미국 정부기관과 협상에 들어가서, 지침 95/46 제25조 제6항에 따라서 EC위원회에 의한 적정성에 관한 결정(decision on adequacy)을 채택할 목적으로 미국 관세국경보호국의 입장에 서는 내용을 포함하는 문서를 작성하였다.

2003년 6월 13일 제29조 작업반(Article 29 Working Party)은 예상되는 데이터 처리활동에 대해 그들 기업에 의해 보장된 데이터 보호수준에 관해 의문을 표시하는 의견을 전달하였다. 동 작업반은 2004년 1월 29일의 의견에서도 그러한 의문을 되풀이하여 표명하였다.

2004년 3월 1일에 EC위원회는 관세국경보호국의 시행안과 함께 지침 95/46 제25조 제6항에 의한 적정성에 관한 결정안을 유럽의회에 제출하였다. 동년 3월 17일에 EC위원회는 EC조약 제300조 제3항 제1호에 따라 자문을 위하여 미국과의 협정의 체결에 관한 이사회결정안을

169) COUNCIL REGULATION (EC) No 323/1999 of 8 February 1999 amending Regulation (EEC) No 2299/89 on a code of conduct for computer reservation systems (CRSs), OJ 1999 L 40, p.1.

170) COUNCIL REGULATION (EEC) No 2299/89 of 24 July 1989 on a code of conduct for computerized reservation systems, OJ 1989 L 220, p.1.

유럽의회에 제출하였다. 2004년 3월 25일 서신에서, 이사회는 긴급절차에 따라 늦어도 동년 4월 22일까지 그 결정안에 대한 의견을 송부하여줄 것을 유럽의회에 요청하였다. 그 서신에서 이사회는 다음과 같이 기술하였다. "테러리즘에 대한 싸움은 그 결정안을 정당화하며, 유럽연합의 핵심선결사항이다. 항공사들과 승객들은 현재 긴급히 구제될 필요가 있는 불확실성의 상태에 있다. 게다가 관계당사자들의 재정적 이익을 보호하는 것이 매우 중요하다."

2004년 3월 31일 유럽의회는 EC위원회에 부여된 집행권의 행사절차를 규정하고 있는 1999년 6월 28일의 이사회결정[171](1999/ 468/EC) 제8조에 따라서 제출된 결정안에 대한 다수의 법적 성질의 유보(조건)를 설정한 결의를 채택하였다. 특히, 유럽의회는 적정성에 관한 결정안이 지침 95/46 제25조에 의해 EC위원회에 부여된 권한을 일탈하였다고 간주하였다. 유럽의회는 동 결의에서 다수의 쟁점에 걸쳐서 상세하게 설정한 기본적 권리에 관한 적절한 국제협정의 체결을 요청하고, EC위원회에 대해서 새로운 결정안을 제출할 것을 요구하였다. 또한 유럽의회는 그 사안에 대해 추진되는 국제협정의 적법성, 그리고 특히 프라이버시권의 보호와의 양립가능성의 심사를 위해 유럽연합사법재판소에 제청할 권리를 보유하였다.

2004년 4월 21일 유럽의회는 의장의 요청으로 EC조약 제300조 제6항에 의하여 예상되는 협정과 동 조약과의 양립가능성에 대해 유럽연합사법재판소의 의견을 구하라는 법률문제위원회와 역내시장위원회(Committee on Legal Affairs and the Internal Market)의 권고를 승인하였다. 그 절차는 바로 그 날로 개시되었다. 유럽의회는 또한 같은 날에 이사회결정안에 대한 보고서를 위원회에 제안하기로 결정하였는데, 이는

171) COUNCIL DECISION of 28 June 1999 laying down the procedures for the exercise of implementing powers conferred on the Commission(1999/468/EC), OJ 1999 L 184, p.23.

이 단계에서 그 결정안의 긴급한 고려에 대한 2004년 3월 25일의 이사회의 요청을 암묵적으로 거부한 것이었다.

2004년 4월 28일 이사회는 EC조약 제300조 제3항 제1호에 근거하여 2004년 5월 5일까지 협정의 체결과 관련하여 결정안에 대한 의견을 전달해 줄 것을 요청하는 서신을 유럽의회에 송부하였다. 그러한 요청의 긴급성을 정당화하기 위하여 이사회는 2004년 3월 25일의 서신에서 내세운 이유들을 다시 언급하였다.

2004년 5월 14일 EC위원회는 적정성에 관한 결정을 채택하였는데, 이것이 C-318/04 사건의 대상이다. 2004년 5월 17일 이사회는 결정을 채택하였는데, 이것이 C-317/04의 대상이다.

2004년 6월 4일의 서신에서 이사회 의장은 유럽의회에 결정 2004/496은 유럽연합의 우선과제인 테러에 대한 투쟁과 또한 항공사들의 불확실한 법적 상황 및 그들의 재무적 이익을 고려하였음을 통보하였다.

유럽연합사법재판소는 변론절차에서 확인된 양 사건 간의 관계를 고려하여, 양 사건을 병합하는 것이 적절하다고 판단하였다.

C-318/04

유럽의회는 EC위원회결정(Commission Decision 2004/535/EC)에 대하여 권한일탈행위, 지침 95/46의 기본원칙 위반, 기본적 권리의 침해와 비례원칙의 위반을 주장하는 무효소송을 제기하였다.

첫 번째 주장 : 지침 95/46 제3조 제2항의 첫째 단락(first indent)의 위반 여부

당사자의 주장

유럽의회는 EC위원회결정의 채택은 지침 95/46의 규정과 일치하지 않기 때문에 특히 공동체법의 적용범위 밖에 속하는 활동의 배제와 관련하여, 동 지침 제3조 제2항 첫째 단락이 침해되었기 때문에 권한일탈이라고 주장한다.

유럽의회가 제출한 내용에서 적정성에 관한 결정(decision on adequacy)에 의해 커버되는 미국에 이전된 이후의 PNR데이터의 처리는 유럽연합사법재판소의 판례[172)]에 언급되어 있는 바와 같이, 국가 활동 중에 수행되고 앞으로도 수행될 것이라는 점은 의심의 여지가 없다.

EC위원회는 항공사들의 활동은 명백히 공동체법의 적용범위 내에 속한다고 주장한다. EC위원회는 그들 민간사업자들은 공동체 안의 PNR데이터를 처리하고 제3국에 이전하기 위하여 준비를 한다는 의견을 제출한다. 따라서 사적 당사자들의 활동이 관련되며, Lindqvist사건에서 유럽연합사법재판소가 판결한 바와 같이 항공사들이 영업하는 회원국이나 또는 그 공공기관들의 활동이 관련되는 것이 아니다. PNR데이터의 처리에서 항공사들이 추구하는 목적은 협정 제2항에서 규정된 의무를 포함하여 단지 공동체법의 요건을 준수하는 것이다. 지침 95/46 제3조 제2항은 공동체법의 적용범위 밖에 속하는 공공기관의 활동을 규정한다.

판결 요지

지침 95/46 제3조 제2항 첫째 단락은 공동체법의 적용범위 밖에 있는 활동, 예컨대 EU조약(TEU) 제5편과 제6편에서 규정된 활동들, 즉 어떠한 경우이든 공공의 안전, 방위, 국가안전보장과 형사법분야에서의 국가의 활동에 관한 처리작용들 중에서의 개인데이터의 처리를 지침의 적용범위에서 제외한다.

172) Lindqvist[2003], paragraph 43

적정성에 관한 결정(decision on adequacy)은 단지 미국 관세국경보호국에 이전되는 PNR데이터에만 관련된다. 그러한 이전의 요구가 2001년 11월에 미국에 의해 제정된 실정법과 그러한 실정법 하에서 관세국경보호국에 의해 채택된 집행규칙에 근거한 것이라는 것은 동 결정 전문 제6항으로부터 명백하다. 동 결정 전문 제7항에 의하면, 문제의 미국법은 안전보장의 강화와 미국의 출입국의 조건과 관련된다. 동 결정 전문 제8항은 공동체는 공동체법에 의해 부과된 한계 내에서 테러에 대한 싸움에서 전적으로 미국을 지원한다고 기술하고 있다. 동 결정 전문 제15항은 PNR데이터는 테러와 관련 범죄, 그 성질상 초국가적인 조직범죄를 포함하는 다른 중대 범죄의 예방과 싸움, 그리고 그들 범죄로부터의 해방을 위하여 엄격하게 사용될 것이라고 기술하고 있다. 따라서 PNR데이터의 관세국경보호국에의 이전은 공공의 안전과 형사법분야에서의 국가의 활동에 관한 처리작용을 형성한다.

PNR데이터는 원래 공동체법의 범위 내에 속하는 활동, 다시 말하자면 서비스 공급의 자격을 부여하는 항공권 판매 중에 항공사에 의해 수집된다는 견해는 정당하지만, 그러나 적정성에 관한 결정(decision on adequacy)에서 고려되는 데이터의 처리는 성질상 매우 다른 것이다. 동 결정은 서비스의 공급에 필요한 데이터의 처리에 관련된 것이 아니라, 공공의 안전 보호와 법집행 목적에 필요한 것으로 간주되는 데이터의 처리와 관련되는 것이다.

유럽연합사법재판소는 Lindqvist판결에서 지침 95/46 제3조 제2항 첫째 단락에서 예로써 언급된 활동들은 국가 또는 국가기관들의 활동이고, 개인의 활동영역과는 관련이 없다고 판시하였다.[173] 그러나 이는 PNR데이터가 민간사업자들의 영리 목적에서 수집되었고, 제3국으로의 이전을 준비한 것도 민간사업자들이기 때문에 문제의 이전이 동 조항

173) Lindqvist[2003], paragraph 43

의 적용대상이 되지 않는다는 것을 의미하는 것은 아니다. 이전은 공공의 안전과 관련되는 공공기관에 의해 수립된 구조의 범위 내에 속한다.

따라서 이상의 검토로부터 적정성에 대한 결정은 지침 95/46 제3조 제2항 첫째 단락에서 언급된 개인데이터의 처리와 관련되며, 동 결정은 지침 95/46의 적용범위 내에 속하지 않는다. 그러므로 적정성에 관한 결정은 무효로 선언되어야 하며, 유럽의회가 주장한 다른 주장들을 심사할 필요가 없다.

C-317/04

유럽의회는 이사회결정(Council Decision 2004/496/EC)의 법적 근거로 EC조약 제95조를 부정확하게 선택한 것과, EC조약 제300조 제3항 제2호, 유럽인권협약 제8조, 비례의 원칙, 이유제시요건과 성실협력의 원칙의 각각의 위반에 대하여 무효소송을 제기하였다.

첫 번째 주장 : 이사회결정의 법적 근거로서 EC조약 제95조의 부정확한 선택

당사자의 주장

유럽의회는 EC조약 제95조는 이사회결정(Council Decision 2004/496/EC)의 적절한 법적 근거가 되지 못한다는 의견을 제출한다. 동 결정은 서비스를 제공할 자유에 대한 장애물의 제거에 기여함으로써 역내시장의 설립과 기능을 그 목적과 주제사항으로 하지 않고, 또한 그러한 목적을 달성하도록 의도된 규정을 포함하지 않는다. 그 목적은 미국법에 의해 요구된 개인데이터의 처리를 합법적으로 만드는 것이다. 또한 EC조약 제95조가 협정을 체결할 공동체의 권한을 정당화시킬 수도 없다. 왜냐하면, 협정은 동 지침의 적용범위에서 제외되는 데이터의 처리작용과 관련되기 때문이다.

이사회는 EC조약 제100a조를 근거로 하여 유효하게 채택된 동 지침이 제25조에서 개인데이터가 만일 필요하다면, 공동체가 그 국가와 협정을 체결하게 하는 협상에 착수할 가능성을 포함하여 적정한 보호수준을 보장하는 제3국으로의 이전을 가능하게 하는 조항을 포함한다고 반박한다. 동 협정은 개인의 기본적 자유와 권리, 특히 프라이버시를 존중하는 조건 하에서 공동체와 미국 간의 PNR데이터의 자유로운 이동과 관련된 것이다. 이는 회원국들의 항공사 사이, 그리고 후자와 제3국 항공사 사이의 경쟁의 왜곡을 제거하고자 하는 것이며, 개인적 권리와 자유의 보호와 관련된다는 이유로 미국에 의해 부과된 요건으로 생겨난 것이다. 미국을 출입하는 국제항공여객운송사업을 운영하는 회원국 항공사들 간의 경쟁의 조건은 그들 항공사 중 몇 개만이 미국 정부기관이 데이터베이스에 접근할 수 있도록 하기 때문에 왜곡될 수 있었다. 동 협정은 통일된 의무를 모든 관련 항공사들에게 부과하도록 되어 있다.

참가인인 EC위원회는 국제공법의 의미 내에서 미국법과 공동체규범 사이의 '법률의 충돌'이 있으며, 그들 규범들을 조화시킬 필요가 있다고 진술한다. EC위원회는 유럽의회가 EC조약 제95조는 이사회결정(2004/496/EC)의 법적 근거를 형성할 수 있다고 다투면서, 적절한 법적 근거를 제시하지 못한다고 주장한다. EC위원회에 따르면, 동 조항은 이사회결정의 '자연법적 근거'이다. 왜냐하면, 동 협정은 공동체 내에서 이전될 때 개인데이터 보호의 외재적 범위와 관련된 것이기 때문이다. 지침 95/46 제25조와 제26조는 배타적으로 공동체에 대외적 권한을 정당화시킨다. 게다가, EC위원회는 항공사에 의한 데이터의 초기 처리는 영리 목적으로 수행된다는 의견을 제시한다. 미국 정부기관이 데이터를 이용한다고 하더라도 지침의 효력으로부터 제외되지 않는다.

판결 요지

EC조약 제95조는 지침 95/46 제25조와의 맥락에서 해석될 때, 협정을 체결할 공동체의 권한을 정당화할 수 없다. 동 협정은 적정성에 관한 결정(decision on adequacy)과 동일한 데이터의 이전과 관련되며, 따라서 상술한 바와 같이 동 지침의 적용범위에서 제외되는 데이터의 처리작용과 관련된다. 따라서 이사회결정(2004/496/EC)은 EC조약 제95조의 근거에서 유효하게 채택될 수 없었다. 그러므로 동 결정은 무효로 선언되어야 하며, 유럽의회에 의해 제기된 다른 주장을 심리할 필요가 없다.

판결의 효력의 제한

협정 제7절에 의해 일방 당사자는 언제라도 동 협정을 종료시킬 수 있고, 타방 당사자에게 종료의 통지일로부터 90일이 경과하면 종료의 효력이 발생한다.

그러나 협정 제1절과 제2절에 따라 관세국경보호국의 PNR데이터에의 접근권과 관세국경보호국에 의해 요구된 바와 같이 항공사들에게 부과된 그 데이터를 처리할 의무는 적정성에 관한 결정이 적용 가능한 기간 동안에만 존속한다. 협정 제3절에서 관세국경보호국은 그것이 동 결정과 관련된 업무를 집행하고 있는 것이라고 기술하였다.

첫째로, 공동체가 협정 종료로부터 90일 기간 동안 계속해서 적용 가능한 협정을 이행하지 않는 것에 대한 정당화사유로서 자신의 법률에 의존할 수 없다는 사실, 그리고 둘째로, 협정과 적정성에 관한 결정 사이에 존재하는 밀접한 관계를 전제로 한다면 법적 확실성을 이유로 하여 관계인을 보호하고 동일한 기간 동안 적정성에 관한 결정의 효력을 유지하는 것이 정당한 것으로 보인다. 게다가 본 판결을 준수하는데 필요한 조치의 채택에 필요한 기간을 고려에 넣어야 한다. 그러므로 적정성에 대한 결정의 효력을 2006년 9월 30일까지 유지하는 것이 적절하지만, 그 효력은 협정이 종료하는 날을 초과하여 유지되어서는 안된다.

(13) Case C-101/01 (6 November 2003)[174)]

판결 요지

본 사건의 쟁점의 하나로서 만일 스웨덴에 있는 사람이 컴퓨터를 이용하여 개인데이터를 스웨덴에 있는 서버에 저장된 홈페이지에 게시하고, 그로 인해 그 개인데이터를 제3국에 있는 사람들에게도 접근가능하게 된다면, 지침 95/46 제25조의 '개인데이터의 제3국으로의 이전'에 해당하는지, 나아가 만일 제3국의 누구도 사실상 그 데이터에 접근하지 않았다면 또는 문제의 서버가 실제로 물리적으로 제3국에 있었다면 어떻게 해석하여야 하는지가 제청되었다.

이와 관련하여, 유럽연합사법재판소는 인터넷 홈페이지에 개인데이터를 올리는 것은 단지 그것이 제3국의 사람들에게 접근할 수 있도록 하기 때문에 지침 95/46 제25조의 의미 내에서 그 개인데이터의 제3국으로의 '이전'에 해당하는지를 결정하기 위하여서는 그렇게 수행된 활동의 기술적 성격과 제25조가 속하는 동 지침 제4장의 목적과 구조 모두를 고려할 필요가 있다고 한다. 인터넷상의 데이터는 거의 언제나 많은 지역에 사는 무수한 사람에 의해 조회될 수 있는 바, 동료 신도들에 관한 데이터를 포함하여 Mrs Lindqvist가 인터넷 홈페이지에 게시한 데이터를 얻기 위하여서는 인터넷 이용자는 인터넷에 접속해야 할뿐만

174) Lindqvist[2003], EU:C:2003:596. 본 사건의 사실관계의 개요와 쟁점에 대해서는 본서 139쪽 이하를 참조.

아니라 그 페이지를 조회하기 위하여 필요한 행동을 개별적으로 해야 한다. 다시 말하면, Mrs Lindqvist의 인터넷 홈페이지는 일부러 그 페이지에 접속하고자 하지 않은 사람들에게 자동적으로 그 데이터를 송부하는 기술적 수단을 포함하지 않았다. 따라서 본안소송에서의 사건과 같은 상황에서는 제3국의 사람의 컴퓨터에 나타나는 개인데이터는 그 데이터를 인터넷 사이트에 게시한 사람으로부터 나오지만, 그 두 사람 사이에 직접적으로 이전되는 것이 아니라 그 페이지가 저장되어 있는 호스팅 사업자의 컴퓨터설비를 통하여 이전된 것이다.

제25조가 속해있는 지침 95/46 제4장은 회원국들이 개인데이터의 제3국으로의 이전을 구체적 규정으로 감시할 수 있도록 의도된 특별한 체제로 구성되어 있고, 그 장은 개인데이터의 처리의 적법성에 관한 동 지침 제2장에 의해 이루어진 일반적 체계에 대한 보완적 체계를 구성한다. 제4장의 목적과 관련하여, 동 지침 전문은 특히 동 지침에 의해 공동체가 보장하는 개인의 보호는 적정한 수준의 보호를 보장하는 제3국으로의 개인데이터의 이전에 장애가 되지 않지만, 그러한 보호의 적정성은 이전활동을 둘러싼 모든 상황을 고려하여 평가되어야 한다고 명시하고 있다.[175] 특히, 동 지침 제25조 제4항은 EC위원회가 제3국이 적정한 보호수준을 보장하고 있지 않다고 인정하는 경우에, 회원국들은 당해 제3국으로의 개인데이터의 이전을 금지하는데 필요한 조치를 취하여야 한다고 규정하고 있다.

지침 95/46 제4장은 인터넷의 이용에 관한 규정을 포함하고 있지 않다. 특히, 그것은 호스팅 사업자에 의한 활동들이 그 서비스의 설치장소인지 그 사업 주소지인지 또는 그 서비스의 장비를 형성하는 컴퓨터가 소재하는 장소인지에 대한 결정기준을 규정하고 있지 않다. 동 지침이 제정된 당시에 인터넷의 발달상황과 인터넷의 이용에 적용 가능한

175) recital, paragraphs 56~60

기준이 제4장에 결여되어 있다는 점을 고려할 때, EU입법자가 '개인데이터의 제3국으로의 이전'이라는 표현을 비록 그 데이터에 접근할 수 있는 기술적 수단에 의해 제3국에 있는 사람이 접근할 수 있다 할지라도, 본 사안과 같은 개인이 데이터를 인터넷 홈페이지에 게시하는 것을 포함할 의도였다고는 생각할 수 없다.

그러므로 본 사안에서의 (Mrs Lindqvist가 한 것과 같은)활동은 지침 95/46 제25조의 '개인데이터의 제3국으로의 이전'에 해당하지 않는다는 의미로 해석되어야 하며, 제3국의 개인이 관련 인터넷 홈페이지에 접근했는지 또는 그 호스팅서비스의 서버가 물리적으로 제3국에 있었는지 여부를 조사할 필요는 없다.

5. 데이터 보호 감독기관

(1) Case C-645/19 (15 June 2021)[176)]

사실관계의 개요와 쟁점

2015년 9월 11일 프라이버시위원회 위원장은 Facebook Ireland, Facebook Inc. 및 Facebook Belgium을 상대로 금지명령을 청구하는 소송을 벨기에 제1심법원에 제기하였다. 프라이버시위원회는 법인격을 가지고 있지 않기 때문에 그 기관의 위원장이 개인데이터 보호법의 준수를 보장하기 위하여 법적 조치를 취할 것이 필요했다. 그러나 프라이버시위원회 자체는 그 위원장이 제기한 소송에의 참가 허가를 청구하였다.

이들 금지명령소송의 대상은 프라이버시위원회가 특히 그러한 온라인 소셜 네트워크에 의한 Facebook 계정 보유자와 쿠키, 소셜 플러그인

176) Facebook[2021], EU:C:2021:483

(예컨대, '좋아요' 또는 '공유' 버튼) 또는 픽셀 등과 같은 여러 가지 기술수단에 의한 Facebook의 비이용자들의 인터넷 검색행위에 대한 정보의 수집으로 구성된 'Facebook에 의한 프라이버시 보호와 관련된 법률에 대한 중대하고 대규모적인 위반'으로 묘사되는 것을 종결시키는 것이었다. 이러한 기능들은 Facebook이 그 페이지의 주소, 그 페이지의 방문자의 'IP 주소', 그리고 문제의 방문 날짜와 시간과 같이 그것들을 포함하는 웹 사이트 페이지를 방문하는 인터넷 이용자의 일정한 데이터를 얻을 수 있게 한다.

2018년 2월 16일 판결에서 브뤼셀 제1심법원은 그 소송에 Facebook Ireland, Facebook Inc. 및 Facebook Belgium이 관련되는 한 금지명령소송에 대한 판결을 내릴 재판권을 가지고 있다고 판결하고, 프라이버시위원회가 한 참가허가신청은 허용할 수 없다고 선언하였다.

실체에 관하여 동 법원은 Facebook이 벨기에 인터넷 이용자들에게 관련 정보의 수집과 그 정보의 이용에 대해 알리지 않았다고 판결하였다. 나아가 인터넷 이용자가 그러한 데이터의 수집 및 처리에 대해 부여한 동의는 무효라고 판결되었다. 그러므로 동 법원은 Facebook Ireland, Facebook Inc. 및 Facebook Belgium에게 (i) 벨기에에서 설립된 모든 인터넷 이용자들에 관하여 Facebook.com 도메인에서 웹 페이지를 검색할 때 또는 제3자의 웹 페이지를 방문할 때 그들의 동의 없이 활성화된 쿠키를 그들이 사용한 디바이스에 2년간 설치하는 것을 금지하고, Facebook 소셜 네트워크가 추구한 목적에 비추어 과도한 방식으로 제3자 웹 사이트 상에서 소셜 플러그인, 픽셀 또는 유사한 기술적 수단에 의하여 쿠키를 설치하거나 데이터를 수집하는 것을 금지할 것, (ii) 쿠키의 사용을 위해 Facebook이 정비한 체계의 실제 정도에 관하여 데이터주체를 합리적으로 오도할 수 있는 정보의 제공을 금지할 것, (iii) 쿠키 및 소셜 플러그인에 의해 취득된 모든 개인데이터를 파기할 것을 명령하였다.

2018년 3월 2일 Facebook Ireland, Facebook Inc. 및 Facebook Belgium은 그 판결에 대해 브뤼셀항소법원에 항소하였다. 항소법원에서 DPA는 금지명령소송을 제기한 프라이버시 위원장과 프라이버시위원회 양자의 법적 승계인으로 행위한다.

제청법원은 Facebook Belgium과 관련하여 제기된 항소에 대해서만 재판권을 가진다고 판결했다. 반대로, 제청법원은 Facebook Ireland 및 Facebook Inc.와 관련하여 그 항소를 심리할 재판권이 없다고 판결했다.

본안소송의 실체에 대한 판결을 내리기 전에 제청법원이 제기한 제청사항의 하나는 DPA가 요구되는 원고적격과 소의 이익을 가졌는지 여부이다. 그 소송이 2018년 5월 25일 이전의 사실과 관련되는 한, 2017년 12월 3일 법률과 GDPR의 발효에 따라서 그 소송의 제기를 위한 법적 근거인 1992년 12월 8일 법률 제32조 제3항이 취소되었음을 감안하면, Facebook Belgium의 관점에서 금지명령을 청구하여 제기된 소송은 허용될 수 없다. 2018년 5월 25일 이후의 사실과 관련하여, Facebook Belgium은 DPA는 권한이 없고 현재 GDPR 조항에 따라서 규정된 '원스톱 샵'체계의 존재를 감안할 때 그러한 소송을 제기할 권리가 없다고 주장한다. 이들 조항을 근거로 할 때, Facebook Ireland에 대한 금지명령소송을 제기할 수 있는 권한은 아일랜드 데이터보호감독관(Data Protection Commissioner)뿐이며, 후자는 유럽연합 내에서 관련 소셜 네트워크 이용자의 개인데이터의 유일한 컨트롤러라고 주장한다.

제청법원은 DPA가 이들 소송이 2018년 5월 25일 이전의 사실과 관련 있는 한 금지명령소송을 제기하기 위해 필요한 원고적격을 입증하지 못했다고 판결하였다. 그러나 그 일자 이후의 사실과 관련하여, 제청법원은 GDPR의 발효의 효력, 특히 GDPR이 규정한 '원스톱 샵' 체계를 DPA의 권한과 이러한 금지명령소송을 제기할 권한에 대해 적용하는 것의 효력에 대해 확신하지 못한다.

특히 제청법원의 관점에서 지금 일어나는 문제는 Facebook Ireland가 관련 데이터의 컨트롤러로 인식되었기 때문에 2018년 5월 25일 이후의 사실과 관련하여 DPA가 Facebook Belgium를 상대로 소송을 제기할 수 있는지 여부이다. 그 일자 이후로 '원스톱 샵' 규칙에 의해 GDPR 제56조에 따라서 아일랜드 데이터보호감독관만이 자격이 있으며, 아일랜드 법원의 심사를 받아야 한다.

EU사법재판소는 2018년 6월 5일의 판결, Wirtschaftsakademie Schleswig-Holstein(C-210/16, EU:C:2018:388)에서 관련 데이터의 컨트롤러가 아일랜드에서 설립되고 독일에서 설립된 자회사(Facebook Germany GmbH)가 독일에서의 광고 판매 및 다른 마케팅 활동에 대해서만 책임을 진 경우에 '독일 감독기관'이 데이터 처리에 관하여 권한이 있다고 판결하였음을 제청법원은 상기시킨다.

그러나 그 판결이 나온 사안은 EU사법재판소가 GDPR에 의해 폐기된 지침 95/46 조항의 해석과 관련한 선결소송 청구에 대한 결정에서였다. 제청법원은 그 판결에서의 EU사법재판소의 해석이 GDPR의 적용에 있어서 여전히 어느 정도 타당한지에 대해 확신하지 못한다.

제청법원은 또한 2019년 2월 6일의 독일 경쟁기관의 결정(이른바 'Facebook' 결정)을 언급한다. 그 결정에서 그 경쟁기관은 Facebook이 동의를 하지 않은 이용자도 Facebook 서비스에서 배제될 수 없다는 조건으로 이용자가 명시적인 동의를 할 때에만 현재는 허용되는 서로 다른 출처의 데이터를 통합함으로써 그 지위를 남용하고 있었다는 견해를 취하였다.

나아가, 제청법원은 '원스톱 샵' 체계는 이러한 소송이 데이터 처리가 이루어진 장소의 관할권을 가진 법원에 제기될 것을 요구하는 것으로 보이기 때문에, DPA가 필요한 경우 소송을 개시하거나 참가할 수 있다고 일반적으로 허용하는 2017년 12월 3일 법률 제6조가 모든 경우에 DPA가 벨기에 법원에 이러한 소송을 제기할 수 있다는 것을 의미하지는 않는다고 생각한다.

이러한 상황에서 브뤼셀항소법원은 재판을 중단하고 선결소송을 위하여 다음과 같은 사항을 EU사법재판소에 제청하기로 결정하였다:

‘(1) 헌장 제7조, 제8조 및 제47조와 함께 GDPR 제55조 제1항, 제56조부터 제58조까지 및 제60조부터 제66조까지는 GDPR 제58조 제5항의 시행을 위해 채택된 국가법에 따라 GDPR 위반에 대해 그 회원국의 법원에 소송을 개시하거나 참가할 권한을 가지는 감독기관이 국경을 넘는 데이터 처리와 관련하여 그러한 국경을 넘는 데이터 처리에 대해 주 감독기관이 아니라면 그러한 권한을 행사할 수 없다는 의미로 해석하여야 하는가?

(2) 그러한 국경을 넘는 데이터 처리의 컨트롤러가 그 회원국에 그 주된 설립체가 없지만 다른 설립체가 있다면 첫 번째 제청사항에 대한 답변이 다른가?

(3) 국가 감독기관이 회원국 자체의 설립체에 대해서가 아니라 국경을 넘는 데이터 처리에 대해 컨트롤러의 주된 설립체에 대해 소송을 개시한다면 첫 번째 제청사항에 대한 답변이 다른가?

(4) 국가 감독기관이 GDPR이 발효된 일자(2018년 5월 25일) 전에 소송을 이미 개시했다면 첫 번째 제청사항에 대한 답변이 다른가?

(5) 첫 번째 제청사항에 대한 답변이 긍정적이라면, GDPR 제58조 제5항은 직접적인 효력을 가지며 GDPR 제58조 제5항이 국내법화할 것이 요구됨에도 불구하고 회원국의 입법으로 구체적으로 법제화되지 않은 경우라 할지라도 그 조항에 근거하여 사적 당사자에 대해 소송을 개시하거나 계속할 수 있음을 의미하는가?

(6) 제청사항 (1)부터 (5)까지의 답변이 긍정적이라면, 주 감독기관이 GDPR 제56조 및 제60조에서 규정된 체계에 따라서 동일한 또는 유사한 국경을 넘는 처리활동을 조사할 때 이러한 소송의 결과에 따라 주 감독기관이 반대의 결정을 하는 것을 금지할 수 있을 것인가?’

판결 주문

이상의 이유에 따라, EU사법재판소(대법정)는 다음과 같이 판결한다.

1. EU기본권헌장 제7조, 제8조 및 제47조와 함께, GDPR 제55조 제1항, 제56조부터 제58조까지, 제60부터 제66조까지는 GDPR 제58조 제5항을 국내법화하기 위하여 채택된 국가입법에 따라서 GDPR의 위반에 대해 그 회원국 법원에 알리고 필요한 경우 소송을 개시하거나 참가할 권한을 가지는 회원국 감독기관은 이러한 처리가 GDPR에 포함된 규정을 위반하고 있으며, GDPR이 규정한 협력 및 일관성 절차가 존중된다는 것을 인정하는 결정을 채택할 권한을 GDPPR이 그 감독기관에게 부여한 상황의 하나에서 그러한 권한이 행사된다면, GDPR 제56조 제1항의 의미 내에서 그러한 처리와 관련하여 '주 감독기관'이 아니라고 할지라도 국경을 넘는 데이터 처리의 주장과 관련하여 그러한 권한을 행사할 수 있다는 의미로 해석되어야 한다.

2. GDPPR 제58조 제5항은 국경을 넘는 데이터 처리의 경우에 이러한 소송이 제기된 사람에 대해 개인데이터의 국경을 넘는 처리와 관련된 컨트롤러 또는 프로세서가 그 회원국 영토에 주 설립체나 다른 설립체를 가지는 것이 주 감독기관이 아닌 회원국의 감독기관이 그 조항의 의미 내에서 소송을 개시하거나 참가할 권한 행사를 위한 전제조건은 아니다

3. GDPR 제58조 제5항은 소송의 대상이 그 설립체의 활동의 맥락에서 수행된 데이터의 처리이고 그 기관이 첫 번째 제청사항에 대한 답변의 관점에 따라서 그러한 권한을 행사할 자격이 있다면 주 감독기관이 아닌 회원국의 감독기관이 GDPR 위반을 그 회원국의 법원에 알리고 해당하는 경우 그 조항의 의미 내에서 소송을 개시하거나 참가할 권한이 그 기관의 회원국에 위치한 컨트롤러의 주 설립체와 그 컨트롤러의 다른 설립체 모두와 관련하여 행사될 수 있다는 의미로 해석되어야 한다.

4. GDPR 제58조 제5항은 GDPR 제56조 제1항의 의미 내에서 '주 감독기관'이 아닌 회원국 감독기관이 소송을 제기하였고, 그 소송의 대상은 2018년 5월 25일 이전, 즉

GDPR이 시행되는 일자 이전에 개인데이터의 국경을 넘는 처리의 주장인 경우 그 소송은 EU법의 관점에서 지침 95/46 조항들에 근거하여 계속될 수 있으며, 그 지침은 폐지되는 일자까지 일어난 그 지침의 위반과 관련하여 여전히 적용 가능하다는 의미로 해석되어야 한다. 또한 그 소송이 예외적으로 GDPR이 '주 감독기관'이 아닌 회원국의 감독기관에게 문제의 데이터 처리가 개인데이터의 처리와 관련하여 자연인의 권리의 보호에 관한 GDPR에 포함된 규정을 위반하고 있고, GDPR에 규정된 협력 및 일관성 절차가 존중된다면, 그러한 소송은 그 일자 이후에 일어난 위반과 관련하여 GDPR 제58조 제5항에 근거하여 그 기관에 의해 제기될 수 있으며, 이는 제청법원이 결정하여야 한다.

5. GDPR 제58조 제5항은 그 조항이 직접적 효력을 가지며, 그 조항이 관련 회원국의 입법에서 구체적으로 시행되지 않는 경우라도 결과적으로 국가 감독기관이 사적 당사자에 대해 소송을 제기하거나 계속하기 위하여 그 조항에 근거할 수 있음을 의미하는 것으로 해석되어야 한다.

(2) Case C-288/12 (8 April 2014)[177)]

본 사건은 유럽위원회가 개인데이터 보호를 위한 감독기관의 독립성에 관한 지침 95/46을 위반하였음을 이유로 헝가리를 상대로 유럽연합사법재판소에 제기한 조약의무불이행소송이다.

사실관계의 개요

2008년 9월 29일 Mr Jóri는 1992년의 국가법에 의해 개인데이터보호감독관으로 임명되어 동일부터 그 직무를 시작하였다. Mr Jóri는 6년 임기로 임명되었기 때문에 2014년 9월말까지 사직하여서는 안되었지만, 헝가리 기본법 임시조치에 관한 규정에 따라서 2011년 12월 31일

177) Commission v Hungary[2014], EU:C:2014:237

사직하여야 했다. 지침 95/46에 따른 개인데이터보호 감독기관이 2012년 1월 1일부터 그 활동이 개시되었고, 국무총리의 제청으로 대통령이 Mr Péterfalvi를 9년 임기의 그 기관의 장으로 임명하였다.

2012년 1월 17일 유럽위원회는 헝가리에 공식통지서를 송부하였다. 그 통지서에서 유럽위원회는 헝가리가 다음의 이유로 지침 95/46 제28조 제1항 및 제2항을 위반하였다는 견해를 표명하였다. 즉 첫째로, 감독관을 그 임기만료 전에 사직을 강제하였다는 점, 둘째로, 데이터 보호에 관한 신법안에 대해 감독관에게 의견조회를 하지 않은 점, 셋째로, 동 신법에 의해 감독관의 임기를 조기종료하게 하고 대통령과 국무총리에게 그와 관련한 역할을 부여한 점이다.

2012년 2월 17일 서신에서 헝가리는 지침 95/46 위반을 부정하였다. 첫째로, 헝가리는 감독관의 조기사직은 헝가리 개인데이터보호 감독기관제도의 변경에 따른 것으로, 감독관이 새로운 감독기관의 장이 되기를 원하지 않았다고 주장하였다. 둘째로, 헝가리는 유럽위원회에 데이터 보호에 관한 신법안에 대하여 감독관에게 한 의견조회와 관련된 문서를 제공하였다. 셋째로, 헝가리는 감독기관의 장의 임기의 조기종료와 관련한 유럽위원회의 우려를 불식하기 위하여 관련법규정을 개정하였다고 말하였다.

2012년 3월 7일 유럽위원회는 데이터 보호에 관한 감독관에의 의견조회에 관한 이유를 철회한다는 이유제시 의견(reasoned opinion)을 송부하였다. 그러나 유럽위원회는 감독관이 조기사직한 점과 그와 관련하여 대통령과 국무총리가 한 역할에 대해 우려를 표명하였다. 후자와 관련하여, 유럽위원회는 만일 헝가리가 이유제시 의견이 설정한 기한 - 통지로부터 한 달 - 까지 법개정안을 채택한다면, 유럽위원회는 그에 관한 위반은 종결되었다고 간주할 것이라고 기술하였다.

2012년 3월 30일 서신에서 헝가리는 관련법조항은 수일 내에 채택될 예정이라고 답하였다. 동 개정안은 실제로 동년 4월 2일 채택되어 동년

4월 7일부터 시행되었다. 그러나 동 서신에서 헝가리는 감독관의 조기 사직과 관련하여 그 견해를 유지하였기 때문에 유럽위원회는 본 소송을 제기하였다.

당사자의 주장 요지

유럽위원회는 지침 95/46 제28조 제1항에서의 "완전히 독립하여(with complete independence)"란 문언은 직접적이건 간접적이건 어떠한 영향으로부터 자유로운 완전한 독립, 즉 관련 감독기관이 어떠한 지시나 압력도 받지 않고 외부의 영향으로부터 자유롭게 그리고 그러한 영향이 행사될 것이라는 위협도 없이 완전히 자유롭게 활동할 수 있음을 보장하는 것을 의미한다는 의견을 제출한다. 또한 동 위원회는 지침 95/46이 회원국들에게 동 지침 제28조, 특히 기관모델과 감독기관의 임기와 관련하여 재량적 조치를 부여한다는 점을 인정한다. 그러므로 회원국들은 원칙적으로 그 임기의 설정을 자유롭게 할 수 있다. 그러나 일단 그 임기가 설정되면 회원국들은 그것을 존중하여야 하고, 법정의 사유가 없는 한 그 임기만료 전에 사직하게 할 수 없다.

본 사건에서 헝가리는 감독관의 조기사직에 대해 객관적인 이유가 있음을 입증하지 못했다. 첫째로, 감독기관제도의 개혁은 헝가리가 그러한 기관제도의 모델을 변경할 권한을 가지고 있다고 할지라도 설득력 있는 정당한 이유가 아니다. 둘째로, 헝가리는 감독관이 자신이 잔여 임기를 포기하고, 새로운 감독기관을 운영하기를 거부하였다는 사실을 입증하지 못했다. 셋째로, 헝가리 입법기관이 기본법과 그 경과규정을 형성하였다거나 또는 관련 법률이 지침 95/46의 요건을 충족시키는지 여부는 그 문제와 관련이 없다.

헝가리는 지침 95/46 제28조에서 규정된 독립성 요건은 감독기관이 취하여야 할 형태 또는 형태의 변경에 관한 회원국의 결정에까지 확장되는지 여부에 대해 의문을 가지고 있다. 헝가리에 따르면, 지침 95/46 제28조 제1항에서 규정된 독립성 요건은 감독기관에 부여된 직무의 수행에 있어서의 독립성과 관련되며, 따라서 당해 기관의 운영상의 독립성과 관련된다는 것은 지침 95/46 제28조의 문언과 규칙 45/2001 그리고 유럽연합사법재판소의 판례법으로부터 명백하다고 한다. 헝가리 입법기관은 2012년 1월 1일의 전과 후에 있어서 모두 완전히 그러한 요건을 충족하였다. 지침 95/46 제28조는 그 기관의 장으로 임명된 사람에게 부여된 과제를 수행할 권리를 부여해야 한다는 취지는 아니다. 감독기관의 운영상의 독립성이 온전하게 유지되는 한, 그 장이 그 임기 만료 전에 변경된다 할지라도 그것은 별로 중요하지 않다. 그러한 견해는 감독기관의 임기 설정과 관련한 회원국들의 재량과 합치되는 것이다.

헝가리는 지침 95/46은 그 조직구성과 그 장의 임기를 규정하고 있지 않기 때문에, 회원국들은 조직구성을 자유롭게 할 수 있다고 주장한다. 그러한 자유는 선택된 기관모델 내에서 감독기관의 권한을 행사하도록 부여된 사람의 임명과 기관모델에 변경이 있는 경우에 그 사람의 교체에까지 확장된다. 헝가리에 따르면, 지침 95/46 제28조가 부여하는 유일한 제한은 감독기관이 그 과제를 회원국이 설정한 임기동안 중단없이 그리고 완전히 독립하여 순조롭게 수행할 수 있음을 보장하는 것이다.

제청사항의 검토 요지

먼저, 지침 95/46 제28조 제1항 2문은 회원국들이 그 임무의 수행에 있어서 완전히 독립성을 가진 하나 이상의 감독기관의 설치를 요구하는 것이라는 점을 기억하여야 한다. 게다가, 개인데이터의 처리와 관련하여 개인의 보호에 관한 EU법의 준수는 독립기관에 의한 통제의 대상이 되어야 한다는 요건은 EU의 제1차법, 특히 EU기본권헌장 제8조 제

3항과 EU운영조약(TFEU) 제16조 제2항에서 도출된다. 따라서 회원국들의 독립적 감독기관의 설치는 개인데이터의 처리와 관련하여 개인의 보호의 필수적 구성요소이다. 헝가리도 다투지 않는 것처럼, 감독관은 6년 임기로 선임된 것으로 지침 95/46의 의미 내의 개인데이터의 보호를 위한 감독기관이었다는 점을 기억하여야 한다.

본 소송과 관련하여서는 유럽위원회가 주장하는 바와 같이, 지침 95/46 제28조 제1항 2문에서 규정된, 감독기관은 완전히 독립하여 맡겨진 직무를 수행할 수 있을 것을 보장하는 요건은 관련 회원국들이 그 기관에게 전 임기의 재직을 허용할 의무를 발생시키는지 여부를 검토할 필요가 있다. 유럽연합사법재판소는 지침 95/46 제28조 제1항 2문의 해석과 관련하여, 개인데이터의 처리의 감독을 관할하는 감독기관은 외부의 영향으로부터 자유로운 임무를 수행할 수 있는 독립성을 의미한다고 하였다. 그러한 독립성은 어떠한 형태이든, 직접적이든 간접적이든 그 결정에 영향을 가질 수 있고, 그 기관이 사생활권의 보호와 개인데이터의 자유로운 이동 간에 정당한 형량을 하는 업무의 수행에 의문을 제기할 수 있는, 특히 어떠한 지시나 외부로부터의 영향을 배제한다.

따라서 감독기관들의 운영상의 독립성은 그 구성원들이 그 임무의 수행에 있어서 어떠한 종류의 지시에도 구속되지 않는다는 점에서, 그들 기관이 지침 95/46 제28조 제1항 2문의 독립성 요건을 충족시킬 수 있으려면 갖추어야 할 필수적 조건이다. 그러나 헝가리의 주장과는 달리, 그러한 운영상의 독립성은 그 자체로 모든 외부영향으로부터 감독기관을 보호하기에 충분한 것은 아니다. 그와 관련하여, 유럽연합사법재판소는 기관들을 정밀히 조사하는 국가는 감독기관의 결정에 대해 정치적 영향력을 행사할 수 있다는 리스크만으로도 감독기관들이 그 독립적인 직무수행을 저해하기에 충분하다고 판결한 바 있다. 첫째로, 정밀조사하는 기관의 의사결정 실무에 따르는 '사전 준수(prior compliance)'

가 있을 수 있다. 둘째로, 사생활권의 수호자로서 그들 감독기관에 의해 채택된 역할의 관점에서 지침 95/46 제28조 제1항 2문은 그 기관들의 결정이 모든 불공평성의 의문이 없을 것을 요구한다. 만일 그와 관련하여 입법에 의하여 수립된 규범과 보장장치에 반하여 모든 회원국이 감독기관의 임기만료 전에 강제사직을 허용한다면, 그들 감독기관이 임기 중에 노출된 조기사직의 위협은 그들 감독기관이 정치적 기관에의 사전 준수로 이끌 수 있으며, 이것은 독립성의 요건과 양립할 수 없다. 이러한 점은 조기사직이 제도의 변경이나 재설계의 결과로 생긴다고 할지라도 동일하다. 따라서 지침 95/46 제28조 제1항 2문에서 규정된 독립성 요건은 감독기관들이 그 전 임기동안 재직하며, 입법에 의해 설정된 규범과 보장장치에 따라서만 임기만료 전에 사직하게 할 것을 허용할 의무도 포함하는 것으로 해석되어야 한다.

이상에서 검토한 바와 같이, 개인데이터 보호 감독기관의 조기사직에 대해 헝가리는 지침 95/46에 의한 의무를 이행하지 않았다.

(3) Case C-614/10 (16 October 2012)[178)]

사실관계의 개요와 쟁점

유럽위원회는 오스트리아의 현행법에 의하면 개인데이터의 보호를 위한 감독기관으로서 설립된 데이터보호위원회(Datenschutzkommission ; DSK)와 관련한 규정들이 지침 95/46 제28조 제1항 2문에 의한 독립성 요건을 충족하지 못했다고 하여, 동 조항에 의한 의무를 이행하지 못하였음을 선언할 것을 유럽연합사법재판소에 청구한 조약의무불이행소송이다.

178) Commission v Austria[2012], EU:C:2012:631

판결 요지

지침 95/46 제28조 제1항 2문은 회원국들에게 부여된 기능을 행사함에 있어서 완전한 독립성을 가지는 개인데이터의 보호를 위한 하나 이상의 감독기관의 설치를 요구한다. 게다가, 개인데이터의 처리와 관련한 개인의 보호에 관한 EU법의 준수는 독립된 기관에 의한 통제를 받아야 한다는 요건은 EU의 제1차법, 특히 EU기본권헌장과 EU운영조약(TFEU) 제16조 제2항에서 파생된 것이다. 따라서 회원국들의 독립적인 감독기관의 설치는 개인데이터의 처리와 관련한 개인의 보호의 필수적 요소이다. 본 소송이 이유가 있는지 여부를 결정하기 위하여 유럽위원회가 주장하는 바와 같이, 오스트리아에서 시행중인 법률이 DSK가 지침 95/46 제28조 제1항 2문의 의미 내에서의 '완전한 독립성을 가지고' 그 기능을 행사할 수 없게 하는지 여부를 고려할 필요가 있다. 유럽연합사법재판소는 지침 95/46 제28조 제1항 2문의 '완전한 독립성을 가지고'는 개인데이터의 보호를 위한 감독기관들이 외부의 영향으로부터 자유롭게 그 임무를 수행할 수 있는 독립성을 향유하여야 하는 것을 의미하는 것으로 해석되어야 하며, 그들 기관이 직접적이든 간접적이든 결정에 영향을 미칠 수 있는 외부로부터 자유로워야 한다는 것을 의미한다고 보았다. 감독기관의 구성원들이 '독립적이고 그들의 임무수행에 있어서 어떠한 종류의 지시에 의해서도 구속되지 않는' 한, 기능적 독립성을 가지고 있다는 사실은 그 기관이 지침 95/46 제28조 제1항 2문의 의미 내에서의 독립성의 기준을 충족시키기 위한 본질적인 요건이다. 그러나 오스트리아가 주장하는 바와 달리, 그러한 기능적 독립성은 그 자체만으로 모든 외부 영향으로부터 그 감독기관을 보호하기에 충분하지 않다. 지침 95/46 제28조 제1항 2문에서 요구되는 독립성은 지시 형태의 직접적 영향을 배제할 뿐만 아니라, 감독기관의 결정에 대해 영향을 가지기 쉬운 모든 간접적 영향도 배제하고자 하는 것이다.

이러한 관점에서, 유럽연합사법재판소는 오스트리아에서 시행중인 입법이 DSK와 관련한 독립성의 요건을 충족하기 위하여 필요한 모든 조치를 취하지 못하였다고 판단하였다. 보다 구체적으로 말하자면, ① DSK의 임원은 감독에 복종하는 연방공무원이라는 점, ②DSK의 직은 연방수상부에 통합되어 있다는 점, ③연방수상은 DSK의 모든 직무에 대한 무조건적인 정보권을 가지고 있다는 점에서 오스트리아는 지침 95/46 제28조 제1항 2문의 의무를 이행하지 못하였다고 판결하였다.

(4) Case C-518/07 (9 March 2010)[179)]

사실관계의 개요

유럽위원회는 공적이 아닌 기구가 개인데이터의 처리와 관련한 개인의 보호에 관한 규정을 준수할 것을 보장하는 기관은 국가의 감독을 받아야 한다는 것은 지침 95/46 제28조 제1항 2문의 위반이라고 간주하고, 2005년 7월 5일 독일에 공식통지서(letter of formal notice)를 송달하였다. 독일은 2005년 9월 12일의 서면에서 독일의 관련 감독제도는 지침의 요건을 준수하고 있다고 답변하였다. 2006년 12월 12일 유럽위원회는 이전의 주장을 반복하는 이유제시 의견을 독일에 송달하였다. 2007년 2월 14일의 답변에서, 독일은 원래의 입장을 재확인하였기 때문에 유럽위원회가 제기한 조약의무불이행소송이다.

판결 요지

지침 95/46 제28조 제1항 2문에서 규정하는 국가감독기관의 독립성

---

179) Commission v Germany[2010], EU:C:2010:125

의 보장은 개인데이터 처리와 관련한 개인의 보호에 관한 규정 준수의 감독의 효과성과 신뢰성을 보장하고자 하는 것이며, 그러한 목적의 관점에서 해석되어야 한다. 이는 그들 기관 자체와 그 직원들의 특별한 지위를 부여하고자 하는 것이 아니라, 그 결정에 의해 영향을 받는 개인과 기구들의 보호를 강화하기 위하여 정립된 것이다. 따라서 그 임무를 수행할 때, 감독기관은 객관적이고 불편부당하게 행동하여야 한다. 이를 위하여, 이들 기관은 국가나 주의 직접적 또는 간접적 영향을 포함하여 외부의 영향으로부터 자유로워야 한다. 그러므로 공적 영역 밖에서 개인데이터의 처리를 감독할 책무를 가진 감독기관들은 외부의 영향으로부터 자유롭게 그들의 임무를 수행할 수 있도록 하는 독립성을 누려야 한다. 이러한 독립성은 피감독기구가 행사하는 모든 영향력뿐만 아니라, 직접적이든 간접적이든 사생활권의 보호와 개인데이터의 자유로운 이동 간의 정당한 형량의 확립을 그 내용으로 하는 임무의 수행을 의심스럽게 만드는 지시 또는 그 밖의 외부의 영향도 금지한다.

조사기관들은 지침 95/46 제28조 제1항 2문이 규정하는 개인데이터의 처리를 감시할 책임을 맡고 있는 감독기관들의 결정에 대해 정치적 영향력을 행사할 수 있다는 위험만으로도 감독기관들의 임무의 독립적 수행을 방해하기에 충분하다. 첫째로, 조사기관들의 의사결정 실제의 측면에서 그들 기관의 편에서의 '사전 준수'가 있을 수 있다. 둘째로, 그들 감독기관이 사생활권의 수호자로서의 역할을 수행하기 위하여, 그들의 결정과 기관들 자체는 어떠한 의심이나 편파성에서 벗어나 있을 것이 필요하다. 따라서 공적 영역 밖에서 개인데이터 처리의 감독책임이 있는 국가감독기관들에 대해 수행되는 국가의 조사는 독립성의 요건과 부합하지 않는다.

그러므로, 공법의 규율을 받는 공적이 아닌 기구 및 기업에 의한 개인데이터의 처리를 감시할 책무가 있는 기관들을 국가감시에 복종하게 만듦으로써 그들 기관이 완전한 독립성을 가지고 기능을 수행하여야 한다는 요건을 부정확하게 국가법화한 것이며, 회원국은 지침 95/46 제28조 제1항 2문에 의한 의무를 이행하지 못하였다.

제5장

'잊혀질 권리'와 관련한 판례의 검토

1. 처음에

2014년 5월 13일 유럽연합사법재판소는 근래 폭넓은 관심을 받고 있는 이른바 '잊혀질 권리[1]'와 관련하여 주목할 만한 판결을 내렸다.[2] 동 판결은 스페인 국가고등법원(Audiencia Nacional)이 EU에서의 개인데이터 보호에 관한 일반법이라고 할 수 있는 지침 95/46[3]의 해석과 관련하여, 유럽연합사법재판소에 선결소송(preliminary ruling[4])을 구하여 제청한 사건과 관련된 것이다. 나중에 보다 상세히 살펴보는 바와 같이

1) 이와 관련한 연구의 하나로서, 졸고, 잊혀질 권리'에 관한 고찰-EU 개인정보보호법안과 우리나라 「개인정보 보호법」의 비교를 중심으로-, 인권과 정의 제427호(2012.8), 51면 이하.

2) Case C-131/12, Google[2014], EU:C:2014:317

3) 동 지침과 관련된 연구로서는, 졸고, EU의 '1995년 개인정보지침'에 관한 법적 고찰, 법학논총 제33집 제1호(2013.4), 253면 이하.

4) 회원국들의 국가법원에 의한 preliminary ruling의 제청에 대한 유럽연합사법재판소의 회답의 형식은 판결(judgment)뿐만 아니라, 의견(opinion)이나 이유제시 명령(reasoned order)의 형식을 띠기도 한다. https://curia.europa.eu/jcms/jcms/Jo2_9089/en/ (2023.2.15. 방문) 그러나 그 대부분이 판결의 형식으로 이루어지기 때문에 preliminary ruling을 '선결소송'이라고 역하기로 한다. 졸고, EU사법재판소의 개인정보관련 판례에 대한 고찰, 공법연구 제42집 제2호(2013.12), 302면.

구글 검색에 의해 자신의 이름을 입력하여 검색하면 자신이 기억하고 싶지 않은(또는 잊혀지고 싶은) 과거의 사실 등이 표시되는 바, 지침 95/46 상의 삭제 및 차단에 대한 권리와 반대권 등을 근거로 하여 검색결과로부터 자신의 개인데이터의 삭제 등을 청구할 수 있는 것인지에 대하여 유럽연합사법재판소에 선결소송을 구하여 제청한 것이다. 이는 특히 인터넷상에서 검색엔진에 의한 검색이 오늘날 일반적으로 널리 이용되고 있으며 그 검색기술도 크게 발전하고 있는 바, 지침 95/46이 제정되었던 1995년 당시에는 예견하지 못한 상황이 전개되고 있는 것과도 관련하여 동 지침상의 관련규정의 해석이 문제된 것이라고 할 수 있다.

그런데 EU는 오늘날 정보화시대에서 전개되고 있는 상황과 관련하여 지침 95/46이 시대에 뒤떨어지는 탓으로 충분히 대응하지 못하고 있다는 인식에서 2012년 1월 25일에 동 지침을 대체하는 새로운 입법안[5]을 공표하여 입법절차를 추진한 결과, 새로운 일반데이터보호규칙[6](General Data Protection Regulation ; GDPR)이 2016년 5월에 공포되었다. 2016년 GDPR은 법형식에 있어서 '지침' (Directive)이 아니라 '규칙'(Regulation)의 형식을 취하고 있는 점, 위반시에 강력한 제재규정을 두고 있는 점 등과 함께 새로운 정보기본권으로서 '잊혀질 권리'를 명

---

5) EUROPEAN COMMISSION, Proposal for a REGULATION OF THE EUROPEAN PARLIAMENT AND OF THE COUNCIL on the protection of individuals with regard to the processing of personal data and on the free movement of such data (General Data Protection Regulation), COM(2012) 11 final, 2012. 1. 25. 동 법안에 관한 연구로서 졸고, EU개인정보보호법제에 관한 연구 -'2012년 개인정보보호규칙안'을 중심으로 하여-, 저스티스 제133호(2012.12), 5면 이하.

6) Regulation (EU) 2016/679 of the European Parliament and of the Council of 27 April 2016 on the protection of natural persons with regard to the processing of personal data and on the free movement of such data, and repealing Directive 95/46/EC (General Data Protection Regulation), OJ L 119, 2016.5.4., pp.1-88. 이는 일반데이터보호규칙(General Data Protection Regulation ; GDPR)이라고 약칭된다.

시적으로 도입하고 있는 점에서 그 특징을 찾아 볼 수 있다. 그러나 이러한 '잊혀질 권리'를 둘러싸고, 그 도입에 대해서 찬반양론이 치열하게 공방중인 가운데 유럽연합사법재판소가 지침 95/46상의 관련규정의 해석에 의하여 '잊혀질 권리'를 인정하고 있는 점에서도 그 권리 도입의 시시비비를 떠나서 본 판결의 의미는 크다고 할 것이다. 따라서 이하에서는 이러한 유럽연합사법재판소의 관련판례를 보다 상세하게 검토하기로 한다.

2. 사실관계의 개요와 쟁점

가. 사실관계의 개요

2010년 3월 5일 스페인 거주 스페인인 코스테하 곤잘레스 씨는 특히 스페인 카탈로니아에서 많은 부수를 발행하고 있는 일간지 라 뱅가르디아(La Vanguardia)와 구글 스페인(Google Spain) 및 구글 본사(Google Inc.)를 상대로 하여 스페인 데이터보호청(Agencia Española de Protección de Datos ; 이하 'AEPD')에 심판을 청구하였다. 심판은 다음과 같은 사실에 근거한 것이었다. 즉, 인터넷 이용자들이 구글그룹의 검색엔진(이하 '구글검색')에 코스테하 곤잘레스 씨의 이름을 입력하면 1998년 1월 19일과 동년 3월 9일자의 라 뱅가르디아 기사로의 링크의 검색결과를 얻게 되는데, 그 기사는 사회보장채무의 회수를 위한 압류절차와 관련된 부동산경매 공고에서 코스테하 곤잘레스 씨의 이름이 언급되었다.

심판청구에서 코스테하 곤잘레스 씨의 청구사항은 첫째로, 라 뱅가르디아는 자신과 관련되는 개인데이터가 더 이상 나타나지 않도록 그 기사들을 제거하거나 변경할 것 또는 그 개인데이터를 보호하기 위하여 검색엔진에 의해 이용될 수 있는 특정한 도구(툴)를 사용할 것이 요구된다는 것이다. 둘째로, 구글 스페인과 구글 본사는 자신과 관련되는 개인데이터가 검색결과에 포함되지 않고, 또한 라 뱅가르디아에의 링크에서 더 이상 표시되지 않도록 그 개인데이터를 제거하거나 감출 것이 요구된다고 하였다. 코스테하 곤잘레스 씨는 이와 관련하여 자기와 관련된 압류절차는 여러 해 전에 완전히 해결되었으며, 이제 와서 그에 관한 조회는 완전히 관련성이 없다고 주장하였다.

AEPD는 2010년 7월 30일 결정에서 라 뱅가르디아에 관한 청구를 기각하였다. 그 논거는 라 뱅가르디아에 의한 데이터의 공표는 노동사회부의 명령에 의한 것으로 법적으로 정당한 것이었으며, 가능한 한 많은 입찰자들을 확보하기 위하여 경매의 홍보효과를 극대화하기 위한 것이라는 점이었다.

다른 한편으로, 구글 스페인과 구글 본사에 대한 청구는 인용되었다. AEPD는 이와 관련하여, 검색엔진 운영자들은 그들이 맡고 있는 데이터 처리업무를 수행하고 정보사회에서 중개자로서 활동하는 것임을 고려할 때, 데이터 보호법을 준수하여야 한다고 판단하였다. AEPD는 데이터의 소재 파악(locating)과 확산이 데이터 보호의 기본권과 넓은 의미의 인간의 존엄성-그리고 여기에는 관계인이 그러한 데이터가 제3자에게 알려지지 않았으면 하는 단순한 바람도 포함될 수 있다-과 타협해야 한다고 간주할 때, 검색엔진 운영자들에 의한 일정한 데이터의 접근의 금지와 데이터의 제거를 요구할 권한을 가지고 있다는 견해를 취하였다. AEPD는 법규정에 의해 그 사이트상의 데이터의 보유가 정당화되는 경우를 포함하여, 그러한 데이터가 나타나는 웹 사이트로부터 데이터나 데이터를 삭제할 필요 없이 검색엔진 운영자들에게 직접 그러한 의무를 부과할 수 있다고 판단하였다.

구글 스페인과 구글 본사는 각각 AEPD의 결정에 대해 국가고등법원에 소를 제기하였다. 국가고등법원은 제청명령(order for reference)에서 본 소송은 다음과 같은 문제를 제기한다고 말한다. 즉, 그것은 데이터를 검색엔진 운영자들에 링크될 수 있게 하는 제3자의 웹 사이트

상에 공표되며, 자기와 관련되는 개인데이터를 포함하는 일정한 데이터가 소재 파악되고 인덱스되며, 무제한으로 인터넷 이용자들이 이용할 수 있기를 원하지 않는 관계인들의 개인데이터를 보호하기 위하여 검색엔진 운영자들에게 어떠한 의무를 부과할 것인지의 문제이다. 그 문제에 대한 해답은 지침 95/46의 공포 이후에 등장한 이들 기술과 관련하여, 동 지침을 어떻게 해석할 것인지에 달려 있다.

나. 쟁점(제청사항)

그와 관련하여 국가고등법원은 소송절차를 정지하고, 유럽연합사법재판소에 다음 사항을 선결소송을 위하여 제청하기로 결정하였다.

1. 지침 95/46의 지역적 적용 및 그에 따른 스페인 데이터 보호법의 그것과 관련하여:

(a) 다음 각 호의 어느 하나에 해당할 때 지침 95/46 제4조 제1항 제a호의 "설립체(establishment)"가 존재한다고 간주되어야 할 것인가?

- 검색엔진을 제공하는 기업이 어떤 회원국에서 그 국가의 거주자들을 대상으로 하는 검색엔진상의 광고란을 판매하기 위하여 지사나 자회사를 설립하는 경우에

또는

- 모회사가 광고계약을 체결한 고객들의 데이터와 관련된 2개의 특정한 파일링시스템에 대해 그 회원국에 소재하는 자회사를 그 대표 및 컨트롤러로 지명하는 경우에

또는

- 어느 회원국에 설립된 지사나 자회사가 데이터주체와 데이터보호권의 준수를 보장하기 위한 책임을 맡고 있는 기관들 양자에 의해 제기된 -그러한 협력이 자발적으로 이루어진 경우에도- 요청이나 요건을

EU 역외에 소재하는 모회사에게 전송하는 경우에

(b) 지침 95/46 제4조 제1항 제c호는 다음의 경우에 "당해 회원국의 영토상에 소재한…설비의 이용"이라는 의미로 해석되어야 하는가?:

– 검색엔진이 그 회원국에 있는 서버에 위치한 웹 페이지들에 포함된 데이터를 소재파악하고 인덱스하기 위하여 웹크롤러나 로봇을 이용하는 경우에

또는

– 검색엔진이 한 회원국에 속하는 도메인이름을 이용하고, 그 검색 및 결과가 회원국의 언어에 기초하여 정렬되는 경우에

(c) 인터넷 검색엔진에 의해 인덱스된 데이터의 일시적 저장을 지침 95/46 제4조 제1항 제c호가 의미하는 '설비의 이용'으로 간주할 수 있을 것인가? 만일 그 질문에 대한 답변이 긍정적이라면, 그 기업이 경쟁을 이유로 하여 그들 인덱스를 저장하는 장소의 공개를 거부하는 경우에 그러한 연결점(connecting factor)은 존재하는 것으로 간주될 수 있을까?

(d) 상술한 질문들에 대한 답변에도 불구하고, 그리고 특히 유럽연합사법재판소가 지침 95/46 제4조에서 규정된 연결점들이 존재하지 않는다고 간주하는 경우에:

지침 95/46은 분쟁의 중심지가 소재하고 있고 연합시민들의 권리가 보다 실효적으로 보호될 수 있는 회원국에서 헌장 제8조의 관점에서 적용되어야 할 것인지?

2. 지침 95/46과 관련한 콘텐츠의 공급자로서의 검색엔진의 활동에 관하여…:

(a) 제3자의 인터넷상에서 공표되거나 포함된 데이터의 소재를 파악하고 그 데이터를 자동으로 인덱스하며, 일시적으로 저장하여 궁극적으로 특정한 선호도순에 따라 인터넷 이용자들이 이용할 수 있게 하는 내용으로 구성된 콘텐츠 제공자로서의 [구글검색]의 활동과 관련하여,

그 데이터가 제3자의 개인데이터를 포함하는 경우에 상술한 것과 같은 활동은 지침 95/46 제2조 제b호에서 사용된 '데이터의 처리'의 개념에 해당하는 것으로 해석되어야 할 것인지?

(b) 전술한 질문에 대한 답변이 긍정적이라면, 상술한 것과 같은 활동과 관련하여 다시 한 번:

지침 95/46 제2조 제d호는 구글검색을 운영하는 기업이 인덱스하는 웹 페이지에 포함된 개인데이터의 '컨트롤러'로 간주될 수 있다는 의미로 해석되어야 할 것인지?

(c) 전술한 질문에 대한 답변이 긍정적인 경우에:

지침 95/46 제12조 제b호와 제14조 제a호에 규정된 권리들을 보호하는 AEPD는 그 데이터가 소재하는 웹 페이지의 소유자에게 사전에 또는 동시에 말하지 않고서 제3자에 의해 공표된 데이터사항을 인덱스로부터 제거한다는 요건을 구글검색에게 직접 부과할 수 있는지?

(d) 전술한 질문에 대한 답변이 긍정적인 경우에:

그들 권리를 보호할 검색엔진의 의무는 개인데이터를 포함하는 데이터가 제3자에 의해 적법하게 공표되어, 그 웹 페이지 상에 보존되는 경우에 배제될 것인지?

3. "잊혀질 권리"와 관련하여, 삭제권 및/또는 반대권의 범위에 관하여 다음 사항이 제청되었다:

지침 95/46 제12조 제b호에 규정된 데이터의 삭제 및 차단에 대한 권리와 제14조 제a호에 규정된 반대권은 데이터주체가 제3자의 웹 페이지에 공표된 자기와 관련된 데이터의 인덱싱을 개인적으로 금지하기 위하여 비록 그 데이터가 제3자에 의해 적법하게 공표된 것이라 할지라도 그것이 자신에게 편견을 갖게 한다고 생각하거나 그 데이터가 망각되기를 원할 때, 그러한 데이터는 인터넷 이용자들에게 알려지지 않아야 한다는 요망을 제기하여 검색엔진에게 신청할 수 있는 것으로 확장된다고 간주되어야 할 것인가?

3. 판결 요지

가. 지침 95/46의 물적 범위

제청사항 2(a)와 (b)를 첫 번째로 검토하는 것이 적절한데, 제청법원은 다음 사항을 제청하고 있다. 즉, 지침 95/46 제2조 제b호는 제3자에 의해 인터넷상에 공표되거나 소재하는 데이터를 발견하고, 그것을 자동적으로 인덱스하고 일시적으로 저장하며 궁극적으로 일정한 선호도 순에 따라서 인터넷이용자들이 이용할 수 있게 하는 콘텐츠 제공자로서의 검색엔진의 활동은 그 데이터에 개인데이터가 포함될 때, 그 규정이 의미하는 '개인데이터의 처리'로서 분류되어야 한다는 의미로 해석될 수 있는지 여부이다. 만일 그 답변이 긍정적이라면, 제청법원은 나아가 다음 사항을 확인하고자 한다. 즉, 지침 95/46 제2조 제d호는 검색엔진의 운영자가 그 규정이 의미하는 개인데이터의 그러한 처리에 대한 '컨트롤러'로서 간주되어야 한다는 의미로 해석될 수 있는지 여부이다.

구글 스페인과 구글 본사에 의하면, 검색엔진이 개인데이터와 다른 데이터 사이의 선택에 영향을 미치지 않고 인터넷 상에서 이용가능한 모든 데이터를 처리한다는 점을 고려할 때, 검색엔진의 활동은 검색결과의 목록에서 표시되는 제3자의 웹 페이지 상에 나타나는 데이터의 처리로서 간주될 수 없다. 나아가 그러한 활동이 '데이터의 처리'로 분류되어야 한다고 할지라도 검색엔진의 운영자는 그들 데이터에 대해 알지 못하고, 그 데이터에 대한 통제를 하지 않기 때문에 그러한 처리에 대한 '컨트롤러'로 간주될 수 없다.

다른 한편으로, 코스테하 곤잘레스 씨, 스페인, 이탈리아, 오스트리아 및 폴란드 정부와 유럽위원회는 그러한 활동은 지침 95/46이 의미하는 '데이터의 처리'에 포함되는 것이 아주 명백하다고 간주한다. 즉 동 지침에서의 '데이터의 처리'는 웹 사이트 운영자에 의한 데이터의 처리와 구별되고, 그러한 처리와는 다른 목적을 추구하기 때문이다. 검색엔진의 운영자는 그러한 처리의 목적과 수단을 결정하는 운영자이기 때문에 그에 의해 수행된 데이터 처리에 대한 '컨트롤러'이다.

그리스 정부의 제출의견에서 문제의 활동은 그러한 '처리'를 구성하지만 검색엔진이 단지 중개자로서 서비스하는 한, 그 검색엔진을 운영하는 기업들은 그들이 기술적으로 필요한 기간을 초과하여 '중개메모리' 또는 '캐쉬메모리'에 데이터를 저장하는 경우를 제외하고는 '컨트롤러'로 간주될 수 없다고 한다.

지침 95/46 제2조 제b호는 '개인데이터의 처리'를 '자동적 수단에 의하는지 여부에 관계없이 수집, 기록, 편성, 저장, 각색 또는 수정, 복구, 조회, 사용, 전송에 의한 공개, 배포 또는 다른 이용, 정렬 또는 조합, 차단, 삭제 또는 파기와 같이 개인데이터에 가하여진 작용'이라고 정의한다.

특히 인터넷과 관련하여, 유럽연합사법재판소는 인터넷페이지 상에 개인데이터를 게재하는 작업은 지침 95/46 제2조 제b호가 의미하는 그러한 '처리'로 간주되어야 한다고 이미 언급한 바 있다.[7)]

본안소송에서 쟁점이 되는 활동에 관한 한, 검색엔진에 의해 발견되고 인덱스되며 저장되어, 그 이용자들에게 이용 가능한 데이터가 인식되거나 인식가능한 자연인과 관련되는 데이터, 따라서 동 지침 제2조 제a호가 의미하는 '개인데이터'를 포함한다는 점은 다툼이 없다. 그러므로, 인터넷에서 공표된 데이터를 찾아서 자동적으로 부단하게 그리고 조직적으로 인터넷을 검색할 때, 검색엔진의 운영자는 이후에 인덱스 프로그램체계 내에서 '복구'하고 '기록'하며 그리고 '편성'하고 그 서버에 '저장'하며, 경우에 따라서는 검색결과의 목록의 형태로 그 이용자

7) Case C-101/01, Lindqvist[2003], EU:C:2003:596, paragraph 25

들에게 '이용'할 수 있게 하는 그러한 데이터를 '수집'한다는 점이 인정되어야 한다. 그들 작용이 지침 95/46 제2조 제b호에서 명시적으로 또한 무조건적으로 열거되어 있기 때문에, 그것들은 그 규정이 의미하는 '처리'로 분류되어야 한다. 그것은 검색엔진의 운영자가 또한 다른 유형의 데이터에 대한 동일한 작용들을 수행하며, 그러한 다른 유형의 데이터와 개인데이터를 구별하지 않고 있다는 사실과는 관계없다.

유럽연합사법재판소는 지침 95/46 제2조 제b호에서 규정된 작용들이 미디어에서 변경되지 않은 형태로 이미 공표된 자료와 전적으로 관련되는 경우에, 그들 작용도 또한 그러한 처리로 분류되어야 한다는 것을 이미 판결한 바 있다. 유럽연합사법재판소는 그와 관련하여 그러한 경우에 지침 95/46의 적용을 일반적으로 제외하는 것은 지침의 실효성을 크게 박탈하는 것이 될 것이라고 판시하였다.[8)]

더구나, 지침 95/46 제2조 제b호에서 포함된 정의로부터 개인데이터의 수정은 사실 지침이 의미하는 처리를 형성하지만, 다른 한편으로 동조에서 언급된 다른 작용들은 개인데이터가 수정될 것을 요구하지 않는다.

검색엔진의 운영자는 본안소송에서 쟁점이 되고 있는 것과 같은 활동의 의미에서 그 엔진에 의해 수행된 개인데이터의 처리에 대한 '컨트롤러'로 간주되어야 하는지 여부의 질문에 대하여, 지침 95/46 제2조 제d호가 '컨트롤러'를 '단독으로 또는 공동으로 개인데이터의 처리의 목적과 수단을 결정하는 자연인 또는 법인, 공공기관, 행정청 또는 다른 조직체'라고 정의하고 있는 점을 상기하여야 한다.

그러한 활동과 그러한 활동의 체계 내에서 수행하는 개인데이터의 처리의 목적과 수단을 결정하는 것은 검색엔진 운영자이며, 그러므로

8) Case C-73/07, Satakunnan Markkinapörssi and Satamedia[2008], EU:C:2008:727, paragraphs 48 and 49

제2조 제d호에 따라서 그 처리에 대한 '컨트롤러'로 간주되어야 하는 것도 검색엔진 운영자이다.

더구나 검색엔진 운영자가 제3자의 웹 페이지 상에 공표된 개인데이터에 대한 통제를 하지 않는다는 이유로 그 정의로부터 검색엔진 운영자를 배제한다면, 그것은 그 규정의 명백한 법문에 반할 뿐만 아니라 그 규정의 목적 – 그것은 '컨트롤러' 개념의 넓은 정의를 통하여 데이터 주체의 실효적이고 완전한 보호를 보장하는 것이다 – 에도 반하게 될 것이다.

이와 관련하여, 검색엔진 활동의 맥락에서 수행된 개인데이터의 처리는 웹 사이트 운영자에 의해 수행된 것과 구별될 수 있으며, 그에 부가적이고 그들 데이터를 인터넷 페이지 상에 게시하는 데 있다는 점이 지적되어야 한다.

더구나, 검색엔진의 그러한 활동은 그렇지 않았더라면 그들 데이터가 공표된 웹 페이지를 발견하지 못하였을 인터넷 이용자들을 포함하여, 그것이 데이터주체의 이름을 기초로 검색하는 인터넷 이용자들에게 접근가능하게 한다는 점에서 그들 데이터의 전면적인 배포(확산)에 결정적인 역할을 한다는 것은 논란의 여지가 없다.

또한 검색엔진 이용자들이 그 데이터에의 접근을 용이하게 할 목적을 가진 검색엔진에 의해 달성된 인터넷상에 공표된 데이터의 편성과 수집은 이용자들이 어떤 개인의 이름으로 검색을 하면, 결과 목록을 통해 이용자들이 그 데이터주체의 보다 상세한 프로필을 확인할 수 있게 하는 인터넷상에서 발견될 수 있는 그 개인과 관련되는 구조화된 데이터의 일람을 얻을 수 있게 된다.

그러므로 검색엔진의 활동은 부가적으로 웹 사이트 운영자의 그것과 비교할 때에도 프라이버시와 개인데이터의 보호에 대한 기본권에 중대하게 영향을 미치기 쉽기 때문에, 그 활동의 목적과 수단을 결정하는 사람으로서 검색엔진의 운영자는 그 책임, 권한 및 능력의 범위 내에서 지침에서 규정된 보장조치가 완전히 효력을 발휘하고, 데이터주체의 특히 프라이버시권의 효율적이고 완전한 보호가 실제로 달성되기 위하여 그 활동이 지침 95/46의 요건을 충족할 것을 보장하여야 한다.

마지막으로, 웹 사이트 운영자들이 특히 'robot.txt'와 같은 배제표준(exclusion protocols) 또는 'noindex'나 'noarchive'와 같은 코드에 의해서 자기 사이트상에 공표된 특정한 데이터가 전적으로 또는 부분적으로 검색엔진의 자동 인덱스에서 배제되기 원한다는 것을 검색엔진 운영자들에게 지시할 선택권을 가지고 있다는 사실이 만일 웹 사이트 운영자들이 그렇게 지시하지 않는다면, 검색엔진 운영자가 엔진활동의 맥락에서 수행하는 개인데이터의 처리에 대한 책임에서 면제되는 것을 의미하지는 않는다.

그러한 사실이 그 처리의 목적과 수단이 검색엔진 운영자에 의해 결정된다는 입장을 변경시키지 않는다. 더구나, 웹 사이트 운영자들을 위한 그러한 옵션이 그들이 검색엔진 운영자들과 공동으로(협력하여) 그러한 처리의 수단을 결정한다는 것을 의미한다고 할지라도, 이러한 사실인정이 지침 95/46 제2조 제d호가 그러한 결정은 '단독으로 또는 다른 사람과 공동으로' 내려질 수 있다고 명시적으로 규정하고 있기 때문에 후자의 어떠한 책임도 면제시켜주지 않을 것이다.

전술한 모든 검토에 의하여, 제청사항 2(a)와 (b)에 대한 답변은 지침 95/46 제2조 제b호와 제d호는 첫째로, 제3자에 의해 인터넷상에서 공표되고 소재하는 데이터를 발견하고 자동적으로 인덱스하며 일시적으로 저장하여, 최종적으로 일정한 선호도순에 따라서 인터넷이용자들의 이용에 제공하는 검색엔진의 활동은 그 데이터가 개인데이터를 포함할 때 제2조 제b호가 의미하는 '개인데이터의 처리'로 분류되어야 하며, 둘째로, 검색엔진 운영자는 제2조 제d호가 의미하는 그 처리에 대한 '컨트롤러'로 간주되어야 한다.

나. 지침 95/46의 지역적 범위

제청사항 1(a)부터 (d)까지에서 제청법원은 본안소송에서 쟁점이 되고 있는 것과 같은 상황에서 지침 95/46을 국가법화한 국가법을 적용할 수 있는지에 대해서 확인하고자 한다.

이와 관련하여, 제청법원은 다음 사실들을 확정하였다:

- 구글검색은 웹 사이트 'www.google.com'을 통하여 전세계에 제공되고 있다. 수많은 국가에서, 그 국가의 언어에 맞춘 지역판이 존재한다. 스페인어 구글검색 버전은 2003년 9월 16일부터 등록된 웹 사이트 'www.google.es'를 통하여 제공되고 있다. 구글검색은 스페인에서 가장 널리 사용되는 검색엔진 중의 하나이다.
- 구글검색은 구글 본사에 의해 운영되는데, 구글 본사는 구글그룹의 모회사로서 미국에 주소를 가지고 있다.
- 구글검색은 스페인에 소재하는 웹 사이트를 포함하여 전세계의 웹 사이트를 인덱스한다. 그 웹크롤러나 로봇, 다시 말하자면 조직적이고 자동적으로 웹 페이지의 콘텐츠의 소재를 파악하여 샅샅이 검색하는 데 사용되는 컴퓨터프로그램에 의해 인덱스된 데이터는 경쟁상의 이유로 비밀로 유지되어 있기 때문에 그 국가의 소재가 알려지지 않은 서버에 일시적으로 저장된다.
- 구글검색은 인덱스된 웹 사이트상에 호스트된 콘텐츠에 접근할 수 있게 해줄 뿐만 아니라, 그 활동을 이용하여 인터넷 이용자들에게 상품이나 서비스를 공급하기 위하여 그 도구의 이용을 원하는 기업들에게 인터넷 이용자들의 검색용어와 관련된 유료광고를 포함하고 있다.
- 구글그룹은 웹 사이트 'www.google.com'에서 만들어진 광고란의 판매를 자회사 구글 스페인에 의존하고 있다. 구글 스페인은 2003년 9월 3일에 설립되어 별개의 법인격을 가지고 있는바 마드리드(스페인)

에 위치하고 있다. 그 활동들은 기본적으로 스페인에 기반을 갖는 기업들을 대상으로 하고 있으며, 스페인에서 구글그룹의 사업상 대리인으로 활동하고 있다. 그 목적은 온라인 광고제품과 서비스의 제3자 판매와 그 광고의 마케팅을 촉진하고 실효성 있게 하는 것이다.

- 구글 본사는 그것에 등록된 2개의 파일링시스템에 대하여 스페인에서의 컨트롤러로 AEPD에 구글 스페인을 지명하였다 ; 그들 파일링시스템은 구글 본사와 광고서비스계약을 체결한 고객들의 개인데이터를 포함하도록 되어 있었다.

특히, 제청법원이 제기한 주된 쟁점들은 지침 95/46 제4조 제1항 제a호가 규정하고 있는 '설립체'와, 제4조 제1항 제c호가 규정하고 있는 '전술한 회원국의 영토상에 위치한 설비의 이용'의 개념과 관련된다.

< **제청사항** 1(a) >

제청사항 1(a)에서 제청법원은 본질적으로 지침 95/46 제4조 제1항 제a호는 다음 3요건 중 하나 이상이 충족될 때, 한 회원국의 영토상에서 컨트롤러의 설립체의 활동이라는 관점에서 개인데이터의 처리가 수행되는 것을 의미하는 것으로 해석될 수 있는지를 질문하고 있다:

- 검색엔진의 운영자가 한 회원국에서 그 엔진에 의해 제공된 광고란을 판매할 의도로 그리고 그 회원국의 거주자를 대상으로 그 활동을 전개하는 지사나 자회사를 설립할 것, 또는

- 모회사가 그 회원국에 소재하는 자회사를 그 기업과 광고계약을 체결한 고객들의 데이터와 관련된 2개의 특정한 파일링시스템에 대해 그 대표와 컨트롤러로서 임명할 것, 또는

- 한 회원국에 설립된 지사나 자회사가 비록 그러한 협력이 자발적으로 이루어지는 경우라 할지라도, 데이터주체와 개인데이터의 보호권

의 준수를 보장할 책임이 있는 기관들 양자에 의하여 제기된 요청 및 요구사항을 EU 역외에 소재하는 모회사에 전송할 것.

그들 3요건 중에서 첫 번째 요건과 관련하여, 제청법원은 구글검색이 구글 본사에 의해 운영되고 경영되고 있으며, 구글 스페인은 제3자의 웹 사이트에 포함된 데이터나 데이터의 인덱스나 저장과 직접 링크되는 활동을 스페인에서 수행하고 있다는 것이 입증되지 않았다고 말한다. 그럼에도 불구하고, 제청법원에 따르면 스페인에 대해서는 구글 스페인이 처리하는 광고란의 판매는 구글그룹의 사업활동의 대부분을 구성하고 있으며, 구글검색에 밀접하게 링크된 것으로 간주될 수 있다.

코스테하 곤잘레스 씨, 스페인, 이탈리아, 오스트리아 및 폴란드 정부와 유럽위원회는 구글 본사에 의해 운영되는 검색엔진의 활동과 구글 스페인의 활동 간의 불가분의 관계라는 관점에서 후자는 전자의 설립체로서 간주되어야 하고, 개인데이터의 처리는 그 설립체의 활동으로 수행되고 있다는 의견을 제출한다. 다른 한편으로, 구글 스페인, 구글 본사 및 그리스 정부에 따르면 지침 95/46 제4조 제1항 제a호는 제청법원에 의해 열거된 3요건 중의 첫 번째의 경우에 적용가능하지 않다.

이와 관련하여, 지침 95/46 전문 제19항이 '한 회원국의 영토에서의 설립체는 안정적인 준비를 통한 활동의 실효적이고 현실적인 이행'을 의미하고, '그러한 설립체의 법적 형태는 그것이 단지 하나의 지사이든 법인격을 갖는 자회사이든 관계없이 결정적인 요소는 아니다'고 말하고 있는 것을 무엇보다 우선 주목하여야 한다.

구글 스페인이 스페인에서 안정적인 준비를 통하여 활동의 실효적이고 현실적인 이행을 하고 있다는 점은 다툼이 없다. 더구나, 구글 스페인은 별개의 법인격을 가지고 있기 때문에 그것은 스페인 영토에서 구글 본사의 자회사를 구성하고, 따라서 지침 95/46 제4조 제1항 제a호가 의미하는 '설립체(establishment)'를 구성한다.

그 조항에서 규정된 기준을 충족시키기 위하여 컨트롤러에 의한 개인데이터의 처리는 회원국의 영토상의 컨트롤러의 설립체의 '활동과 관련하여 수행'될 것이 또한 필요하다.

구글 스페인과 구글 본사는 본안소송에서 쟁점이 되고 있는 개인데이터의 처리는 전적으로 구글 본사에 의해서 수행되고 있고, 구글 본사가 구글 스페인 측의 개입 없이 구글검색을 운영하고 있으며, 구글 스페인의 활동은 검색엔진서비스와는 별개인 구글그룹의 광고활동의 지원 제공에 한정되기 때문에 구글 스페인은 설립체에 해당하지 않는다고 주장한다.

그럼에도 불구하고, 스페인 정부와 유럽위원회가 특히 지적하였듯이 지침 95/46 제4조 제1항 제a호는 문제의 개인데이터의 처리가 그 자신과 관련된 설립체에 '의해' 수행될 것을 요구하지 않고, 단지 그것이 설립체의 '활동의 맥락에서' 수행되기를 요구할 뿐이라고 한다. 더구나, 개인데이터의 처리와 관련하여 자연인의 기본적 권리와 자유, 특히 프라이버시권의 실효적이고 완전한 보호를 보장한다는 지침 95/46의 목적의 관점에서, 그러한 단어들은 제한적으로 해석되어서는 안된다.[9]

EU 입법기관이 특별히 지역적 범위를 광범위하게 규정함으로써 개인들이 동 지침에 의해 보장된 보호를 박탈당하지 않고, 그 보호가 적용면탈되지 않도록 했다는 것은 특히 지침 95/46 전문 제18항부터 제20항까지 그리고 동 지침 제4조로부터 명백하다는 것이 이러한 맥락에서 주목되어야 한다.

지침 95/46의 목적과 제4조 제1항 제a호의 법문의 관점에서, 제3국에 주소를 두고 있지만 회원국에서 설립체를 가지고 있는 기업에 의해 운영되고 있는 구글검색과 같은 검색엔진의 서비스를 위한 개인데이터의 처리는 후자가 그 회원국에서 그 엔진에 의해 제공된 서비스가 수익

9) Case C-324/09, L'Oréal and Others[2011], EU:C:2011:474, paragraphs 62 and 63

이 나게 하는 검색엔진에 의해 제공된 광고란을 판매할 의도라면, 그 설립체의 '활동의 맥락에서' 수행되고 있다고 평가되어야 한다.

이러한 상황에서, 광고란과 관련된 활동이 쟁점이 되고 있는 검색엔진에게 경제적으로 수익을 주고 있는 수단을 형성하고 있으며 그 엔진은 동시에 그러한 활동이 달성될 수 있게 하는 수단이기 때문에, 검색엔진 운영자의 활동과 관련 회원국에 소재한 설립체의 활동은 불가분적으로 연계되어 있다.

본 판결 제26항부터 제28항까지에서 판시하였듯이, 검색결과 페이지에 개인데이터를 표시하는 것은 그러한 데이터의 처리를 형성한다. 검색용에 링크된 광고의 표시에 의해 동일한 페이지 상에서 그러한 결과의 공개가 수반되기 때문에, 문제의 개인데이터의 처리는 회원국의 영토, 본 사건의 경우에는 스페인 영토상에 컨트롤러의 설립체의 사업 및 광고활동의 맥락에서 수행되고 있는 것이 명백하다.

사실이 그러하다면, 검색엔진의 운영을 위하여 수행된 개인데이터의 처리가 지침 95/46에 의해 규정된 의무와 보장조치를 회피하려는 것은 받아들일 수 없다. 그런데, 그러한 의무와 보장조치는 지침의 유효성과 그 지침이 보장하고자 하는 자연인의 기본적 권리와 자유,[10] 개인데이터의 처리와 관련하여, 특히 동 지침 제1조 제1항과 전문 제2항 및 제10항에서 확인하고 있는 것처럼, 지침이 특별히 중시하는 권리인 프라이버시권의 실효적이고 완전한 보호를 절충한 것이다.[11]

제청법원에 의하여 열거된 세 요건 중의 첫 번째 것은 단독으로 구글 스페인과 같은 설립체가 지침 95/46 제4조 제1항 제a호에서 규정된 기

---

10) 유사한 사례로서, L'Oréal and Others, paragraphs 62 and 63

11) Joined Cases C-465/00, C-138/01 and C-139/01, Österreichischer Rundfunk and Others[2003], EU:C:2003:294, paragraph 70; Case C-553/07, Rijkeboer[2009], EU:C:2009:293, paragraph 47; and Case C-473/12, IPI[2013], EU:C:2013:715, paragraph 28

준을 충족시키는 것으로 결론내리기에 충분하기 때문에 다른 두 요건을 검토할 필요는 없다.

이상으로부터, 제청사항 1(a)의 답변은 개인데이터의 처리가 검색엔진 운영자가 회원국에서 그 검색엔진에 의해 제공된 광고란을 판매할 의도이며, 그 회원국의 거주자를 대상으로 그 활동을 전개하는 지점 또는 자회사를 설립할 때, 그 조항이 의미하는 회원국의 영토상에서 컨트롤러의 설립체의 활동의 맥락에서 수행되고 있는 것을 의미하는 것으로 지침 95/46 제4조 제1항 제a호가 해석되어야 한다는 것이다.

< 제청사항 1(b)부터 (d)까지 >

제청사항 1(a)에서 한 답변을 고려하면, 제청사항 1(b)-(d)에 대해 답변할 필요는 없다.

다. 검색엔진 운영자의 책임의 범위

제청사항 2(c)와 (d)에서 제청법원은 다음 사항을 질문한다. 즉, 지침 95/46 제12조와 제14조 제a호는 이들 법조항이 규정한 권리를 준수하기 위하여 검색엔진 운영자는 사람의 이름을 입력하여 이루어진 검색에 따라서 표시된 검색결과로부터, 제3자에 의해 공표되고 입력된 사람과 관련되는 데이터를 포함하는 웹 페이지로의 링크를 또한 그 이름이나 데이터가 사전에 또는 동시에 그 웹 페이지로부터 삭제되지 않는 경우에, 그리고 대개 그러하듯이 그들 페이지 상에서의 공표 그 자체가 합법적이라 하더라도 제거할 의무가 있다는 의미로 해석되어야 하는지.

구글 스페인과 구글 본사는 비례의 원칙에 의해 데이터를 공표하게 할 책임을 지는 자는 웹 사이트 운영자이며, 그 공표의 적법성을 평가할 위치에 있는 자도 그이고, 그 데이터를 접근할 수 없게 만드는 가장 효과적이고 최소한의 제약적 수단을 이용할 수 있게 하는 자도 그이기 때문에, 데이터의 제거를 원하는 청구는 관련 웹 사이트 운영자에게 제출되어야 한다는 의견을 제출한다. 더구나, 검색엔진 운영자에게 그 인덱스로부터 인터넷상에 공표된 데이터를 철회할 것을 요구한다면, 그것은 웹 사이트 운영자, 다른 인터넷 이용자와 그 검색엔진 운영자 자신의 기본권을 불충분하게 고려하는 것이 될 것이다.

오스트리아 정부에 따르면, 국가감독기관은 문제의 데이터가 이전에 불법적이거나 부정확하다는 것이 드러났다면 또는 그 데이터주체가 그 데이터가 공표된 웹 사이트 운영자에 대한 데이터주체의 거부가 성공하였다면, 제3자에 의해 공표된 데이터를 그 파일링시스템으로부터 삭제할 것을 검색엔진 운영자에게 명령할 수 있다.

코스테하 곤잘레스 씨, 스페인, 이탈리아 및 폴란드 정부와 유럽위원회는 국가기관은 미리 또는 동시에 그 데이터가 나타나는 웹 페이지 운영자에게 접근해야 하지 않고서도, 제3자에 의해 공표되어온 개인데이터를 포함하는 데이터를 그 인덱스와 중개메모리로부터 제거할 것을 검색엔진 운영자에게 직접 명령할 수 있다는 의견을 제출한다. 더구나, 코스테하 곤잘레스 씨, 스페인 및 이탈리아 정부와 유럽위원회에 따르면, 그 데이터가 적법하게 공표되었으며 그것이 아직 원래의 웹 페이지상에 나타나고 있다는 사실이 그 검색엔진 운영자의 지침 95/46상의 의무에 아무런 영향을 미치지 않는다. 다른 한편으로, 폴란드 정부에 의하면 그러한 사실은 그 검색엔진 운영자를 그 의무로부터 면제시켜 주는 것과 같은 것이다.

우선, 제1조와 전문 제10항에서 명백한 것처럼 지침 95/46은 개인데이터의 처리와 관련하여, 자연인의 기본적 권리와 자유, 특히 프라이버시권의 높은 수준의 보호를 보장하고자 한다.[12)]

---

12) IPI[2013], paragraph 28

지침 95/46 전문 제25항에 의하면, 동 지침에서 규정된 보호의 원칙은 한편으로, 특히 데이터의 품질, 기술보안, 감독기관에의 통지와 처리가 이루어질 수 있는 상황에 관하여 처리에 책임이 있는 자에게 부과된 의무에 있어서, 다른 한편으로, 처리가 이루어지고 있다고 통지를 받고 그 데이터를 조회하며 정정을 요청하고, 심지어 일정한 상황에서는 처리를 거부할 수 있는 처리의 대상인 데이터의 주체인 개인에게 부여되는 권리에 있어서 반영된다.

유럽연합사법재판소는 지침 95/46 규정들은 그것들이 기본권, 특히 프라이버시권을 침해하기 쉬운 개인데이터의 처리를 규율하는 한, 확립된 판례법에 의하면 그 준수를 유럽연합사법재판소가 보장하고, 현재 헌장에 규정되어 있는 법의 일반원칙의 구성부분을 형성하는 기본권의 관점에서 반드시 해석되어야 한다고 이미 판결한 바 있다.[13)]

헌장 제8조는 명시적으로 개인데이터보호권을 선포하고 있는 반면, 헌장 제7조는 사생활존중권을 보장하고 있다. 제8조 제2항 및 제3항은 그러한 데이터가 특정한 목적을 위하여 그리고 관계인의 동의에 근거하여 또는 법률에 의해 규정된 다른 정당한 근거에서 공정하게 처리되어야 하며, 누구나 자기에 관하여 수집되어온 데이터에의 접근권과 그 데이터를 정정할 권리를 가지며, 이들 규정에의 합치가 독립기관에 의해 통제되어야 한다는 것을 명시적으로 규정하고 있다. 그들 요건은 특히 지침 95/46 제6조, 제7조, 제12조, 제14조와 제28조에 의해 시행되고 있다.

지침 95/46 제12조 제b호는 회원국들이 모든 데이터주체에게 특히 그 데이터의 불완전성 또는 부정확성 때문에 동 지침의 규정들과 적합하지 않게 처리되는 데이터의 정정, 삭제 또는 차단을 컨트롤러로부터

13) Case C-274/99 P, Connolly v Commission[2001], EU:C:2001:127, paragraph 37, and Österreichischer Rundfunk and Others, paragraph 68

획득할 권리를 보장하여야 한다고 규정하고 있다. 지침 95/46 제6조 제1항 제d호에서 규정된 일정한 요건이 준수되지 않는 경우와 관련되는 이러한 마지막 요점은 예시적으로 규정되어 있고 종국적인 것이 아니기 때문에, 처리에 있어서 법규정을 따르지 않음을 이유로 동 지침 제12조 제b호에서 보장된 권리를 데이터주체에게 부여할 수 있고, 그것은 또한 동 지침에 의해 개인데이터의 처리에 대해 부과된 다른 적법성 요건을 준수하지 않기 때문에 발생할 수도 있다.

이와 관련하여, 지침 95/46 제13조에서 허용된 예외에 따라서 개인데이터의 모든 처리는 첫째로, 동 지침 제6조에서 규정된 데이터의 품질과 관련되는 원칙들을 준수하여야 하고, 둘째로, 동 지침 제7조에 열거된 데이터 처리의 정당화기준의 하나를 준수하여야 한다.[14]

지침 95/46 제6조에 의하여 그리고 회원국들이 역사적, 통계적 또는 과학적 목적을 위한 처리와 관련하여, 컨트롤러는 개인데이터가 '공정하고 적법하게' 처리되는 것, 그것들이 '특정되고 명시적이며 정당한 목적을 위하여 수집되고 그들 목적과 양립할 수 없는 방식으로 더 이상 처리되지 않는다'는 것, 그것들이 '수집되고/되거나 추가적으로 처리되는 목적과 관련하여 적정하고, 관련성 있으며 과도하지 않다'는 것, 그것들이 '정확하며 필요한 경우에 최신성을 유지한다'는 것, 그리고 마지막으로, 그것들이 '데이터가 수집되거나 또는 추가적으로 처리되는 목적을 위하여 필요한 기간 이상으로 데이터주체의 신원확인을 허용하는 형태로 보존되지 않는다'는 것을 보장할 임무를 가지고 있다. 이러한 의미에서, 컨트롤러는 동 조항의 요건을 충족하지 않는 데이터는 삭제되거나 정정될 것을 보장하는 모든 합리적인 조치를 취하여야 한다.

검색엔진 운영자에 의해 수행된 본안소송에서 쟁점이 되고 있는 것

14) Österreichischer Rundfunk and Others[2003], paragraph 65; Joined Cases C-468/10 and C-469/10, ASNEF and FECEMD[2011], EU:C:2011:777, paragraph 26; and Case C-342/12, Worten[2013], EU:C:2013:355, paragraph 33

과 같은 처리의 지침 95/46 제7조에 의한 합법화와 관련하여, 그 처리는 제7조 제f호의 근거에 의해 커버될 수 있다.

동 조항은 컨트롤러 또는 그 데이터가 공개된 제3자에 의해 추구된 정당한 이익을 위해 필요한 경우에 개인데이터의 처리를 허용한다. 다만, 이러한 이익이 동 지침 제1조 제1항에 따라서 보호를 요구하는 데이터주체의 이익 또는 기본적 권리와 자유-특히 개인데이터의 처리에 관한 프라이버시권-보다 우월하지 않는 경우에는 제외된다. 그리하여, 제7조 제f호의 적용에는 헌장 제7조와 제8조에서 발생하는 데이터주체의 권리의 중요성이 고려되어야 한다는 의미에서, 대립되는 관련 권리와 이익의 형량이 필요하게 된다.[15]

처리가 지침 95/46 제6조와 제7조 제f호를 준수하는지의 문제는 동 지침 제12조 제b호에서 규정된 것처럼 청구의 상황에서 결정될 수 있는 반면, 데이터주체는 이외에도 일정한 조건에서 동 지침 제14조 제a호에서 규정된 반대권에 의존할 수 있다.

지침 95/46 제14조 제a호에 의하여, 회원국들은 데이터주체에게 적어도 동 지침 제7조 제e호와 제f호에서 규정된 경우에 국가입법에 의하여 달리 규정되는 경우를 제외하고, 자기의 특별한 사정과 관련되는 대단히 정당한 근거에서 언제라도 자기와 관련되는 데이터의 처리를 반대할 권리를 부여하여야 한다. 그리하여, 제14조 제a호에 의한 형량에서는 데이터주체의 특별한 사정을 둘러싼 모든 상황을 보다 구체적으로 고려할 수 있게 된다. 반대가 정당한 경우에 컨트롤러가 개시한 절차는 더 이상 그들 데이터를 포함할 수 없다.

데이터주체는 지침 95/46 제12조 제b호와 제14조 제a호에 의하여 직접 컨트롤러에게 청구할 수 있고, 그러면 컨트롤러는 그 사안을 적정하게 검토하여 경우에 따라 문제의 데이터의 처리를 종료하여야 한다. 컨

15) ASNEF and FECEMD[2011], paragraphs 38 and 40

트롤러가 그 청구에 응하지 않는 경우에 데이터주체는 필요한 체크를 하여, 그에 따라서 컨트롤러에게 특정한 조치를 취할 것을 명령하도록 감독기관이나 사법기관에 심판을 제기할 수 있다.

이와 관련하여, 각 감독기관이 개인데이터의 처리와 관련하여 어떤 사람에 의해 제기된 그의 권리와 자유의 보호에 관한 심판을 심리하여야 하며, 감독기관이 조사권과 특히 데이터의 차단, 삭제 또는 파기를 명령하거나 또는 그러한 처리에 대해 일시적이거나 종국적인 금지를 부과할 수 있게 하는 실효적인 개입권을 가지는 것은 지침 95/46 제28조 제3항 및 제4항으로부터 명백하다는 점이 주목되어야 한다.

이들 검토에 비추어, 데이터주체가 본안소송에서 쟁점이 되고 있는 것과 같은 청구를 감독기관이나 사법기관에 제기할 때, 데이터주체의 권리를 규율하는 지침 95/46의 규정들을 해석, 적용하는 것이 필요하다.

본 판결 제36항부터 제38항까지에서 인정된 것과 같이, 검색엔진 운영자에 의해 수행된 본안소송에서 쟁점이 되고 있는 것과 같은 개인데이터의 처리는 그 엔진에 의한 검색이 한 개인의 이름을 근거로 수행될 때, 프라이버시와 개인데이터의 보호에 대한 기본권에 중대한 영향을 미치기 쉽다. 왜냐하면, 그러한 처리에 의해 인터넷 이용자는 검색목록을 통하여 인터넷상에서 발견될 수 있는 그 개인과 관련되는 구조화된 총괄적인 데이터 - 잠재적으로 광범위한 측면의 사생활과 관련되며, 검색엔진이 없다면 상호 접속될 수 없거나 또는 대단히 어렵게 접속될 수 있었을 데이터 - 를 얻을 수 있게 되고, 그에 따라서 그의 다소 상세한 프로필을 확인할 수 있게 되기 때문이다. 나아가서, 데이터주체의 그들 권리에의 개입의 효과는 그러한 결과 목록에 포함된 데이터를 유비쿼터스하게 만드는 현대사회의 인터넷과 검색엔진이 하는 중요한 역할로 인하여 높아진다.[16]

---

16) Joined Cases C-509/09 and C-161/10, eDate Advertising and Others[2011],

이러한 개입의 잠재적 심각성에 비추어 볼 때, 엔진운영자가 개인데이터의 처리에서 가지는 경제적 이익만으로 개입이 정당화될 수 없다는 것은 명백하다. 그러나 결과 목록으로부터 링크의 제거는 쟁점이 되는 문제에 따라서 본안소송에서 쟁점이 되고 있는 것과 같은 상황에서 그 데이터에의 접근에서 잠재적으로 누리는 인터넷 이용자들의 정당한 이익에 대해 영향을 미칠 수 있기 때문에, 특히 이러한 이익과 헌장 제7조와 제8조에 의한 데이터주체의 기본권 사이에 정당한 균형이 모색되어야 한다. 이들 법조항에 의해 보호되는 데이터주체의 권리들은 또한 일반적으로 인터넷 이용자들의 이러한 이익보다 우월한 것이 사실이지만, 그러한 균형은 구체적인 경우에 데이터주체의 사생활에 대해 문제가 되는 데이터의 성격과 그 민감성 그리고 그 데이터를 가지는데 있어서 공중의 이익, 즉 특히 공적 생활에서 데이터주체에 의해 수행되는 역할에 따라서 다를 수 있는 이익에 의존될 수 있다.

본안소송에서 쟁점이 되고 있는 것과 같은 청구가 감독기관에 제기되었을 때 수행되어야 하는 지침 95/46 제12조 제b호와 제14조 제a호의 적용요건의 평가에 따라서 감독기관이나 사법기관은 그것들이 공표된 웹 페이지로부터 그 이름과 데이터 - 운영자 자신의 의사 또는 그들 기관의 하나의 명령에 따른 - 의 사전적 또는 동시적 제거를 추정하는 취지의 명령이 없더라도, 검색엔진 운영자에게 어떤 사람의 이름을 기초로 하여 이루어진 검색에 따라서 표시된 결과 목록으로부터 그 사람과 관련되는 데이터를 포함하는 제3자에 의해 운영된 웹 페이지에의 링크를 제거할 것을 명령할 수 있다.

본 판결의 제35항부터 제38항까지에서 확인된 바와 같이 검색엔진 활동의 맥락에서 수행된 데이터처리는 웹 사이트 운영자에 의해 수행된 것과는 구별될 수 있으며, 그에 부가적이고 데이터주체의 기본권에

EU:C:2011:685, paragraph 45

추가적으로 영향을 미치기 때문에 그러한 처리에 대한 컨트롤러로서의 검색엔진 운영자는 그 책임, 권한과 능력의 범위 내에서 그러한 처리가 지침에 의해 규정된 보장조치가 완전한 효력을 가지기 위하여 지침 95/46의 요건을 충족하는 것을 보장하여야 한다.

한 웹 사이트에서 공표된 데이터가 다른 사이트에서 쉽게 복제될 수 있으며 그 공표에 책임있는 사람들이 EU법에 항상 복종하여야 하는 것은 아니라는 사실을 고려하면, 데이터 이용자들이 자기와 관련되는 데이터의 삭제를 웹 사이트 운영자들로부터 먼저 또는 병행하여 얻어야 한다면 그들의 효과적이고 완전한 보호는 달성될 수 없을 것이다.

나아가 한 개인과 관련되는 데이터의 공표에 있는 웹 페이지 운영자에 의한 처리는 어떠한 상황에서 '오로지 보도 목적만으로' 수행될 수 있으며, 그리하여 지침 95/46 제9조에 의하여 동 지침에서 규정된 요건의 적용특례의 혜택을 받을 수 있다. 반면에, 검색엔진 운영자에 의해 수행된 처리의 경우에는 그렇게 나타나지 않는다. 그러므로 일정한 상황에서 데이터주체는 지침 95/46 제12조 제b호와 제14조 제a호에서 규정된 권리들을 검색엔진 운영자에 대해서는 행사할 수 있지만, 웹 페이지 운영자에 대해서는 행사할 수 없다는 것이 배제될 수는 없다.

마지막으로, 웹 사이트에 개인데이터의 공표를 정당화하는 지침 95/46 제7조에 따른 근거는 검색엔진의 활동에 적용할 수 있는 것과 반드시 일치하는 것이 아닐 뿐만 아니라 사정이 그러한 경우라 하더라도, 첫째로, 처리를 정당화하는 정당한 이익이 다를 수 있고, 둘째로, 데이터주체를 위한 그리고 특히 사생활을 위한 처리의 결과들은 반드시 동일하지 않다는 점을 고려할 때, 동 지침 제7조 제f호와 제14조 제a호에 의해 수행될 쟁점이 되는 이익들의 형량의 결과는 쟁점이 되고 있는 것이 검색엔진 운영자에 의해 수행된 처리이냐 또는 웹 페이지 운영자에 의해 수행된 것이냐에 따라서 다를 수 있다.

사실 어떤 사람의 이름을 기초로 하여 이루어진 검색에 따라서 표시된 결과 목록에 웹 페이지와 그 웹 페이지 상에 포함된 그 사람과 관련되는 데이터가 포함됨으로써, 그 사람에 대해 검색을 하는 인터넷이용자는 상당히 용이하게 그 데이터에 접근할 수 있게 되며 그 데이터의 확산에 결정적인 역할을 할 수 있기 때문에, 그것은 웹 페이지 상에서의 공표보다 데이터주체의 프라이버시 기본권에의 보다 심각한 간섭을 형성하기 쉽다.

이상의 모든 검토를 고려해 볼 때, 제청사항 2(c)와 (d)에 대한 답변은 지침 95/46 제12조 제b호와 제14조 제a호는 그들 법조항에서 규정된 권리들을 준수하기 위하여 그리고 그들 법조항에 의하여 규정된 조건들이 사실상 충족되는 한, 검색엔진 운영자는 사람의 이름을 기초로 하여 이루어진 검색에 따라서 표시된 결과 목록으로부터 또한 그 이름 또는 데이터가 사전에 또는 동시에 그들 웹 페이지로부터 삭제되지 않는 경우에, 대개 그러하듯이 그들 페이지에 대한 공표 그 자체가 적법할 때에도 제3자에 의해 공표되었으며 그 사람과 관련되는 데이터를 포함하고 있는 웹 페이지에의 링크를 제거할 의무가 있다.

라. 데이터주체의 권리의 범위

제청사항 3에서, 제청법원은 본질적으로 지침 95/46 제12조 제b호와 제14조 제a호는 그 데이터가 자신에게 편파적일 수 있거나 또는 일정한 시간이 경과한 후에 그것이 '잊혀지기를' 원한다는 것을 이유로 하여, 자신의 이름을 기초로 하여 이루어진 검색에 따라서 표시된 결과 목록으로부터 제3자에 의해 합법적으로 공표되고 자기와 관련되는 진정한 데이터를 포함하는 웹 페이지에의 링크를 제거할 것을 데이터주체가 검색엔진 운영자에게 요구할 수 있는 것으로 해석해야 하는지를 묻고 있다.

구글 스페인, 구글 본사, 그리스, 오스트리아 및 폴란드 정부와 유럽위원회는 이 제청사항은 부정적으로 답변되어야 한다고 판단한다. 구글 스페인, 구글 본사, 폴란드 정부와 유럽위원회는 이러한 관점에서, 지침 95/46 제12조 제b호와 제14조 제a호는 데이터주체가 그러한 처리가 자신에게 편파적일 수 있다고 생각하거나 그 처리되는 데이터가 망각 속으로 빠지기를 원하기 때문만이 아니라, 문제의 처리가 지침과 양립할 수 없거나 또는 그들 특별한 상황과 관련되는 정당한 근거에 의한 경우에만 데이터주체에게 권리를 부여한다는 의견을 제출한다.

코스테하 곤잘레스 씨와 스페인 및 이탈리아 정부에 의하면, 데이터주체는 검색엔진을 통한 확산이 자신에게 편파적이며 그리고 그들 데이터의 보호와 프라이버시에 대한 기본권 – 이것은 '잊혀질 권리'를 포함한다 – 이 검색엔진 운영자의 정당한 이익과 데이터의 자유에 있어서의 일반적 이익보다 우월한 경우에, 자기와 관련되는 개인데이터의 검색엔진에 의한 인덱싱을 반대할 수 있다.

개인데이터의 처리가 지침과 양립 불가능할 것을 조건으로 하여 지침 95/46 제12조 제b호가 적용되는 바, 본 판결 제72항에서 언급한 바와 같이 그러한 양립 불가능성은 그 데이터가 부정확하다는 사실에서뿐만 아니라, 특히 그 데이터가 처리의 목적과 관련하여 부적절하고 관련성이 없거나 과도하고 그 데이터가 최신성을 유지하지 않고 있거나 또는 역사적, 통계적 또는 과학적 목적을 위하여 유지될 것이 요구되지 않는데도 필요 이상의 기간 동안 보관된다는 사실로부터도 생겨날 수 있다.

지침 95/46 제6조 제1항 제c호부터 제e호까지에서 규정된 그들 요건으로부터 처음에는 정확한 데이터의 적법한 처리라고 할지라도, 시간이 지나면서 그들 데이터가 수집되거나 처리된 목적들에 비추어 볼 때 더 이상 필요하지 않는 경우에 지침과 양립 불가능하게 될 수 있다. 그것은 특히 그 데이터가 목적과 관련하여 그리고 경과한 시간에 비추어 볼 때, 부적절하고, 관련성이 없거나 또는 더 이상 관련성이 없게 되거나 과도한 것으로 나타나는 경우에 그러하다.

그러므로, 지침 95/46 제12조 제b호에 의하여 데이터주체에 의한 청구에 따라서 그의 이름을 기초하여 이루어진 검색에 따라 표시된 결과 목록에 제3자에 의해 적법하게 공표되고, 개인적으로 그와 관련되는 진실한 데이터를 포함하는 웹 페이지에의 링크를 포함시키는 것은 사건의 모든 상황을 고려할 때, 그 데이터가 검색엔진 운영자에 의해 수행된 쟁점이 되는 처리의 목적과 관련하여 부적절하고 관련성이 없거나 또는 더 이상 관련성이 없게 되거나 과도한 것으로 나타나기 때문에, 현 시점에서 동 지침 제6조 제1항 제c호부터 제e호까지와 양립할 수 없다는 것이 인정된다면 결과 목록에서 관련 데이터 및 링크는 삭제되어야 한다.

지침 95/46 제7조 제f호에서 규정된 조건들을 준수하지 않은 것으로 추정된 것에 근거하여, 동 지침 제12조 제b호에 의한 청구와 동 지침 제14조 제a호에 의한 청구와 관련되는 한, 모든 경우에 개인데이터의 처리에는 그것이 수행되는 전 기간 동안 제7조에 의해 권한이 부여되어야 한다는 점이 지적되어야 한다.

이상에서 살펴본 바에 비추어, 본안소송에서 쟁점이 되는 것과 같은 처리를 반대하기 위하여 이루어진 청구를 평가할 때, 데이터주체가 개인적으로 그와 관련되는 데이터가 현시점에서 그의 이름을 기초로 하여 이루어진 검색에 따라서 표시된 결과 목록에 의하여 더 이상 그 이름에 링크되지 않을 권리를 가지는지가 특히 검토되어야 한다. 이와 관련하여, 그러한 권리를 인정하기 위하여 검색목록에 문제의 데이터를 포함시키는 것이 데이터주체에 대한 편견을 초래한다는 것은 필요하지 않다는 점이 지적되어야 한다.

데이터주체는 헌장 제7조와 제8조에 의한 기본권에 비추어, 문제의 데이터가 그러한 결과 목록에 포함됨으로써 일반대중에게 더 이상 이용될 수 없도록 청구할 수 있기 때문에, 특히 본 판결 제81절에서와 같이 그들 권리는 일반적으로 검색엔진 운영자의 경제적 이익에 대해서 뿐만 아니라 데이터주체의 이름과 관련되는 검색으로 그 데이터를 발견하는 일반대중의 이익에 대해서도 우월하다고 판결되어야 한다. 그러나 데이터주체가 공적 생활에서 한 역할과 같은 특별한 이유로, 그의 기본권에 대한 간섭이 결과 목록에 포함되기 때문에 문제의 데이터에 접근함에 있어서 갖는 일반대중의 우월한 이익에 의해 정당화되는 것으로 나타난다면 그것은 그렇지 않게 될 것이다.

본안소송에서 쟁점이 되고 있는 것과 같은 상황은 데이터주체의 이름을 기초로 하여 구글검색에 의한 검색으로써 인터넷 이용자가 얻은 결과 목록에서, 데이터주체의 이름을 언급하고 있고 사회보장채무의 회수를 위한 압류절차와 연결된 부동산경매와 관련되는 공고가 게재된 일간지의 온라인 기록보존(아카이브) 페이지에의 링크의 표시와 관련된 것이지만, 그 공고에 포함된 데이터의 데이터주체의 사생활에 대한 민감성과 그 데이터의 최초 공표가 16년 전에 있었다는 사실을 고려할 때, 데이터주체는 그러한 목록에 의해서 자기 이름에 더 이상 링크되지 않을 권리를 확립한다고 판결되어야 한다. 따라서 본 사건에서는 그러한 검색으로 그 데이터에의 접근을 함에 있어서 공중의 우월한 이익을 실현시킬 특별한 이유가 있는 것으로 보이지 않기 때문에 - 그러나 그것은 제청법원이 입증해야 할 문제이다 -, 데이터주체는 지침 95/46 제12조 제b호와 제14조 제a호에 의해 그들 링크가 결과 목록으로부터 제거될 것을 요구할 수 있다.

이상의 검토로부터 제청사항 3에 대한 답변은 지침 95/46 제12조 제b호와 제14조 제a호는 그들 법조항의 적용요건을 평가할 때, 데이터주체는 개인적으로 그와 관련되는 문제의 데이터가 현시점에서 그의 이름을 기초로 하여 이루어진 검색에 따라 표시된 결과 목록에 의하여 그의 이름에 더 이상 링크되어서는 안된다고 하는 권리를 가지는지가 특히 검토되어야 한다. 그리고 그러한 권리를 인정하기 위하여 그 목록에 문제의 데이터가 포함되는 것이 데이터주체에게 편견을 초래한다는 것은 필요로 하지 않다. 헌장 제7조와 제8조에 의한 기본권에 비추어, 데이터주체는 문제의 데이터가 그러한 결과 목록에 포함됨으로써 일반대중에게 더 이상 이용될 수 없도록 할 것을 요구할 수 있기 때문에, 그 권리는 일반적으로 검색엔진 운영자의 경제적 이익에 대해서 뿐만 아니라 데이터주체의 이름과 관련되는 검색에서 그 데이터에 접근함으로써 갖는 일반대중의 이익에 대해서도 우월하다. 그러나 데이터주체가 공적 생활에서 맡은 역할과 같은 특별한 이유로 인하여 결과 목록에 포함됨으로써 문제의 데이터에 접근함에 있어서 갖는 일반대중의 우월한 이익이 그의 기본권에 대한 간섭을 정당화시키는 것으로 나타난다면, 그 결론은 다르게 될 것이다.

이상의 이유에 따라, **유럽연합사법재판소(대법정)는 다음과 같이 판결한다**:

1. 지침 95/46 제2조 제b호와 제d호는 첫째로, 제3자에 의해 인터넷상에 공표되거나 소재한 데이터를 발견하고, 그것을 자동적으로 인덱스하며 일시적으로 저장하고 그리고 최종적으로 특별한 선호도순에 따라서 인터넷 이용자들이 이용할 수 있게 하는 것을 그 내용으로 하는 검색엔진의 활동은 그 데이터가 개인데이터를 포함할 때, 제2조 제b호가 의미하는 '개인데이터의 처리'로 분류되어야 하고, 둘째로, 검색엔진 운영자는 제2조 제d호가 의미하는 그 처리에 대한 '컨트롤러'로 간주되어야 한다는 의미로 해석되어야 한다.

2. 지침 95/46 제4조 제1항 제a호는 검색엔진 운영자가 한 회원국에서 그 엔진에 의해 제공되는 광고란을 판매할 의도로 그 회원국의 거주자에 대하여 활동을 전개하는 지점 또는 자회사를 설립할 때, 개인데이터의 처리는 그 법조항이 의미하는 회원국의 영토상에 컨트롤러의 설립체의 활동의 맥락에서 수행되는 것을 의미하는 것으로 해석되어야 한다.

3. 지침 95/46 제12조 제b호와 제14조의 제a호는 그들 법규정에 규정된 권리들을 준수하기 위하여 그리고 그들 법규정에 의해 규정된 조건들이 사실상 충족되는 한, 검색엔진 운영자는 어떤 사람의 이름을 기초로 하여 이루어진 검색에 따라 표시된 결과 목록으로부터 제3자에 의해 운영되고 그 사람과 관련되는 데이터를 포함하는 또한 그 이름이나 데이터가 사전에 또는 동시에 그들 웹 페이지로부터 삭제되지 않는 경우에, 그리고 경우에 따라서는 그들 페이지상의 공표 그 자체는 적법하다고 할 때라도 웹 페이지에의 링크를 제거할 의무가 있음을 의미하는 것으로 해석되어야 한다.

4. 지침 95/46 제12조 제b호와 제14조 제a호는 그들 법규정의 적용요건을 평가할 때, 데이터주체가 개인적으로 그와 관련되는 문제의 데이터가 현시점에서 그의 이름을 기초로 하여 이루어진 검색에 따라 표시된 결과 목록에 의하여 그의 이름과 더 이상 링크되지 않을 권리를 -그러한 권리를 인정하기 위하여 문제의 데이터를 그 목록에 포함시키는 것은 그 데이터주체에게 편견을 초래한다는 것을 필요로 하지 않고- 가지는지가 특히 검토되어야 한다는 의미로 해석되어야 한다. 헌장 제7조와 제8조에 의한 기본권에 비추어 볼 때, 데이터주체는 문제의 데이터가 그러한 결과 목록에 포함됨으로써 일반대중에게 더 이상 이용될 수 없도록 청구할 수 있기 때문에 그들 권리는 일반적으로 검색엔진 운영자의 경제적 이익에 대해서는 물론, 데이터주체의 이름과 관련되는 검색에서 그 데이터에 접근함으로써 갖는 일반대중의 이익에 대해서도 우월하다. 그러나 데이터주체가 공적 생활에서 맡은 역할과 같은 특별한 이유 때문에, 결과 목록에 그 데이터가 포함됨으로써 문제의 데이터에 접근함에 있어서 갖는 일반대중의 우월한 이익이 그의 기본권에 대한 간섭을 정당화시키는 것으로 나타난다면 그 결론은 다르게 될 것이다.

4. 본 판결의 해설

본 사건과 관련하여 제청법원의 제청사항은 여러 가지에 이르고 있으나, 그것들을 주요쟁점별로 정리하면 다음과 같다고 할 수 있다.

첫째로, 구글검색의 활동이 지침 95/46 제4조 제1항의 지역적 적용범위에 속하는가? 즉, 구글검색활동을 행하는 구글그룹의 구글 스페인은 동조 제a호의 '설립체(establishment)에 속하고, 그 활동이 '당해 회원국의 영토상에 소재한…설비의 이용'(동 조항 제c호)에 해당하는가의 문제이다.

둘째로, 구글검색의 활동이 지침 95/46 제2조 제b호의 '개인데이터의 처리'에 해당하는가? 또한, 구글검색을 운영하는 기업은 인덱스하는 웹페이지에 포함된 개인데이터의 '컨트롤러'(동조 d호)로 간주될 수 있는가?

셋째로, 지침 95/46상의 삭제권·차단권(제12조 제b호), 반대권(제14조 제a호)에 근거하여 '잊혀질 권리'를 인정할 수 있는가?

그에 대한, 유럽연합사법재판소의 입장은 위에서 살펴본 바와 같이, 다음과 같이 요약될 수 있을 것이다.

첫째로, 지침 95/46 제4조 제1항 제a호는 검색엔진 운영자가 한 회원국에서 그 엔진에 의해 제공되는 광고란을 판매할 의도로 그 회원국의 거주자에 대하여 활동을 전개하는 지점 또는 자회사를 설립할 때, 개인데이터의 처리는 그 법조항이 의미하는 회원국의 영토상에 컨트롤러의 설립체의 활동의 맥락에서 수행되는 것을 의미하는 것으로 해석되어야 한다.

둘째로, 지침 95/46 제2조 제b호와 제d호는 우선, 제3자에 의해 인터넷상에 공표되거나 소재한 데이터를 발견하고, 그것을 자동적으로 인덱스하며 일시적으로 저장하고, 그리고 최종적으로 특별한 선호도순에 따라서 인터넷 이용자들이 이용할 수 있게 하는 것을 그 내용으로 하는 검색엔진의 활동은 그 데이터가 개인데이터를 포함할 때, 제2조 제b호가 의미하는 '개인데이터의 처리'로 분류되어야 하고, 다음으로, 검색엔진 운영자는 제2조 제d호가 의미하는 그 처리에 대한 '컨트롤러'로 간주되어야 한다는 의미로 해석되어야 한다.

셋째로, 지침 95/46 제12조 제b호와 제14조 제a호는 이들 법조항에서 규정된 권리들을 준수하기 위하여 그리고 이들 법조항에 의해 규정된 조건들이 사실상 충족되는 한, 검색엔진 운영자는 어떤 사람의 이름을 기초로 하여 이루어진 검색에 따라 표시된 결과 목록으로부터 제3자에 의해 운영되고 그 사람과 관련되는 데이터를 포함하는 또한 그 이름이나 데이터가 사전에 또는 동시에 그들 웹 페이지로부터 삭제되지 않는 경우에, 그리고 경우에 따라서는 그들 페이지상의 공표 그 자체는 적법하다고 할 때라도 웹 페이지에의 링크를 제거할 의무가 있음을 의미하는 것으로 해석되어야 한다. 헌장 제7조와 제8조에 의한 기본권에 비추어 볼 때, 데이터주체는 문제의 데이터가 그러한 결과 목록에 포함됨으로써 일반대중에게 더 이상 이용될 수 없도록 청구할 수 있기 때문에 그들 권리는 일반적으로 검색엔진 운영자의 경제적 이익에 대해서는 물론, 데이터주체의 이름과 관련되는 검색에서 그 데이터에 접근함으로써 갖는 일반대중의 이익에 대해서도 우월하다. 그러나 데이터주체가 공적 생활에서 맡은 역할과 같은 특별한 이유 때문에, 결과 목록에 그 데이터가 포함됨으로써 문제의 데이터에 접근함에 있어서 갖는 일반대중의 우월한 이익이 그의 기본권에 대한 간섭을 정당화시키는 것으로 나타난다면 그 결론은 다르게 될 것이다.

이러한 유럽연합사법재판소의 판결은 이른바 '잊혀질 권리'와 관련하여, 2016년 GDPR이 성립되기 이전의 시점에서 지침 95/46에 근거하여 동 권리를 인정하고 있다.

그러나 이러한 유럽연합사법재판소의 판결에는 다소의 문제점을 지적할 수 있을 것 같다. 즉, 동 판결은 지침 95/46 제12조 제b호의 해석론으로 개인데이터의 처리가 동 지침과 양립할 수 없는 경우로써 "그 데이터가 부정확하다는 사실에서뿐만 아니라, 특히 그 데이터가 처리의 목적과 관련하여 부적절하고 관련성이 없거나 과도하고 최신성을 유지하지 않고 있거나 또는 역사적, 통계적 또는 과학적 목적을 위하여 유지될 것이 요구되지 않는데도 필요 이상의 기간 동안 보관"되거나 또는 "처음에는 정확한 데이터의 적법한 처리라고 할지라도, 시간이 지나면서 그들 데이터가 수집되거나 처리된 목적들에 비추어 볼 때, 더 이상 필요하지 않는 경우"를 들고, 본 사건의 경우에는 "공고에 포함된 데이터의 데이터주체의 사생활에 대한 민감성과 그 데이터의 최초 공표가 16년 전에 있었다는 사실을 고려할 때, 데이터주체는 그러한 목록에 의해서 자기 이름에 더 이상 링크되지 않을 권리", 즉 '잊혀질 권리'를 가진다고 판결하였다. 여기에서 판결은 본 사건이 위에서 열거한 적용사유(요건) 중 어느 것에 해당하는지 구체적으로 특정하지 않고 이른바 '잊혀질 권리'가 인정된다고 판결하였다. 본 사건의 경우에 동 지침 제12조 제b호에 대한 유럽연합사법재판소의 해석론이 정당한지, 다시 말하자면 적용요건에 해당하는지 의문이 든다. 오히려 유럽연합사법재판소는 언급하지 않았지만, 동 지침 제9조의 "프라이버시권과 표현의 자유를 규율하는 법규를 조화시키기 위해 필요한 경우에만 오로지 보도목적…을 위하여 수행된 개인데이터의 처리에 대하여 …적용면제 또는 적용특례를 규정"하도록 되어 있는 점을 주목할 필요가 있다. 그러나 판결은 '보도 목적'에 대한 언급을 회피했을 뿐만 아니라, '프라이버시권과 표현의 자유'의 형량에 대해서도 아무런 논거를 제시하지 않고, "검색으로 그 데이터에의 접근을 함에 있어서 일반대중의 우월한 이익을 실현시킬 특별한 이유가 있는 것으로 보이지 않기 때문"이라고 하는데 그치고 있다.

또한 유럽연합사법재판소의 판결은 데이터주체의 프라이버시권이 "검색엔진 운영자의 경제적 이익에 대해서 뿐만 아니라 데이터주체의 이름과 관련되는 검색에서 그 데이터에 접근함으로써 갖는 일반대중의 이익", 즉 알 권리나 표현의 자유에 대해서도 우월하다고 판단하였다. 다만, 데이터주체가 공적 생활에서 맡은 역할과 같이 특별한 경우에는 비교형량에 의해 일반대중의 이익이 우월한 경우가 있을 수 있음을 인정하고 있다. 그러나 본 건에서는 일반대중의 이익이 우월하다고 인정할 특별한 이유가 없다고 보고, 동 지침 제12조 제b호와 제14조 제a호를 근거로 하여 데이터주체는 검색결과 목록으로부터 자신의 개인데이터에의 링크의 제거를 요구할 권리, 즉 '잊혀질 권리'가 있다고 판단하였다. 이러한 유럽연합사법재판소의 입장은 재판연구관의 보고서가 데이터주체의 프라이버시권(헌장 제7, 8조)과 함께 일반대중의 표현 및 정보의 자유권(동 제11조), 검색엔진 운영자의 사업을 영위할 권리(동 제16조)와의 비교를 하고 있는 것과 대비된다.[17] 또한, 보고서가 잊혀질 권리의 인정에 의해 원래의 인쇄판과 다른 디지탈판을 요구할 정당성이 인정되지 않으며, 이를 인정하게 되면 이미 공적 영역에 속하게 된 정당하고 적법한 데이터를 억압하게 되며 사인에 의한 콘텐츠의 검열이 이루어지게 된다고 하여 잊혀질 권리를 부정하고 있는 것과 관련한 판단을 회피하였다.

한편, 본 판결은 일반적으로 '잊혀질 권리'와 관련하여 매스컴 등에서 다루어지고 있기 때문에 그것만이 전면에서 부각되고 있으나, 그에 못지않게 중요한 쟁점은 EU지침의 역외적용을 인정한 것이라고 할 수 있다. 왜냐하면, EU 역외에 본사가 있는 경우라 하더라도 지사나 사무소 등의 설립체(establishment)를 두고, 회원국의 영토상에 위치한 설비를 이용하여 활동하는 경우에는 EU지침(및 그에 따른 회원국법)의 적용을 인정하였기 때문이다.

17) OPINION OF ADVOCATE GENERAL, 25 June 2013, paragraph 103

제6장

우리나라 관련판례와의 비교

개인데이터와 관련하여, 유럽연합사법재판소와 우리나라 사법기관(헌법재판소 및 대법원)의 판례를 비교하는 것은 양 재판소의 역할이나 기능에 있어서 차이가 있고, 개인데이터관련 법규범의 입법목적이나 규범력 등에 있어서도 차이가 있기 때문에 일정한 제약이 따른다. 그러나 개인데이터를 둘러싼 문제상황에 있어서는 공통된 측면도 존재하기 때문에, 그와 관련하여 개인데이터 자체, 데이터주체의 권리, 개인데이터의 보호와 표현의 자유 등 다른 기본권과의 관계에서 생성된 관련판례를 비교하여 보도록 한다.

1. '개인데이터'와의 관련

개인데이터란 GDPR 제4조 제1호(지침 95/46 제2조 제a호)의 '식별된 또는 식별가능한 자연인과 관련되는 정보'로서 근로자의 근로시간 기록부[1)]와 같은 가톨릭 교구신도들의 이름, 직업, 취미, 가정상황과 전화번호 등의 데이터를 개인데이터라고 파악하였다.[2)]

1) Case C-342/12, Worten[2013], EU:C:2013:355

우리나라 헌법재판소는 '개인정보(개인데이터)'를 "개인의 신체, 신념, 사회적 지위, 신분 등과 같이 개인의 인격주체성을 특징짓는 사항으로서 그 개인의 동일성을 식별할 수 있게 하는 일체의 정보라고 할 수 있고, 반드시 개인의 내밀한 영역이나 사사(私事)의 영역에 속하는 정보에 국한되지 않고 공적 생활에서 형성되었거나 이미 공개된 개인정보까지 포함한다."는 입장을 보이고 있다.[3] 대법원도 "비공개결정한 정보 중 관련자들의 이름을 제외한 주민등록번호, 직업, 주소(주거 또는 직장주소), 본적, 전과 및 검찰 처분, 상훈·연금, 병역, 교육, 경력, 가족, 재산 및 월수입, 종교, 정당·사회단체가입, 건강상태, 연락처 등 개인에 관한 정보는 개인에 관한 사항으로서 공개되면 개인의 내밀한 비밀 등이 알려지게 되고 그 결과 인격적·정신적 내면생활에 지장을 초래하거나 자유로운 사생활을 영위할 수 없게 될 위험성이 있는 정보에 해당[4]"한다고 보고, 여론조사업체 운영자(피고인)가 선거구민들을 대상으로 ARS 전화 여론조사를 실시하여 선거에 관한 정보를 취득한 후 동의 없이 이를 제3자에게 제공하였다고 하여 '정보통신망 이용촉진 및 정보보호 등에 관한 법률' 위반으로 기소된 사안에서, "피고인은 전기통신인 전화를 통하여 이용자인 선거구민의 정보를 통계 처리하여 여론조사 의뢰자에게 전달하는 등의 매개행위를 한 정보통신서비스 제공자에 해당하고, 피고인이 제공한 정보는 전화 응답 상대방의 개인정보에 해당한다[5]"고 하였다.

또한, 민감데이터에 대하여 유럽연합사법재판소는 지침 95/46 제8조 제1항(GDPR 제9조 제1항)의 민감데이터의 하나로서 규정되고 있는

2) Case C-101/01, Lindqvist[2003], EU:C:2003:596
3) 헌재 2007.5.31. 선고, 2005헌마1139 결정
4) 대법원 2012.6.18. 선고, 2011두2361 전원합의체 판결
5) 대법원 2011.9.29. 선고, 2011도6213 판결

'건강에 관한 데이터(data concerning health)'는 개인의 건강의 신체적 및 정신적인 모든 측면에 관한 데이터를 포함하기 때문에 넓게 해석되어야 한다는 입장에서 개인이 발을 다쳐서 치료 때문에 쉬는 중이라는 사실에 대한 언급은 '건강에 관한 개인데이터'에 해당한다고 판단하였다.[6]

한편, 우리나라 헌법재판소는 "사람의 육체적·정신적 상태나 건강에 대한 데이터, 성생활에 대한 데이터와 같은 것은 인간의 존엄성이나 인격의 내적 핵심을 이루는 요소"로서, "외부세계의 어떤 이해관계에 따라 그에 대한 정보를 수집하고 공표하는 것이 쉽게 허용되어서는 개인의 내밀한 인격과 자기정체성이 유지될 수 없(는)" 정보를 민감한 개인정보라고 하는 입장에 서서, "이 사건 법률조항이 공적 관심의 정도가 약한 4급 이상의 공무원들까지 대상으로 삼아 모든 질병명을 아무런 예외 없이 공개토록 한 것은 입법목적 실현에 치중한 나머지 사생활 보호의 헌법적 요청을 현저히 무시한 것이고, 이로 인하여 청구인들을 비롯한 해당 공무원들의 헌법 제17조가 보장하는 기본권인 사생활의 비밀과 자유를 침해하는 것"이라고 하여, 헌법불합치결정을 내린 바 있다.[7] 그러나 "피청구인 서울특별시 교육감과 교육인적자원부장관이 졸업생 관련 제 증명의 발급이라는 소관 민원업무를 효율적으로 수행함에 필요하다고 보아 개인의 인격에 밀접히 연관된 민감한 정보라고 보기 어려운 졸업생의 성명, 생년월일 및 졸업일자만을 교육정보시스템(NEIS)에 보유하는 행위에 대하여는 그 보유정보의 성격과 양(量), 정보보유 목적의 비침해성 등을 종합할 때 수권법률의 명확성이 특별히 강하게 요구된다고는 할 수 없(다)"고 하여,[8] 졸업생의 성명, 생년월일 및 졸업일자는 민감정보에 해당하지 않는다는 입장을 나타냈다.

---

6) Lindqvist[2003], paragraphs 50 and 51
7) 헌재 2007.5.31. 선고, 2005헌마1139 결정
8) 헌재 2005.7.21. 선고, 2003헌마282, 425(병합) 결정

2. 데이터주체의 권리와의 관련

데이터주체의 권리와의 관련에서 유럽연합사법재판소는 실정법규정(조약 및 지침)에 충실하여, 실정법상의 용어를 사용하여 판단하고 있음을 알 수 있다.9)

그에 대해, 우리나라 헌법재판소와 법원은 '개인정보자기결정권'이라는 개념에 근거하여 판단하고 있는 경우가 있다. 헌법재판소에 의하면, '개인정보자기결정권'이란 "자신에 관한 정보가 언제 누구에게 어느 범위까지 알려지고 또 이용되도록 할 것인지를 그 정보주체가 스스로 결정할 수 있는 권리" 즉, "정보주체가 개인정보의 공개와 이용에 관하여 스스로 결정할 권리"로서 그 헌법적 근거와 관련하여 "헌법 제17조의 사생활의 비밀과 자유, 헌법 제10조 제1문의 인간의 존엄과 가치 및 행복추구권에 근거를 둔 일반적 인격권 또는 위 조문들과 동시에 우리 헌법의 자유민주적 기본질서 규정 또는 국민주권원리와 민주주의원리 등을 고려할 수 있으나, 개인정보자기결정권으로 보호하려는 내용을 위 각 기본권들 및 헌법원리들 중 일부에 완전히 포섭시키는 것은 불가능하다고 할 것이므로, 그 헌법적 근거를 굳이 어느 한두 개에 국한시키는 것은 바람직하지 않은 것으로 보이고, 오히려 개인정보자기결정권은 이들을 이념적 기초로 하는 독자적 기본권으로서 헌법에 명시되지 아니한 기본권"이라는 입장을 보인 바 있다.10)

---

9) 예컨대, Case C-553/07, Rijkeboer[2009], EU:C:2009:293. 그러나 유럽연합사법재판소는 명문의 규정이 없음에도 불구하고 '잊혀질 권리'를 해석에 의해 인정하고 있는 것은 주목할만 하다. Case C-131/12, Google Spain and Google[2014], EU:C:2014:317

10) 헌재 2005.5.26. 선고, 99헌마513, 2004헌마190(병합) 결정. 다만, 헌법재판소는 개인정보자기결정권의 헌법적 근거와 관련하여, 헌법 제10조 제1문 및 제17조에 그 근거를 구하는 것(헌재 1995.12.28. 선고, 91헌마114 결정 ; 헌재 2005.7.21. 선고, 2003헌마282,425(병합) 결정 ; 헌재 2008.10.30. 선고, 2006헌마1401,1409(병합) 결정 ; 헌재 2009.9.24. 선고, 2007헌마1092 결정 ; 헌재 2010.9.30. 선고, 2008헌바132

이러한 입장에서 헌법재판소는 개인의 고유성, 동일성을 나타내는 지문은 그 정보주체를 타인으로부터 식별가능하게 하는 개인정보이므로 시장·군수 또는 구청장이 개인의 지문정보를 수집하고, 경찰청장이 이를 보관·전산화하여 범죄수사목적에 이용하는 것,[11] 구치소장이 검사의 요청에 따라 수형자와 배우자의 접견녹음파일을 제공한 행위,[12] 채무불이행자명부나 그 부본을 누구든지 보거나 복사할 것을 신청할 수 있도록 한 것,[13] 검사의 '혐의없음' 불기소처분 등에 관한 수사경력자료의 보존,[14] 국민기초생활보장법상의 급여신청자에 대한 금융거래정보의 제출 요구,[15] 서울특별시 교육감 등이 졸업생의 성명, 생년월일 및 졸업일자 정보를 교육정보시스템(NEIS)에 보유하는 행위[16]는 각각 개인정보자기결정권을 침해하지 않는다고 하였으나, 인터넷게시판을 설치·운영하는 정보통신서비스 제공자에게 본인확인조치의무를 부과하여 게시판 이용자로 하여금 본인확인절차를 거쳐야만 게시판을 이용할 수 있도록 하는 본인확인제[17]는 개인정보자기결정권을 침해한다고 하였다.

한편, 대법원은 국회의원이 '각급학교 교원의 교원단체 및 교원노조 가입현황 실명자료'를 인터넷을 통하여 공개한 사안에서, 위 정보공개행위는 개인정보자기결정권을 침해하는 행위에 해당한다는 입장을 나타냈다.[18]

결정 등)과 새로운 독자적 기본권이라고 보는 것(헌재 2005.5.26. 선고, 99헌마513, 2004헌마190(병합) 결정) ; 헌재 2009.10.29. 선고, 2008헌마257 결정 ; 헌재 2010.5.27. 선고, 2008헌마663 결정)이 혼재하고 있는 양상을 보이고 있다. 졸저, 정보사회와 법(개정판), 전남대학교출판부, 2013, 141-142쪽.

11) 헌재 2005.5.26. 선고, 99헌마513, 2004헌마190(병합) 결정
12) 헌재 2012.12.27. 선고, 2010헌마153 결정
13) 헌재 2010.5.27. 선고, 2008헌마663 결정
14) 헌재 2009.10.29. 선고, 2008헌마257 결정
15) 헌재 2005.11.24. 선고, 2005헌마112 결정
16) 헌재 2005.7.21. 선고, 2003헌마282,425(병합) 결정
17) 헌재 2012.8.23. 선고, 2010헌마47,252(병합) 결정

3. 표현의 자유 등과의 관련

유럽연합사법재판소는 '개인데이터의 처리와 표현의 자유'에 관한 규정인 지침 95/46 제9조(GDPR 제85조)는 프라이버시의 보호와 표현의 자유라고 하는 두 개의 기본권을 조화시키는 것이며, 모든 민주사회에서 표현의 자유권의 중요성을 고려하기 위하여서는 예컨대 언론의 자유와 관련된 관념들을 넓게 해석할 필요가 있고, 그 두 개의 기본권 사이에 균형을 이루기 위하여 기본적인 프라이버시권의 보호는 개인데이터의 보호와 관련된 면제와 예외들이 필요한 경우에 한하여서만 엄격하게 적용되어야 한다고 하였다.[19] 또한 지침 95/46(GDPR) 규정들은 그 자체로 EU 내에서 적용가능하고, 특히 유럽인권협약 제10조에서 규정하고 있는 표현의 자유와 충돌하는 것은 아니라고 하여야 하며, 동 지침을 이행하는 국내법을 적용할 책임이 있는 회원국의 국가기관과 법원이 EU법질서에 의해 보호되는 기본권을 포함하여 문제의 권리 및 이익들 사이의 정당한 형량을 보장하여야 한다고 판결하였다.[20]

이와 관련하여, 우리나라 대법원은 변호사 정보 제공 웹 사이트 운영자가 변호사들의 개인신상정보를 기반으로 변호사들의 '인맥지수'를 산출하여 공개하는 서비스를 제공한 이른바 로마켓사건에서, "정보주체의 동의 없이 개인정보를 공개함으로써 침해되는 인격적 법익과 정보주체의 동의 없이 자유롭게 개인정보를 공개하는 표현행위로서 보호받을 수 있는 법적 이익이 하나의 법률관계를 둘러싸고 충돌하는 경우에는, 개인이 공적인 존재인지 여부, 개인정보의 공공성 및 공익성, 개인정보 수집의 목적·절차·이용형태의 상당성, 개인정보 이용의 필요

18) 대법원 2011.5.24. 자 2011마319 결정

19) Case C-73/07, Satamedia[2008], EU:C:2008:727

20) Lindqvist[2003], paragraph 18

성, 개인정보 이용으로 인해 침해되는 이익의 성질 및 내용 등 여러 사정을 종합적으로 고려하여, 개인정보에 관한 인격권 보호에 의하여 얻을 수 있는 이익(비공개 이익)과 표현행위에 의하여 얻을 수 있는 이익(공개 이익)을 구체적으로 비교형량하여, 어느 쪽 이익이 더욱 우월한 것으로 평가할 수 있는지에 따라 그 행위의 최종적인 위법성 유무를 판단하여야 한다.[21]"고 하고, 국회의원이 '각급학교 교원의 교원단체 및 교원노조 가입현황 실명자료'를 인터넷을 통하여 공개한 사안에서 "하나의 법률관계를 둘러싸고 두 기본권이 충돌하는 경우에는 구체적인 사안에서의 사정을 종합적으로 고려한 이익형량과 함께 양 기본권 사이의 실제적인 조화를 꾀하는 해석 등을 통하여 이를 해결하여야 하고, 그 결과에 따라 정해지는 양 기본권 행사의 한계 등을 감안하여 그 행위의 최종적인 위법성 여부를 판단하여야 하며, 이러한 이익형량과정에서, 첫째 침해행위의 영역에 속하는 고려요소로는 침해행위로 달성하려는 이익의 내용 및 그 중대성, 침해행위의 필요성과 효과성, 침해행위의 보충성과 긴급성, 침해방법의 상당성 등이 있고, 둘째 피해이익의 영역에 속하는 고려요소로는 피해법익의 내용과 중대성 및 침해행위로 인하여 피해자가 입는 피해의 정도, 피해이익의 보호가치 등이 있(다)[22]"고 하였다. 이러한 대법원의 판결은 유럽연합사법재판소의 그것에 비해 보다 구체적으로 이익형량과정에서의 고려요소를 제시하고 있음을 알 수 있다.

한편, 위의 대법원결정과 관련된 사안에서 헌법재판소는 "이와 같이 두 기본권이 충돌하는 경우에는 헌법의 통일성을 유지하기 위하여 상충하는 기본권 모두 최대한으로 그 기능과 효력을 발휘할 수 있도록 조화로운 방법이 모색되어야 한다"는 관점에 서서 "교원의 교원단체 및

---

21) 대법원 2011.9.2. 선고, 2008다42430 전원합의체 판결

22) 대법원 2011.5.24. 자, 2011마319 결정

노동조합 가입에 관한 정보는 '개인정보 보호법'상의 민감정보로서 특별히 보호되어야 할 성질의 것이고, 인터넷 게시판에 공개되는 '공시'로 말미암아 발생할 교원의 개인정보자기결정권에 대한 중대한 침해의 가능성을 고려할 때, 이 사건 시행령조항은 학부모 등 국민의 알 권리와 교원의 개인정보자기결정권이라는 두 기본권을 합리적으로 조화시킨 것이라 할 수 있으므로, 학부모들의 알 권리를 침해하지 않는다.[23]"고 하여, 서로 충돌하는 두 기본권의 합리적인 조화라는 관점에서 비교형량하고 있음을 알 수 있다.

23) 헌재 2011.12.29. 선고, 2010헌마293 결정

사항색인

ㄱ

ㄷ

ㄹ

ㅁ

ㅂ

ㅅ

ㅇ

ㅈ

ㅊ

ㅋ

판례색인